es 1153
edition suhrkamp
Neue Folge Band 153

Theorie und Praxis von »Prävention« sind mit großen Erwartungen verbunden: sie sollen eine grundlegende Wende in der Sozialpolitik herbeiführen, die Qualität des Gesundheitswesens entscheidend verbessern und zugleich die Kosten eindämmen, die Kriminalitätsrate senken, Kinder, Jugendliche, Alte von Normüberschreitungen abhalten und was ansonsten noch an humanen Zielen angegeben werden mag. Indessen ist die längerfristige Bedeutung von Prävention unklar. Zum einen ist die in den verschiedensten Sozialbereichen wirksame Präventionsbewegung außerordentlich vielschichtig und variantenreich, zum anderen hat die Politik der Prävention ein derartiges Wirrwarr von wissenschaftlichen, ideologischen, technologischen und reformerischen Elementen hervorgebracht, daß die angebotenen Interpretationen für diese Entwicklung beinahe mehr verschleiern als klären. Was bedeutet es, daß sich das Leben der Menschen in den sogenannten fortgeschrittenen Industriegesellschaften unter die Begriffe von Risiko und Sicherheit subsumiert, daß menschliche Subjektivität auf Risikoverhalten reduziert und einer vorausgreifenden Bearbeitung zugeführt wird? Was beinhaltet es, wenn kein prinzipieller Unterschied mehr zwischen den Methoden polizeilicher Rasterfahndung und medizinisch-psychologischen Screenings auszumachen ist? Ist die »große präventive Wende« der Sozialpolitik nur einer Entwicklungslogik geschuldet, in der die Menschen als Faktoren fungieren, deren Risikoträchtigkeit überwacht werden muß? Gibt es gegen den sich zunehmend ausbreitenden technologischen Objektivismus der Menschenverarbeitung eine Alternative, etwa den präventiven Selbstschutz vor der drohenden Vereinnahmung durch eine zentral gesteuerte Verwaltung der Risiken?

Manfred Max Wambach lehrt als Soziologe und Politikwissenschaftler in Bremen.

Der Mensch als Risiko
Zur Logik von Prävention und Früherkennung

Herausgegeben von
Manfred Max Wambach

Suhrkamp

Übersetzungen aus dem Französischen und Italienischen
von Christa Schulz

edition suhrkamp 1153
Neue Folge Band 153
Erste Auflage 1983
© Suhrkamp Verlag, Frankfurt am Main 1983
Erstausgabe
Alle Rechte vorbehalten, insbesondere das der Übersetzung,
des öffentlichen Vortrags
sowie der Übertragung durch Rundfunk und Fernsehen,
auch einzelner Teile.
Satz: Maschinensetzerei Janß, Pfungstadt
Druck: Nomos Verlagsgesellschaft, Baden-Baden
Umschlagentwurf: Willy Fleckhaus
Printed in Germany

1 2 3 4 5 6 – 88 87 86 85 84 83

Inhalt

III. Präventionspolitik und Schutz vor Risiken

IV. Verhaltensrisiken und Lebensrisiken

V. Die Risiken der Institutionalisierung

Christa Schulz
Manfred Max Wambach
Vorbemerkungen

Oberfläche und Dunkelfeld

Der vorliegende Band ist deshalb nicht mit einer ausführlichen Einleitung in das Problemfeld versehen worden, weil wir meinen, das Nötige in wenigen Bemerkungen vorweg sagen zu können, im übrigen aber jeder Beitrag für sich gelesen werden kann. Wer mit der grundlegenden Problematik und mit den systemischen Prämissen des Themas beginnen möchte, findet gleich zu Anfang Beiträge aus gesellschafts- und staatstheoretischer Sicht. Alle anderen Aufsätze befassen sich mit dem bereichsspezifischen Auftreten von Prävention und Früherkennung. In dem sich hieraus nahezu zwangsläufig ergebenden Wechsel der Perspektiven verfolgen alle Autoren dennoch ein Ziel: die Logik von Prävention und Früherkennung im Focus des Risikobegriffes zu erfassen.

Was auch jeweils an Fakten und Tendenzen benannt und an Erklärungsmöglichkeiten herangezogen worden ist, das gemeinsame, vordringliche Anliegen der Verfasser war es, einen eigenen Problemkreis zu formulieren in einem sehr weit gesteckten Feld. Aber gerade dieser Versuch, der Transversalität des Geschehens auf die Spur zu kommen, ist von ihnen als Herausforderung begriffen worden. Gegen den Nivellierungsdruck eines institutionalisierten Problembestandes steht der Befund von Analytikern aus Österreich, Italien, Frankreich, den USA und der deutschen Bundesrepublik, ein Befund, der zeigt, daß die Präventionsstrategien zwar ein immenses Wirrwarr von politischen, technologischen, wissenschaftlichen, ideologischen, ja, eschatologischen Elementen hervorgebracht haben, im Grunde aber einer stringenten Logik folgen. Wenn dem so ist und kein technologischer Selbstlauf vorliegt, wozu übrigens keine der hier vorgelegten Untersuchungen einen Hinweis liefert, dann wird die Frage nach der Logik und der Finalität von Früherkennung und Prävention eine der wichtigsten gesellschaftsanalytischen Fragestellungen der nächsten Zeit sein.

So wie Prävention in Form von Planungsrationalität, Prognoseinstrumenten, Sicherheitskalkülen, der Detektierung von Fehlentwicklungen, der vorausschauenden und vorgelegten Intervention zu einem systemnotwendig erscheinenden Bestandteil der fortgeschrittenen Industriegesellschaft geworden ist, so ist das Konzept des Risikos zum zentralen Bestandteil, ja, zur wissenschaftlich-technischen Voraussetzung der neuesten Methoden der Früherkennung und Prävention geworden. Eine Fülle von Institutionen und Disziplinen haben das Konzept des Risikos bzw. der Risikofaktoren übernommen und arbeiten oder jonglieren mit ihm. Addiert man ganz naiv deren »Erkenntnisse«, so gelangt man zu dem Schluß, daß der Mensch, der – angeblich zu seinem höchstpersönlichen Nutz und Frommen – als Gegenstand dieser Forschungen und Ausforschungen herhalten muß, aufgrund all der nunmehr »wissenschaftlich« festgestellten unberechenbaren, normwidrigen, abweichenden, sich selbst und andere gefährdenden Verhaltensweisen, die er wider jede, ihm von der Aufklärung noch unterstellte Vernunft von der Wiege bis zur Bahre produziert, nur noch in Gestalt eines wandelnden Risikos adäquat erfaßbar ist.

 Trotz der vielfältigen bereichsspezifischen Umsetzungen des Risikofaktorenkonzepts können dort allgemeine, vergleichbare Entwicklungen identifiziert werden, wo auf der Grundlage des Konzepts versucht wird, bevölkerungs- bzw. populationenbezogene oder individuumzentrierte Prävention zu praktizieren. Dabei darf man sich nicht täuschen lassen: es kann sein, daß das Risikokonzept explizit gar nicht genannt, sehr wohl aber seine spezifische Methodik realisiert wird. Insofern kann man bereits von seiner Verallgemeinerung sprechen, die in Alltagshandeln eingeht. Wahrscheinlich erfüllt in den fortgeschrittenen Industriegesellschaften die Medizin mit ihren vielen Disziplinen und Abteilungen die Funktion, einem weiten Feld der Prävention den Boden zu bereiten. An die Stelle der diagnostizierten manifesten Krankheit tritt die potentielle Krankheit als statistisch virtuelles, als prognostizierbares, kalkulierbares und eventuell vermeidbares Faktum. Dieses Schema beherrscht unterdessen viele Interventionsbereiche. Ob somatische, psychische, soziale »Fehlentwicklungen« auftauchen, es wird versucht, sie so früh wie möglich zu erkennen und im Keime zu ersticken. Die entscheidenden Prämissen dieser Entwicklung sind die Generalisierung des Verdachts und die Generalisierung des Risikos, die als komplementäre Bedingungen zu verstehen sind. Mit der Ausbreitung der Risikofaktoren-Medizin ist das neueste medizinische Modell auch auf andere Bereiche übertragen worden – umgekehrt sind polizeiliche bzw. polizeiförmige Fahndungsmethoden präventiven Zielsetzungen dienstbar gemacht worden. Das beste Beispiel in diesem Zusammenhang ist das Screening. Aus diesem Grunde haben wir versucht, im Rahmen der Sozial- und Sicherheitspolitiken die wichtigsten institutionellen Bereiche wie Medizin, Psychiatrie, Polizei, Pädagogik und Sozialarbeit, entsprechend ihrer Partizipation an präventiven Strategien, zu berücksichtigen. Was hier allerdings weniger interessiert, sind die fachspezifischen Begründungen oder die fachwissenschaftlichen Streitigkeiten über den Wert von Prävention und die Geltung des Risikofaktorenkonzepts, und völlig aus der Diskussion ausgeklammert sind die praktischen Vorbeuge- und Vorsorgemaßnahmen, die von der modernen Medizin zur Bekämpfung etwa von Seuchen oder Säuglingssterblichkeit entwickelt wurden, denn es geht keinesfalls darum, Prävention pauschal und generell zu bekritteln. Vordringlich interessiert vielmehr die Frage, wie aufgrund der neuen gesellschaftlichen und technologischen Entwicklungen mit den Risiken umgegangen und an welche Traditionen hierbei angeknüpft wird. Vollkommen zu Recht konzentrieren sich die anhebenden Auseinandersetzungen um die Präventionsstrategien und das Risikofaktorenkonzept auf ihre praktischen sozialen Konsequenzen.

Augenscheinlich steht dies alles in einem Zusammenhang mit der in den fortgeschrittenen Industriegesellschaften zu beobachtenden tiefgreifenden Umgestaltung der Subjekt-Funktion. Und präventive Strategien scheinen den fundamentalen Widerspruch unseres Lebens zu verstärken: Notwendig ist das selbständige, mündige Subjekt, fähig zur Selbstbestimmung und Eigenverantwortlichkeit, an das gerade in Krisenzeiten von Politikern und Wirtschaftsmanagern unermüdlich appelliert wird, das jedoch auf der anderen Seite durch die permanente Supervision des Staates und der Unternehmen, gleichgültig, ob sich diese nun als Hilfe oder Herrschaft geriert, an seiner Entfaltung gehindert und damit negiert wird.

Jetzt, in einer Zeit sozialpolitischer Restriktionen, weiterhin der Überbetonung der Subjektivität zu frönen, mag die schönsten Motive der Lebensstilgewinnung haben, sie wird freilich immer problematischer, weil als Hilfe oder Kontrolle – um dies einmal idealtypisch so zu trennen – ein ganz entschiedener Objektivismus und Technizismus die Vorherrschaft zu gewinnen trachtet. Über die Folgen, die die Detektierung und »Verarbeitung« von Risikoindividuen und Risikopopulationen in präventiver Absicht haben, braucht wohl nicht lange spekuliert zu werden. Unter der Oberfläche des kulturellen Egalitarismus und den Bestrebungen für soziale Chancengleichheit entwickelt sich als Dunkelfeld ein weiteres, wissenschaftlich legitimiertes System der Sortierung, Selektion und Plazierung von Menschen, ihrer zusätzlichen Diskriminierung und zusätzlichen Privilegierung.

Man muß unter den Diskursen der Wissenschaftlichkeit, der Hoffnungen, der Glaubenssätze, die aus Sehnsüchten und Reformbestrebungen gespeist werden, die wirklichen Kraftlinien und Determinanten suchen, um die Logik und die Konsequenzen von Sozialtechniken zu erkennen, die in das gesamte menschliche Leben eindringen wollen. Wenn man solche Entwicklungen nicht einfach stillschweigend akzeptieren will, muß man zunächst ein Reflexionspotential schaffen, das vorhandene diffuse Skepsis organisiert und damit zu einem wirksamen Mittel der Abwehr macht. Was darüber hinaus die Voraussetzungen von Widerstand sein können, wird als praktische Frage zu verhandeln sein. Es kann sich dabei durchaus herausstellen, daß künftig die beste Form von Prävention die sein wird, vor Prävention zu warnen.

I.
System und Prävention

Johann August Schülein
Gesellschaftliche Entwicklung und Prävention

1. Zum sozialen Verständnis von Prävention

Wirft man einen Blick ins Lexikon, um sich über den offiziellen Sprachgebrauch des Begriffs »Prävention« zu informieren, so findet man im Brockhaus zwei Stichworte. Unter »Prävention« selbst steht der Hinweis auf vorbeugende Medizin, auf soziale Vorbeugemaßnahmen (wie Gesundheitsvorsorge, Verhütung von Unfällen etc.) und auf eine juristische Definition, nach der Prävention als »Vorbeugung gegen künftige Delikte« zu sehen ist, die durch die abschreckende Wirkung von Strafen oder die »erzieherische Einwirkung« auf Verbrecher erreicht wird. Im Anschluß daran steht der Hinweis auf den »Präventivkrieg«, den »Krieg, den ein Staat auslöst, um dem drohenden Angriff eines Gegners zuvorzukommen«.

Das war nicht immer so. Der Brockhaus von 1890 kennt zwar auch schon die Präventiv-Medizin, aber im Vordergrund steht eine juristische und kirchenrechtliche Bestimmung. Prävention ist danach ein Vorgang, bei dem »jemand eine rechtliche Handlung früher vornimmt als ein anderer Berechtigter, und dadurch das ausschließliche Recht zur Fortsetzung der Sache erlangt«. Kirchenrechtlich verstand sich Prävention als Recht des höheren Geistlichen, »in die Befugnisse des Untergebenen einzugreifen«. Dagegen fehlt das Stichwort »Präventivkrieg«...

Das läßt auf einen Bedeutungswandel schließen – nicht nur insofern, als sich die Militärtechnologie offenkundig weiterentwickelt hat, sondern auch in bezug auf den psychosozialen Gehalt des Begriffs. Während im 19. Jahrhundert Prävention stärker konkurrenzhaltig war, ist sie gegenwärtig eher von Angst und Mißtrauen geprägt. Prävention soll der Verhinderung von möglichen Übeln dienen. Unabhängig davon, wie man diesen Bedeutungswandel interpretiert, kann man ihn als einen Hinweis auf die Historizität des Begriffs verstehen. Historisch ist jedoch nicht nur die Verwendung des Begriffs, sondern auch die reale Praxis, die dahintersteckt. Prävention hat ihre soziale Funktion geändert, und das heißt auch, daß ihre gegenwärtige Funktion nicht unbedingt ihre letzte Entwicklungsphase darstellt, sondern eine bestimmte Form, die Ausdruck gesellschaftlicher Verhältnisse ist.

Um diese Zusammenhänge etwas deutlicher werden zu lassen, ist es nützlich, zunächst einen näheren Blick auf Prävention als Typ sozialer Praxis zu werfen. Damit wird ein Zugang zu den Bedingungen, Leistungen und Kosten einer solchen Interaktionsform möglich. Auf diesem Hintergrund lassen sich historische Veränderungen als Ausdruck jeweils spezifischer Bedingungen und Erfordernisse umreißen. Die Bestimmung des gegenwärtigen Profils von Prävention und der damit verbundenen sozialen Problemkonstellation ermöglicht dann eine Skizze der Erfordernisse und Perspektiven gesellschaftlicher und biografischer Prävention.

2. Prävention als Interaktionstyp

Wenn ich vorhabe, im Sommer Urlaub in Griechenland zu machen, muß ich rechtzeitig anfangen, Vorbereitungen zu treffen. Ich muß entweder einen Flug buchen oder mein Auto reisefest machen, ich muß entweder in einem Hotel ein Zimmer bestellen oder Zelt und Schlafsack überprüfen. Ich muß mir überlegen, was ich sonst noch brauche – das hängt davon ab, was ich dort will. Wenn ich durchs Pindos-Gebirge kraxeln will, empfiehlt es sich, feste Schuhe und ähnliche Ausrüstung mitzunehmen, während ich mich für einen bräunungsbetonten Urlaub hauptsächlich mit Sonnenöl und Badehose versorgen muß. Ich benötige natürlich auch Geld und muß mir Urlaub nehmen. Ich muß außerdem dafür sorgen, daß meine Abwesenheit keine Probleme verursacht (Miete überweisen, Milch abbestellen, jemanden bitten, für die Blumen zu sorgen und den Briefkasten zu leeren). Schließlich muß ich, wenn ich nicht allein fahren will, mit jemandem Verabredungen treffen, erst mal jemanden finden, mit dem ich gern fahren möchte, ihn davon überzeugen, wie sinnvoll es ist, mit mir zu verreisen und mit ihm Verabredungen über Termin, Reiseart, Route etc. treffen. Wenn ich meinen Flug nicht rechtzeitig buche, verbringe ich möglicherweise meinen Urlaub auf dem Frankfurter Flughafen; wenn ich mein Auto nicht überprüfe, macht es unterwegs schlapp. Ohne entsprechende Schuhe kann ich mich nur im Flachland bewegen; ohne Geld dauert mein Urlaub wahrscheinlich nicht sonderlich lange. Und wenn ich keinen Urlaub genommen habe und niemanden habe, der für meine Blumen sorgt, muß ich mit unangenehmen Überraschungen rechnen, wenn ich zurückkomme.

Kurzum: Wenn ich das erreichen will, was ich mir vorgenommen habe, und wenn ich verhindern will, daß dadurch unerwünschte Folgeprobleme auftreten, muß ich zu entsprechenden Präventionen greifen. Dabei bin ich auf entsprechende soziale Bedingungen angewiesen. Ohne eine soziale Bezugsgruppe habe ich wenig Chancen, jemanden zu finden, der mitfährt oder auf die Blumen aufpaßt. Und ohne entsprechende Institutionen wird aus meiner Reise nichts, genauer: ich käme überhaupt nicht auf die Idee zu verreisen. Zu Fuß wäre es doch zu weit nach Griechenland, vor allem, wenn man einiges Gepäck dabei hat. Und wenn es dieses Gepäck nicht gibt, bin ich erst recht in Schwierigkeiten, weil ich in einer fremden Umgebung auf Vorsorge dieser Art angewiesen bin. Alles das, was meinen Urlaub ermöglicht, ist natürlich nicht nur für mich eingerichtet worden, sondern ein generalisiertes Angebot an (mehr oder weniger große) soziale Gruppen. Für meine Bedürfnisse greife ich mir aus den Möglichkeiten das heraus, was mir zusagt, aber die Möglichkeiten selbst sind unspezifisch: Der Linienflug nach Athen wird nicht extra für mich veranstaltet. Ich kann lediglich nutzen, was gesellschaftlich an Prävention geleistet wurde, um potentiellen Benutzern ein Angebot zu machen. Und diejenigen, die sie treffen, tun dies kaum, um mir einen schönen Urlaub zu ermöglichen, sondern eher, um daran zu verdienen.

Gleichzeitig befriedigen sie damit einen spezifischen gesellschaftlichen Bedarf. Eine hochgradig mobile Gesellschaft ist nicht nur auf entsprechende Verkehrsmöglichkeiten angewiesen, sie kann allein auf dieser Grundlage überhaupt existieren. Aus diesem Grund sind Gesellschaften wie Subjekte auf ein bestimmtes Maß an Präventionen angewiesen. Damit auch nur ein einziges Flugzeug fliegen kann, müssen weitreichende Bedingungen gewährleistet sein. Es muß genügend Kerosin geben, Flugplätze, auf denen es starten und landen kann, Flugkoordination, Wartung und vieles mehr. Soll also eine solche Mobilität möglich sein, müssen entsprechend weitreichende Vorkehrungen getroffen werden. Für ein komplexes Ereignis dieser Art sind eine große Anzahl technischer und sozialer Prozesse Voraussetzung.

Schon dieses etwas banale Beispiel macht die Bedeutung von Prävention für subjektive wie soziale Prozesse deutlich. Subjekte, aber auf vermittelte Weise auch Gesellschaften, sind lebendige

Entitäten, d. h., sie entwickeln eine Eigendynamik, die über die Imperative einer determinierten Umwelt hinausgehen. Das unterscheidet sie von den Elementen der unbelebten Natur, die gewissermaßen in ständiger Harmonie mit ihrer Umwelt leben, weil ihr Zustand und dessen Variation zwangsläufig mit deren Imperativen abgestimmt ist. Ein Stein hat wenig Chancen, gegen das Gravitationsgesetz zu verstoßen, er nimmt zwangsläufig Positionen ein, die damit in Übereinstimmung stehen, weil er in seiner Binnenstruktur vollständig darauf programmiert ist. Wegen dieser Identität braucht die Natur auch keine Vorkehrungen zu treffen, daß ein Stein sich zu einem bestimmten Zeitpunkt auch gesetzestreu verhalten wird – er »will« ohnehin nichts anderes. Anders sieht die Sache bei Subjekten und Gesellschaften aus. Sie stehen in keinem Verhältnis prästabilisierter Harmonie zu ihrer Umwelt, weil sie einerseits eine gewisse Unabhängigkeit besitzen, die zu Entwicklungen führt, welche über die Umweltvorhaben hinausgehen, und andererseits für ihre Aufrechterhaltung hochspezifische Umweltbedingungen benötigen. Beides hat zur Konsequenz, daß systematisch Nicht-Identitäten entstehen: Subjekte und Gesellschaften entwickeln sich und verändern dadurch ihre Umweltbeziehung, die so immer wieder ins Ungleichgewicht gerät. Sie müssen deshalb dafür sorgen, daß nicht nur die besonderen Bedingungen ihrer Erhaltung gewährleistet sind, sondern zusätzlich auch die Voraussetzungen bestehen, um äußere wie innere Veränderungen zu integrieren.

Wo keine ökologische Nische existiert, die den Bedürfnissen genau entspricht und so differenziert ist, daß auch Veränderungen eingepaßt werden können, besteht die Notwendigkeit, sowohl für die ständige Reproduktion als auch für mögliche Veränderungen vorzusorgen. Komplexe Systeme, die auf einen hochspezifischen Austausch mit ihrer Umwelt angewiesen sind, müssen daher ständig die Entwicklung ihrer internen Zustände wie ihrer Umwelt in ihrem Interesse beeinflussen. Gelingt dies nicht, so müssen sie die Folgen naturwüchsiger Entwicklungen tragen, die mit hoher Wahrscheinlichkeit ihren Bedürfnissen nicht entsprechen. Denn die Entstehung spezifischer Bedingungen ist stets unwahrscheinlich. Da die Folgeprobleme mangelnder Vorbereitung für Subjekte wie Gesellschaften groß sind und eine ad-hoc-Bewältigungsstrategie in ihrer Reichweite meist eingeschränkt und außerdem sehr aufwendig ist, wird *Prävention zum wichtigsten Medium der Ent-*

stehung und Entwicklung komplexer Lebenszusammenhänge individueller und kollektiver Art.

Ihre Störanfälligkeit und ihre Dynamik setzen also voraus, daß sie imstande sind, aus der Vielzahl möglicher Wirklichkeiten diejenige(n) auszusuchen und zu realisieren, die ihnen bzw. ihren Bedürfnissen und Zielen am besten entsprechen. Der Umsetzung dieses Ziels stehen jedoch innere und äußere Probleme im Weg. Subjekte wie Gesellschaften sind nicht unbedingt homogene Einheiten; es gibt sowohl intrasubjektive wie gesellschaftliche Gegensätze, Widersprüche, Divergenzen, so daß auch Bedürfnisse und Interessen nicht notwendig homogen sind. Und die Umsetzung von Zukunftsentwürfen in praktische und erfolgreiche Prävention ist an bestimmte Voraussetzungen gebunden.

Zu dem ersten Punkt: Jede Prävention ist notwendig eine Selektion – aus der Vielzahl möglicher Ereignisse werden bestimmte ausgewählt, was zugleich bedeutet, daß alle anderen unmöglich werden. Wenn ich Urlaub in Griechenland mache, kann ich nicht zugleich nach Frankreich fahren oder im Garten graben. Das heißt, daß bei widersprüchlichen Interessen sich nur ein Impuls realisieren kann, während die anderen unberücksichtigt bleiben. Mit anderen Worten: Prävention ist immer auch repressiv.[1]

Indem sie eine bestimmte Zukunft produziert, unterdrückt sie mögliche Zustände, die anderen Interessen dienlicher gewesen wären. Prävention ist aus diesem Grund ein normativer Prozeß, denn mit der Option für eine bestimmte Zukunft werden zugleich Werturteile über die Gegenwart und die Zukunft gefällt, die Entscheidungen für und gegen deren Zustand bzw. deren Interpretation einschließen. Damit sind zwangsläufig Konflikte verbunden. Da diese Konflikte ebenfalls durch Macht entschieden werden, setzen sich normalerweise die Präventionsinteressen der Machtzentren durch, so daß Prävention empirisch zur Festigung von gegebenen Machtverhältnissen beiträgt. Aber auch wenn es keine Konflikte gibt, ist Prävention ein anspruchsvoller und aufwendiger Prozeß. Er verlangt zunächst entsprechende Kompetenzen. Zu diesen Kompetenzen gehört vor allem eine angemessene Verfügung über Information. Prävention ist unmöglich, wenn Zukunft nicht realistisch antizipierbar ist. Eine solche Antizipierung ist nur da einfach, wo Ist-Zustände linear fortgeschrieben werden müssen. Offene und multiple/heterogene Prozesse vorauszusehen ist dagegen sehr viel komplizierter, weil einer bestimmten Gegenwartskonfiguration nicht eindeutige Effekte zugeschrieben werden können, da sich diese erst im Verlauf ihrer Entwicklung und unter ständiger Selbstbeeinflussung formieren. Oberhalb eines bestimmten Komplexitätsniveaus ist daher vollständige Information praktisch unerreichbar, so daß Prävention auf ein erhebliches Maß an Spekulation angewiesen ist, also auf die Fähigkeit, unvollständige Informationen so zu verarbeiten, daß das Wirklichkeitsbild nur begrenzt verzerrt wird.

Aber selbst wenn vollständige Information vorliegt oder die Verarbeitung von Erfahrungen aus Vergangenheit und Gegenwart so perfekt gelungen ist, daß das Möglichkeitsspektrum der Zukunft weitgehend vollständig erhalten bleibt, ist damit noch keine Prävention, sondern erst Prognose erreicht. Prävention verlangt über die Kenntnis möglicher Zustände hinaus vor allem die Fähigkeit, sie zu beeinflussen. Der Interaktionsprozeß muß auf eine den Intentionen dienliche Weise gesteuert werden. Ohne Macht ist Prävention daher unmöglich. Macht hat in diesem Zusammenhang einen Innen- und einen Außenaspekt.[2] Innerhalb des Prozesses der Prävention selbst basiert sie auf der Möglichkeit, Handlungen und Interaktion zu steuern, also auf einer Ungleichheit der Einflußmöglichkeiten. Damit ist noch nichts über die Qualität dieser Zentralisierung von Steuerung gesagt, denn es gibt verschiedene Formen der Macht: Ich kann etwas durch Androhung von Gewalt, durch Versprechen von Belohnung, durch Bestechung, Status, Beziehungen, durch Erweckung von Zuneigung und Mitleid erreichen. Bedingung ist aber immer, daß ich in dieser Situation den richtigen Machtschlüssel besitze, ohne daß es eine Gegenmacht gibt, die ihre Wirkung neutralisiert. Es nutzt mir wenig, wenn ich die richtigen Argumente habe, aber jemand anders es besser versteht, sich durchzusetzen. Und ich werde mit Belohnungsversprechen nicht weit kommen, wenn zugleich von anderer Seite erhebliche Sanktionen angedroht werden. Der Präventionsprozeß basiert also auf einer spezifischen Machtverteilung. Aber gegenwärtige Macht setzt sich nicht ohne weiteres in gewünschte Zukunft um: Sie findet ihre Grenze in den praktischen Möglichkeiten der Einflußnahme auf die Zukunft. Neben der bereits angesprochenen Offenheit des Prozesses, die prinzipiell unmöglich macht, daß Zukunft Gegenstand vollständiger Prävention sein kann, gibt es unbeeinflußbare Vorgänge wie etwa Gesetzmäßigkeiten der Natur. Auch bei noch so sorgfältiger Urlaubsvorbereitung ist es mir unmöglich, das Wetter in meinem Sinne zu beeinflussen. In diesem Fall kann ich nur versuchen, die Wettergötter positiv zu stimmen oder einen Schirm mitzunehmen, also zu magischen Formen der Prävention greifen oder mich wenigstens vor den Folgen des Unbeeinflußbaren schützen.

Erst recht sinkt die Reichweite von Macht in den Fällen, in denen es sich um hochkomplexe und um direkt nicht beeinflußbare Ereignisse handelt. Hier ist nur begrenzte oder indirekte Prävention möglich. Wo eine große Zahl von Zuständen zugleich beeinflußt werden soll, wird erheblicher Aufwand nötig. Ist dieser Aufwand nicht möglich, bleibt es im allgemeinen bei näherungsweisen Präventionen. Beispielhaft ist in diesem Zusammenhang die Mühe, die sich Armeen geben müssen, nur damit ihre Soldaten zum richtigen Zeitpunkt auf eine bestimmte Weise strammstehen. Mit Zwang und anderem hohen interaktiven Aufwand läßt sich punktuell ein bestimmter Grad an Homogenität durch Prävention erreichen. Aber schon dabei stehen Aufwand und Ergebnis in schlechtem Verhältnis. Was darüber hinausgeht, wird nahezu unmöglich (z. B. der Versuch, alle Verkehrsteilnehmer zu einem hundertprozentig konformen Verhalten zu bringen). Auch präventive Sozialisation, wie sie dabei betrieben wird, ist nur zum Teil imstande, das Bewußtsein der Betreffenden beliebig zu beeinflussen. Anpassung des Verhaltens ist noch vergleichsweise einfach zu erreichen, aber eine Steuerung der gesamten Identität entzieht sich (bisher noch) unter dem Vorzeichen heterogener Lebensbedingungen der direkten Prävention.

Je spezieller dabei die Ziele sind, auf die sich Prävention richtet, desto spezieller müssen auch die Methoden sein, mit denen sie erreicht werden soll. Wenn jemand in einem Flötenkonzert spielen will/soll, erfordert das lange Übung. Und wenn eine Gesellschaft will, daß ihr Weizen schneller wächst, muß das, was die Natur bietet, gezüchtet und langwierig bearbeitet werden. Da das Resultat solcher Züchtungen unter naturwüchsigen Bedingungen gar nicht existenzfähig wäre, bedarf es zusätzlich einer großen Anzahl absichernder Maßnahmen, so daß diese Art der Vorsorge ein aufwendiges Netz an Interaktionen erforderlich macht.

Damit ist ein prinzipielles Risiko angesprochen, welches mit Prävention verbunden ist. Zukunft ist ein Gesamtzustand, aber Prävention kann sich nur auf einzelne Elemente davon beziehen. Das bedeutet, daß sie, um ein intendiertes Gleichgewicht zwischen

Bedürfnislage und Realität herzustellen, ein Ungleichgewicht innerhalb der Realität selbst provozieren kann.[3] Dieses Risiko steigt, je komplexer der Zusammenhang ist und je differenzierter die Präventionstechniken sind. Dafür bietet die moderne Agrarproduktion hinreichend Anschauungsmaterial: Die Industrialisierung der Nahrungsmittelerzeugung hat zwar eine erhebliche Produktivitätssteigerung und eine Ersparnis an körperlicher Arbeit mit sich gebracht (und damit die gesetzten Ziele erreicht), aber gleichzeitig erhebliche Folgekosten verursacht, indem sie systematisch das ökologische Gleichgewicht durch Monokulturen, chemische Dünger und Gifte zerstört hat. Die Konzentration von Prävention auf partikulare Ziele, die hoch spezialisiert sind, impliziert demnach nicht nur dadurch Probleme, daß sie zu einer hochgradigen Spezialisierung der Interaktion und entsprechenden Konzentration auf diese Ziele führt (also ein entsprechendes Maß an Interaktion absorbiert), sondern auch, weil sie immer einen riskanten Eingriff in ein Systemgleichgewicht bedeutet, dessen Störung oder Zerstörung kurz- wie langfristig viel größere Probleme hervorrufen kann.

Diese Differenzen machen deutlich, daß Prävention in ihrer gesellschaftlichen Funktion noch näher bestimmt werden muß. Es ist ein Unterschied, ob sie sich auf partikulare Ziele bezieht und dabei wesentlich instrumentellen Charakter hat oder ob sie die partikularen Ziele in eine Art Generalprävention einbettet, also die Wirkung konkreter Einzelinterventionen in der Zukunft im Zusammenhang mit ihren Auswirkungen sieht. Eine solche holistische Prävention ist sehr viel anspruchsvoller, weil sie sich nicht auf singuläre Zwecke beschränken kann, sondern stets die Zwecke selbst und ihren Kontext mitbegreifen und steuern muß. Das bedeutet auch, daß der Expansion von Einzelinteressen da Grenzen gesetzt werden, wo sie mit Erfordernissen des Ganzen in Kollision geraten. Der Unterschied zwischen der normalen Selbststeuerung offener Prozesse, die automatisch durch ihre Aktivität und ihre Reaktionen auf die Umwelt die eigene Zukunft wie die ihrer Umwelt beeinflussen, und einem offenen System, das gezielt durch Prävention Zukunft determiniert, liegt darin, daß die entwickelten Kompetenzen und die Macht, die dabei entsteht bzw. konzentriert wird, eine größere Reichweite haben. Daraus ergibt sich die Möglichkeit eines Umschlags von Quantität in Qualität: Der Prozeß selbst ändert seinen Charakter und seine Dynamik, wenn Präven-

tion ein bestimmtes Maß erreicht. Sind Subjekte und Gesellschaften imstande, durch Prävention die naturwüchsigen Entwicklungsformen zu durchbrechen, gewinnt ihr Prozeß Transzendenz, die sich selbst akkumuliert. Diese Fähigkeit zur Selbst-Transzendierung bedeutet, daß sie über eine völlig neue Produktivkraft sozialer Art verfügt, die die Chancen eigendynamischer Entwicklungen vervielfältigt. Zugleich sind mit dieser Produktivkraft jedoch die Risiken verbunden, die angesprochen wurden:
– *Instrumentalisierung für partikulare Interessen* und einseitige Orientierung an der Aufrechterhaltung eines in sich widersprüchlichen Status quo;
– die Entstehung *hoher interaktiver Kosten* durch aufwendigen Präventionsbedarf (womit gleichzeitig ein Flexibilitätsverlust des Interaktionsprozesses verbunden ist);
– die *Gefahr der Destabilisierung des Gesamtprozesses* durch die Auswirkungen partikularer Präventionen.

Wenn der Präventionsvorgang selbst nicht hinreichend kontrolliert werden kann, besteht die Gefahr, daß eine Entfaltung der Präventionsmöglichkeiten vor allem zu einer Steigerung der Risiken führt. Aus diesem Grund stellt sich die Frage, welche Merkmale für die Interaktionsform Prävention selbst kennzeichnend sind.

Prävention gehört von ihrer wesentlichen Funktion her zum Typ der Meta-Interaktion, weil ihr Ziel darin besteht, den Interaktionsprozeß selbst festzulegen. Meta-Interaktionen sind generell aufwendiger, aber auch »störungsanfälliger« als rein instrumentelle Interaktion mit nur indirekten Meta-Anteilen. Weil Interaktion als Thema von Interaktion selbstreflexiv ist – eben sich selbst thematisiert –, werden dabei ständig die Bedingungen dieser Interaktion (zumindest potentiell) in Frage gestellt. Dies gilt auch, wenn es um zukünftige Interaktion geht. Damit wird die Routine des Alltagshandelns (potentiell) gebrochen, was von allen Beteiligten eine höhere Bereitschaft und Fähigkeit zur Einbeziehung dieser Grundlagen in den Interaktionsprozeß selbst verlangt. Außerdem ist – wegen der prinzipiellen Offenheit und der damit verbundenen Selektivität – die Thematisierung von Interaktionsprämissen ein ausgesprochen komplexer und subjektiver wie sozial belastender Vorgang, der gerade unter widersprüchlichen Bedingungen wenig Realisierungschancen hat. Die Spezialisierung von Interaktion auf Prävention ist daher ein schwieriger und voraussetzungsvoller

Vorgang, der erhebliche Anforderungen stellt und auf entsprechende Interaktionsbedingungen angewiesen ist.

3. Einige Aspekte der Evolution von Prävention

Bei den bisherigen Überlegungen blieb außer acht, daß Prävention immer ein Teil des historischen Prozesses ist, den sie beeinflußt, also selbst abhängig ist vom jeweiligen gesellschaftlichen Entwicklungsstand und Problemprofil. Die im vorigen Abschnitt festgestellten allgemeinen Merkmale gelten immer nur in bestimmten historisch bedingten Formen und Konstellationen. Wieweit sich überhaupt Prävention entwickelt, hängt vom gesellschaftlichen und subjektiven Bedarf, aber auch von den entsprechenden Möglichkeiten ab.

Dabei läßt sich im Übergang von vorindustriellen zu Industriegesellschaften subjektiv wie sozial ein qualitativer Wandel erkennen.[4] *Traditionsgeleitete Gesellschaften* existieren in relativ enger Einpassung in ihre externen und internen Grenzen. Daher sind ihre Mitgliederzahlen meist niedrig, und der Lebensstandard ist relativ niedrig. Der Produktionsprozeß basiert weitgehend auf relativ einfachen Techniken, die sich nicht über gezielte Experimente, sondern durch Tradierung herausgebildet haben. Die Einbindung der Produktion in den gesamten Reproduktionsprozeß der Gesellschaft spielt eine wesentlich wichtigere Rolle als Kriterien der Effizienzsteigerung o. ä. (wie überhaupt die Verbindung von Produktion und Reproduktion sehr viel enger ist). Dabei bilden sich sehr differenzierte empirische Wissensbestände, die jedoch keinen reflexiven Charakter haben – es gibt beispielsweise Erfahrungswerte über das Wetter, aber die Entwicklung des Wetters wird metaphysischen Subjekten zugeschrieben, so daß die Beeinflussung des Wetters entsprechend auch auf metaphysische Weise versucht wird. Solche Gesellschaften haben durchweg einen eng umrissenen Interaktionsspielraum. Sie produzieren keinen oder wenig Surplus, so daß auch wenig Möglichkeit der Investition in eine (alternative) Zukunft besteht. Die psychosoziale Identität der Gesellschaftsmitglieder entspricht dem weitgehend. Sie besitzt nicht die Differenzierung in Richtung auf Individualisierung, wie sie für Industriegesellschaften kennzeichnend ist, sondern ist sehr viel stärker von der Struktur der Gruppe geprägt. Dies nicht nur, weil sich das Leben des einzelnen fast vollständig im Wirkungsbereich seiner Gruppe abspielt, sondern auch, weil die Gruppenstruktur von persönlichen Kontakten, die zusätzlich sachliche Funktionen tragen, geprägt ist.

Der enge gesellschaftliche Spielraum und die Homogenität von individueller und Gruppen-Identität bedingen einen Entwicklungsprozeß, der vergleichsweise statisch ist: Produktionsweise, Institutionen und Identitäten wandeln sich über lange Zeiträume nur geringfügig, wenn die Gesellschaft nicht durch Umweltveränderungen zur Anpassung gezwungen wird. Aber auch dann pendelt sich ein neues Gleichgewicht analogen Typs zwischen externen Bedingungen und internen Verhältnissen ein, ohne daß daraus prinzipielle Veränderungen der Struktur resultieren. Unter diesen Vorzeichen hat Prävention ihre festumrissene Funktion. Sieht man von Jäger- und Sammlergesellschaften ab, deren Lebensweise wenig Raum für Prävention bietet, kennen schon Hortikulturgesellschaften sowohl Vorsorgetechniken für die erntelose Zeit als auch die Vorbereitung der nächsten Aussaat. So differenziert diese Techniken sind, so begrenzt ist diese Art der Prävention: Sie findet ihre Grenze im Rhythmus der Natur, deren Zyklus antizipiert, aber nicht übersprungen wird.

Der Typ von Geschichte, der für vorindustrielle Gesellschaften kennzeichnend ist, hat weitgehend statischen Charakter. Veränderungen entstehen als Echo des Wandels der Lebensbedingungen und weniger aus der Eigendynamik der Gesellschaften selbst. Dies ändert sich im Übergang zur *Industriegesellschaft* grundsätzlich. Auf der Basis einer beträchtlichen Steigerung der Agrarerträge entstehen neue Produktionstechniken sowie neue soziale Strukturen, die sich wechselseitig verstärken. Dadurch bilden sich formalisierte und zweckrationale Interaktionsabläufe und -systeme, die eine hohe Eigendynamik besitzen, aber auch eine hohe Anpassung von Subjektivität und Umwelt verlangen. Auf der anderen Seite eröffnen sich mit dem Zustandekommen technisierter Lebenswelten Interaktionschancen mit neuen, von denen der traditionalen Gesellschaften prinzipiell verschiedenen Ansprüchen und Perspektiven.

In dem Maße, wie sich dadurch der produktive wie der reproduktive Prozeß der Gesellschaft ausdifferenziert und sich von der engen Bindung an Naturrhythmen löst, wandelt sich auch die subjektive Identität der Gesellschaftsmitglieder. Die Erweiterung des sozialen Raums durch Kommunikation und Mobilität lockert die Bindung an die soziale oder regionale Gruppe; die Welt wird für den einzelnen komplexer, aber damit auch kontingenter. Der Lebensentwurf des einzelnen bedarf nun intensiverer Bestimmung, weil es eine größere Vielfalt von Möglichkeiten gibt. Die Eigendynamik der Gesellschaft hat auch eine stärkere Individualisierung von subjektiver Identität zur Folge. Sie kann stärker vom Individuum selbst und seiner Primärgruppe beeinflußt werden. Mit dieser Vergrößerung des sozialen und subjektiven Möglichkeitshorizonts und den entsprechenden interaktiven Voraussetzungen ist nun ein erheblich gesteigerter Präventionsbedarf verbunden. Die Lösung von den Naturrhythmen setzt neue Zeitperspektiven; die gesellschaftliche und subjektive Zukunft weitet sich erheblich aus. Gleichzeitig kompliziert sich Zukunft dadurch, daß sie nun sehr viel offener und weniger auf der Basis von Traditionen und Erfahrungen allein antizipierbar ist. Außerdem erfordert die Aufrechterhaltung und Weiterentwicklung der technisch-sozialen Grundlagen der Industriegesellschaft sehr viel mehr Vorsorge, weil sie nur unter ständiger Absicherung gegen Störungen bzw. Bereitstellung von spezifischen Bedingungen existieren kann. Die Folge ist eine zunehmende Abhängigkeit von Gesellschaften und ihrer Mitglieder von der Verfügung über Prävention; naturwüchsige Regulationen werden zu riskant.

Mit der Entwicklung der Produktivkräfte in der und durch die Industriegesellschaft ist auch eine erhebliche Steigerung der Präventionsmöglichkeiten verbunden. Der Wandel von der traditionsgeleiteten zur zweckrational spezialisierten Interaktion bringt große Mengen von Informationen über natürliche wie soziale Prozesse mit sich. Damit ist Prävention auf eine neue Basis gestellt und kann die Grenzen traditioneller Art überschreiten. Andererseits wächst aber auch der Präventionsbedarf explosiv, und Prävention als Prozeß wird komplexer. Denn *mit der Reichweite der instrumentellen und sozialen Kompetenzen und der Ausweitung des Horizonts von Möglichkeiten nimmt auch die Notwendigkeit der Steuerung in Richtung auf hochspezifische Zukunftskonstellationen exponentiell zu.* Die oben angesprochenen Risiken von mangelnder Prävention kommen erst auf dem Niveau komplexer Industriegesellschaften voll zum Tragen.

Um nun nicht in der unübersehbaren Menge möglicher Entwicklungen unterzugehen, entwickeln Subjekte wie Gesellschaften

Routinen, Verfestigungen von Abläufen und Selektionen, die die Funktion von Traditionen übernehmen. Individuelle Gewohnheiten des Denkens und Handelns wie auch gesellschaftliche Organisationen von Interaktionsprozessen stellen Institutionen dar, die von vornherein die Masse der Möglichkeiten auf ein bestimmtes Maß reduzieren. Institutionen sind im Grunde nichts anderes als Negativ-Präventionen, indem sie einen großen Teil von potentiellen Entwicklungen ausgrenzen. Aus diesem Grund läßt sich erkennen, daß komplexe Industriegesellschaften dazu tendieren, den selbstgeschaffenen Interaktionsspielraum sekundär durch Institutionalisierungen wieder zu beschränken. Die Leistung von Institutionen liegt darin, daß sie durch die Absicherung von spezialisierten Interaktionsverläufen eine Steigerung der Präventionschancen bei gleichzeitiger Aufwandsersparnis in bezug auf deren Absicherung herbeiführen. Auf der anderen Seite verfestigen sich die Präselektionen, die mit ihnen verbunden werden, da sie als Grundlage der konkreten Interaktionen eine weitgehende Selbstverständlichkeit für sich beanspruchen. Wo Interaktion institutionalisiert ist, haben es Alternativen schwer, zur Geltung zu kommen. Das bedeutet aber auch, daß die Präventionen, die institutionalisiert sind, ebenfalls dazu tendieren, ihre Prämissen dauernd fortzuschreiben, also einen etablierten Typ von Prävention festzuhalten, auch wenn die Verhältnisse sich ändern. Mit anderen Worten: Prävention steht unter dem Vorzeichen dynamischer Industriegesellschaften mit hohem Institutionalisierungsgrad nicht nur in Gefahr, die eigene Komplexität nicht mehr bewältigen zu können, sondern tendiert auch dazu, das Partikularitätsrisiko zu verstärken.

4. Prävention
in kapitalistischen Industriegesellschaften[5]

Diese Problematik hielt sich in Grenzen, solange die Reichweite von Produktion und Reproduktion noch relativ gering war. Mittlerweile ist jedoch ein Entwicklungsniveau erreicht, das fundamentale Eingriffe in die natürliche Umwelt wie die Binnenstruktur von Gesellschaften erlaubt. Damit stellen sich neuartige Probleme, die bisher noch nicht angemessen verarbeitet wurden. Die Möglichkeit, das Ökosystem der Natur tiefgreifend aus dem Gleichgewicht zu bringen, aber auch die des Genozids und der Zerstörung der psychosozialen Grundlagen menschlicher Identität indizieren ein neues Niveau der Risiken. Zugleich ist der Gesamtprozeß der Gattung immer interdependenter und komplexer geworden, so daß punktuelle Interventionen immer weiterreichende Nebenwirkungen und Folgen haben.

Damit ist auch das Anspruchsniveau an Prävention erheblich gestiegen. Der bereits angestaute Problemdruck durch vernachlässigte oder unerkannte Gefährdungen ist erheblich und wächst weiter. Erheblich sind auch die Folgeprobleme des erreichten Entwicklungszustandes; d. h. die materiellen und sozialen »Betriebskosten« der aufwendigen Lebensweise und deren Ausbreitung. Dazu kommt, daß der Entwicklungsprozeß der kapitalistischen Industriegesellschaften neben der massiven Tendenz zur ungleichgewichtigen Verteilung von Chancen ein starkes Anomiepotential mit sich bringt. Sowohl die teilweise Privatisierung gesellschaftlicher Macht als auch die desintegrative Wirkung individualistischer Organisation der Lebenswelt tragen dazu bei. Aus genau diesen Gründen hat sich dagegen die Präventionskompetenz subjektiv wie gesellschaftlich nicht entsprechend entwickeln können. Denn in den Zentren privater Macht wurde und wird Prävention vor allem für private Interessen betrieben und die individualistische Organisation der Lebensbereiche führt ebenfalls dazu, daß Strategien der persönlichen Bedürfnisbefriedigung stets Vorrang vor den (abstrakteren) Erfordernissen kollektiver Prävention haben.

Dies läßt sich in gewisser Weise auch an dem eingangs angesprochenen Bedeutungswandel des Begriffs »Prävention« ablesen. Während im 19. Jahrhundert Prävention noch einen offensichtlichen Charakter hatte (und davon ausgegangen wurde, daß es bei Prävention lediglich um Verteilungsprobleme eines fraglos Vorhandenen geht), ist er im 20. Jahrhundert zunehmend defensiv geworden. Prävention ist heute Abwehr von negativen Folgen von (als selbstverständlich unterstellten) Entwicklungen. Das läßt sich auch so interpretieren, daß das Mißverhältnis zwischen Problemniveau und Präventionskompetenz, aber auch Problembewußtsein so groß geworden ist, daß eine offensive Prävention der gesellschaftlichen Entwicklung kaum themafähig ist. Denn quantitativ wie qualitativ hat ihre Entwicklung nicht mit der gesellschaftlichen Schritt gehalten. Insofern ist der Sprachgebrauch durchaus realistisch. Was er jedoch zum Ausdruck bringt, sind die spezifischen Verzerrungen der empirischen Prävention durch ihre Begrenzung und ungleiche Entwicklung. Und diese Verzerrungen haben noch weiterreichende Folgen:

– Die einseitige Orientierung an Effizienz führt zu Eskalationen, die nicht unbedingt immer die ökologisch produktiven Entwicklungen fördern (wenn z. B. nur auf die unmittelbar billigste und profitabelste Weise produziert wird, sterben ökologisch sinnvolle Produktionsformen aus);

– die Selbstverständlichkeit der Fortschreibung des Status quo, den die Beschränkung von Prävention auf partikulare Zusammenhänge fördert, geht auf Kosten von Systemalternativen (wenn Sachzwänge sich als unausweichlich ausgeben können, obwohl sie nur durch die Macht des Faktischen legitimiert sind);

– außerdem führt die Einseitigkeit der Entwicklung technisierter Prävention nicht nur zu einem Overkill von technischen (und damit kostenintensiven und ihrerseits präventionsbedürftigen) Einrichtungen (wie etwa die moderne Küche, in der der Koch mit einem Minicomputer regiert), sie schwächt dadurch vor allem die subjektiven und kollektiven Fähigkeiten zur Selbstreflexion und damit auch zur reflexiven Prävention.

Daran wird deutlich, daß die Präventionsproblematik unter den gegenwärtigen Bedingungen nicht nur in ihrer systematischen Unterentwicklung und Verzerrung liegt, sondern auch darin, daß sie damit Entwicklungen provoziert, die ihre destruktiven Tendenzen noch fördern: Stärkere Abhängigkeit der Subjekte von technischen Systemen beispielsweise führt zu deren Ausbau und schwächt ihre Selbsthilfefähigkeiten.

Als Gegentendenz ist allerdings in letzter Zeit sichtbar, daß der Individualisierungsprozeß – die zunehmende Eigenverantwortlichkeit der Subjekte für ihre Identität – auch ein höheres Maß an Reflexion ermöglicht. Zumindest in der deutschen Geschichte hat es noch nie ein solches Maß an Einmischung der Gesellschaftsmitglieder in den politischen Prozeß gegeben wie heute. Dazu hat gewiß beigetragen, daß auch die einseitige Prävention eine Akkumulation und Ausbreitung von Information verursacht hat, die es sehr viel mehr Subjekten ermöglicht, sich sachkundig – und damit auch präventionsfähig – zu machen.

Darin schimmert die Utopie einer Gesellschaft durch, die imstande ist, ihre geschichtliche Dynamik zu kontrollieren, indem sie die Leistungen der Differenzierung von Prävention reflexiv nutzt, d. h., auf jenes reflexive Niveau bringt, das allein den Erfordernissen der subjektiven wie gesellschaftlichen Entwicklung entspricht. Ob es gelingt, diesen dritten Typ von »Geschichte« zu erreichen, hängt nicht zuletzt davon ab, welches Schicksal die Produktivkraft Prävention in absehbarer Zeit erfahren wird.

Anmerkungen

1 Dies bezieht sich nicht auf die jeweiligen Methoden, sondern auf die generelle Beziehung von Prävention zum Möglichkeitshorizont. Dabei spielt die Frage der Methoden praktisch eine wichtige Rolle, weil in ihr Ausrichtung und Qualität der Prävention zum Ausdruck kommen.

2 Eine nähere Analyse der Machtproblematik findet sich bei N. Luhmann (*Macht,* Stuttgart 1975) und P. Ridder (*Prozesse sozialer Macht,* München/Basel 1979). Hier wird im Rahmen einer pragmatischen Betrachtungsweise vorrangig die funktionale Seite von Macht angesprochen.

3 Vgl. dazu die Diskussion um Stufen von Interventionen und deren Bedingungen (z. B. G. Bateson, *Zur Ökologie des Geistes,* Frankfurt 1981).

4 Ausführlich wird der Übergang von Gesellschaftstypen dargestellt bei V. G. Childe (*Stufen der Kultur,* Zürich 1952) und G. Lenski (*Macht und Privileg,* Frankfurt 1973).

5 Analoges läßt sich – mutatis mutandis – auch für »realsozialistische« Industriegesellschaften beschreiben. Die Umweltproblematik, aber auch die generellen Defizite der Planwirtschaft bieten dafür viele Beispiele.

Georg Vobruba
Prävention durch Selbstkontrolle*

1. Die Logik der Prävention

System und *Subjekt* sind die Pole, die das Spannungsverhältnis
bezeichnen, in dem sozialpolitische Probleme zu verorten sind.
Erklärungen sozialpolitischer Probleme rekurrieren daher in unterschiedlicher Gewichtung auf objektive Bedingungen und subjektive Dispositionen. So etwa siedeln die Erklärungen von
Krankheit zwischen krankmachender Umwelt und Gesundheits-
fehlverhalten; die Erklärungen von Kriminalität zwischen gesellschaftlichen Depravierungs-, Stigmatisierungs- und Ausgliede-
rungsprozessen und individueller Nicht-Angepaßtheit; die Erklärungen von Arbeitslosigkeit zwischen makroökonomischen Funk-
tionsmängeln und individuellem Unvermögen.

Die Bipolarität des Entstehungszusammenhangs sozialpolitischer Probleme ist der Grund für die prinzipielle Ambivalenz von
Prävention. Prävention bedeutet ihrem allgemeinsten Sinn nach,
die Entstehung sozialpolitischer Probleme zu verhindern. Den
beiden Anknüpfungspunkten System und Subjekt entsprechend,
lassen sich zwei Typen von Prävention – idealtypisch – unterscheiden. Diese beiden Typen werden in der Regel als primäre und sekundäre (vgl. Rodenstein 1979) bzw. als institutionelle und perso-
nelle (vgl. Jürgens et al. 1980) Prävention bezeichnet.

Primäre Prävention richtet sich auf den systemischen Anteil an
der Entstehung sozialpolitischer Probleme. Ihre Maßnahmen laufen auf *institutionelle Änderungen* hinaus. Diese stellen sich aus
der Sicht der Subjekte als *gewandelte Lebenschancen* dar. Sie eröffnen den Subjekten die Chance, nicht in solche Handlungskon-
texte zu geraten, in denen sie in Kauf nehmen müssen, zu Trägern
sozialpolitischer Probleme zu werden. Insofern läuft primäre (institutionelle) Prävention auf *Entlastungen* der Subjekte *von Sy-
stemzwängen* hinaus.

Sekundäre Prävention richtet sich auf den subjektbezogenen Anteil sozialpolitischer Problementstehung. Sie legt den Subjekten

* Vieles in dieser Arbeit verdanke ich Gesprächen mit Claus Offe.

Arrangements mit institutionellen Zwängen nahe, die sich aus systemischen Erfordernissen ergeben. Sekundäre Prävention läuft somit auf flexible, *problemabsorbierende Anpassung* hinaus. Aus der Ambivalenz von Prävention folgt die Mehrdeutigkeit des Präventionsbegriffs. Dies erklärt den Gleichklang von gesellschaftspolitisch sehr unterschiedlich motivierten Ausführungen zur präventiven Sozialpolitik (vgl. Jürgens et al. 1980; allgemein Preußer 1981).

Am linken Rande der Sozialdemokratie wurde die Wende zu präventiver Sozialpolitik mit der Perspektive gesellschaftlicher Transformation verknüpft. Es schienen die Effizienzschwächen kompensatorischer Sozialpolitik unter der Bedingung staatlicher Finanznot – mehr oder weniger – zwangsläufig auf präventive Sozialpolitik hinauszulaufen. Die Vorstellung war, daß die staatliche Finanznot, die kompensatorischer Sozialpolitik zunehmend ihre Grenzen wies, staatliches Handeln gleichsam eindeutig in eine Richtung weist, ihm nur einen Korridor offen läßt, der auf neue, qualitative Eingriffskompetenzen des Staates im Sinne primärer Prävention hinführt. Die Mängel kompensatorischer Sozialpolitik meinte man gesellschaftspolitisch produktiv machen zu können (vgl. Vobruba 1977; Sund 1978; Strasser 1979), ihre zunehmende Blockierung schien auf die unabweisbare Notwendigkeit vorbeugender Sozialpolitik hinauszulaufen, die »vor ›systemüberwindenden‹, antikapitalistischen Konsequenzen nicht zurückschrekken« (Strasser 1979, 144) dürfe. Die Finanzkrise erschien als Verbündete der Gesellschaftstransformation, Gesellschaftspolitik und Effizienzpolitik schienen im Konzept präventiver Sozialpolitik miteinander versöhnbar.

Auch anderen Orts wurden Effizienzprobleme der geläufigen Sozialpolitik zum Anlaß dafür, Prävention zu fordern, etwa am Beispiel und aus Anlaß der finanziellen Überforderungen des Krankenversicherungssystems: »Gerade in einer sogenannten übermedikalisierten Gesellschaft ist es notwendig, wieder an die simple Wahrheit zu erinnern, daß es – medizinischer Fortschritt hin und medizinischer Fortschritt her – allemal besser ist, gar nicht erst krank zu werden« (Geißler 1976, 116). Anders als im erstgenannten Fall wird hier die Ambivalenz der Prävention deutlich benannt, wenn es um die Konsequenzen geht: »Es ist klar, daß diese Erkenntnis (...) nicht nur die Eigenverantwortlichkeit des einzelnen, sondern auch die Verantwortung der Gesellschaft zur Krank-

heitsverhütung und zur Neugestaltung der Umwelt herausfordert«
(ebd.). Die offengehaltene Ambivalenz von Prävention steht dann
freilich im politischen Verwertungszusammenhang (vgl. Greven
1980, 149f.; Mosdorf 1978, 45) einseitiger Ausdeutung offen. Vor
dem Hintergrund eines kategorischen Systemerhaltungs-Apriori
muß sich praktisch jene »konkrete Rangordnung« sozialpolitischer Verantwortung herstellen, welche aus dem Subsidiaritäts-
prinzip schon programmatisch folgt: »Nach dem Subsidiaritäts-
prinzip ist der Mensch selbst der Erstverantwortliche für seinen
und seiner Familie Unterhalt« (Achinger et al. 1955; zit. nach
Preußer 1981, 186).

Daß die Ambivalenz von Prävention leicht nach der Seite der Subjekte hin kippt und ihnen einseitig die Lasten sozialpolitischer
Problemvermeidung aufgebürdet werden, darf man nicht einfach
als Ausdruck eines bestimmten politischen Wollens verstehen und
hoffen, dagegen durch Durchhalten eines entgegengesetzten
Standpunkts etwas ausrichten zu können. Vielmehr disponiert der
Krisendruck auf den Staat systematisch dazu, Problemlagen, die
der Prävention zugänglich sind, nach dem Muster sekundärer
Prävention zu bearbeiten; also die Vermeidung der Problementstehung in die Verantwortung der Subjekte zu übertragen. Dies
läßt sich einsehen, wenn man die Problemlösungskapazitäten von
primärer und sekundärer Prävention in der zeitlichen Dimension
ins Auge faßt.

Primäre, auf *institutionelle Änderungen* zielende Prävention kann
nur auf längerfristige Wirksamkeit angelegt sein. Sie bringt dem
Staat unmittelbar kaum Problementlastung. – Im Gegenteil: »Eine
Reform des Systems der sozialen Sicherheit bedeutet, daß Privilegien abgebaut und Besitzstände angetastet werden müssen. Eine
Sozialreform, die niemandem weh tut, kann es nicht geben«
(Glombig 1978, 104). Vor allem dann, wenn der Staat im Zuge einer primär-präventiven Wende vermehrte qualitative Eingriffs-
rechte für sich reklamiert, welche Interessen tangieren, die für den
Staat selbst funktionsrelevant sind, kann sich der Problemanfall für
ihn – wenigstens kurzfristig – noch erhöhen (vgl. Vobruba 1977,
21; Strasser 1978, 97; Rodenstein 1979, 8). Insbesondere Eingriffe,
die Investoreninteressen negativ tangieren, können für den Staat
mit vermehrtem Problemanfall in finanzstaatlichen und Beschäfti-
gungsbelangen verbunden sein, ohne daß sie ihm zugleich
Problementlastungen bescheren, die er dagegen aufrechnen könn-

te. Ist aber ein primär-präventiver Eingriff erst einmal gegen kontraproduktive Effekte durchgehalten worden und institutionalisiert, so wirkt er dauerhaft. Vorkehrungen zur Erhaltung bestimmter Umweltstandards oder Gesundheitsstandards am Arbeitsplatz bedürfen möglicherweise zeitweiliger Überprüfung, ihre Wirksamkeit ist jedoch prinzipiell unabhängig von den Einstellungen der Betroffenen sichergestellt. Die Schwierigkeiten, die damit verbunden sind, gewandelte Lebenschancen durch institutionelle Änderungen hervorzubringen, begründen also beides: sowohl die Langzeitigkeit des Eintritts wie auch die Nachhaltigkeit der Wirksamkeit primär-präventiver Eingriffe.

Sekundäre Prävention dagegen, die auf *Arrangements* der Subjekte *mit* gegebenen *institutionellen Zwängen* aus ist, kann mit bald eintretenden Erfolgen rechnen. Kontraproduktive Effekte sekundär-präventiver Maßnahmen fallen dagegen eher langfristig an. Dies hat für den unter Problemdruck agierenden Staat den Vorteil, daß er hier keine »Durststrecke« kumulierenden Problemanfalls zu überwinden hat. Dieser Vorteil wird allerdings damit bezahlt, daß sekundäre Prävention, indem sie die Konfrontation mit funktionsrelevanten (Investoren-)Interessen meidet, in letzter Konsequenz nur Problemverschiebung betreibt. Das stellt sich spätestens dann heraus, wenn die Anpassungsfähigkeit und Problemabsorptionsbereitschaft der Subjekte überfordert ist und sich ein Problemstau nicht mehr latent halten läßt. In Goldscheids Worten: »Es hat keinen Sinn, Klagelieder über die Höhe der sozialen Lasten anzustimmen, ist es doch die Wirtschaft selbst, die diese produziert. Will man also soziale Lasten vermeiden, so gilt es gesellschaftliche Maßnahmen zu treffen, welche den Menschen Lebens- und Arbeitsbedingungen schaffen, die sie nicht unentrinnbar nötigen, dem Gemeinwesen immer wieder zur Last fallen zu müssen. Denn unbehobenes Leid kehrt vermehrt wieder als öffentliche Last« (Goldscheid 1928/29, 41; zit. nach Hickel 1976, 34).

Sekundäre Prävention läßt sich also nicht auf Dauer stellen. Anders als im Falle primär-präventiver Eingriffe läßt sich ihr Erfolg nicht institutionell fixieren, sondern ist prinzipiell immer auf die Mobilisierung der Ressource »Mitmachbereitschaft« der betroffenen Subjekte angewiesen – eine Ressource, deren Verfügbarkeit für den Staat nicht selbstverständlich ist. Sie muß vielmehr andauernd neu hergestellt werden.

Vor dem Hintergrund dieser Differenzierungen der Wirkungsweisen der beiden Typen von Prävention in der zeitlichen Dimension leuchtet ein: Zunehmender Krisendruck zwingt den Staat zu systematischer Bevorzugung sekundärer Prävention (vgl. Jürgens et al. 1980, 81). In der Situation sich auftürmender staatlicher Funktionsprobleme, die aus dem krisenhaften Zusammentreffen von überschießenden Ansprüchen *an* den Staat und unzureichenden Mitteln und Leistungen *für* den Staat (vgl. Vobruba 1983 a) folgen, kann staatliche Sozialpolitik nicht auf langfristig realisierbare Erfolge setzen und schon gar nicht die Gefahr kurzfristig drohender Mehrbelastung riskieren. Je kürzer die Zeithorizonte sind, in denen der Staat zu agieren gezwungen ist, um so deutlicher läuft staatliches Handeln auf Festschreibungen des gegebenen Systemzusammenhangs einerseits und Anpassungsanforderungen an die Subjekte andererseits hinaus. Der politische Jargon faßt diese Konstellation in der Rede vom »Sachzwang«.

2. Die Sachzwang-Paradoxie

Krisen sind gesellschaftliche Entscheidungssituationen. Die sozialwissenschaftliche Verwendung des Krisenbegriffs impliziert zweierlei (vgl. Jänicke 1973, 16 ff.): Zum einen muß ein Überhang an Problemen gegenüber systemischen Problemlösungsmechanismen vorliegen (vgl. Habermas 1973, 11). Zum anderen müssen die Subjekte in diese Systemüberforderungen derart involviert sein, daß sie diese als Verschlechterungen ihrer Lebenschancen erfahren und den mangelhaften Systemfunktionen zurechnen können (vgl. Jänicke 1973, 20; Vobruba 1979, 491). Krise läßt sich kennzeichnen durch die Wahrnehmbarkeit des unmittelbaren systemischen Zugriffs auf das Subjekt.

Daraus folgt umgekehrt die Aktivierung des Bezugs der Subjekte zum System. In Krisen verringert sich der Abstand von individuellen Handlungshorizonten und systemischen Bestands- und Funktionsbedingungen. Die potentielle Folgenträchtigkeit von individuellem Handeln für Systemzustände wird einsehbar, Systemfunktionen werden thematisiert und rücken tendenziell in die individuellen Handlungsziele. Darum sind Krisen gesellschaftliche Entscheidungssituationen. In Krisen machen Sachzwänge Karriere.

Mit der Rede vom Sachzwang wird eine Deutung der Krisensituation angeboten, die eine bestimmte Form der Krisenlösung nahelegt. Dies leistet der Terminus Sachzwang, indem er die Problemhaftigkeit des Verhältnisses von Subjekt und System in einer gezielten Paradoxie thematisiert (vgl. Watzlawick et al. 1974, 171 ff.). Seinem *Inhalt* nach verfestigt der Begriff Sachzwang die Vorstellung von Systemfunktionen, die, abgehoben von den Mehrdeutigkeiten subjektiven Wollens, objektiv vorauszusetzen sind. Die Handlungsimperative, die sich aus Sachzwängen ergeben, werden daher als alternativlos gedeutet. Mit der Rede vom Sachzwang wird der systemische Funktionszusammenhang in gleichsam substanzhafter Eigenständigkeit zur Geltung gebracht. Die Subjekte geraten so in eine Gegenlage zu ihm. »Sachzwang wäre so nichts anderes als die wissenschaftlich ermittelte und geprüfte Rationalität jeder Sache bzw. die Konsequenz, die zur Erhaltung und Fortentwicklung des Systems aufgrund der erkannten Gesetzmäßigkeiten notwendig zu erfolgen hat, will man nicht in die Rolle eines irrationalen Irrwischs verfallen« (Narr 1970, 219). Wären die systematischen Funktionszusammenhänge tatsächlich derart von subjektivem Wollen abgehoben, so müßte von den Sachzwängen keinerlei Aufhebens gemacht werden. So ist es aber nicht. Denn was sich in Krisen beobachten läßt, ist nicht nur eine Zunahme an Sachzwängen, sondern auch die zunehmende Häufigkeit, mit der von ihnen die Rede ist.

Darin liegt die gezielte Paradoxie: In den Darstellungen politischer Problematiken und den Selbstdarstellungen von Politikern wird mit der Rede vom Sachzwang die Aufforderung an die Subjekte verbunden, die aus ihnen resultierenden Notwendigkeiten als Handlungsimperative zu akzeptieren und ihnen nachzukommen. »Sachzwang« bezieht sich also im *Kontext* der politischen Diskurse direkt auf die Subjekte und hat appellativen Charakter. Die Bewahrung und Förderung des systemischen Funktionszusammenhangs wird damit in die Verantwortung der Subjekte gestellt. Inhaltliche und Kontextbedeutung der Rede vom Sachzwang sind mit dieser Aufforderung zu »gesamtgesellschaftlicher Verantwortung« (Vobruba 1979, 502) in eigentümlicher Weise verknüpft: Aus ihrer Gegenlage zum System sollen die Subjekte so handeln, daß es intakt bleibt.

Der Aufforderungscharakter der Rede vom Sachzwang modifiziert also ihren Inhalt. Es ist keineswegs so, daß die Handlungsimperative, die aus den Sachzwängen folgen, alternativlos sind. Sie erscheinen erst dann als alternativlos, wenn sie von den Adressaten der Sachzwang-Appelle als alternativlos akzeptiert werden. Dann funktioniert der Sachzwang-Appell durch den Vorgriff auf die Handfestigkeit jener Systemzusammenhänge, die er selbst erst befestigen soll. Also: Wären die Sachzwänge wirklich welche, müßte von ihnen nicht die Rede sein. Sie werden dazu, indem sie akzeptiert werden. Warum werden sie akzeptiert?

3. Systemerhaltung und Selbstkontrolle

»Aber meine Hoffnung gilt dem Computer als einem gesamt-gesellschaftlichen Diagnoseinstrument. Das ist eine Prävention neuen Stils, die letztlich auch die Terrorursachen aufhebt, diesen Staat verrückt, ihn andersartig gestaltet, Gleichheit und Gleich-rangigkeit im Prozeß und in der Ökonomie schafft. Mit Hilfe dieses Mittels kann ich sehen, wo es hakt: Klassen, soziale Unter-schiede und Ungleichgewichtigkeiten, Ungerechtigkeit, Armut und Diskriminierung – das kann ich alles ablesen. Hier wird etwas nachgeholt, was für einen Staat dringend notwendig ist, und es wird nicht nachgeholt an Unterdrückungspotential, wenn ich mal die gängige Redeweise verwende, sondern an Informationspo-tential und an technischem Potential« (Herold 1980, 40). Darum gilt es, »die Informationsleistung der Polizei zu verbessern, nicht um die Repression in den Vordergrund zu stellen, sondern eine ge-sellschaftliche Prävention«. Denn »Marx hat es ja mal so schön ge-sagt, die Polizei wäre der verändernde Faktor der Gesellschaft, wenn man sie nur richtig begriffe« (Herold 1980, 37).

Ein solches Präventions-Projekt, in dem Gesellschaftsverände-rung nur noch den Sinn hätte, umfassende Anpassungszwänge der Subjekte zu organisieren, bezeichnet den Extremwert repressiver (sekundärer) Prävention. Daß seine Realisierung auf die polizei-staatliche Ruhigstellung der Gesellschaft – möglicherweise auf »friendly fascism« (Steinmüller 1979, 195) – hinausläuft, wurde mittlerweile ausführlich analysiert (vgl. Cobler 1981; Simon et al. 1981; Kreissl 1981; vgl. aber auch Richtigstellung 1981, 188).

Dagegen blieb die Frage nach jener Deutung von Gesellschaft, aus der solche Projekte ihre Plausibilität gewinnen, bisher ungestellt, und es wurde auch die Möglichkeit nicht erwogen, daß ihre Reali-sierung mehrheitlich zwar als Übel, aber als *notwendiges* Übel: als

Preis für erstrebenswerte Systemerhaltung, angesehen werden könnte. Läßt sich ein (*nicht* klassenspezifisches) Interesse an Systemerhaltung erklären?

Die originären Deutungsleistungen der Wissenschaft werden überschätzt (vgl. Narr 1970, 228 et passim). »Die uneingestandene Verpflichtung der Theorie auf herrschaftskonforme Fragestellungen« – gesetzt den Fall, eine solche bestünde – leistet noch lange nicht »die Apologie des Bestehenden um seiner Bestandserhaltung willen« (Habermas 1971, 170). – Und sei es bloß deshalb, weil die Theorie, der man solches nachsagen könnte, »unverständlich ist« (Luhmann 1971, 403). Dies Argument ist nicht nur entwaffnend, sondern auch wichtig, weil es einen Perspektivenwechsel nahelegt. Es weist auf die Relevanz der Gesellschaftsdeutungen der Subjekte selbst, die sich innerhalb der Gesellschaft einrichten und mit ihr arrangieren müssen. In solchen Deutungen schlagen sich die Erfahrungen nieder, die man im Umgang mit Gesellschaft macht; welche Vorteile sich aus den Funktionszusammenhängen des Systems ziehen lassen und mit welchen systemischen Verhaltenszumutungen man sich auseinanderzusetzen hat. Die Sozialwissenschaft hat diese Deutungen ihrem Gegenstand zuzurechnen. Die praktische Relevanz ihrer eigenen Gesellschaftsdeutung dagegen ist eine stellbare, aber zweitrangige Frage.

Ich habe für die, wie ich meine, heute gängige Deutung von Gesellschaft den Begriff »instrumentelles Gesellschaftsbild« (Vobruba 1983; Vobruba 1979, 491 ff.) vorgeschlagen. Wesentlich an ihm ist folgendes: Sein grundlegendes Merkmal ist erstens die *Interdependenz der Interessen,* die in Gesellschaft eingebracht werden. In dieser Deutung sind Interessen und die Chancen ihrer Realisierung untereinander funktional verknüpft. Es kann zwar zu momentanen Interessengegensätzen kommen. Diese sind aber innerhalb eines weiteren Zeithorizonts miteinander versöhnbar und nacheinander zu befriedigen, da die funktionalen Interdependenzen eine zeitliche Rangordnung, aber keinen Ausschluß der Befriedigung bestimmter Interessen begründen. Diese Auffassung findet ihre Entsprechung in, und ist inspiriert von, einem vulgarisierten Keynesianismus (vgl. Buci-Glucksman 1982). Die Interdependenz der Interessen schließt als Folge ein, daß man sich zweitens gesellschaftliche *Ungleichheit als funktionsrelevant* plausibel machen kann und anderer Leute Privilegien als Voraussetzung für die Sicherung des Standards eigener Lebenschancen interpretieren kann. Aus diesen Elementen ergibt sich drittens die Deutung von *Gesellschaft als* einem gemeinsam zu handhabenden *Instrument* zur Herstellung und Sicherung (materiellen) Wohlergehens. Dies impliziert Distanz gegenüber und instrumentelles Handeln im Hinblick auf Gesellschaft (ganz im Sinne der, mit der Rede vom Sachzwang nahegelegten, Orientierungen). Das viertens auf dieser Grundlage *verallgemeinerbare Interesse an Systemerhaltung* führt dazu, daß Gesellschaftskonflikt nicht als Kampf konkurrierender Interessen, sondern als Auseinandersetzung um die Frage angemessener, gesellschaftsverträglicher Verhaltensweisen ausgetragen wird (typischerweise »warnt« man den Gegner vor »unverantwortlichem Verhalten«). Gesellschaftliche Interessengruppen stellen sich daher als Verfechter konkurrierender Gemeinwohlkonzepte dar. Die instrumentelle Sicht von Gesellschaft macht fünftens *leidenschaftslosen Systemvergleich* möglich. Er führt in ein Trilemma der Realalternative von Planwirtschaft, Kapitalismus mit (mehr oder weniger) offener Konfliktaustragung und Kapitalismus mit weitgehender konsensueller (korporatistischer) Konfliktregelung. Vor dem Hintergrund historischer Erfahrungen und der vorliegenden Realalternativen werden sechstens die gegebenen, auf Konsens angelegten *Arrangements als faktisch alternativenlos* perzipiert. Konsequenz dieser Alternativenlosigkeit ist die Anerkennung systemischer Gesetzmäßigkeiten und Ansprüche als Sachzwänge. Dies ist siebtens die Ursache für die breite *Bereitschaft, in die Funktionsweise* des Systems *zu »investieren«;* das heißt, zu zeitlich und quantitativ begrenzter Einschränkung bei der Verfolgung eigener Interessen bereit zu sein, also: *Selbstkontrolle zwecks Systemerhaltung* zu üben.

Die These, daß das instrumentelle Gesellschaftsbild zu kalkuliert systemgerechtem Verhalten anleitet, läuft auf eine wichtige Folgerung hinaus: Zwar scheint unter dem Eindruck andauernder Krisen und längerfristig verminderter Chancen für Interessenverfolgung ein begrenzter trade off zwischen materieller und symbolisch fundierter Zufriedenheit feststellbar zu sein: »Wenn weniger sozialstaatliche Leistungen angeboten werden, nimmt die Bevölkerung ›ersatzweise‹ die sicherheitsstaatlichen Leistungen in Anspruch« (Steinert 1981, 73). Selbstdisziplinierung wird also durch Fremd-Kriminalisierung kompensiert – mit der Gefahr eines verhängnisvollen wechselseitigen Hochschaukelns von Disziplinierung und Marginalisierung (vgl. Vobruba 1979, 510).

Im Kern aber bleibt die Verbindlichkeit des instrumentellen Gesellschaftsbildes samt seinen Stabilisierungsleistungen in individuelle Interessenkalküle eingebunden. Die Anpassungsbereitschaft an Systemerfordernisse bleibt daher, wie vermittelt auch immer, doch an Interessen gebunden und damit prinzipiell aufkündbar. Systemstabilisierung durch Selbstkontrolle bleibt riskant.

4. Selbstkontrolle und Sozialstaatserhaltung

Der Staat ist in Systemfunktionen involviert. Sowohl seine steuerstaatliche Abhängigkeit wie seine sozialstaatlichen Zuständigkeiten nötigen ihn dazu, systemische Funktionsprobleme als seine eigenen Probleme zu perzipieren (Grauhan 1975, 54 f.; Vobruba 1978). Diese Involviertheit des Staates wird in Krisen aktualisiert: »Wenn weniger Menschen arbeiten, zahlen weniger Steuern und Sozialbeiträge; zugleich brauchen mehr Menschen soziale Hilfen wie Arbeitslosengeld oder Arbeitslosenhilfe« (Schmidt 1982, 413). Insbesondere die den Staat betreffenden Probleme des Arbeitsmarktes erscheinen ihm also als Belastung und Beeinträchtigung seines Handlungsspielraums. Dieser Umstand legt es nahe, eine geläufige These umzudrehen. Sie lautet: »Sozialpolitik ist die staatliche Bearbeitung des Problems der dauerhaften Transformation von *Nicht-Lohnarbeitern in Lohnarbeiter*« (Lenhardt, Offe 1977, 101). Dem Staat, der um Entlastung von den ihn beschwerenden Problemen bemüht sein muß, geht es aber nicht darum, mittels Sozialpolitik Subjekte für den Arbeitsmarkt bereitzuhalten, sondern darum, mit arbeitsmarktpolitischen Mitteln Überforderungen seiner Sozialstaatskompetenz abzuwehren. Der Staat intendiert also weniger einen funktionalen Bezug von Sozialpolitik auf den Arbeitsmarkt als einen von Arbeitsmarktpolitik auf Sozialpolitik. Denn höchstwahrscheinlich kann eine (sozialdemokratische) Staatsführung »mit einer zum Großteil fließenden Massenarbeitslosigkeit solange leben und die Hoffnung auf einen reformerischen Neubeginn wachhalten, wie sie eine Krise des Sozialstaats verhindern kann« (Krätke 1981, 96). Den Staat zwingt sein eigenes Bestandsinteresse, sich an die Logik des Problemanfalls in der Krise zu halten: Schwierigkeiten der Kapitalverwertung schlagen auf den Arbeitsmarkt durch und werden zu finanziell wirksamen Problemen, die in die sozialstaatliche Zuständigkeit fallen. Deshalb ist für den Staat Investitionsförderungspolitik und Arbeitsmarktpolitik präventive Sozialpolitik.

Diese Überlegung führt an ein sozialstaatliches Dilemma heran. In der Tat stellen sich dem Staat in der Krise zwei Aufgaben: Die *Sicherung der Subjekte* und die *Sicherung der Sicherheit*. Je komplizierter die Refinanzierung des Staates aus der Ökonomie wird, um so schwieriger sind die beiden Aufgaben miteinander zu vereinbaren und um so näher kommen sie einem Null-Summen-Spiel. Das Metaproblem »Sicherung der Sicherheit« erhält so ein eigenständiges Profil. Sicherung des Subjekts wird zum Hindernis der Bewältigung des Metaproblems und droht über diesen Umweg selbstdestruktiv zu werden. Einerseits, so heißt es, ist »Solidarität mit der Gesellschaft« – im Sinne der Erhaltung ihrer sozialstaatlichen Sicherungsfonds – notwendig, um »den einzelnen und die sozialen Gruppen [zu] schützen, damit nicht aus der legitimen Ausschöpfung von Freiheiten unversehens die Ausbeutung der Solidargemeinschaft wird« (Ehrenberg, Fuchs 1980, 44). Aber »andererseits kann in einer Gesellschaft, in deren Wirtschaftssphäre der Primat des privaten Eigennutzes als legitim anerkannt ist, nicht plötzlich bei der Inanspruchnahme staatlicher Leistungen der Gemeinsinn oberste Verhaltensregel sein« (ebd.). In diesem Dilemma zwischen der Sicherung der Sicherheit, die von der und für die »Gemeinschaft« zu leisten sei, und der Sicherung der Subjekte, die daran ein »gesellschaftliches« Interesse haben, ist der Staat kein neutraler Mittler. Gerade weil er unabweisbare sozialstaatliche Zuständigkeiten hat, muß ihm deren forcierte Inanspruchnahme, sobald sie an die Substanz seines sozialpolitischen Handlungsspielraums zu gehen droht, als Gefährdung seines Bestandsinteresses erscheinen.

Indem so Prävention in die Perspektive des »Interesses des Staates an sich selbst« (Offe 1975; Vobruba 1980) gerät, ändert sich ihre Richtung. Sie zielt nun nicht mehr auf den einzelnen, den potentiellen Träger sozialpolitischer Probleme, sondern auf die Erhaltung der sozialstaatlichen Handlungsfähigkeit. Prävention bedeutet nun nicht mehr die Bearbeitung der (subjektiven oder objektiven) Ursachen sozialpolitischer Probleme, sondern die Abschirmung der Sozialpolitik von Problemen; nicht die Verhinderung von Problementstehung, sondern die Verhinderung von Problemanmeldung.

»Wir alle sind aufgerufen, mit dem System sozialer Sicherungen fürsorglich umzugehen und seine Grundlagen zu erhalten« (Carstens 1982, 415). Da dem »Interesse des Staates an sich selbst« also das Metaproblem »Sicherung der Sicherheit« näherliegen muß, wird dieses Problem mit Priorität – und unter Inkaufnahme von Verunsicherung der Subjekte – bearbeitet. Dies ist der staatstheoretische Hintergrund der den unvoreingenommenen Beobachter möglicherweise bizarr anmutenden These, man müsse »den Sozialstaat durch die Krise retten« (*Zeit* 1981, Nr. 40, 33), indem man ihn abbaut (vgl. zuletzt Eckwerte 1982, 617ff.).

Die Privilegierung der Sicherung der Sicherheit vor der Sicherung der Subjekte ist der sozialpolitische Spezialfall eines allgemeineren Musters von Politik, das in Ausbreitung begriffen ist: Der Hypostasierung gegebener Systemzustände gegenüber individueller Eigensinnigkeit und Interessenverfolgung. Dies Muster schlägt sich nieder in der Wirtschaftspolitik, indem das Ziel »Preisniveaustabilität« zur allgemeinen Spielregel avanciert (vgl. Spahn 1979); in dem Eindringen prognostischer Verfahren in die Strafrechtssprechung (vgl. Preuß 1981); in den Versuchen, Verbandshandeln (vor allem der Gewerkschaften) auf gesamtgesellschaftliche Verantwortlichkeit zu verpflichten (vgl. Lehmbruch 1979, 56; Bonß 1980). Solche Politiken laufen darauf hinaus, den Subjekten abzuverlangen, daß sie sich der Systemverträglichkeit ihres Handelns a priori vergewissern; daß sie systemstörende Effekte ihres eigenen Handelns präventiv ausschließen; daß sie sich als Risiko ernst nehmen und sich entsprechend selbst kontrollieren.

Die beiden Seiten der systemischen Verfangenheit der Subjekte: Funktionselement von System und Benefiziar von Systemleistungen zugleich zu sein, wird damit nach der ersteren Seite hin aufgelöst. Die Subjekte sollen sich einfügen.

Solche systemischen Ansprüche verlangen nach spezifischer subjektseitiger Disponiertheit. Die Subjekte müssen sich die Notwendigkeit und den Sinn ihrer Inpflichtnahme (vgl. Vobruba 1983) für Systemerhaltung verständlich machen können. Die Merkmale jenes Gesellschaftsbildes, das dies zu leisten in der Lage ist, habe ich oben skizziert. Die politische »Hypostasierung gegebener Systemzustände« und das »instrumentelle Gesellschaftsbild« sind also komplementäre Konstituentien gesellschaftlicher Stabilität.

5. Das Subjekt als Risiko

Die Reduzierung von Subjekten auf systemische Funktionsele-
mente birgt in sich eine ambivalente Anerkennung von Subjektivität (vgl. Vobruba 1983). Ihrem materiellen Gehalt nach wird Subjektivität beschnitten: Die geforderte Selbstkontrolle reduziert das
Spektrum denkbarer Handlungsalternativen. Der Form nach aber
wird Subjektivität aufgewertet: Systemerhaltung wird in subjektive Verantwortung gestellt, Handeln wird unmittelbar systemre-
levant. Konsequenz davon – ich überzeichne um der Deutlichkeit
des Arguments willen – ist: Die Systemstabilität ist von den Subjekten geliehen. Systemstabilität stellt sich nicht mehr aus genui-
nem Systemfunktionieren her, dessen gesellschaftssynthetisie-
rende Leistungen nicht ad personam zurechenbar sind, sondern
wird zum Handlungsziel der Subjekte erhoben und damit ihrer
Verantwortlichkeit anheimgestellt.

Indem Systemstabilität in die Handlungshorizonte der Subjekte
einrückt, wird das oben genannte Charakteristikum von Krisen auf
Dauer gestellt: Die Erreichbarkeit des Systemzusammenhangs
durch individuelles Handeln, »die Aktivierung des Bezugs der
Subjekte aufs System«. Dies rechtfertigt es, den gegenwärtigen,
durch solche Arrangements stabil gehaltenen, Gesellschaftszu-
stand als »krisenhaft« zu bezeichnen.

Damit beabsichtige ich mehr als nur eine Rechtfertigung für die
Verwendung eines Terminus. Es sind daher jetzt wenigstens noch
die Ansatzpunkte für die Überlegung zu bezeichnen, daß die Subjekte riskant bleiben, erstens *obwohl* sie für Systemstabilisierung in
Pflicht genommen sind und zweitens *weil* sich Systemstabilität auf
sie stützt.

Erstens: Die Interpretationsleistungen des instrumentellen Gesellschaftsbildes haben Grenzen (vgl. Vobruba 1979, 509). Zum
einen kann und will man nicht unbeschränkt lange seine individuellen Interessen den Systemerfordernissen hintanstellen. Die Interpretation von Gesellschaft als einem Instrument, das allen
nützt, impliziert zwar, daß man bereit ist, für die Erhaltung dieses
Instruments etwas zu tun, bedeutet aber auch, daß man zwischen
der Bereitschaft, in die Leistungsfähigkeit des Systems zu investieren, und späteren, erwartbaren »Gewinnen« einen Zusammenhang herstellen muß. Dieser Zusammenhang verliert an Plausibilität, je länger es sich als notwendig erweist, in das Systemfunktio-

nieren zu investieren, ohne die erhofften Gewinne daraus ziehen zu können.

Darüber hinaus ist durchaus unklar, in welchem Ausmaß Interessenverzichte notwendig sind, um die Systemfunktionen wieder in Kraft zu setzen. Diese Frage müßte strenggenommen anhand einer Theorie geklärt werden, mittels derer man entscheiden kann, ob das Funktionieren des Systems auf der Grundlage der gegebenen gesellschaftlichen Basisinstitutionen mit einem säkularen Anstieg oder mit Gleichbleiben der gesellschaftlichen Kosten verbunden ist. Eine solche Theorie hätte die Funktion des Theorems vom tendenziellen Fall der Profitrate zu erfüllen. Sie ist freilich auf dieser, ökonomischen, Ebene wohl nicht (mehr) durchzuführen. Auch ist, wenn ich recht sehe, ein alternativer Ansatz dazu nicht in Reichweite. Aber es spricht einiges dafür, daß die Kosten eher zunehmen, vor allem wenn man berücksichtigt, daß gerade jene Ressourcen, die von klaglosem Systemfunktionieren besonders stark in Anspruch genommen werden (ökologisches Gleichgewicht, intakte Lebensumwelt; aber auch: Vorstellungen von sinnvollem Zusammenleben), sich in letzter Zeit zunehmender gesellschaftlicher Wertschätzung erfreuen.

Unklar ist schließlich, ob nicht gerade auf Systemunterstützung angelegte Interessenverzichte kontraproduktiv und systemstörend sein können. Dies Problem müßte man systematisch erörtern, indem man analysiert, welche Modifikationen sich für den Gegenstand der Systemtheorie ergäben, wenn man ihre eigenen Erkenntnisse als Handlungsanleitungen nimmt. Es ist nicht ausgemacht, ob nicht die Versuche, Systemfunktionen intentional zu vollziehen, diese untergraben (vgl. Offe 1971, 270). Ein – triviales – Beispiel: Wenn etwa die Lohnverzichte der Belegschaften verschiedener amerikanischer Automobilkonzerne (vgl. Internationale Chronik 1982, 11) national und international Schule machen – und dazu besteht, wenn erst einmal damit begonnen wurde, eine gewisse Nötigung –, dann verliert dieses selbstverordnete Lohndumping jeglichen Sinn. Weder verbessert sich dann die nationale und internationale Wettbewerbsfähigkeit des »eigenen« Konzerns, noch vermag der Konzern seine Versprechung an die Arbeiter, für mehr Arbeitsplatzsicherheit zu sorgen, einzulösen. Die Probleme in der Automobilindustrie verschärfen sich dann noch – auf einem niedrigeren Lohnniveau.

Schließlich können sich Probleme daraus ergeben, daß die Anforderungen an *alle*, sich Selbstkontrolle zwecks Systemerhaltung aufzuerlegen, nicht bedeuten, daß sich daraus *gleiche* Lasten für alle ergeben. In jedem Fall sind von der Übernahme von Lasten für Systemerhaltung die »funktionsrelevanten« (also: Investoren-)Interessen befreit. Da sie strategischer Anknüpfungspunkt der Bewahrung von Systemfunktionen sind, sollen sie ja gerade gefördert werden. Selbstkontrolle zu üben haben dagegen alle, deren Interessenartikulationen funktionsrelevante Interessen zu beeinträchtigen drohen, im wesentlichen also die Empfänger von Lohn- und Transfereinkommen.

Aber auch innerhalb dieser Gesamtheit sind die Lasten nicht gleich verteilt. Vielmehr differieren je nach Ausbildung, Branchenzugehörigkeit, Betriebsgröße und Arbeitsmarktsegmentzugehörigkeit die Anpassungsanforderungen und Verhaltenszumutungen stark (vgl. Freiburghaus 1976; Sengenberger 1978; Heinze et al. 1981). Je größer diese Belastungsunterschiede werden, um so größer wird die Gefahr, daß einzelne Gruppen aus dem Stabilitätspakt ausscheren. Dies läßt sich nur dann verhindern, wenn solchen Untergruppen entweder die Hoffnung hinreichend plausibel gemacht werden kann, daß sie nach einer Durchhalteperiode wieder zu günstigeren Lebenschancen finden werden (daß z. B. individuelle Arbeitslosigkeit ein Ende findet), oder wenn es gelingt, solche Gruppen zuverlässig zu marginalisieren. Beide Bedingungen scheinen durch die neuere Entwicklung eher in Frage gestellt.

Zum einen nimmt die Arbeitsmarktentwicklung einer zunehmenden Zahl von Arbeitslosen die Hoffnung auf absehbare Reintegration. Zum anderen ist dem Erfolg von Marginalisierungen abträglich, daß die Grenzen zwischen den unterschiedlich privilegierten Arbeitsmarktsegmenten undeutlich werden; daß also für den einzelnen immer weniger vorhersehbar ist, ob er demnächst zu den Abdrängern oder zu den Abgedrängten gehören wird. Dies lehrt das Eindringen von Arbeitslosigkeit in die Kern- und Facharbeiterschaft. Schließlich wird der »Sinn« von Marginalisierung in Frage gestellt, wenn Betroffene ihre Marginalisierung offensiv aufnehmen, statt sich resignativ in sie zu fügen. Überspitzt gesagt: Solche Strategien der Systemstabilisierung werden kontraproduktiv, wenn die Betroffenen aus der »Not der Marginalisierung« eine »Tugend« machen.

Zweitens: Die Subjekte bleiben für Systemstabilität aber auch deshalb riskant, *weil* sie Systemstabilität stützen. Diese paradox klingende Behauptung läßt sich mit einem Satz begründen: Die präventive Abschirmung des Systemzusammenhangs durch Selbstkontrolle der Subjekte läßt systemische Adaptionsmechanismen verkümmern. Die Anpassungsbemühungen der Subjekte an Systemerfordernisse bringen das System um Lernchancen. Dieses Stabilitätsrisiko läßt sich in zwei Aspekten darstellen.

Zum einen schirmt die präventive Selbstkontrolle die zentralen, für Systemfunktionieren relevanten Institutionen von notwendigen Informationen ab. Ersichtlich sind von Subjekten, die um der Systemerhaltung willen ihre Ansprüche zurückstecken, nicht noch nebenbei »ehrliche« Auskünfte über das Ausmaß ihrer authentischen Wünsche zu bekommen. Es läßt sich keine Differenz von authentischen und – nach erfolgter Selbstkontrolle – offengelegten Ansprüchen bilden und daraus ein Risikoindikator ableiten. Es gibt zwar diese Differenz – sonst wäre die Selbstkontrolle hinfällig. Aber sie bleibt latent und unhandhabbar. Denn das instrumentelle Gesellschaftsbild leitet die Subjekte nicht dazu an, sich zu verstellen, sondern liefert verbindliche Orientierungen, mit denen die Subjekte selbst (wenigstens) nicht zynisch umgehen. Erst wenn sich diese Orientierungen nicht mehr durchhalten lassen und ihre Verbindlichkeit verlorengeht, werden die latenten Differenzen manifest; aber stets erst post festum und ohne Vorwarnung.

Ironischerweise birgt also Prävention durch Selbstkontrolle das Risiko des Aufbrechens von Problemlagen in sich, die – wenn überhaupt – wiederum nur kurativ zu bearbeiten sind.

Zum zweiten vermögen auch die Sozialwissenschaften die Aufgabe einer *Prävention vor den Folgen der Prävention durch Selbstkontrolle* nicht zu erfüllen. Zwar könnte es ihr Anspruch sein, konfliktträchtige Gesellschaftskonstellationen zu benennen, innovatorische Potentiale gegenüber adaptationsmüden Institutionen zu bestärken und so einen dosierten gesellschaftlichen Innovationsdruck auf Dauer zu stellen. Ihre gesellschaftliche Einbettung scheint der Wahrnehmung einer solchen Aufgabe aber eher abträglich zu sein. Denn statt sich als Krisenwissenschaft zu gerieren, wird versucht, Sozialwissenschaft darauf festzulegen, als Teilnehmer im gesamtgesellschaftlichen Pakt gegen den »äußeren Feind Krise« zu agieren. Die Art und Weise, in der Wissenschaft institutionalisiert ist, scheint ihre Teilnahme an diesem Pakt einigermaßen sicherzustellen (vgl. Offe 1982, 110 f.). Die Übernahme der Perspektive und des Problembewußtseins der politischen Administration durch die Wissenschaft reduziert auch ihre eigene Fähigkeit zur Problemperzeption und Problemvoraussicht auf deren Perzeptionsniveau. Aufgrund der Gleichheit der Perspektiven sind beide, politische Administration und Wissenschaft, vor Überraschungen von seiten der Subjekte gleichermaßen ungeschützt. Politik der sozialwissenschaftlichen Forschung schafft unter Krisendruck Erkenntnisblockaden: Wissenschaft wird auf die Übernahme der Problemperspektive des Staates eingeschworen, um ein Wissen zu produzieren, das sich doch nur aus einer anderen Perspektive haben ließe. Je dringlicher der Staat der Wissenschaft Orientierung abverlangt, um so weniger erhält er sie.

Systemstabilisierung durch präventive Selbstkontrolle ist also deshalb kein Patentrezept, weil zum einen die Ruhigstellung der Subjekte durch Selbstkontrolle nie endgültig ist, sondern Probleme: Wünsche, Interessen, Ansprüche, aufgestaut werden, und weil zum anderen die präventive Abschirmung des Systems vor dem Störfaktor Subjektivität Strukturen verkrusten und Adaptionsmechanismen verkümmern läßt. Prävention durch Selbstkontrolle erhält Systemstabilität; aber ihr Preis ist verschärfter Eigensinn der Subjekte und vermehrte Verletzlichkeit des Systems.

Hier kann die Krisentheorie anknüpfen. Denn wollte man die vielfältigen Krisenkonstellationen, die sich daraus ergeben können, in Abrede stellen, so müßte man auf einen recht unwahrscheinlichen Entlastungsmechanismus setzen: auf ein zuverlässig schlechtes Gedächtnis.

Literatur

Achinger, H. et al. (1955, 1981), *Prinzipien der Sozialpolitik,* in: N. Preußer (Hg.), *Armut und Sozialstaat,* Band 1, AG SPAK M 48, München.
Buci-Glucksman, Ch. (1982), *Sozialdemokratie und keynesianischer Staat,* in: *Prokla* 47, Berlin.
Bonß, W. (1980), *Gewerkschaftliches Handeln zwischen Korporatismus und Selbstverwaltung – Die Konzertierte Aktion und ihre Folgen,* in: V. Ronge (Hg.), *Am Staat vorbei,* Frankfurt, New York 1980.
Carstens, K. (1982), *Gemeinsame Verantwortung für Wachstum und Wohlstand.* Ansprache des Bundespräsidenten auf der Jahrestagung des BDI in Köln, in: Presse- und Informationsamt der Bundesregierung, *Bulletin* Nr. 48 (26. 5. 1982).

Cobler, S. (1981), *DAZUSY, PSI und MOPPS. Computer auf den Spuren von »Risikopersonen«*, in: *Kursbuch 66*, Berlin.

Eckwerte zum Bundeshaushalt 1983 und zum Finanzplan 1982 bis 1986, in: Presse- und Informationsamt der Bundesregierung, *Bulletin 68* (3. 7. 1982).

Ehrenberg, H., A. Fuchs (1980), *Sozialstaat und Freiheit*, Frankfurt.

Freiburghaus, D. (1976), *Zentrale Kontroversen der neueren Arbeitsmarkttheorie*, in: M. Bolle (Hg.), *Arbeitsmarkttheorie und Arbeitsmarktpolitik*, Opladen.

Geißler, H. (1976), *Die Neue Soziale Frage*, Freiburg.

Glombig, E. (1978), *Gesamtreform der sozialen Sicherung – eine Zukunftsaufgabe für die SPD*, in: *Neue Gesellschaft*, Heft 2.

Grauhan, R. (1975), *Grenzen des Fortschritts?*, München.

Greven, M. Th. (1980), *Soziale Probleme und politische Antworten – Sozialpolitische Konzeptionen und Konflikte der siebziger Jahre*, in: M. Th. Greven, R. Prätorius, Th. Schiller, *Sozialstaat und Sozialpolitik. Krise und Perspektiven*, Neuwied.

Habermas, J. (1971), *Theorie der Gesellschaft oder Sozialtechnologie? Eine Auseinandersetzung mit Niklas Luhmann*, in: Ders., N. Luhmann, *Theorie der Gesellschaft oder Sozialtechnologie – Was leistet die Systemforschung?*, Frankfurt.

Habermas, J. (1973), *Legitimationsprobleme im Spätkapitalismus*, Frankfurt.

Heinze, R. G. et al. (1981), *Armut und Arbeitsmarkt: Zum Zusammenhang von Klassenlagen und Verarmungsrisiken im Sozialstaat*, in: ZfS, Heft 3.

Herold, H. (1980), *Herold gegen alle. Gespräche mit dem Präsidenten des Bundeskriminalamts*. Von Sebastian Cobler, in: *Transatlantik*, Heft 11.

Hickel, R. (1976), *Krisenprobleme des »verschuldeten Steuerstaats«*, in: R. Goldscheid, J. Schumpeter, *Die Finanzkrise des Steuerstaats. Beiträge zur politischen Ökonomie der Staatsfinanzen*, hg. von R. Hickel, Frankfurt.

Internationale Chronik zur Arbeitsmarktpolitik 8 (1982), *Arbeitsplätze gegen Lohnverzicht (USA)*, hg. vom Internationalen Institut für Management und Verwaltung, Wissenschaftszentrum Berlin.

Jänicke, M. (1973), *Die Analyse des politischen Systems aus der Krisenperspektive*, in: Ders. (Hg.), *Politische Systemkrisen*, Köln.

Jürgens, U. et al. (1980), *Die präventive Wendung der staatlichen Sozialpolitik – Formen des Unterlaufens und der Verkehrung auf Betriebsebene*, in: P. Grottian (Hg.), *Folgen reduzierten Wachstums für Politikfelder*, Sonderheft 11 der PVS, Opladen.

Krätke, M. (1981), *Der Sozialstaat in der Geldklemme. Zur Logik der »Tendenzwende« in der sozialliberalen Wirtschaftspolitik seit 1973*, in: *Monetäre Restriktionen: Die Inflationsbekämpfung, Argument Sonder-*

band 68, Berlin.

Kreissl, R. (1981), *Die präventive Polizei*, in: *Kritische Justiz*, Heft 2.

Lehmbruch, G. (1979), *Wandlungen der Interessenpolitik im liberalen Korporatismus*, in: U. v. Alemann, R. G. Heinze (Hg.), *Verbände und Staat*, Opladen.

Lenhardt, G., C. Offe (1977), *Staatstheorie und Sozialpolitik. Politisch-soziologische Erklärungsansätze für Funktionen und Innovationsprozesse der Sozialpolitik*, in: Chr. v. Ferber, F.-X. Kaufmann (Hg.), *Soziologie und Sozialpolitik*. Sonderheft 19 der *KZfSS*, Opladen.

Luhmann, N. (1971), *Systemtheoretische Argumentationen. Eine Entgegnung auf Jürgen Habermas*, in: J. Habermas, N. Luhmann, *Theorie der Gesellschaft oder Sozialtechnologie – Was leistet die Systemforschung?*, Frankfurt.

Mosdorf, S. (1978), *Konservativ-ordoliberale Wohlfahrtsstaatskritik und das Konzept der Neuen Sozialen Frage*, in: *aus politik und zeitgeschichte*, B 39/78 (30. 9. 1978).

Narr, W.-D. (1970), *Systemzwang als neue Kategorie in Wissenschaft und Politik*, in: C. Koch, D. Senghaas (Hg.), *Texte zur Technokratiediskussion*, Frankfurt.

Offe, C. (1971), *Briefliche Mitteilung an Jürgen Habermas*, in: J. Habermas, N. Luhmann, *Theorie der Gesellschaft oder Sozialtechnologie – Was leistet die Systemforschung?*, Frankfurt.

Offe, C. (1975), *Berufsbildungsreform. Eine Fallstudie über Reformpolitik*, Frankfurt.

Offe, C. (1982), *Sozialwissenschaften zwischen Auftragsforschung und sozialer Bewegung*, in: U. Beck (Hg.), *Soziologie und Praxis. Soziale Welt*, Sonderband 1, Göttingen.

Preuß, U. K. (1981), *Justizielle und polizeiliche Wahrheit im Strafverfahren*, in: *Kritische Justiz* 14.

Preußer, N. (1981), *Anmerkungen zur Sozialstaatsdiskussion*, in: Ders. (Hg.), *Armut und Sozialstaat*, AG SPAK M48, München.

Richtigstellung 1982, in: *Kursbuch* 68, Berlin.

Rodenstein, M. (1979), *Gesundheitsrelevante Belastungsdimensionen. – Überlegungen zu einem Präventionsforschungsansatz*, IIVG/dp/79–214, Wissenschaftszentrum Berlin.

Schmidt, H. (1982), *Rede des Bundeskanzlers auf dem DGB-Bundeskongreß*, in: Presse- und Informationsamt der Bundesregierung, *Bulletin* 50 (28. 5. 1982).

Sengenberger, W. (1978), *Einführung: Die Segmentation des Arbeitsmarktes als politisches und wissenschaftliches Problem*, in: Ders. (Hg.), *Der gespaltene Arbeitsmarkt*, Frankfurt, New York.

Simon, J. et al. (1981), *Wer sich umdreht oder lacht... Rasterfahndung: Ein Beitrag zur Gewährleistung der inneren Sicherheit*, in: *Kursbuch* 66, Berlin.

Spahn, H.-P. (1979), *Die Stabilitätspolitik des Sachverständigenrats*, Frankfurt, New York.

Steinert, H. (1981), *Widersprüche, Kapitalstrategien und Widerstand oder: Warum ich den Begriff »Soziale Probleme« nicht mehr hören kann. Versuch eines theoretischen Rahmens für die Analyse der politischen Ökonomie sozialer Bewegungen und »Sozialer Probleme«*, in: *Kriminalsoziologische Bibliographie* 32–33, Wien.

Steinmüller, W. (1979), *Der aufhaltsame Aufstieg des Geheimbereichs*, in: *Kursbuch* 56, Berlin.

Strasser, J. (1978), *Wackelt der Sozialstaat?*, in: *Neue Gesellschaft*.

Strasser, J. (1979), *Grenzen des Sozialstaats?*, Köln, Frankfurt.

Sund, O. (1978), *Integrierte Sozialpolitik statt Formulierung der Politik einer »Neuen Sozialen Frage«*, in: M. Pfaff, H. Voigtländer (Hg.), *Sozialpolitik im Wandel*, Bonn.

Vobruba, G. (1977), *Sozialpolitik: Sparen oder umstrukturieren*, in: *Frankfurter Hefte* 11.

Vobruba, G. (1978), *Staatseingriff und Ökonomiefunktion. Der Sozialstaat als Problem für sich selbst*, in: *ZfS*, 2.

Vobruba, G. (1979), *Keynesianismus als Politisches Prinzip. Zur Theorie des instrumentellen Gesellschaftsbildes*, in: *Leviathan* 4.

Vobruba, G. (1980), *Positionen der Staatstheoriediskussion*, in: *ÖZP*, 4.

Vobruba, G. (1983), *Die Internalisierung von Systemerhaltung als Sachzwang*, in: Ders., *Politik mit dem Wohlfahrtsstaat*, Frankfurt.

Vobruba, G. (1983 a), *Entrechtlichungstendenzen im Wohlfahrtsstaat*, in: R. Voigt (Hg.), *Abschied vom Recht?*, Frankfurt.

Watzlawick, P. et al. (1974), *Menschliche Kommunikation*, Bern.

DIE ZEIT (1981), *Den Sozialstaat durch die Krise retten* (25. 9. 1981).

II.
Risikodetektierung

Robert Castel

Von der Gefährlichkeit zum Risiko

Ich möchte einen Gedankengang zu den Präventionsstrategien vorstellen, die gegenwärtig – insbesondere in den Vereinigten Staaten und in Frankreich – entwickelt werden und die meiner Ansicht nach tiefgreifende Neuerungen in bezug auf die Tradition der Mentalmedizin und der Sozialarbeit beinhalten.

Um es zunächst sehr vereinfacht auszudrücken, wäre die Neuerung folgende: Diese neuen Strategien sind mit der Auflösung des Begriffs des *Subjekts* oder des konkreten Individuums verbunden, der durch einen Komplex von *Faktoren,* die Risikofaktoren, ersetzt wird. Wenn das zutrifft, so bringt eine derartige Transformation bedeutsame Implikationen für die Praxis mit sich. Das Wesentliche bei der Intervention ist nicht länger die unmittelbare Beziehung, die Konfrontation zwischen beispielsweise einem Betreuer und einem Betreuten, einem Helfer und einem Hilfeempfänger, einem Fachmann und seinem Klienten. Entscheidend ist vielmehr die Konstruktion von Populationen, die auf einer Kombination abstrakter, *generell risikoträchtiger* Faktoren beruht.

Durch diese Verschiebung entsteht ein krasses Mißverhältnis zwischen dem Standpunkt des Fachpersonals auf der einen Seite und dem der Verwaltungskräfte, die diese Gesundheitspolitiken definieren und verwirklichen, auf der anderen. Die Erstgenannten unterstehen den Letzteren, und eine Verwaltungspolitik kann sich ganz und gar verselbständigen, der Kontrolle der vor Ort Arbeitenden, die zu bloßen Befehlsempfängern werden, völlig entgleiten. Hinzu kommt jedoch, daß diese Auswirkungen auf die Praxis mit politischen Implikationen verbunden sein könnten, falls es, wie ich zumindest aufzeigen möchte, zutrifft, daß diese neuen Methoden der Verarbeitung von Bevölkerungsgruppen anscheinend in ein Konzept der Steuerbarkeit eingepaßt sind, das für die »fortgeschrittenen Industriegesellschaften« bzw. für die »postindustriellen« oder »postmodernen« Gesellschaften oder wie man sie sonst noch bezeichnen mag, charakteristisch ist.

Wie allen wichtigen Transformationen geht auch dieser eine langsame Evolution der Praktiken voraus, die zu einem bestimmten

Zeitpunkt eine Schwelle überschreitet und sich sodann in Form einer Mutation darstellt. Die gesamte moderne Medizin wird so allmählich von einer Strömung erfaßt, mit dem Resultat, daß die Vielzahl der »Untersuchungen« äußerstenfalls dazu führt, die Begegnung des Arztes mit seinem Klienten überflüssig zu machen. Die Untersuchung des Patienten wird mehr und mehr zur Überprüfung seiner Krankenakten, wie sie in unterschiedlichen Situationen von verschiedenen beruflich zuständigen Fachkräften (den verschiedenen Spezialisten) angelegt wurden, die nur vermittelt über die Weitergabe der Unterlagen in Beziehung zueinander stehen, ein Phänomen, das Balint bereits als »Kollusion der Anonymität« bezeichnete. Das für die Erstellung der Diagnose entscheidende Moment ist nicht länger die konkrete Beziehung zum kranken Menschen, sondern der Bezug, der zwischen den verschiedenen Experten hergestellt wird, aus denen seine Akte sich zusammensetzt. Hier handelt es sich bereits um einen Wandel von der Präsenz in ein Aufzeichnen, vom professionellen Blick zur objektiven Speicherung von Daten. Krise, wenn man so will, der Klinik, verstanden als Krise der personalen Beziehung zwischen einem Fachmann und seinem Klienten oder, besser, Übergang von einer Klinik des Subjekts zu einer epidemiologischen Klinik: Die punktuelle und vervielfachte Expertise verdrängt die konkrete Arzt-Patient-Beziehung. Das bedeutet zwar nicht das Ende der Medizin, aber ganz gewiß eine tiefgreifende Transformation der Formen ihrer Ausübung.

Eine derartige Neudefinition des ärztlichen Mandats liefert seit ungefähr zwanzig Jahren Stoff für die Diskussionen, die über die Entwicklung der Medizin und die Suche nach Lösungsmöglichkeiten oder Notbehelfen, um ihre gegenläufigen Finalitäten zu kontrollieren, geführt werden (Balint-Gruppen, Gruppenmedizin, Versuche, dem Allgemeinmediziner wieder Anerkennung zu verschaffen etc....). Sie beruht übrigens auf einem Komplex von ganz bestimmten objektiven Bedingungen, die ihrerseits ebenfalls ziemlich genau untersucht worden sind: Entwicklung der Behandlungstechnologien im Sinne einer immer stärkeren »wissenschaftlichen« Ausrichtung, zunehmende Bedeutung des Krankenhauses als vorzugsweise geeigneter Ort für die Entstehung und Ausübung einer modernen Spitzenmedizin etc. In der Psychiatrie ist die Diskussion jedoch noch nicht so weit vorgestoßen; sie wird immer noch so geführt, als ob die Probleme der Praxis sich im wesentlichen weiterhin auf die therapeutische Beziehung konzentrierten: daß es etwa darum geht – wie die Fachleute, die sie herstellen, im allgemeinen glauben –, sie durch neue Beiträge zu verbessern und an immer kompliziertere Situationen anzupassen, oder daß die nicht-therapeutischen Funktionen wie beispielsweise Repression oder Kontrolle, die diese Beziehung pervertieren, angeklagt werden. Es wäre jedoch möglich, daß diese Problematik – ohne vollständig überholt zu sein – den in jüngster Zeit erfolgten Innovationen, die gegenwärtig den Bereich der Mentalmedizin transformieren, nicht mehr angemessen ist. Diese Überlegung anzustellen, möchte ich jedenfalls nahelegen, wobei ich mich hier damit begnüge, den Weg abzustecken, der innerhalb von ungefähr hundert Jahren dazu geführt hat, den Begriff der Gefährlichkeit durch den des Risikos als bevorzugte Zielscheibe der Präventionsstrategien zu ersetzen.[1]

»Von der Gefährlichkeit zum Risiko«, was bedeutet das in historischer, theoretischer und praktischer Hinsicht?

1. Die Aporien der Gefährlichkeit

Für die klassische Psychiatrie trat das »Risiko« hauptsächlich in Form der Gefahr in Erscheinung, die der Geisteskranke aufgrund seiner Fähigkeit, zu einer nicht vorhersehbaren Gewalttat zu schreiten, verkörperte. Die Gefährlichkeit ist ein recht mysteriöser und zutiefst paradoxer Begriff, weil er sowohl die Behauptung des Vorhandenseins einer dem Subjekt innewohnenden Eigenschaft (»es ist gefährlich«) impliziert als auch eine bloße Wahrscheinlichkeit, eine auf reinem Zufall beruhende Angabe, da der Beweis für die Gefahr lediglich im nachhinein erbracht werden kann, falls es wirklich zur Tat kommt. Genaugenommen gibt es nur Gefährlichkeitsbezichtigungen, d. h. die *Hypothese,* es bestehe ein mehr oder weniger wahrscheinlicher Zusammenhang zwischen diesen oder jenen *gegenwärtigen* Symptomen und irgendeiner *künftigen* Tat. Auch wenn ein Rückfall zu befürchten steht, existiert immer ein Unsicherheitsfaktor zwischen der Diagnose der Gefährlichkeit und der Realität des Tatvollzugs. Sagt man von jemandem beispielsweise, er sei »monomanisch« oder »instinktiv pervers«, so setzt man damit bereits die Existenz eines Risikos voraus, und zwar eines Risikos, von dem paradoxerweise angenommen wird, es läge »in« einem Menschen, obwohl es oftmals noch gar nicht konkret in Erscheinung getreten ist. Somit ist die pathologische Manifestation nicht vorhersehbar: Alle Irren, selbst diejenigen, die ruhig scheinen, sind Träger einer Bedrohung, aber deren Verwirklichung bleibt dem Zufall unterworfen. »Heute noch harmlos, können sie schon morgen gefährlich werden.«[2] Angesichts dieser Aporie, die sozusagen die Crux der klassischen Mentalmedizin war, haben die Psychiater gewöhnlich zu jener hektischen Variante der Vorsicht gegriffen, die man Interventionismus nennt. Im Zweifelsfalle ist es besser zu handeln, denn wenn man irrtümlicherweise ohne Grund interniert, wird das sicherlich niemals bekannt, wenn man sich jedoch zurückhält und es zur Tat kommt, wird der Fehler offenkundig, und der Psychiater ist dafür verantwortlich. Davon zeugt der Kommentar eines Irrenarztes im 19. Jahrhundert nach der Lektüre einer jener von der Presse genüßlich ausgeschlachteten Meldungen, die von einer solchen unvorhersehbaren Gewalttat berichtet: »Wartete man nicht mit der Einsperrung eines Irren, bis daß er ein Verbrechen oder Vergehen von erheblichem Ernst begeht, so hätte man nicht Tag für Tag derartige Unglücksfälle zu beklagen.«[3]

Kann man aber auf dieser Grundlage eine wirkliche Präventionspolitik aufbauen? Diese kann nur eine sehr rudimentäre sein, weil sie lediglich individuelle Taten von Menschen, die zuvor als gefährlich diagnostiziert werden konnten, zu antizipieren vermag. Daher die zweifache Begrenzung, die von den Möglichkeiten des Irrtums, die bei solchen Diagnosen immer gegeben sind, herrührt und von der Tatsache, daß Diagnosen nur ad hoc auf Einzelwesen abzielen können. Aus diesem Grunde konnte die klassische Psychiatrie nur über eine Präventionstechnologie verfügen, die ebenfalls rudimentär ist, die Einsperrung nämlich. Ein mutmaßlich gefährliches Individuum einsperren, d. h. neutralisieren, wenn möglich im *vorhinein*. In diesem Sinne ist es nicht übertrieben zu sagen, daß die großen Gesetzeswerke über die Zwangsinternierung, wie das Gesetz von 1838 in Frankreich oder das Gesetz von 1904 in Italien, präventive Gesetze sind, da aufgrund des Alarmsignals, das die Wahrnehmung eines pathologischen Symptoms durch die Umgebung darstellt, der Kranke autoritär in ein neues Milieu, die Irrenanstalt, überführt wird, wo er systematisch daran gehindert werden kann, die Bedrohung, deren Träger er ist, weiterzuentwickeln.

Gleichwohl muß man, unabhängig von den moralischen oder politischen Vorbehalten, die man gegen die Anwendung dieser Strategie vorbringen mag, feststellen, daß sie *technisch* gesehen nicht sonderlich zufriedenstellend ist. Sie enthält ein Element der Willkür, das ihre Anwendungsmöglichkeiten erheblich einschränkt. Man kann wegen eines bloßen Gefährlichkeitsverdachts Menschen nicht massenweise einsperren, schon allein deshalb nicht, weil die wirtschaftlichen Kosten dieses Unternehmens enorm hoch wären und in keinem Verhältnis zu den Risiken stünden, denen es vorzubeugen gilt. So lag in einem Land wie Frankreich die Höchstzahl der internierten Kranken bei 100000, was viel scheinen mag, gleichzeitig aber sehr wenig ist, wenn man die Vielzahl der »zu verhütenden« Gefahren bedenkt. Die Grenzen der Einsperrung sind in dem Maße immer offenkundiger geworden, wie in einer Linie, die mit der Monomanie und dem »Wahnsinn ohne Delirium« beginnt und nach und nach eine ganze vielgestaltige Pathologie des Willens und des Instinkts umgreift, die Gefährlichkeit ein zunehmend polyvalenter Begriff mit unergründbaren Ursachen und unvorhersehbaren Manifestationen wird. Diese zahllosen Anormalen, »zu klar bei Verstand für die Irrenhäuser, nicht zurechnungsfähig genug für die Gefängnisse, sind sie nicht vor allem zu schädlich, um in Freiheit gelassen zu werden?«[4] Wie kann man sich ihrer denn nun entledigen?

Die umsichtigsten Psychiater haben sehr früh die Falle bemerkt, in die sie wegen dieses Hangs, in der Gefährlichkeit eine innere Eigenschaft des Subjekts zu sehen, hineinzugeraten drohten. So plädiert bereits gegen Mitte des 19. Jahrhunderts der französische Psychiater Morel, bekannter als Entdecker der Degeneration, für einen »hygienischen und prophylaktischen Standpunkt« auf der Grundlage der Berücksichtigung der Häufigkeit von Geisteskrankheiten und anderen Anomalien in den benachteiligtsten Schichten der Bevölkerung, und er bringt diese Häufigkeit mit den Lebensbedingungen des Subproletariats wie Unterernährung, Alkoholismus, Wohnverhältnisse, sexuelle Promiskuität etc.... in Verbindung. Damit gründen sich seine Überlegungen bereits auf das Vorhandensein von *objektiven Risiken,* d. h. auf statistische Korrelationen zwischen verschiedenen Reihen von Phänomenen. Was die praktischen Konsequenzen anbelangt, legt er der Obrigkeit auch nahe, eine besondere Überwachung dieser Bevölkerungsgruppen vorzunehmen, die man bereits als »Risikopopulationen« bezeichnen könnte, wobei es sich selbstverständlich um diejenigen handelt, die auf der gesellschaftlichen Stufenleiter am niedrigsten stehen.[5] Morel knüpft auf diese Weise übrigens an die Tradition der medizinischen Hygienebewegung an, die sich in Frankreich in der zweiten Hälfte des 18. Jahrhunderts entfaltete, von der die Irrenärzte jedoch abgerückt waren, indem sie den Großteil ihrer Aktivitäten auf die Anstalt konzentrierten.

Aber Morel kann auf diesem Wege in einer wahrhaft präventiven Perspektive nicht sehr weit vorankommen, denn dazu fehlt es ihm an spezifischen Techniken. Für ihn heißt intervenieren immer noch Kontakt mit und Betreuung von besonderen Einzelwesen. So spricht er von »verallgemeinerter moralischer Behandlung«, um die neuen Präventionspraktiken, die er einführen möchte, zu bezeichnen, als ob es genüge, ein und dieselbe Vorgehensweise, die moralische Behandlung, die sich damals bei der Einzeltherapie durchsetzt, auszudehnen und zu vervielfältigen. Er nimmt sehr wohl die wesentliche Unterscheidung zwischen einer »defensiven Prophylaxe« (Einsperrung) und einer »verhütenden Prophylaxe« vor, aber letztere muß er darauf einschränken, »die geistigen, physischen und moralischen Verhältnisse derer zu verändern, die – aus unterschiedlichen Gründen – von den übrigen Menschen getrennt worden sind; sie muß sie, bevor sie sie wieder in die gesellschaftliche Umwelt entläßt, sozusagen gegen sich selbst wappnen, um die Zahl der Rückfälle zu mindern«.[6] Mit anderen Worten, diese »verhütende Prophylaxe« wird wiederum nur auf diejenigen Populationen konkret angewandt, die der traditionellen Einsperrung unterliegen. In Ermangelung einer adäquaten Interventionstechnologie kann Morel aus seinen so modern anmutenden Intuitionen keinen Nutzen ziehen.

Tatsächlich kann man im Gefolge Morels und der Entdeckung der Degeneration die Möglichkeit einer anderen Präventionsstrategie auftauchen sehen, die zu den eugenischen Politiken des frühen 20. Jahrhunderts führt. Auch die Eugenik geht bei ihren Überlegungen zuerst eher vom Vorhandensein von Risiken als von Gefahren aus: Ziel einer im Namen des Schutzes der Rasse durchgeführten Intervention ist es weit weniger, ein spezielles Individuum zu behandeln, als zu verhindern, daß die Bedrohung, die es in sich trägt, an seine Nachkommenschaft weitervererbt wird. Deshalb war die prophylaktische Maßnahme, als die die Sterilisation anzusehen ist, geeignet, sowohl in breiterem Maßstab als auch zu deutlicher präventiven Zwecken angewendet zu werden als die Einsperrung, da sie künftige Risiken auszuschalten vermag, und dies unter Einbeziehung eines weit größeren Spektrums von Indikationen als der Geisteskrankheit im eigentlichen Sinne. Eine so maßgebliche Persönlichkeit wie der Präsident der *American Psychiatric Association* erklärte daher 1914, daß »eine radikale Heilung von den Übelständen, welche die Existenz einer Klasse von unterhaltsbedürftigen Schwachsinnigen mit sich bringt, erreicht werden könnte, wenn alle Geistesschwachen, alle unheilbar Geisteskranken und alle Epileptiker, alle Imbezilen, alle rückfälligen Verbrecher, all diejenigen, die offenkundig an einer Willensschwäche leiden, und alle unverbesserlichen Trunkenbolde sterilisiert würden; dies ist ein Vorschlag, der von selbst einleuchtet. Durch diese Maßnahmen könnten wir in ein oder zwei Jahrzehnten die Fortpflanzung der psychisch Defekten nahezu, wenn nicht gar vollständig zum Erliegen bringen, und zwar genauso sicher, wie wir die Pocken ausrotten könnten, wenn jedermann auf der Welt erfolgreich geimpft würde.«[7]

In der Tat vergißt man häufig, darauf hinzuweisen, daß eugenische Maßnahmen im ersten Drittel unseres Jahrhunderts weit verbreitet waren und daß selbst in einem Land mit so »liberalem« Ruf wie den Vereinigten Staaten Sondergesetze, die in großem Maßstab die Sterilisation von mit Behinderungen behafteten Menschen vorschrieben, in fast allen Staaten erlassen wurden.[8] Den eugenischen Eingriffen wurde jedoch durch die Krise der »wissenschaftlichen« Fundierung, die sie rechtfertigen sollte, Einhalt geboten. Sie setzen tatsächlich voraus, daß der erbliche Charakter der zu verhütenden Risiken wie auch deren Übertragung feststeht, was im Großteil der Fälle keineswegs bewiesen ist. Und die grauenhaft entstellte Version, die der Nationalsozialismus lieferte, hat dann dazu beigetragen, diese Techniken moralisch und politisch in Verruf zu bringen, denen ohne diese tragische Wendung sicherlich eine schöne Zukunft beschieden gewesen wäre. Übrigens war es ein französischer Arzt, der meines Wissens als erster bereits 1918 die Gründung eines »Euthanasieinstitut(s), wo die des Lebens überdrüssigen Degenerierten mit Hilfe von Stickstoffoxydul bzw. Lachgas eingeschläfert werden sollten«[9], vorschlug.

Wenn aber nun der eugenische Weg der Prävention – ob endgültig oder vorübergehend, das ist eine andere Frage – in Verruf geraten ist, wie soll man dann vorbeugen können, ohne gezwungen zu sein einzusperren? Man läuft Gefahr, in dieselbe Lage wie Morel zu geraten, der sehr wohl die Notwendigkeit erkannt hatte, *in vivo* auf die Bedingungen einzuwirken, die geeignet sind, Risiken zu erzeugen, der jedoch über keine geeigneten Techniken verfügte, um diesem Anspruch in der Praxis gerecht zu werden.

Ein Jahrhundert nach Morel charakterisiert diese Ambiguität immer noch die gesamte Tradition der *preventive psychiatry,* die sich auf die Arbeiten Gerald Caplans gründet.[10] Auch hier geht es darum, *die Intervention* des Psychiaters auszuweiten, notfalls indem man ihm neue Rollen zuweist, ihn zum Berater der politisch Verantwortlichen oder zum Gehilfen der verschiedenen »Macher«, die administrative Verantwortung tragen, befördert. Zitiert sei dieser programmatische Text: »Der Spezialist für geistige Gesundheit bietet seine Dienste den Gesetzgebern und den Verwaltungsvertretern an und arbeitet mit den übrigen Bürgern zusammen, um die Regierungsstellen dazu zu bewegen, die Gesetze und Vorschriften zu ändern. Soziales Handeln beinhaltet das Bemühen, die allgemeinen Einstellungen und das Verhalten der Mitglieder der Gemeinschaft durch Kommunikation, die über das Schulsystem und die Medien und über die Interaktion der Professionellen und der Benutzerkomitees vermittelt wird, zu modifizieren.«[11] Auf dieser Basis definiert Caplan eine erste Bedeutung der Prävention, »die Primärprävention«, die tatsächlich ein regelrechtes Programm politischer Intervention darstellt.

Was aber befähigt speziell den Psychiater zur Übernahme dieser neuen Aufgaben? Welche Verbindung besteht zwischen der Kompetenz, die er geltend machen kann, und derjenigen, die erforderlich ist, um beispielsweise die Wohnungspolitik oder das Schulsystem zu reformieren? Der Spezialist der Mentalmedizin, der in diesen Bereichen nach Caplans Worten »seine Dienste anbietet«, muß höchstwahrscheinlich damit rechnen, daß seine Kompetenz bestritten wird oder daß er zumindestens gegen die starke Konkurrenz von zahlreichen anderen Spezialisten zu kämpfen hat, von denen viele an günstigeren Stellen zu sitzen scheinen als er. Somit sind die Hoffnungen und die Ängste, die in bezug auf eine »Expansionspsychiatrie« entstanden sind und die bisweilen Anlaß gaben, die Gefahren eines »psychiatrischen Imperialismus« zu beschwören, sicherlich ein wenig übertrieben, zumindest in diesem Ausmaß. Sie schreiben dem Psychiater eine, gemessen an seiner tatsächlichen Stellung in der Gesellschaft und am zufallsbedingten Charakter seines Wissens, horrende Machtfülle zu: Er soll angeblich in eine Vielzahl von spezifisch sozialen Problemen eingreifen, wo doch selbst seine herkömmliche individuelle Praxis von Ungewißheit und Zufälligkeiten bestimmt wird. Die Aufgaben des Psychiaters *in seiner Eigenschaft als Psychiater*, d. h. als direkt Intervenierender, sind nicht geeignet, beliebig ausgeweitet zu werden. Sicherlich kann er versuchen, seine traditionelle Therapeutenrolle ein wenig flexibler zu gestalten. Er kann sie indessen nicht ins Unendliche vervielfachen, solange er durch den relationalen Charakter seiner Praxis gebunden bleibt.

2. Die neue Risikodimension

Diese Grenzen werden aufgehoben, wenn man die *unmittelbare* Beziehung zum betreuten Subjekt durchbricht, die nicht nur in der Psychiatrie, sondern in allen Professionen der Sozialarbeit und der Fürsorge die herkömmlichen Formen der Versorgung kennzeichnet. Damit trennt man klar und deutlich die fachliche Rolle des Praktikers und die organisatorische Rolle des Verwaltungsvertreters.

Dieser Sprung ist in dem Moment möglich, in dem *der Begriff des Risikos im Verhältnis zu dem der Gefahr Eigenständigkeit erlangt*. Ein Risiko resultiert nicht aus dem Vorhandensein einer bestimmten Gefahr, die von einem Individuum oder auch einer konkreten Gruppe ausgeht. Es ergibt sich daraus, daß abstrakte Daten oder *Faktoren*, die das Auftreten unerwünschter Verhaltensweisen mehr oder weniger wahrscheinlich machen, zueinander in Beziehung gesetzt werden.

Zum Beispiel wird in Frankreich seit 1976 ein landesweites System der Früherkennung kindlicher Anomalien eingerichtet, das man das G.A.M.I.N.-System nennt (gestion automatisée maternelle et infantile).[12] Das bedeutet, daß *alle* Kinder, die das Licht der Welt erblicken, systematischen Tests unterzogen werden (und zwar dreimal: im Alter von ein paar Tagen, von ein paar Monaten und von zwei Jahren). Die Untersuchungen machen alle erdenklichen Anomalien der Mutter und des Kindes, die psychischer, physischer oder sozialer Natur sein können, ausfindig. Zum Beispiel werden bestimmte Erkrankungen der Mutter, psychische Störungen, aber auch soziale Merkmale wie der Umstand, unverheiratet oder minderjährig oder Ausländerin etc. zu sein, registriert. Mehrere dieser Daten können gleichzeitig auftreten, d. h., Faktoren, die untereinander in keinerlei Verbindung stehen, können zusammengefaßt werden. So kann es vorkommen, daß die Mutter eines Kindes ledig, jünger als 17 oder älter als 40 Jahre ist, eine bestimmte Art von Krankheit oder vorhergehende komplizierte Schwangerschaften durchgemacht hat, Landarbeiterin oder Studentin ist etc....

Das Vorhandensein bestimmter oder einer bestimmten Anzahl dieser Risikofaktoren löst automatisch eine Meldung aus. Mit anderen Worten: ein Spezialist, z. B. ein Sozialarbeiter, wird in die Familie entsandt, um, ausgehend von *vermuteten und abstrakten* Risiken, das *tatsächliche* Bestehen einer Gefahr zu bestätigen oder zu dementieren. Eine in der Realität beobachtbare Situation ist nicht der Ausgangspunkt, sie wird gewissermaßen aufgrund einer allgemeinen Definition der Gefahren, denen man vorbeugen möchte, *abgeleitet.*

Diese neuen Präventionspolitiken leiten so eine *neue Art und Weise* der Überwachung ein: die systematische Feststellung und Erfassung. Um Überwachung handelt es sich insofern, als das anvisierte Ziel darin besteht, dem Eintritt eines unerwünschten Ereignisses – Krankheit, Anomalie, abweichendes Verhalten etc. – vorzugreifen und es zu verhindern. Aber diese Überwachung erspart die tatsächliche Präsenz, den Kontakt, die wechselseitige Beziehung zwischen Betreuer und Betreutem. Diese Ko-Präsenz – möglicherweise nur in der sublimierten Form des Blicks – war ein Erfordernis aller herkömmlichen disziplinarischen, fürsorgerischen oder therapeutischen Techniken (vgl. das Modell des Panoptikums, wie es Michel Foucault analysiert hat[13]). Selbst in den kollektivsten, unpersönlichsten und repressivsten Einrichtungen, in den Kasernen, Fabriken, Gefängnissen, Internaten und psychiatrischen Anstalten, bewahrten die Eingriffe, die auf die Korrektur und die Erfassung von Verhaltensauffälligkeiten abzielten, stets den Bezug zur »leibhaftigen« Präsenz und im Grunde genommen eine gewisse Form der Individualisierung.

Aber fortan kann die Überwachung ohne jeglichen Kontakt mit den zu überwachenden Menschen und sogar ohne jede direkte Vorstellung von ihnen erfolgen. Gewiß legt die Polizei schon seit langem geheime Karteien an. Aber die Logik der Erstellung von verborgenen Dossiers ist zur spitzfindigen und auf diese Spitzfindigkeit sogar stolzen Form der »wissenschaftlichen« Erfassung geworden.

Hier handelt es sich meiner Ansicht nach um einen wahrhaft tiefgreifenden Wandel, der den neuen Überwachungstechnologien eine außerordentliche Verbreitung verschaffen kann. Zumindest in einer ersten Phase bedeutet intervenieren nicht länger, ein bestimmtes Individuum aufs Korn zu nehmen, um es zurechtzuweisen, zu bessern, zu bestrafen oder zu behandeln (ob man nun diese Interventionen in der Tradition der barmherzigen, wenn auch handfesten Philanthropie positiv beurteilt oder ob man sie in der Tradition der Kritik gegen die Repression negativ interpretiert). Tatsächlich gibt es nunmehr keine sich auf Unmittelbarkeit gründende Beziehung zu einem Subjekt, *weil es kein Subjekt mehr gibt.* Die präventiven Politiken befassen sich nicht mehr in erster Linie mit Individuen, sondern mit Faktoren, mit statistischen Korrelationen heterogener Elemente. Sie dekonstruieren das konkrete Subjekt der Intervention und konstruieren ein Kombinatorium aller risikoträchtigen Faktoren. Ihre Hauptabsicht besteht nicht darin, eine konkrete Gefahrensituation anzugehen, sondern alle denkbaren Formen des Gefahreneintritts zu antizipieren. In der Tat eine »Prävention«, die dem Verdacht die wissenschaftliche Dignität einer Wahrscheinlichkeitsrechnung verleiht. Um sich verdächtig zu machen, ist es nicht mehr vonnöten, Symptome von Gefährlichkeit oder Anomalie an den Tag zu legen, es genügt, einige Besonderheiten aufzuweisen, die von den für die Definition einer Präventionspolitik verantwortlichen Spezialisten zu Risikofaktoren erklärt worden sind. Die Konzeption von Prävention, die sich damit begnügte, eine bestimmte Tat vorauszusehen, erscheint archaisch und handwerklerisch im Vergleich zu derjenigen, die beabsichtigt, die objektiven Bedingungen, unter denen die Gefahr eintritt, zu *konstruieren,* um daraus neue Interventionsweisen *abzuleiten.*

Aufs Ganze gesehen steht dieser verallgemeinerte Raum von Risikofaktoren, bezogen auf den konkreten Raum der Gefährlichkeit, im gleichen Verhältnis wie der verallgemeinerte Raum der nichteuklidischen Geometrien zu dem dreidimensionalen Raum der euklidischen Geometrie, und diese abstraktivierende Verallgemeinerung, die den Übergang von der Gefährlichkeit zum Risiko kennzeichnet, hat eine potentiell unendliche Vervielfachung der Interventionsmöglichkeiten zur Folge. Denn von welcher Situation läßt sich mit Sicherheit behaupten, daß sie kein Risiko in sich birgt, d. h. keinerlei unliebsame Überraschung, keinerlei unkontrollierbares oder unvorhergesehenes Element?

Die modernen Ideologien der Prävention stehen im Banne einer großen technokratischen, rationalisatorischen Träumerei von der absoluten Kontrolle über den Zufall, begriffen als Hereinbrechen des Unvorhergesehenen. Im Namen des Mythos einer vollkommenen Ausschaltung des Risikos konstruieren sie selber eine Fülle von neuen Risiken, die alle als Zielscheibe der präventiven Interventionen dienen. Nicht allein die im Inneren des Individuums lauernden Gefahren, die allesamt Folgen der Unzulänglichkeiten seiner Willenskraft, der Irrationalität seiner Wünsche oder der Imponderabilien seiner persönlichen Freiheit sind, sondern auch die äußeren Bedrohungen, die von draußen kommenden Verlockungen, denen es nicht widerstehen konnte, Alkohol, Tabak, falsche Eßgewohnheiten, Verkehrsunfälle, alle möglichen Fahrlässigkeiten und Umweltverschmutzungen, überraschende Wetteränderungen etc., etc.[14] So werden im Rahmen einer großen Hygienikerutopie abwechselnd die Register der Furcht und der Sicherheit gezogen, um ein Delirium fehlgeleiteter Rationalisierung herbeizuführen, die absolute Herrschaft der kalkulierenden Vernunft und die nicht weniger absolute Macht ihrer Agenten, Planer und Technokraten, Verwalter des Glücks in einem Leben, dem nichts widerfährt. Ein Hyperrationalismus, der gleichzeitig ein Pragmatismus ersten Grades ist, insofern er vorgibt, das Risiko zu eliminieren, wie man ein Unkraut ausreißt. Aber in all den vielfältigen Manifestationen des guten präventiven Gewissens, das augenblicklich so hypertroph ausgeprägt ist (man denke nur an die groß angelegten staatlichen Präventionskampagnen), findet sich nicht die leiseste Spur einer Reflexion über den gesellschaftlichen und menschlichen Preis dieser neuen Hexenjagd. Nicht die Spur einer Reflexion über die *iatrogenen Aspekte der Prävention,* die gleichwohl stets vorhanden sind, selbst wenn man den Konsum so »verdächtiger« Produkte wie z. B. Alkohol oder Tabak attackiert.

3. Praktische und politische Implikationen

Selbst wenn man diese allgemeinen Implikationen ausklammert, kann man bereits eine Reihe von praktischen und prosaischen Konsequenzen, die sich aus diesen Transformationen ergeben, ableiten. Ich beschränke mich hier auf zwei, die mir besonders bedeutsam erscheinen.

1. *Trennung von Diagnose und Versorgung und Transformation der Behandlungstätigkeit in Gutachtertätigkeit.* Man mag es für gut oder ganz im Gegenteil für schlecht befinden, die Tradition der Mentalmedizin wie auch im weiteren Sinne der Sozialarbeit und der Fürsorge im allgemeinen war insgesamt bis heute von dem Willen gekennzeichnet, die in ihrem Zuständigkeitsbereich befindlichen Populationen so vollständig wie möglich zu versorgen.

In der Psychiatrie schlug sich dieser Wille zunächst in der klaren und schlichten Form der Einsperrung nieder: Die Diagnose Geisteskrankheit kam der Unterbringung in einer speziellen Institution bzw. Irrenanstalt gleich, in der die Versorgung so total war, daß sie oftmals ein Leben lang dauerte. Die moderne Psychiatrie knüpft in ihren gemeindenahen Formen mit dem wesentlichen Begriff der *Kontinuität der Behandlung* an diese globale Aufgabe an: Ein und dasselbe sozialmedizinische Team muß ungeachtet der vielen unterschiedlichen Orte, an denen es tätig wird, sämtliche Maßnahmen an einem Patienten übernehmen, von der Prävention bis hin zur Nachbehandlung. Dies ist der Grundgedanke der Sektordoktrin, die zur offiziellen Politik im Bereich der psychischen Gesundheit in Frankreich avanciert ist, wie auch der Bewegung für die *Community Mental Health Centers* in den Vereinigten Staaten. Man könnte hinzufügen, daß selbst die Psychoanalyse mit dieser Tradition nicht gebrochen hat, da sie bekanntlich ihren Klienten über Jahre hinweg durch die Höhen und Tiefen der Behandlung hindurch begleitet und sein Leben dem Rhythmus ihrer »Sitzungen« anpaßt, womit sie auf ihre Weise eine Kontinuität der Versorgung gewährleistet.

Nun ist heute dieses *System der kontinuierlichen Betreuung* keineswegs überholt, aber es stellt nicht mehr das nahezu alleinige Modell der medizinisch-psychologischen Praxis dar. Mehr und mehr funktioniert in einer Reihe von Situationen die medizinisch-psychologische Beurteilung wie eine *Begutachtung,* die dazu dient, ein Individuum zu *kennzeichnen,* es mit einem *Profil* zu versehen, das ihm eine bestimmte *Laufbahn* vorschreibt. Aber die Versorgung ist nicht notwendigerweise in die Kontinuität dieser Beurteilung einbezogen.

Diese Logik liegt beispielsweise dem wichtigen Gesetz »zugunsten der behinderten Personen« zugrunde, das 1975 in Frankreich verabschiedet wurde und das rund zwei Millionen Menschen betrifft.[15] Die Diagnose der Behinderung ermöglicht es, die betroffenen Personen auf bestimmte Spezialeinrichtungen zu verteilen, die jedoch nicht notwendigerweise medizinische sein müssen. Zum Beispiel kann ein Behinderter in einer beschützenden Werkstatt oder in einem Centre d'Aide par le Travail (C.A.T.) untergebracht werden, d. h. in einer Einrichtung, die nichts Medizinisches an sich hat, in der man den Behinderten nicht »behandelt«, sondern ihn auffordert, in einer weniger leistungsorientierten Weise zu arbeiten, als das in den normalen Produktionsbetrieben der Fall ist. »Entmedizinierung« oder »Entpsychiatrisierung«, wenn man so will, die jedoch durch eine Maßnahme *administrativer Zuweisung* erreicht wird, die häufig aufgrund einer medizinisch-psychologischen Diagnose erfolgt. Dieses Gesetz stößt in Frankreich auf einen immer entschiedeneren Widerstand der Mehrzahl der Praktiker, die sehr wohl merken, daß es für sie ein tödliches Risiko in sich birgt. Gleichwohl bleibt die Intervention des Praktikers wesentlich für das Funktionieren des Prozesses, da ja seine Expertise das Schicksal des Behinderten besiegelt. Aber ihre Finalität hat sich gewandelt: Während sie weiterhin als Beurteilung und Einschätzung unentbehrlich bleibt, kann sie für den Prozeß der Versorgung überflüssig werden. Anders ausgedrückt: Eine wachsende Anzahl von Menschen muß weiterhin von den Spezialisten der medizinisch-psychologischen Wissensgebiete, deren Intervention für die Beurteilung ihrer Fähigkeiten (bzw. ihrer Unfähigkeit) erforderlich bleibt, in *Augenschein genommen* werden. Aber die so in *Augenschein genommenen* Individuen müssen von diesen Spezialisten nicht länger *betreut* werden. Man befindet sich somit jenseits der Problematik der Behandlung und Versorgung (oder in ihrer kritischen Version der Repression und Kontrolle). Man steht vor der Perspektive einer *automatisierten Steuerung* der Populationen auf der Basis von differentiellen Profilen, die ausgehend von medizinisch-psychologischen Diagnosen entworfen werden, welche ihrerseits als bloße Gutachten fungieren. Sicherlich wird eine umfassende Einschätzung eines derartig tiefgreifenden Wandels noch zu leisten sein.

2. *Totale Unterordnung der Fachleute unter die Verwaltungsvertreter.* Auch der Konflikt zwischen Verwaltungsvertretern und

Praktikern ist eine alte Tradition in den Professionen der psychischen Gesundheit und der Sozialarbeit. Die Behauptung, die administrativen Erfordernisse seien das Haupthindernis für die Entfaltung einer therapeutischen oder fürsorgerischen Tätigkeit, die diesen Namen verdient, zieht sich sogar wie ein Leitmotiv durch die gesamte Fachliteratur: Der Verwaltungsvertreter ist stets derjenige, der dem Praktiker die Mittel für seine Arbeit verweigert, der durch seine pedantischen Vorschriften die Initiativen vereitelt, der ihn dazu zwingt, die Rolle des Kontrolleurs und Unterdrückers zu spielen etc.

Aber im herkömmlichen System werden diese gegensätzlichen Standpunkte zwischen zwei ungefähr gleichrangigen Partnern ausgetragen, oder es bleibt zumindest Raum für Verhandlungen, Kompromisse und sogar Bündnisse auf der Grundlage einer Teilung der Verantwortlichkeiten. Man kann versuchen, einen Verwaltungsvertreter zu überreden oder zu neutralisieren, eine Vorschrift zu umgehen oder auszunützen, einen Beamten zu beeinflussen oder einzuschüchtern etc. Und mehr noch: Eine Politik im Bereich psychischer Gesundheit ist seit den Anfängen der Psychiatrie bis zum heutigen Tage immer durch ein Wechselspiel oder – wenn es einem lieber ist – durch eine dialektische Beziehung zwischen den Beiträgen der Praktiker einerseits und denen der Administration andererseits zustande gekommen. In der Festlegung dieser Politiken lassen sich trotz der Unterschiede, die mit der jeweiligen geschichtlichen Epoche oder den geographischen Besonderheiten zusammenhängen, vier Phasen ausmachen, die sich mit einer derartigen Regelmäßigkeit wiederholen, daß man zu dem Schluß berechtigt ist, es handele sich um eine wahrhaft konstitutive Logik.[16]

Die erste Phase wird von den vor Ort Tätigen beherrscht. Weil die Praktiker mit täglich wiederkehrenden Schwierigkeiten fertig werden müssen, entwickeln sie nach und nach um den Preis einer Reihe von tastenden Versuchen eine neue Organisationsform für den Bereich, der ihnen untersteht. Das gilt für die »Erfindung« der Irrenanstalt vor dem Hintergrund des Hôpital Général zu Beginn des 19. Jahrhunderts oder für die geographische Sektorisierung der Versorgung von Problempopulationen, die mit dem Ende des Zweiten Weltkrieges beginnt: Es handelt sich zunächst um mehr oder weniger improvisierte Reaktionen auf konkrete Situationen, die dann allmählich systematisiert werden.

In einer zweiten Phase, die übrigens recht früh einsetzt, richten diese professionellen Kräfte Vorschläge an die politischen und administrativen Organe, um die offizielle Anerkennung ihres Modells zu fordern. Das trifft auf Esquirol zu, der 1819 seinen berühmten Bericht an den Innenminister über die Lage der Irrenanstalten und die dort durchzuführenden Reformen schreibt; das trifft auf die modernisierungsfreudigen Mitarbeiter des *National Institute of Mental Health* in den Vereinigten Staaten zu oder auf den progressiven Flügel der französischen Psychiater in den fünfziger Jahren, die ein Bündnis mit der demokratischen Administration bzw. den für neue Ideen aufgeschlossenen Beamten des Gesundheitsministeriums eingingen.

Nach einigem Hin und Her, einem Geplänkel, bei dem man wechselseitig auf Abänderungen und Kompromisse eingeht und das Jahre oder gar Jahrzehnte dauern kann, wird schließlich eine offizielle Entscheidung getroffen, die die neue Politik der psychischen Gesundheit gutheißt. Das gilt für das Gesetz von 1838 oder den ministeriellen Runderlaß zur Sektorisierung in Frankreich oder für den *Community Mental Health Centers and Retardation Act* von 1963 in den Vereinigten Staaten, den Präsident Kennedy persönlich mit seiner ganzen Autorität unterstützte. Auf diesen administrativ-medizinischen Grundlagen wird eine neue Art und Weise der Verarbeitung von Problempopulationen gefunden. Die Versorgung der Geisteskranken oder anderer Devianter schafft keine *prinzipiellen* Probleme mehr, sie fügt sich in einen kohärenten administrativen Organisationsplan ein, der das konstituiert, was man eine Politik nennt.[17]

Ist dieses Stadium erreicht, beginnt eine vierte Phase, die im allgemeinen von der Enttäuschung der Professionellen gekennzeichnet ist. Sie schreien Verrat, ereifern sich über die Verfälschung ihrer humanen Absichten zugunsten rein bürokratischer, ja sogar repressiver Erfordernisse. Sie beklagen die Sabotageakte der Verwaltung, den bösen Willen der Ministerien, die Tatsache, daß man ihnen die Mittel für ihre Politik verweigert. Sie vergessen, daß ein Gesetz nicht konkret mit allen Konsequenzen angewendet zu werden braucht, um seinen Zweck im wesentlichen zu erfüllen, d. h. Voraussetzungen zu schaffen für die kohärente Steuerung eines heiklen Problems auf der administrativen, juristischen, institutionellen und finanziellen Ebene seiner Bewältigung. Sie vergessen auch, daß selbst dann, wenn sie enttäuscht worden sind, ihre Praxis ein für die Errichtung des Dispositivs wesentliches Element geliefert hat.

So war bislang, schematisch dargestellt, die Struktur des Verhältnisses von Praktikern und Verwaltungsvertretern, in ihrer politischen Dimension betrachtet, beschaffen. Einige vor nicht allzulanger Zeit erfolgte Kritiken an der Psychiatrie haben das Problem sicherlich dadurch ein wenig verzerrt, daß sie die Fachleute für psychische Gesundheit zu bloßen Handlangern der staatlichen Macht erklärten. Zweifelsohne sind diese mit einem offiziellen Mandat ausgestattet, dies jedoch auf der Grundlage einer Praxis, die sich nicht auf die einfache Ausführung politisch-administrativer Entscheidungen reduzieren läßt. Der Beweis dafür ist, daß einige dieser Handlanger ihre Machtbefugnisse dazu nutzen konnten, ihr Mandat anders zu wenden, und, ausgehend von den in der eigenen Praxis gesammelten Erfahrungen, den Umsturz der überkommenen Rechtsverhältnisse zu erzwingen. So sah z. B. der Beitrag der demokratischen Bewegung in Italien aus, deren Aktivitäten 1978 zur Verabschiedung des berühmten Gesetzes 180[18] geführt haben und in dessen Geschichte sich unschwer, so meine ich, die vier Phasen, die ich unterschieden habe, wiedererkennen lassen.

Diese komplexe und konfliktreiche Beziehung steht gewiß im Begriffe, im Zuge der neuen Präventionstechnologien in die Brüche zu gehen. Die Verwaltung gewinnt eine fast vollständige Autonomie, weil sie die neue Technologie nahezu absolut beherrscht. Der Praktiker vor Ort tritt nun als bloßer Helfer des Verwaltungsbeamten in Erscheinung, den er auf der Basis dieser diagnostisch-gutachterlichen Tätigkeit, von der ich im Vorhergehenden gesprochen habe, mit Informationen versorgt. Diese Informationen werden dann auf Wegen, die vollständig von der beruflichen Praxis losgelöst sind, gespeichert, verarbeitet und weitergegeben, insbesondere mit Hilfe der Informatik.

Hier liegt der Ursprung eines fundamentalen Ungleichgewichts. Der direkte Zusammenhang zwischen dem Umstand, Kenntnisse über ein Individuum zu besitzen, und der Möglichkeit, es zu behandeln, ist zerstört. Die Praktiker werden vollständig den Zielen einer administrativen Politik unterstellt. Sie kontrollieren nicht mehr den Gebrauch der Daten, die sie produzieren. Der Verwaltungsfachmann ist der wirkliche »Macher«. Er allein hält alle Karten in der Hand und kann das Spiel bestimmen. Unter anderem könnte dies das Ende der Möglichkeit jener Kampfstrategien zur

Folge haben, die progressive Gesundheitsarbeiter in Italien seit ungefähr zwanzig Jahren und, in geringerem Maße, in anderen Ländern entwickelt haben.

3. *Auf dem Wege in eine nachdisziplinarische Ordnung?* Man kann sich schließich fragen, ob diese Orientierungen nicht neue Strategien der Steuerung von Populationen einleiten, die für die sogenannten »neoliberalen« Gesellschaften typisch sind. In diesen Gesellschaften tauchen neue Formen der Kontrolle auf, die weder mit Repression noch mit fürsorgerischem Interventionismus, der besonders in den sechziger Jahren Konjunktur hatte, operieren. (Man denke im psychiatrischen Bereich an die Sektorpolitik in Frankreich oder an die Bewegung für die *Community Mental Health Centers* in den Vereinigten Staaten: Es ging im Grunde darum, ein größtmögliches Territorium und eine größtmögliche Anzahl von Menschen mit Hilfe der Entfaltung eines einheitlichen, an den Staatsapparat gebundenen Dispositivs zu erfassen.)

Statt dessen, oder besser daneben, registriert man die Entwicklung von Behandlungsformen, die entsprechend den Populationen differenziert sind und die darauf abzielen, das, was Rentabilität verspricht, so rentabel wie möglich zu gestalten und das, was diesem Anspruch nicht genügt, zu marginalisieren. Anstatt die unerwünschten Elemente aus der sozialen Gemeinschaft herauszureißen (Ausgrenzung) oder sie mehr oder weniger gewaltsam mit Hilfe von korrigierenden oder therapeutischen Interventionen (Fürsorge) zu reintegrieren, setzt sich immer mehr die Tendenz durch, den Individuen je nach ihrer Fähigkeit, den Erfordernissen des Wettbewerbs und der Rentabilität gerecht zu werden, unterschiedliche soziale Schicksale zuzuweisen. Im Extremfall handelt es sich hier um das Modell einer »dualen« Gesellschaft bzw. einer Gesellschaft mit zweifacher Laufgeschwindigkeit, das jüngst von einigen Ideologen vorgestellt wurde: Koexistenz von hochgradig wettbewerbsfähigen Sektoren, die den erbarmungslosesten Anforderungen der ökonomischen Rationalität gerecht werden, und von marginalen Tätigkeitsbereichen, die als Zuflucht (oder Deponie) für diejenigen herhalten, die sich nicht in den intensiven wirtschaftlichen Austauschprozeß einbeziehen lassen. In gewisser Weise existiert diese »duale« Gesellschaft bereits mit der Arbeitslosigkeit, den jugendlichen Aussteigern, den Parallelökonomien. Aber bislang erfolgten diese Deklassierungen und Umgruppierungen blindlings und planlos. Sie sind die unbewältigten Folgen der wirtschaftlichen Konkurrenzmechanismen, der Unterbeschäftigung, der Anpassung oder Nichtanpassung an neue Arbeitsplätze, der Funktionsmängel des Schulsystems etc. Die Planungsanstrengungen, die unternommen werden, beziehen sich eher auf die Ausstattung als auf die Menschen: industrielle Zusammenschlüsse, Neugründungen von Fabriken, Schließung von wettbewerbsunfähigen Betrieben etc., wobei sich das Personal recht und schlecht, meist wohl eher schlecht als recht, an diese »objektiven« Erfordernisse anzupassen hat.

Aber man muß sich fragen, ob es nicht fortan *technologisch möglich wäre,* die Populationen selbst auf der Grundlage einer Ermittlung bzw. Einschätzung ihrer möglichen Leistungen und vor allem ihrer möglichen Mängel zu programmieren. Das macht man bereits mit den Behinderten, die man in besondere, beschützend genannte Arbeitseinrichtungen einweist. Man könnte aber genau dasselbe mit den Hochbegabten machen, die im Grunde genommen nichts anderes sind als durch Übermaß Behinderte und die man von vornherein so ausrichten und »behandeln« könnte, daß sie gesellschaftliche Positionen einnehmen, die besonders hochentwickelte oder hochspezielle Fähigkeiten verlangen. Allgemeiner gefaßt, kann man jede beliebige Besonderheit objektivieren und auf dieser Basis differenzierte Populationsprofile konstruieren. Technisch ist das vor allem dank der Informatik möglich. Der Rest, d. h. der Schritt, auf dieser Grundlage bestimmten, nach dieser Methode definierten Gruppen ein besonderes Schicksal zuzuweisen, ist eine Frage des politischen Wollens.

Die Tatsache, daß bislang von diesen Möglichkeiten noch kein als politisch skandalös zu bezeichnender Gebrauch gemacht worden ist, reicht nicht zur vollständigen Beruhigung aus. Unter den gegenwärtig gegebenen Umständen in den meisten Industrieländern, für die das Amerika Reagans ein extremes Beispiel darstellt, hat die Krise des keynesianischen Staates nicht nur eine Blockierung, sondern einen Abbau der Sozialleistungen zur Folge, deren Ausbau bis vor kurzem den Lauf der Geschichte zu bestimmen schien. Daß es immer problematischer wird, in den fortgeschrittenen kapitalistischen Ländern als Reaktion auf die gegenläufigen Finalitäten der Wirtschaftsentwicklung und der politischen Organisation der Gesellschaft das soziale Netz zu erweitern, bedeutet keinesfalls, daß man deshalb zur Laisser-faire-Politik zurückkehrt.

Unter diesen Umständen könnten die Technologien, die es ermöglichen, *zu lenken und zuzuweisen,* ohne vorsorgen zu müssen, künftig eine entscheidende Rolle spielen. Die traditionellen Sozialpolitiken haben stets ein Phänomen respektiert, das man als Naturwüchsigkeit des sozialen Bereichs bezeichnen könnte, obwohl sie es stets mit einem gewissen Mißtrauen betrachteten: Die Menschen sind einer geographischen Heimat verhaftet, gehören konkreten Gruppen an, sind durch familiäre Bindungen und ererbte Traditionen verwurzelt. In bisweilen repressiver, aber mehr und mehr fürsorgerischer Manier haben die Sozialpolitiken bislang vor allem dieses Rohmaterial bearbeitet, um ungebändigte Energien einzudämmen, zu üppig Wucherndes zu lichten, hie und da Wildwuchs zu beseitigen und ab und zu Verpflanzungen vorzunehmen. Aber all diesen Maßnahmen, die eher der Korrektur und Ausbesserung als der Prävention dienen, liegt eine Konzeption vom Individuum zugrunde, wonach dieses vorab an einen Platz in der sozialen Geographie gebunden ist.

Daß man Populationen durch Profilgebungen einteilt, die aufgrund einer Zusammenfügung von bestimmten, nach der epidemiologischen Methode gewonnenen Merkmalen erfolgen, verweist auf ein anderes Bild des Sozialen: Es stellt sich dar als ein homogener Raum, der durch vorgezeichnete Bahnen bestimmt wird, die einzuschlagen die Individuen entsprechend ihren Fähigkeiten oder Unfähigkeiten aufgefordert oder ermuntert werden. (So kann auch Randständigkeit, anstatt ein unerforschtes oder aufständisches Territorium zu bleiben, zu einer erschlossenen Zone werden, in die man diejenigen einweist, die unfähig sind, in einem härteren Konkurrenzkampf zu bestehen.) Dieses Denken, das eher auf die Projektion einer Ordnung als auf deren nachträgliche Durchsetzung hinausläuft, wird weniger von der Disziplin als von der Effizienz beherrscht. Umgesetzt wird es nicht mehr vornehmlich vom Praktiker vor Ort, der interveniert, um Breschen zu schließen oder zu verhindern, daß sie geschlagen werden, sondern vom Verwaltungsfachmann, der die Orientierungen plant und diesen die Menschenprofile anpaßt. Dies ist die bis zur letzten Konsequenz getriebene Vorstellung von einer perfekten Prävention, die sowohl Repression als auch Fürsorge überflüssig machen würde, weil sie die sozialen Karrieren aufgrund einer »wissenschaftlichen« Evaluation der Fähigkeiten des Individuums vorausschauend steuern könnte. Dies ist, wohlgemerkt, nur eine letzte Konsequenz und, wenn man so will, ein Mythos. Dessen Logik beeinflußt jedoch bereits die jüngsten, im Namen der Risikoprävention getroffenen Entscheidungen.

Anmerkungen

1 Ich habe versucht, diese neue Problematik in *La gestion des risques,* Paris 1981, systematischer zu durchleuchten, insbesondere im dritten Kapitel, *La gestion prévisionnelle.*

2 Constans, Lunier, Dumesnil, *Rapport général à Monsieur le Ministre de l'Intérieur sur le service des aliénés en 1874,* Paris 1874.

3 L. Lunier, *Revue médicale des journaux judiciaires,* in: *Annales médico-psychologiques,* 1848, Bd. VIII, S. 259. Die *Annales* berichten in einer regelmäßigen Rubrik über diese Vorfälle. Sie sind mit »Reflexionen« versehen, die sowohl das Unbehagen des Psychiaters angesichts dieser Situation hervorheben als auch die Notwendigkeit einer Wachsamkeit, die präventiven Zwecken dient.

4 P. Sérieux, L. Libert, *Les lettres de cachet,* »*prisonniers de famille*« *et* »*placements volontaires*«, Gand 1912, S. 12.

5 Vgl. den Brief, den Morel an den Präfekten der Seine-Inférieure richtet und in dem er diesen um seine Unterstützung bittet, um »sich bei den Familien Zutritt zu verschaffen, die Lebensweise der Bewohner einer Ortschaft aus der Nähe zu beobachten, sich über ihre physische und moralische Hygiene zu unterrichten. Das ist, wie man unschwer einsehen wird, eine heikle Mission, die nur unter dem Schutze der Obrigkeit gehörig erfüllt werden kann. Ich glaube nicht, daß es auf andere Weise gelingen würde, eine moralische Statistik dieses bedeutenden Departements aufzustellen und der Obrigkeit nützliche Dokumente über die Ursachen für die wachsende Anzahl der Irren und über die geeignetsten hygienischen und prophylaktischen Mittel zur Verhütung eines so schlimmen Gebrechens zu liefern«. (Der Brief ist abgedruckt in *Le no – restreint,* Paris 1860, S. 102 f.)

6 B. Morel, *Traité des dégénérescences physiques, intellectuelles et morales de l'espèce humaine,* Paris 1857, S. 691.

7 Carlos F. Mac Donald, *Presidential Address,* in: *American Journal of Insanity,* Juli 1914, S. 9.

8 Als Beispiel hier das 1923 in Missouri verabschiedete Gesetz: »Wenn jemand des Mordes (außer im Affekt), der Vergewaltigung, des Straßenraubs, des Hühnerdiebstahls, des Sprengstoffgebrauchs oder des Automobildiebstahls überführt worden ist, so hat der mit der Untersuchung des Falles betraute Richter unverzüglich einen in der Gegend, wo die Straftat begangen wurde, ansässigen fachkundigen Arzt zu bestellen, um an dem

Verurteilten den als Vasektomie bzw. Salpingektomie bezeichneten Eingriff zwecks seiner Sterilisation vornehmen zu lassen, damit ihm die Fortpflanzungsfähigkeit auf immer genommen werde.« (Missouri State Legislature, House Bill Nr. 290.)

9 Dr. Binet-Sanglé, *Le haras humain,* Paris 1918, S. 142.

10 Gerald Caplan, *Principles of Preventive Psychiatry,* New York 1964.

11 *A. a. O.,* S. 56.

12 In den Vereinigten Staaten bittet schon 1969 Präsident Nixon den Minister für Gesundheit, Erziehung und soziale Hilfen um eine Stellungnahme zu einem Bericht, den er finanziert hatte und in dem vorgeschlagen wird, daß »die Regierung einen Massentest aller Kinder zwischen sechs und acht Jahren durchführt, um diejenigen herauszufiltern, die zu Gewalttätigkeit und Mord neigen«. Die Kinder mit »delinquenten Tendenzen« sollen einer »korrigierenden Behandlung« unterzogen werden, die von der Beratung und psychologischen Behandlung bis hin zur Zwangseinweisung in Sonderlager reichen kann. Der Minister läßt durch den Direktor des *National Institute of Mental Health* antworten, daß die Technologien der Früherkennung noch nicht weit genug entwickelt seien, um ihren Ergebnissen Glaubwürdigkeit zu verleihen. (Zitiert nach Peter Schrag, Diane Divoky, *The Myth of the Hyperactive Child and other Means of Child Control,* New York 1975, S. 3.) Wenn in den Vereinigten Staaten systematische Tests stattfinden, so konzentrieren sie sich auf begrenzte Gruppen, die als Träger besonderer Risiken angesehen werden. Anscheinend ist der »Vorsprung« Frankreichs auf diesem Gebiet auf die zentralisierte Machtstruktur zurückzuführen, die es ermöglicht, administrative Entscheidungen sofort in landesweite Planung umzusetzen. Ich füge hinzu, daß im Juni 1981 (das Datum unmittelbar nach der Änderung der Regierungsmehrheit ist sicher nicht zufällig) die Kommission »Informatique et Libertés« eine Stellungnahme abgegeben hat, in der sie ihr Mißtrauen gegenüber dem G.A.M.I.N.-System zum Ausdruck bringt. Doch bezieht sich die Verurteilung auf die Bedrohung der individuellen Freiheitsrechte durch die Verletzung der Anonymität in den Verfahren und nicht auf das technologische Dispositiv als solches.

13 Michel Foucault, *Surveiller et punir,* Paris 1975 (dtsch. *Überwachen und Strafen,* Frankfurt 1976), insbesondere III, Kap. 3.

14 Kürzlich wurde ein Kolloquium über präventive Maßnahmen gegen die Auswirkungen der Erdbeben an der Côte d'Azur abgehalten, auf dem man sich ernsthaft darüber entrüstete, daß diesem Problem noch nicht die gebührende Aufmerksamkeit zuteil geworden war. Man begreift hierbei, wie die Inszenierung eines »Risikos«, das im übrigen tatsächlich vorhanden sein mag, dessen Auswirkungen jedoch völlig vom Zufall abhängen, dessen Eintritt nicht vorhersehbar ist und dessen Ursprung sich nicht kontrollieren läßt, eine Maschinerie in Gang zu setzen imstande ist, die ihrerseits eine sehr reale Existenz annehmen kann, indem sie die Bildung eines Experten-

gremiums hervorruft, die Vorschriften und Kosten im Bauwesen verändert, den Touristenzustrom beeinflußt etc. Ganz zu schweigen von der Kultivierung der Angst oder wenigstens der Ängstlichkeit, die dadurch ausgelöst wird, daß eine Unzahl von Risiken im Namen einer mythologischen Vorstellung von der absoluten Sicherheit zu Tage gefördert werden. Aber es ist unbestreitbar, daß die Kultivierung der Angst die Eröffnung eines Marktes von Heilmitteln gegen die Angst nach sich zieht, genauso wie die Kultivierung der Unsicherheit eine Verschärfung der Sicherheitspolitik rechtfertigt.

15 Das Gesetz vom 30. Juni 1975 »en faveur des personnes handicappées« bestimmt die Einsetzung von Departementskommissionen, von denen die eine für Kinder, die andere für Erwachsene zuständig ist und vor der alle Personen erscheinen müssen, die einen Antrag auf finanzielle Beihilfe und/oder die Unterbringung in einer Spezialinstitution stellen bzw. für die ein solcher gestellt wird. Sie arbeiten mit Aktenmaterial, das von speziellen Fachkommissionen zusammengestellt worden ist. In den Departementskommissionen haben die Vertreter der verschiedenen Verwaltungen die Mehrheit, in den speziellen Kommissionen die Fachleute. Die Departementskommissionen haben in der Frage der Anerkennung von Behinderungen Entscheidungsbefugnis. Die damalige Gesundheitsministerin Simone Veil formulierte es während der Debatte über den Gesetzentwurf vor dem Senat so: »Als Behinderte gelten fortan alle Personen, die von den gemäß Paragraph 4 für die Minderjährigen und gemäß Paragraph 11 für die Erwachsenen vorgesehenen Departementskommissionen als solche anerkannt worden sind« (*Journal Officiel* vom 4. April 1975).

16 Ich habe versucht, dies für die Gesetzgebung von 1838 und die Sektorpolitik in Frankreich in *L'ordre psychiatrique. L'âge d'or de l'aliénisme*, Paris 1976 (dtsch. *Die psychiatrische Ordnung. Das goldene Zeitalter des Irrenwesens*, Frankfurt 1979) nachzuweisen sowie für den *Community Mental Health and Retardation Act* von 1963 in den Vereinigten Staaten in *La société psychiatrique avancée. Le modèle américain*, Paris 1979 (dtsch. *Psychiatrisierung des Alltags. Produktion und Vermarktung der Psychowaren in den USA*, Frankfurt 1982).

17 Beispielsweise löst das Gesetz von 1838 den Widerspruch zwischen der Unmöglichkeit, Geisteskranke, die von der Justiz als gefährlich eingestuft werden, einzusperren, weil sie strafrechtlich nicht verantwortlich waren, und der Notwendigkeit, dies dennoch zum Schutze der öffentlichen Ordnung zu tun. Die neue medizinische Legitimation stellt in Form der »therapeutischen Isolierung« eine genauso strenge Absonderung sicher wie die Inhaftierung, wird jedoch durch eine therapeutische Finalität gerechtfertigt. Der Irre besitzt einen bürgerlich-rechtlichen Status, für ihn steht ein Platz in der »Sondereinrichtung« bereit, und sogar die finanzielle Regelung seiner Versorgung ist im Rahmen des Gesetzes vorgesehen. Aber ermöglicht wurde dieses lückenlose Dispositiv, das fortan eine rationale

Verwaltung des Wahnsinns erlaubt, durch eine mehr als dreißigjährige Praxis der Veränderungen im Krankenanstaltsbereich, die mit Pinel in Bicêtre, später in der Salpêtrière ihren Anfang nahmen und dann allmählich Schule machten.

18 Unter anderem sieht das Gesetz Nr. 180 die Schließung der bestehenden psychiatrischen Anstalten vor, verbietet die Errichtung neuer und bestimmt, daß akute psychiatrische Fälle auf kleinen Stationen, die in die Allgemeinkrankenhäuser eingegliedert sind, behandelt werden müssen.

Christa Schulz
Manfred Max Wambach

Das gesellschaftssanitäre Projekt

Sozialpolizeiliche Erkenntnisnahme
als letzte Etappe der Aufklärung?

Wohlfahrt und Krise

Was in Rede und Gerede der Politiker und Meinungsmacher in der Bundesrepublik Deutschland als »Politik der leeren Kassen« und »unabänderliche Einschnitte in das soziale Netz« dem Volke plausibel gemacht wird, das ist das Ergebnis der Krise des »Wohlfahrtsstaates«, verkürzt auf zwei Aspekte; der dritte bezieht sich auf den Begriff der Sicherheit, der inneren, äußeren, sozialen, jedenfalls permanent gefährdeten. Perspektiven und Gefahren, die zur politischen Animation, auch in Form der Beschönigung, wohl verstanden genützt werden. Doch die Krise des »Wohlfahrtsstaates« ist nicht nur der momentanen Konjunkturkrise und der Finanzkrise des Steuerstaates geschuldet, sondern sie geht grundsätzlicher auf eine langdauernde, fundamentale Strukturkrise zurück: das Durchschlagen der neuen technologischen »Revolutionen«, deren Effektivität in zunehmender Rationalisierung, erhöhtem Leistungsdruck, Arbeitslosigkeit und der Destruktion traditioneller Organisationsformen des Alltags zum Ausdruck kommt.

Will man die Merkmale staatlicher Aktivitäten, die in diese Entwicklung involviert sind, darstellen, empfiehlt es sich, zunächst die systemnotwendigen sozial- und sicherheitspolitischen Funktionen zu erinnern. Die Taylorisierung der Produktion wird übergehen in eine durch automatisierte Datenverarbeitung und Mikroprozessoren betriebene Steuerung des Arbeitsplatzes und der Arbeitsvorgänge, deren Prinzipien und Mechanismen auch auf andere Lebensbereiche übergreifen. So wird die Computerisierung es ermöglichen, für alle Sozialbereiche Normenstandards zu setzen und Kontrollen einzuführen, um die verwertungsgerechte Sozialisation und Reproduktion von Arbeits- und Konsumkraft, von herrschafts- und marktkonformer Subjektivität zu überwachen und zu animieren. So werden also auch die alltags- und lebensweltlichen Strukturen mehr und mehr durchrationalisiert und durchstaatlicht. Eine große Anzahl staatlicher Interventionen folgt hierbei den Strategien, die man als die »große präventive Wende der Sozialpolitik« und »neue Politik der inneren Sicherheit« interpretiert. Wir sind der Meinung, daß beide Politiken zunehmend verschmelzen und ein gemeinsames gesellschaftssanitäres Projekt verfolgen.

Der soziale Sicherheitsstaat

Zweifellos waren die Sicherheitsapparate schon immer unabdingbar für die Ordnung und für das Funktionieren des »Wohlfahrtsstaates«. Die neue Qualität, die jetzt sichtbar wird, besteht darin, daß die Politik der inneren Sicherheit nicht mehr allein den Einsatz der Apparate repressiver Sanktionen umfaßt, sondern sich in Sozialpolitik transformiert, von der sanierende und prävenierende Wirkungen erwartet werden. Was nun die Sozialpolitik angeht, so funktioniert sie bereits in der Weise, daß sozialpolitische Interventionen ersetzt oder ergänzt werden durch Sicherheitsmaßnahmen und »soziale Probleme« und andere gesellschaftliche Strukturdefekte in Sicherheitsfragen übersetzt und die Dienstleistungsapparate der Medizin, der Fürsorge etc. in die Strategien des sozialen Sicherheitsstaates integriert, teilweise institutionell eingebaut werden.

Der soziale Sicherheitsstaat erscheint zwar administrativ aufgesplittert, in Wirklichkeit jedoch konstituiert er mehr und mehr ein einziges Kontroll- und Interventionsfeld, was den Prozeß der adaptiven Selbsttransformation, der sich in Gestalt planifikatorischer und umfassender technologischer Steuerung vollzieht, außerordentlich begünstigt.

Die Finalität des sozialen Sicherheitsstaates zielt auf die perfekte Kontrolle über alle Arten und Formen von Abweichungen, Anomalien und »sozialschädlichen« Verhältnissen, die als Risiken begriffen und möglichst frühzeitig im Vorfeld erkannt, ermittelt und per vorverlegtem Eingriff unschädlich gemacht werden müssen. Diese Konzepte und solche wie Risikogruppe, Risikozone, Prädelinquenz, Behandlungsbedürftigkeit, Gemeinde- und Bürgernähe sind für die sicherheitspolitische Finalisierung symptomatisch, auch wenn sie für verschiedene, möglicherweise heterogene Eingriffsbereiche gedacht sind. Unter dem Titel Prävention werden sie übertragbar gemacht und allmählich so generalisiert, daß sie dem gesellschaftssanitären Projekt des sozialen Sicherheitsstaates dienen können. Mit anderen Worten: Es entwickelt sich ein genereller Modus unterschiedlicher Präventionstechniken, der, einer sozusagen systemischen Logik folgend, die Entwicklung der nächsten Jahre mit hoher Wahrscheinlichkeit bestimmen wird. Das alles mag sehr abstrakt sein oder klingen und vielleicht auch noch wenig darüber sagen, worauf wir eigentlich hinauswollen. Wir könnten nun unsere Thesen konkretisieren und eine weitere Anzahl relevanter Fakten und Tendenzen aufzeigen, doch scheint uns dieses Verfahren zu umständlich zu sein, zu wenig illustrierend und imaginativ. Das Bild von dem Verhältnis zwischen Polizei und gesellschaftlicher Entwicklung, das der bekannte BKA-Theoretiker gezeichnet hat, scheint uns geeigneter, den Gang unserer Argumentation verständlich zu machen. Doch zunächst sei zur »Einstimmung« eine Pressenotiz, die nie dementiert worden ist, zitiert.

Vorsorge

»Ein junger Mann fragt brieflich bei einer deutschen Gewürzfirma an, ob kritische Berichte über deren Aktivitäten in Brasilien zuträfen. Statt einer Antwort erhält der Frager Besuch von der Polizei an seinem Arbeitsplatz; dort wird er seinerseits einer peinlichen Befragung ausgesetzt. Die Gewürzfirma hatte, was ihr in der Nase stach, an die Industrie- und Handelskammer, diese den Brief an die Polizei geschickt.

Der Vorgang, über den wir gestern berichteten, ist beunruhigend genug; seine Struktur der Vermittlung, sein Stafettenlauf durch die Institutionen erinnert an die Repressionsmechanik südamerikanischer Regimes. Empörend wird er jedoch durch die Begründung, mit der das niedersächsische Innenministerium ihn zu einer demokratischen Selbstverständlichkeit erklärt. Es gehöre zu den Aufgaben einer ›gut ausgebildeten modernen Polizei‹, sich ›rechtzeitig über die Motive von möglichen späteren Straftätern zu informieren‹.

Wer auffällt, wird überprüft? Wer fragt, wird registriert? Wäre es da nicht besser, über jeden von uns, von Geburt und Kindesbeinen an, alle nur möglichen ›Erkenntnisse‹ zu sammeln, damit die Polizei die Straftäter schon im Visier hat, bevor denen die Idee zu ihrer Tat überhaupt erst in den Kopf schießt? In solcher vorsorglichen polizeilichen Wahrnehmung, welche die Unschuld als Inkubationsherd des künftigen Sündenfalls diagnostiziert, sah der ehemalige BKA-Leiter Horst Herold die ›sozialhygienische Aufgabe einer Polizei der Zukunft‹. Der englische Schriftsteller George Orwell ließ die Zukunft erst 1984 beginnen. Er hat sich verrechnet. Zumindest in Niedersachsen, mitten in der Demokratie, hat die ›schöne neue Welt‹ von Staats wegen bereits ihr Bürgerrecht.« WOS (*Frankfurter Rundschau,* Nr. 250 vom 28. 10. 1981, 3).

Der Kommentar bezieht sich auf eine Meldung, die in der Presse ziemlichen Widerhall gefunden hat. Anknüpfend an die eindeutige Stellungnahme des niedersächsischen Innenministeriums benennt er treffend das zentrale Problem des Vorgangs: die behauptete Notwendigkeit rechtzeitiger Erkenntnisnahme. Symptomatisch indessen für die Art, in der auf solche Ereignisse hierzulande assoziativ reagiert wird, scheinen uns die Verweise auf südamerikanische Diktaturen und Orwells *1984* zu sein. Unzutreffend ist auch die floskelhafte Reminiszenz an Huxleys »schöne neue Welt«. Und was Horst Herold, »sein« gesellschaftssanitäres Projekt und die »Polizei der Zukunft« betrifft, muß gesagt werden, daß diese Zeitdimension unzutreffend ist: das Aktuelle läßt sich eher an realen oder auch nur erdachten Konsequenzen als in den zeitgenössischen Diskussionen über das Gegenwärtige oder das Zukünftige identifizieren.

Vision oder Szenario?

Wir werden jetzt aus Äußerungen zitieren, mit denen der langjährige Chef des Bundeskriminalamtes (BKA), Dr. Horst Herold, die Unabdingbarkeit einer Verschiebung und Ergänzung der Funktion einer Polizei, die auf der Höhe der Zeit sein möchte, gerechtfertigt und, insoweit die Veränderungen noch nicht eingetreten sind, verlangt hat. Überlassen wir Dr. Herold das Wort: »Ich sehe die Hauptaufgabe des Bundeskriminalamtes darin, das in riesigen Mengen angehäufte Tatsachenmaterial zu allen abseitigen, abweichenden Verhaltensweisen in der Gesellschaft forschend zu durchdringen, um rationale Einsichten der Gesellschaft zur Verfügung zu stellen, ihr eigenes Rechtssystem zu korrigieren und Instrumente bereitzustellen, die Kriminalität zu verhindern.«[1] »Wir müßten zunächst einmal die gewaltige Datenmenge, die die Polizei ja hat, durchdringen und mehrdimensional verknüpfen können. Die heutige Technik würde das bewältigen.« »Da ist seit Jahr und Tag alles angehäuft darüber, weshalb Leute Rauschmittel nehmen und weshalb sie in Apotheken einbrechen, um sich solche zu klauen; weshalb Leute abgetrieben haben und weshalb sie dieses und jenes tun (...).« »Was ich anstrebe, ist die Polizei als gesellschaftliches Diagnoseinstrument.« »Ich kann ständig wie ein Arzt – deshalb das Wort gesellschaftssanitär – den Puls der Gesellschaft fühlen und mit Hilfe rationaler Einsichten unser Rechtssystem dynamisch halten.« »Wir sagen, wie die Situation ist, was kommt, was für Gefahren entstehen, was sich entwickelt – wie die tatsächlichen Verhältnisse sind.«[2] »(...) meine Hoffnung gilt dem Computer als einem gesamtgesellschaftlichen Diagnoseinstrument. Das ist eine Prävention neuen Stils (...).«[3] An anderer Stelle hat Herold die gesellschaftssanitäre Rolle der Polizei mit den neuen Elementen des Polizeibegriffs verknüpft: »(...) Unterstützung und Beratung anderer staatlicher sozialer Institutionen für Umwelt, Gesundheit, Familie, Jugend, Fürsorge, Wohnung oder soziale Hilfe sowie die Öffnung zu allen Wissenschaften, die sich im weitesten Sinne mit der Gesellschaft und dem Menschen befassen, mit der Verpflichtung und mit dem Ziel, unter ständiger polizeilicher Erkenntnislieferung ein ressort- und disziplinübergreifendes Präventionssystem zu schaffen, das Probleme ortet, *bevor* sie bedrohlich werden.«[4] Das ist klipp und klar das Konzept einer modernen Präventivpolizei, die aus einem bloßen Vollstreckungsorgan zum Subjekt gesellschaftlicher Veränderungen werden soll, die nicht vorwiegend im Nachhinein Delinquenz bekämpfen, sondern im Vorfeld polizei- und sozialpflichtiges Verhalten herstellen soll.

Die Reaktionen in Publizistik und Wissenschaft auf Herolds vielfach vorgetragene Konzeption, die wir hier in einer besonders prägnanten Variante zitiert haben, reichen von der Dramatisierung und moralischen Verurteilung, der Diskussion auf der Ebene der Ausschaltung von Mißbräuchen bis zu dummenfängerischer Abwiegelei: Die Technologie ist zwar vorhanden, aber sie gelangt mit Sicherheit nicht zum Einsatz. Die bequemste, weil keinerlei Reaktion erfordernde Abwehr besteht darin, Herolds Aussagen schlicht als Vision abzutun. Nun handelt es sich aber bei diesen Aussagen keineswegs um die eines Visionärs oder eines einsamen Polizeiphilosophen, der eine zufällige Selbstenthüllung geliefert hätte, wie das der deutschen Öffentlichkeit weisgemacht werden sollte. Vielmehr handelt es sich um den grundlegenden Teil einer kohärenten Analyse und Programmatik, die in den höheren Rängen der Polizeiführungen und der Innenministerien Allgemeingut geworden sind. Herold weist sich uns, nicht zuletzt durch seine Parteizugehörigkeit, als »stocknormaler« sozialdemokratischer Technokrat aus, der einem jüngst abgewählten Bundeskanzler Bruder im Geiste ist und der mit dem Anspruch des progressiven Rationalisten die ohnehin bereits »offene Gesellschaft« für ihre weiteren Fortschritte noch weiter öffnen will. Nicht zu vergessen ist, daß eine starke Affinität besteht zwischen den meisten Spielarten sozialdemokratischen Denkens und Meinens und der naturwissenschaftlich-technizistischen Sicht der Manipulation des sozialen Lebens, steckt doch in allen gesellschaftspädagogischen Anschauungen und Fortschrittstheorien den bitteren Realitäten zum Trotz der Glaube, daß sich – wenigstens eines Tages – die Zukunft vorbeugend gestalten lasse.

Um den operativen Gehalt der Heroldschen Äußerungen zu begreifen, muß man sie einmal als Entwurf eines Szenarios nehmen, in dem der Leitgedanke der Spielfolge festliegt und mit Hilfe aller in deren Rahmen erdenklichen Annahmen, Fakten, Tendenzen immer neue Konstellationen antizipiert werden können, eine Methode also, die in strategischen und taktischen Planspielen von Militär und Polizei einen vorzüglichen Stellenwert innehat. In alledem kommt es darauf an, in bestimmten Konstanten und Variablen die Momente der Eskalation erkennen zu lernen.

»Ich kann ständig wie ein Arzt – deshalb das Wort gesellschaftssanitär – den Puls der Gesellschaft fühlen und mit Hilfe rationaler Einsichten unser Rechtssystem dynamisch halten.« Diese Heroldschen Feststellungen, die er kybernetisch verstanden wissen will, wollen wir in ihrer Bedeutung für unsere Fragestellung im folgenden ausleuchten und präzisieren. Zunächst ist dem Wort Rechtssystem der Begriff Verwaltungssystem hinzuzufügen, um eine realistische Perspektive zu erhalten. Dann ist daran zu erinnern, daß die angestrebte Diagnostik eine technologische Basis hat, die für Herold per se Fortschritt verkörpert. Diejenigen Kritiker, die nicht mit den Erfordernissen des Technizismus, wie ihn die sozialdemokratische Modernisierung beinhaltet, übereinstimmen, sind in ihren eigenen Veränderungsbemühungen von vornherein diskreditiert. Signifikant für die neuen institutionellen Dispositive und Interventionsmodi ist die ihnen zugrundeliegende Sicherheitsideologie, die eine doppelte Dimension besitzt: Sie dehnt die klinische Symptomatologie auf den gesamten sozialen Körper aus, und sie rechtfertigt diese Expansion zugleich als wissenschaftlichen Fortschritt. Das wichtigste expansionistische Moment liegt darin, daß die Intervention als vorbeugende Therapie gelten kann. Das scheint charakteristisch zu sein für eine Gesellschaft, in der Schritt für Schritt die Rechtsstaatlichkeit zurückgedrängt wird zugunsten einer Normstaatlichkeit, in der neben der Orientierung am Gesetz die Ausrichtung an der vorgreifenden Maßnahme erfolgt. Ohne sich dieses allgemeinen Vorgangs bewußt zu sein, könnte man eventuell dazu neigen, in der modernen Präventivpolizei, ungleich anderen Interventionssystemen, eine Besonderheit technologischen Selbstlaufs zu sehen.

Die moderne Polizei als gesellschaftliches Diagnoseinstrument zu nutzen, bedeutet aber nun keineswegs, eine selbststeuernde Ebene der Verarbeitung von Problemen zu schaffen, sondern primär, die polizeiliche Erkenntnisnahme in einem bisher ungeahnten Ausmaße für die Steuerung, Sortierung und Selektion von Populationsströmen einzusetzen. Und das soll in einer wissenschaftlichen Weise geschehen, die die bisherige Polizeiwissenschaft weit hinter sich läßt. Herolds Konzept ist in dieser Hinsicht klar festgelegt. In Abwandlung eines berühmten Dictums könnte man sagen: Die Disziplinen haben die Menschen nur verschieden interpretiert, es kommt aber darauf an, sie einheitlich zu verwalten. Konsequenterweise ergibt sich aus der Perfektionierung des gesellschaftssanitären Projekts das Postulat einer einheitlich strukturierten Wissenschaft der Devianz. Doch gegenwärtig geht die Entwicklung wohl in eine andere Richtung. In einem komplizierten Prozeß der Neufunktionalisierung verschiebt sich die sachliche Identität: Es entwickeln sich Strukturen von »interdisziplinären« Wissenschaften eines je spezifischen Risikobereiches, beispielsweise die Wissenschaft von der psychischen Devianz in der Gemeinde oder die Wissenschaft von der Jugenddelinquenz in den Großstädten.

Eine Rückblende

Das gesellschaftssanitäre Projekt, das auf der Grundlage einer Gleichschaltung der sozial- und sicherheitspolitisch relevanten Informationssysteme betrieben werden soll, hat in Deutschland eine Tradition, die von der Weimarer Republik über die Etappe des Dritten Reichs reicht und in die es sich bruchlos einordnet.

Zwar ist damals die totale Erfassung mittels der »Reichskennziffer« nur ein Plan geblieben, doch die methodologischen und technologischen Voraussetzungen der Informationsbeschaffung sind vom nationalsozialistischen Staat mit Nachdruck geschaffen worden; auch hat die Uminterpretation von rechtlich definierten Devianzkategorien im Sinne von allgemeiner Sozialschädlichkeit damals »große Fortschritte« gemacht: So wurden in Fragebögen zur Sippenerfassung Renitente besonders markiert; das Hauptamt für Volksgesundheit hat bereits im Jahre 1934 versucht, ein Gesundheitskataster zu errichten, das die zentrale Erfassung aller Bürger nach ihrer Leistungsfähigkeit ermöglichen sollte; im vorgesehenen Gesundheitsbuch waren Krankheiten nur noch als Leistungsdefekte aufgeschlüsselt. Diese Angaben mögen zur Erinnerung der Kontinuität des gesellschaftssanitären Projekts genügen, das sich konzeptionell und praktisch neben den wechselnden politischen und wissenschaftlichen Diskursen behauptet, ja, perfektioniert hat.

Die elektronische Erkenntnisnahme

Der Funktionswandel des Staates in einen Staat, in dem Sicherheit Priorität hat, erzeugt einen je spezifischen Bedarf an Ermittlungswissen über Abweichungen, Störungen, Krisen und Konflikte individueller oder kollektiver, aktueller oder möglicher Natur, das in einem ungeheuren Umfang zu erheben und auszuwerten die Einführung des Computers und des Informationenverbundes ermöglicht hat. Dieser technologische Sprung ist zugleich ein sozialtechnischer, weil nunmehr – und das gilt im Prinzip unbegrenzt – die Tatsache genützt werden kann, daß *jeder* Kontakt, den eine Person mit einer Institution hat, zu Informationen führt, die Erkenntnisnahme über den Betroffenen auszudehnen ermöglicht. Informationssysteme sind so aufgebaut, daß sich Daten nach »beliebigen« formalen Regeln zusammensetzen lassen; mittels voneinander unabhängiger Indikatoren lassen sich das Besondere und das Allgemeine an einem Individuum ermitteln. Über die bekannten traditionellen und »stabilen« Gefahrenherde hinaus kann sich nun der verdachtschöpfende Blick auf den »irgendwie und irgendwo« risikoträchtigen Jedermann richten. Dieser in sozialtechnologischer Hinsicht so bedeutsame Entwicklungsschritt enthält eine juristische Implikation, die für die Erkenntnisnahme sozusagen den grenzüberschreitenden Verkehr eröffnet: Zur Produktion von Erkenntnissen über Personen, die auf Daten aus zweiter oder X-Hand beruht, bedarf es einerseits keiner gesetzlichen Grundlage, andererseits können gesetzliche Bestimmungen eine solche Wissensproduktion prinzipiell nicht verhindern. Das kommt einer generellen Entgesetzlichung gleich; die bisherigen Datenschutz-Regelungen, die sich auf die liberale Komponente des Rechtsstaates berufen, werden auf dieser Ebene kaum wirksam werden können.

Um Datenbanken vernetzen und maximal auswerten zu können, ist der seit fast einem halben Jahrhundert bestehende Plan der Personenkennziffer reaktiviert worden; realisiert werden konnte er allerdings wegen politischer Bedenken noch nicht. Als inoffizieller und unvollkommener Ersatz dient unterdessen für verschiedene Projekte die Sozialversicherungsnummer. Aber noch fehlt der große Verbund der Erfassungs- und Auswertungssysteme für Sozialdaten, einen entscheidenden Schritt voran hat hier nur die Polizei tun können.

Wir möchten hier nur auf einige für den vorliegenden Zusammenhang besonders bedeutsam erscheinende Erfassungssysteme hinweisen. Nachdem Kranke begonnen hatten, das Sozialbudget als Einkommen zu betrachten, wurde das Meldewesen zwischen Betrieben und Krankenkassen umgebaut und zusätzlich ein durchgängiges Verfahren zwischen Betrieben und Verwaltungsbehörden geschaffen. Neben großen bundesweiten Modellprojekten wie dem »Einrichtungsbezogenen Informationssystem« und dem »Krankenhausinformationssystem« sowie Computerprojekten der Bundesversicherungsanstalt für Angestellte (BFA), die Daten über 20 Millionen Arbeitnehmer gespeichert hat, gibt es ferner eine Vielzahl von kleineren Projekten, wie beispielsweise diejenigen, die von Landesversicherungsanstalten (Ergänzung der eigenen Alkoholikerdateien durch Abruf von anderweitig gespeicherten Informationen) und Ortskrankenhäusern getragen werden, oder wie die rein lokalen Modellprojekte, die im Rahmen des Modellprogramms zur psychiatrischen Versorgung funktionieren, um Erfahrungen für die bundesweite Einführung zu sammeln.

Konturen einer Sozialpolizei

Polizei, Medizin, Sozialarbeit, Psychiatrie sind gleichermaßen einem Transformationsprozeß unterworfen, der weitreichende institutionelle Umgliederungen, eine rasche Änderung der theoretischen Codes, die Umrüstung auf eine neue Technologie und eine Ausdifferenzierung und Maskierung der Felder und Modi der Intervention umgreift. Wenn wir sagen, daß sich eine Art einheitliches Interventionsfeld herausbildet, dann bleibt uns der Hinweis auf die organisatorischen Instanzen ein Scheinargument, denn wir haben gesehen, daß, über homologe Entwicklungen und integrativ wirkende Konstellationen hinaus, eine spezifische Logik der Prävention sich auch in heteronomen Eingriffsbereichen durchsetzt. Die Rede vom wiederauferstandenen Armenpolizisten und vom »Psychobullen« sei deplaziert, eine Diffamierung. Das ist sicher richtig, aber so stellt sich das Problem nicht: Wenn man sich auf die bestehenden professionellen Differenzen und den Einsatz unterschiedlicher Apparate versteift, wird man weder systemgleiche Funktionen noch objektiv bestimmte Handlungsvollzüge in ihrem Gesamtzusammenhang identifizieren können. Was sich herausbildet, ist eine integrative Sozialpolizei, deren Konturen wir nachzuzeichnen versucht haben. Wir sehen unter irrelevanten Etiketten eine Polizei entstehen, die auf eigentümliche Weise den Polizeibegriff des Merkantilstaates erneuert, ein Verständnis von Polizei nämlich, das von der Wohlfahrts- bis zur Medizinalpolizei reichte und in seinen Präventionszielen gewissermaßen eine Primitivform des gesellschaftssanitären Projekts darstellte.

Subversion statt Supervision?

Zur Reformrhetorik, die den Prozeß der Umstrukturierung und Rationalisierung der Arbeits- und Reproduktionsverhältnisse begleitet (wobei die interessierten, vorteilshungrigen Professionen die besten Transporteure ins Subjektive, ins »Für-wahr-und-richtig-Halten« sind), gehört das Verlangen nach der Humanisierung des Arbeitslebens, der Krankenhäuser, der Anstalten und verschiedener anderer Institutionen. Selbstverständlich bezieht auch der soziale Sicherheitsstaat seine diversen Modernisierungsprojekte (Reformmodelle) auf reale Bedürfnisse der Bevölkerung, allerdings in recht abstrakter Weise: »Soziales« wird in einer Form konstituiert, die verhindert, daß authentische Bedürfnisse sich unmittelbar artikulieren können.

Unschwer ist zu erkennen, daß die Reform der psychosozialen Versorgung auch an der Neustrukturierung sozialer Räume und der Neuorganisation des Alltags in den Kommunen und Wohnbezirken mitwirkt. Die Programme und praktischen Diskurse feiern als Reformziele die Humanisierung, die Partizipation des Klienten. Diese Elemente bleiben dem realen Transformationsprozeß in der Regel äußerlich, weil er eingezwängt ist in eine technische, autoritäre und hochgradig bürokratisierte Reform, die vollkommen verschieden ist von einer Basisreform von Dienstleistungen, die sich an den Bedürfnissen ihrer Benutzer orientiert. Die transformierten Elemente werden überall von institutionellen Machtstrukturen aufgenommen und für deren Regenerierung instrumentalisiert. Es mutet daher merkwürdig an, ist aber eine weitverbreitete Tatsache, daß die Politik des sozialen Sicherheitsstaates vor allem im Gesundheitsbereich als präventive Wende der Sozialpolitik gefeiert wird, die eine Chance zur Erzeugung von Gesundheit und persönlicher Sicherheit böte.

In bestimmten Kreisen scheint sich das jedoch zu ändern, nämlich in den »Enklaven von Alternativität«, die im Verlaufe des Aufkommens der deutschen Gesundheitsbewegung entstanden und die bestrebt sind, sich von den »von oben« reformierten Strukturen abzukoppeln. Allmählich entfaltet sich in dieser »Szene«, häufig gespeist aus eigener unmittelbarer Erfahrung, ein Diskurs über die Frage, welche Konsequenzen eine umfassende Institutionalisierung psychosozialer Versorgung im sozialen Sicherheitsstaat haben wird. Es wird bezweifelt, daß Primärprävention im Sinne der »Bedürfnisse der Betroffenen« von ihr wird geleistet werden können. Einige Präventionsmethoden, insbesondere diejenigen technologischer Natur, werden als Praxen, die ihren Sinn verkehren und kontraproduktiv wirken, aufgefaßt. Schritt für Schritt gewinnt die Vorstellung an Boden, daß Primärprävention als bedürfnisgerechter Selbstschutz nur im Rahmen von Gegenbewegungen, bei den »Alternativen«, den »Andersartigen«, sich zu entfalten vermöchte.

Freilich ist Prävention als wirkliche Selbsthilfe und nicht als folgsame Vermeidung von Risikoverhalten im sozialen Sicherheitsstaat eine höchst suspekte Angelegenheit und schon immer kriminalisierbar gewesen. Eine Reihe von Verfolgungsmaßnahmen zieht sich seit der Zeit des Sozialistischen Patientenkollektivs bis in die Gegenwart. Sie haben Gesundheitsinitiativen, Beschwerdezentren und Expatientenorganisationen genauso getroffen wie Einzelpersonen, die sich der Vereinnahmung widersetzt haben.

Es ist nunmehr eine Situation eingetreten, in der die Frage der Helfer, ob Fachleute oder Laien, Reformer oder »Alternative«, nach dem, was *für* die Hilfebedürftigen getan werden kann, in die der Situation angemessenere Frage zu wenden ist: was kann wer *mit* ihnen machen und welche Folgen müssen daraus für die Art der Hilfe, vor allem dann, wenn sie präventiv sein soll, gezogen werden? »Subversion statt Supervision« heißt eine alternative Parole. Ist das jetzt die richtige Frage?

Anmerkungen

1 Sebastian Cobler, *Herold gegen alle. Gespräche mit dem Präsidenten des Bundeskriminalamtes,* in: *Transatlantik,* Nr. 11, November 1980, S. 36.
2 *A. a. O.,* S. 37.
3 *A. a. O.,* S. 40.
4 Bundeskriminalamt Wiesbaden (Hg.), *Polizei und Prävention.* Arbeitstagung des Bundeskriminalamtes Wiesbaden vom 3. November bis 7. November 1975, Wiesbaden 1975, S. 187.

Literatur

Das Gesundheitswesen auf dem Weg zum integrierten System der medizinischen Versorgung – ISMV, in: *Forum für Medizin und Gesundheitspolitik,* Nr. 5 u. 6 (September 1978), S. 9–73.
Barthel, Th. (Hg.), *Gefährdet die Informationstechnologie unsere Freiheit?* München 1980.
Blankenburg, E. (Hg.), *Politik der inneren Sicherheit,* Frankfurt 1980.
Die erfaßte Gesellschaft. Kursbuch 66, Berlin 1981.
Erhardt, J., und C. Kunze, *Musterentwurf des Polizeirechtsstaates,* Berlin 1981.
Frehsee, D., *Zu den theoretischen Grundlagen ›Kommunaler Delinquenz-*

prophylaxe‹, In: *Kriminologisches Journal*, 13. Jg. (1981), H. 1, S. 64–67.

Gössner, R., und Uwe Herzog, *Der Apparat. Ermittlungen in Sachen Polizei*, Köln 1982.

von Greiff, B. (Hg.), *Das Orwellsche Jahrzehnt und die Zukunft der Wissenschaft*, Opladen 1981.

Hirsch, J., *Der Sicherheitsstaat. Das »Modell Deutschland«, seine Krise und die neuen sozialen Bewegungen*, Frankfurt 1980.

Institut für soziale Arbeit (Hg.), *Sozialarbeit und Polizei*, Münster 1981.

Kaase, M., *Datenbanken im Bereich von Statistik, Verwaltung und Wissenschaft*, o. O. (München) 1981.

Kreissl, R., *Die präventive Polizei. Auf dem Weg zur gläsernen Gesellschaft*, in: *Kritische Justiz*, 14. Jg., H. 2 (1981), S. 128–139.

Lessing, H., und M. Liebel, *Repression durch Prävention. Polizeiliche Jugendarbeit in der Bundesrepublik*, in: *Deutsche Jugend*, 27. Jg., H. 4 (April 1980), S. 157–166.

Preuß, U. K., *Justizielle und polizeiliche Wahrnehmung im Strafverfahren*, in: *Kritische Justiz*, 14. Jg., H. 2 (1981), S. 109–126.

Preuß, U. K., *Rechtsstaat, Steuerstaat, Sozialstaat. Eine Problemskizze*, in: D. Deisenroth u. a. (Hg.), *Über das Verhältnis von Legalität, Konsens und Herrschaft*, Frankfurt 1981, S. 46–68.

Onkel Doktor Computer, in: *Dr. med. Mabuse*, Nr. 16 (Mai 1980), S. 22–26.

Riedmüller, B., Redebeitrag zum Symposium »Prävention« auf dem Kongreß der Deutschen Gesellschaft für Erziehungswissenschaften, 1982, maschinenschriftlich.

Sicher in die 80er Jahre. Kursbuch 61, Berlin 1980.

Simon, J., und J. Taeger, *Rasterfahndung. Entwicklung, Inhalt und Grenzen einer kriminalpolizeilichen Fahndungsmethode*, Baden-Baden 1981.

Söllner, A., *Jürgen Habermas und die kritische Theorie des gegenwärtigen Rechtsstaates – Versuch einer wissenschaftsgeschichtlichen Einordnung*, in: *Leviathan*, 10. Jg. (1982), H. 1, S. 97–131.

Schwind, H.-D., F. Berckhauer und G. Steinhilper, *Präventive Kriminalpolitik. Beiträge zur ressortübergreifenden Kriminalprävention aus Forschung, Praxis und Politik*, Heidelberg 1980.

Wambach, M. M., *Von der Medicinalpolizey zur Biopolizei*, Tübingen 1979 (= Deutsch-französischer Workshop über Polizeiwissenschaften), hektografiert.

Ders., *Kontrolle und Überwachung*, in: G. Rexilius und S. Grubitzsch (Hg.), *Handbuch psychologischer Grundbegriffe*, Reinbek bei Hamburg 1981, S. 554–558.

Ders., *Prävention als kontraproduktive Strategie*, in: *Kongreßbericht zum 2. Kongreß für klinische Psychologie und Psychotherapie – Gemeinde-*

psychologische Perspektiven – Themenblock »Prävention«, Tübingen 1982.

Wulff, E., *Wie wünscht sich der Sektor-Psychiater die Versorgung seiner Patienten? Eine sozialpsychiatrische Utopie*, in: ders., *Psychisches Leiden und Politik*, Frankfurt, New York 1981.

Wolfgang Reichel

Der vorverlegte Eingriff

Zur Verrechtlichung von Prävention

1. »Präventive Wende«?

Kaum eine der vielen neueren sozialmedizinischen oder kriminal-
soziologischen Arbeiten versäumt es, die Notwendigkeit der
Krankheits- bzw. Delinquenzprophylaxe zu postulieren. Bei der
Einschätzung der bestehenden Präventionsmodelle finden sich dagegen kaum Übereinstimmungen. Während Gilderdale und Holland (Gilderdale 1977, 480) bereits die Existenz der »gesunden Gesellschaft« konstatieren, die gekennzeichnet ist durch den »kon-
struktiven Schutz der Gesundheit«, kommen andere zu höchst
pessimistischen Ergebnissen. Besonders diffus erscheinen solche
Einschätzungen im Bereich der Devianz, sei sie nun als psychische
Krankheit, Verhaltensstörung oder Delinquenz bezeichnet. Einig
ist man sich darin, daß die Aufgaben der zukünftigen Sozialmedizin in der Prävention liegen müssen, da auf die Zurückdrängung
der Infektionskrankheiten und der »äußersten Armut« in den
westlichen Ländern, »besonders im sozialen Rahmen«, neue Probleme, z. B. die geistige Gesundheit, gefolgt seien. Eine überzeu-
gende Analyse der Gründe der behaupteten Zunahme psychischer
Störungen oder Fehlentwicklungen fehlt ebenso wie eine hinrei-
chende inhaltliche Füllung der Kategorie »Prävention«. Indem
Gleiss, Seidel und Abholz (1975, 203 ff.) die Notwendigkeit der
Prävention betonen, legen sie das Schwergewicht auf die Früherkennung und favorisieren, offenbar in Anlehnung an ein sowjeti-
sches Modell, »regelmäßige Vorsorge-Untersuchungen, besonders in Betrieben und Schulen«, bei denen psychische Störungen
im Zuge von allgemeinen medizinischen Vorsorgeuntersuchungen
herauszufinden wären. Sie versprechen sich von einem solchen
Screening die Zuführung potentieller Patienten zu geeigneten The-
rapieangeboten. Während Gleiss und Mitautoren auf die gesellschaftlich bedingte Benachteiligung der Unterschichten hinweisen
und eine Art Kompensatorik fordern, verlegt Nissen (Nissen 1979,
101) den präventiven Ansatz »in erster Linie [auf] eine konse-

quentere, wahrscheinlich über mehrere Generationen durchgeführte Familientherapie« (Nissen 1979, 104). In Ergänzung dazu fordert etwa Reimling (1980, 186) die stärkere Einbeziehung von Bildungseinrichtungen, wie Kindergarten und Schule, in das Netz delinquenzprophylaktischer Aktivitäten. Auch die Humanistische Union räumt der Prävention in ihren »Forderungen (...) zur Reform der Psychiatrie« (Humanistische Union 1980, 91) den ersten Rang ein.

Man gewinnt den Eindruck, daß der Begriff »Prävention« zu einer Art Zauberformel geworden ist, der die Fähigkeit beigemessen wird, eine radikale Wende in der psychosozialen Versorgung herbeizuführen. Andererseits scheinen die Autoren davon auszugehen, daß Prävention nicht bzw. noch nicht stattfindet. Dies ist aber zumindest ein Mißverständnis. Offensichtlich unmerklich hat sich längst im gesamten Apparat sozialer Kontrollen eine Hinwendung zu präventiven Aktivitäten vollzogen. So ist beispielsweise im Bereich der schulischen Erziehung sogar höchstrichterlich bestätigt worden, daß der »staatliche Erziehungsauftrag in der Schule nicht auf die Wissensvermittlung beschränkt ist, sondern auch – neben dem Elternhaus – die Gesamterziehung des jungen Menschen und damit auch seine Erziehung zum Sozialverhalten zum Gegenstand hat« (NJW, 1982, 250). Diese »präventive Wende« vollzieht sich im gesamten Bereich öffentlicher oder paraöffentlicher Dienste, deren Tätigkeit einen hohen Institutionalisierungs- und Verrechtlichungsgrad aufweist. In welcher Rechtsform sie sich vollzieht und welche Funktion das Recht in diesem Transformationsprozeß hat, soll untersucht werden.

2. Verkrankung von Devianz als Problemverarbeitung

Es unterliegt keinem Zweifel, daß die psychiatrische Intervention einem menschlichen Verhalten gilt, welches, als Abweichung von der Normalität eingestuft, als sinnlos, störend oder gar gefährlich erkannt wird (Witter, 1970, 8, 11). Die Verkrankung dieses Verhaltens ist eine Errungenschaft der modernen, sich naturwissenschaftlich verstehenden Psychiatrie, die allerdings im Bereich der Prävention mehr Unheil als Nutzen bringt. Auch die sogenannte Sozialpsychiatrie, die das naturwissenschaftliche Modell der psychiatrischen Krankheit um eine soziale Dimension erweitert, kommt bei der Beurteilung präventiver Strategien zu manchmal recht verqueren Ergebnissen (vgl. Gleiss, Seidel, Abholz 1975, 203), wie weiter unten ausgeführt wird. Der Grund dafür liegt in eben dieser Verkrankung von Devianz, die zur Übertragung von Präventionsmodellen aus der somatischen Medizin auf den Bereich psychischer Devianz verleitet. Eine solche Übertragung ist aber unzulässig, weil das naturwissenschaftlich-biologische Modell die komplexen Verursachungszusammenhänge von deviantem Verhalten nicht erfaßt. Ein weiterer wichtiger Grund kommt hinzu: In der Gesundheitspolitik verlaufen die Kollisionslinien der Interessen in der Regel zwischen den gesetzlichen Krankenversicherungen als Kostenträgern und den Ärzten als Anbietern von Gesundheitsleistungen (Göckenjan 1979, 34), was die Spezifität der »Erfassung und Behandlung von psychisch Kranken und Behinderten« entscheidend mitbedingt.

Die Verkrankung von Devianz verhindert auf diese Weise eine effektive Prävention und verstellt den Blick für die Erklärung des Zusammenhangs von Wirkung und Ursache im sozioökonomischen Prozeß. Die Präventionsstrategien in der Psychiatrie sind vielmehr ein Teil der allgemeinen Delinquenzprophylaxe geworden und haben mehr polizeilich-präventiven, nicht aber gesundheitspolitischen Charakter. Deutlich wird dies in der Untersuchung Schwinds (Schwind 1981, 294 ff.) über die aktuelle »Jugendrevolte«. Das Hauptphänomen dieser Revolte macht Schwind im »sozial abweichenden Verhalten« aus (ebda., 295). Insbesondere die steigende Zahl der Kinder- und Jugendlichenselbstmorde, die Zunahme von Verhaltensstörungen, die Verdoppelung der Jugendkriminalität in den letzten 15 Jahren, der Zulauf zu Sekten, die Drogen- und Alkoholabhängigkeit, Vandalismus und Disziplinlosigkeit, Gewalt und Plünderungen bei Demonstrationen, Häuserbesetzungen, illegale Sender, »die den Staat beschimpfen«, Prügeleien mit der Polizei, Nachlassen der militärischen Verteidigungsbereitschaft bei Abiturienten sind Erscheinungen, die das Bild der Gesellschaft über ihre Jugend prägen.

Der Autor warnt nachdrücklich vor Verallgemeinerungen und betont, daß Gewaltaktionen keineswegs für »die« Jugend charakteristisch seien. Aber auch er kommt nicht zu der Frage, warum diese Jugend so anders zu sein scheint als die Jugend früherer Generationen (ebda., 296) bzw. was die Gründe seien für »jugendliche Fehlentwicklungen« (ebda., 297). Der Katalog von Abweichungen und die Wortwahl lassen erkennen, daß die Trennlinie zwischen Kriminologie (mit dem Gegenstand Verbrechen) und Psychiatrie (mit dem Gegenstand Krankheit) immer unschärfer wird: eine Entwicklung, die in der Kriminologie schon seit geraumer Zeit stattfindet (vgl. Hilde Kaufmann, 1970; Kaiser, 1976). Bei Schwind (Rechtsprofessor und bis jüngst niedersächsischer Justizminister) hat dieser Trend einen gewissen Kulminationspunkt erreicht: Nunmehr wird der Gesamtkatalog von Devianz zum Gegenstand kriminologischer Forschung gemacht und zugleich zum Gegenstand eines sehr breiten Spektrums staatlicher Maßnahmen sowohl repressiver als auch präventiver Art. Mangels exakter juristischer Kategorien werden »zur Kennzeichnung des Gegenstandes« entweder Lehnwörter aus »Szene« und »Subkultur« gebraucht wie Aussteiger, Chaoten, Ausgeflippte oder es werden strafrechtliche Kategorien wie jugendliche Räuber oder Begriffe aus dem diffusen Grenzbereich zwischen Pädagogik und Psychiatrie verwendet. Auffälligkeit, Verhaltensstörungen, geringe Frustrationstoleranz, Fehlentwicklung, Aggressivität oder sogar »Freude an der Aggressivität« sind Schlagwörter zur Kennzeichnung der als »Jugendrevolte« beschriebenen sozialen Verhältnisse. Hier wird nahezu eine gesamte Population, »die Jugend«, als Risikozone erkannt, verkrankt und damit zu einem Fall für die Psychiatrie gemacht. Selbstverständlich will Schwind nicht die gesamte Jugend psychiatrisieren oder gar kriminalisieren; seine Folgerungen sind durchaus differenziert. Es bleibt dennoch die Tatsache bestehen, daß er einen Beitrag leistet zu einer allgemeinen kategorialen Diffusion und sozialen Verunsicherung: Unerwünschte Lebensäußerungen werden als Devianz begriffen und diese wiederum als Krankheit erkannt.

Die Gefahren solcher definitorischen Entgrenzungen sind offenkundig. Durch diese Taktik wird Devianz scheinbar verharmlost, in Wirklichkeit wird sie freilich für den Betroffenen zu einem unkalkulierbaren Risiko: Bereits der Zugriff informeller Instanzen kann verhängnisvoll werden, in seinen Folgen unabsehbar. Die deviante Episode, wird sie erst in Permanenz gesetzt, zur Krankheit erklärt und dann womöglich chronifiziert, kann folgenschwer die Lebensentwicklung bestimmen, in jeder Lebensphase wirksam werden. Die im Bereich der Delinquenz geltende Unterstellung eines im großen und ganzen rationalen Kalküls beim Täter wird implizit verneint.

3. Das Elend mit der Gleichsetzung

Die bereits in der Psychiatrie-Enquete geforderte Gleichsetzung der psychischen und somatischen Krankheit (Enquete, 355) zieht sich als roter Faden durch alle kritischen Arbeiten über Psychiatrie und Psychiatrie-Reform (Reichel 1980, 272). Diese Forderung ist als Pauschalforderung indes eher geeignet, das Problem weiter zu vernebeln, denn zu seiner Lösung beizutragen. Was ihre rechtliche Dimension betrifft, so hat die höchstrichterliche Rechtsprechung vor Jahren unmißverständlich festgestellt, daß in der gesetzlichen Krankenversicherung jegliche Differenzierung zwischen somatischer und psychischer Krankheit, etwa in bezug auf einen Behandlungsanspruch, unzulässig sei, so z. B. das Niedersächsische Landessozialgericht in seiner Entscheidung vom 27. 10. 1970.

Darin heißt es auch: »Wie im Bereich der körperlichen Regelwidrigkeit die Beseitigung etwa einer körperlichen Fehlentwicklung geradezu den Vorrang vor der Behandlung nur der von der Körperbehinderung ausgehenden Symptomatik verdient«, ist dies auch im Bereich »der geistigen Regelwidrigkeiten nicht anders zu beurteilen«. Dadurch wird ein Behandlungsanspruch begründet, der sich auch auf die Ursachen der Krankheit bezieht. Wenn dennoch von einer Diskriminierung der psychisch Kranken gesprochen werden kann, so ist dies z. T. eine Folge der Gleichsetzung der psychisch und der somatisch Kranken, wodurch die ersteren in ein medizinisches Versorgungssystem eingezwängt werden, das der sozialen Problemlage, die erst die inkriminierten Symptome auslöst, hilflos gegenübersteht.

Hilflos einerseits, weil soziale Verursachungszusammenhänge bestenfalls als Zusatzfaktoren innerhalb eines ansonsten naturwissenschaftlich-kausal orientierten Erklärungssystems in die Diagnose und Indikationenstellung einbezogen werden; hilflos andererseits, weil außer der Chemotherapie kaum Hilfsangebote zur Verfügung stehen: Von geringen Ausnahmen, wie etwa der Psychoanalyse bzw. psychoanalytischen Psychotherapie, abgesehen, zählen die meisten nichtmedizinischen Therapieformen nicht zum Leistungskatalog der gesetzlichen Krankenversicherung (GKV).

Und selbst die Inanspruchnahme dieser Angebote ist von einem komplizierten Begutachtungsverfahren abhängig, welches vor die eigentliche Therapie gesetzt wird. Darin offenbart sich die seltsame Doppelbödigkeit der institutionellen Verarbeitung des psychischen Leidens, selbst in ihrer rechtsförmigen Variante: Führt individuelles, subjektives Leid den Hilfesuchenden zum Therapeuten, so wird er grundsätzlich als potentieller Simulant mißtrauisch empfangen; wird er dagegen von einer äußeren Instanz als »auffällig« eingestuft, wird die Krankheit also »objektiv« festgestellt, so bekommt er leicht das Etikett »Störer« und gerät in einen Apparat, der sich seiner ganz bemächtigt.

Diese Doppelbödigkeit von Versorgungssystemen gibt es zwar bei der somatischen Krankheit ebenfalls, etwa wenn diese neben Behandlungsbedürftigkeit auch Arbeitsunfähigkeit zur Folge hat. Was hier aber die Ausnahme ist, ist beim psychisch Kranken die Regel. So führt das Bundessozialgericht aus, »daß die Simulationsnähe zahlreicher Neurosen bei der Feststellung der anspruchsbegründenden Tatbestandsmerkmale einen strengen Maßstab fordert. Für ihr Vorhandensein, also für das tatsächliche Vorliegen von seelischen – seelisch bedingten – Störungen, ihre Unüberwindbarkeit aus eigener Kraft und ihre Auswirkungen auf die Berufs- und Erwerbsfähigkeit trifft den Rentenbewerber die – objektive – Beweislast; es geht demnach zu seinen Lasten, wenn das Gericht trotz sorgfältiger Ermittlungen bei der gebotenen kritischen Würdigung der Verfahrensergebnisse Vortäuschungen der Störungen, Unüberwindbarkeit der Störungen oder Unerheblichkeit der Störungen nicht ausschließen kann« (zit. nach Mrozynski 1979, 199). Es ist schon fatal, wenn Beweislastregeln aus dem Zivilprozeß, in dem sich, zumindest der Doktrin nach, zwei gleichberechtigte Partner gegenüberstehen, auf das sozialgerichtliche Verfahren übertragen werden. Angesichts der Kontrahenten in diesem Verfahren kann kaum noch von Chancengleichheit gesprochen werden. Wenn das Zitat auch aus einem Verrentungsprozeß stammt, kann es dennoch übertragen werden auf die Durchsetzung eines Behandlungsanspruches. Auch da müßte der Hilfesuchende – objektiv – beweisen, daß seine seelische Störung »nicht oder nicht mehr« durch Willensentschlüsse zu beheben sei.

Bei der Prävention wird das Debakel offenkundig. Vorsorgeuntersuchungen zählen seit Jahren zu den Leistungen der GKV. Das Bundessozialhilfegesetz (BSHG) ist 1974 ebenfalls entsprechend geändert worden und sieht einen Anspruch auf derartige Untersuchungen vor (§ 36, Abs. 1 BSHG). Bei der Gewährung anderer vorsorgender Leistungen bleibt es allerdings bei einer Kann-Vorschrift. Insbesondere werden vorsorgende Gesundheitshilfen

nicht zur Überwindung sozialer Schwierigkeiten gewährt (Mrozynski 1979, 54). Damit kapituliert aber das Vorsorgesystem vor
der zentralen Frage psychischer Störungen, die regelmäßig soziale
Verursachungen und Auswirkungen haben. Der nordrhein-west-
fälische Arbeitsminister verdreht vollends Ursache und Wirkung,
wenn er in seinem »Merkblatt über vorsorgende und nachgehende
Hilfe« (Parensen 1972, 49) ausführt, daß die Beratung neben der
ärztlichen Behandlung sich auch auf andere persönliche Hilfen in
schwierigen Lebensverhältnissen beziehen sollte, »wenn ihre Ursache in der Erkrankung liegt«.

4. Verrechtlichung als Verschleierung

Mißtrauen als Grundeinstellung des Staates und seiner Organe
gegenüber den psychisch Kranken findet sich selbst in den mo-
dernsten gesetzlichen Regelungen wieder, die eigentlich die große
Wende innerhalb der psychiatrischen Versorgung einleiten sollten
und deshalb dem Programm der Prävention große Beachtung
schenken. Insofern gehen sie auf Forderungen, die allerorts von
Psychiatrie-Reformern erhoben werden, ein (vgl. z. B. Humanistische Union 1980, 91, Seidel 1972, 14 u. a.). Es scheint fast, daß
viele jener Psychiatrie-Reformer die vollzogene Reform des Psych-
iatrierechts gar nicht bemerkt haben. Die Erklärung kann nur
sein, daß die Widersprüchlichkeit der Prävention erst in ihrer ver-
rechtlichten Form deutlich zutage tritt. Der zentrale Widerspruch
ist der, daß die Binsenweisheit »Vorbeugen ist besser als Heilen«,
der selbstverständlich niemand widersprechen mag, als Begründung dafür herangezogen wird, daß das System der Psychiatrie,
ohne im Kern verändert zu werden, ergänzt wird um präventive
Agenturen, die ihm eine nahezu lückenlose Durchdringung aller
Lebenssphären der Gesellschaft sichern. Tritt also im Ausgangs-
satz das Vorbeugen an Stelle des Heilens, wird es in seiner institutionellen Verballhornung zum Instrument der Zuführung von
Betroffenen, natürlich auch Hilfesuchenden, zu traditionellen Hei-
lungsinstanzen (niedergelassener Arzt, psychiatrisches Krankenhaus etc.). Sie sind gewöhnlich nicht in der Lage, dieses Heilungs-
versprechen einzulösen. Der zweite Widerspruch ist inhaltlicher
Natur: Ungeprüft werden die Kategorien psychische Krankheit,
psychische Behinderung und Therapie übernommen, wobei die

Erkenntnis vernachlässigt wird, daß es sich um höchst unbestimmte Begriffe handelt, bei denen wertende Elemente von primärer Bedeutung sind und deswegen das Subjekt-Objekt-Verhältnis zwischen Diagnostiker bzw. Therapeuten und Klienten geradezu vorprogrammiert ist. Diese Gefahr, gewöhnlich als Psychiatrisierung bezeichnet, wird zwar erkannt (Zimmer 1980, 80), aber offensichtlich weitgehend unterschätzt.

Der Einzug dieser Begriffe in die neuen Psychiatriegesetze bedeutet, daß sie nunmehr auch Rechtskategorien geworden sind, die psychiatrische Aktivitäten legalisieren und durch Schaffung von Verpflichtungstatbeständen (»Hilfen sind zu gewähren«, »die Maßnahme soll durchgeführt werden«) die endgültige Verschleierung von Verantwortlichkeiten nach sich ziehen. Hilfen werden zum rein administrativen Vorgang, die Praktiker zu Vollzugsagenten der Sozialbürokratie, die Bedürftigen endgültig entsubjektiviert.

5. Einkreisungsstrategie statt prospektiver Sozialpolitik

Wie geschieht es nun, daß präventive Politiken mit den oben dargestellten Folgen ihren Einzug in das Rechts- und Institutionensystem halten? Die Gesetze »bedienen« sich sozusagen eines Tricks: Der Nicht- oder Noch-nicht-Patient wird von Amts wegen verkrankt, um den Hilfs- oder Versorgungssystemen zugeführt werden zu können. Hier werden logische Brüche einfach in Kauf genommen: Es ist nämlich im allgemeinen unerfindlich, wie die sozialpsychiatrischen Dienste bzw. Gesundheitsämter zu der Kenntnis gekommen sein können, daß Behandlungsbedürftigkeit vorliegt. Anzeichen einer drohenden psychischen Störung oder Behinderung (vgl. § 1 Abs. 2 Brem Psych KG) bzw. drohende Gefährdung der öffentlichen Sicherheit und Ordnung (§ 8 Abs. 1 Brem Psych KG) werden gewertet, ohne daß der »Betroffene« je gesehen wurde. Anstatt deutlich zu machen, daß es sich allenfalls um Vermutungs- bzw. Verdachtsmomente handelt, die auf das Bestehen oder das Entstehen von Behinderung, Krankheit, Gefährlichkeit hinweisen können, wird im Vorfeld zugegriffen. Dieser Trick – und dabei kommt es überhaupt nicht darauf an, ob diese Lösung bewußt zur Täuschung gewählt wurde, was unwahrscheinlich ist, sondern allein auf ihre objektive, gesellschaftliche

Funktion – dient dazu zu verdecken, daß Risikopopulationen konstituiert werden, von denen vermeintlich Störungen oder gar Bedrohungen ausgehen und die deswegen unter Kontrolle gehalten werden müssen. Die reale Devianz ist es nämlich, die sich in den Köpfen der Administratoren zur Krankheit verwandelt, weil sie als bloße Devianz dem staatlichen Zugriff weitgehend entzogen wäre. So aber können die »Betroffenen« als Risikoträger taxiert werden. Die Reaktion auf die Risikoträchtigkeit ist der vorverlegte Eingriff, der rechtlich dadurch ermöglicht wird, daß er als Hilfsangebot von einer Antragstellung unabhängig ist. Auf der anderen Seite ist es eine Kann-Vorschrift, ob ohne Antrag Hilfen angeboten werden oder nicht, so daß den Behörden große Ermessensspielräume eingeräumt werden und bei eingetretenen Schäden, etwa bei unterlassenen Hilfen, es nahezu unmöglich wird, Verantwortliche zu benennen.

Dieses Konzept des vorverlegten Eingriffs bei »Anzeichen« von Störungen (§ 6 Brem Psych KG), bei »Prädevianz« also, läßt riesige außergesetzliche Interpretations-Freiräume entstehen, die von Definitionsmächtigen argumentativ besetzt werden können. Es macht deutlich, daß sich das Psychiatrierecht im Bereich der Prävention zunehmend zu einem Ersatz-Strafrecht entwickelt, welches, ohne dessen Verfahrens- und Kontrollregeln zu unterliegen, Eingriffe schon dort ermöglicht, wo der Staat ansonsten mangels manifester Devianz oder unmittelbarer Gefährdung untätig bleiben müßte.

Daß diese Entwicklung so unwidersprochen vonstatten geht, ist sicherlich auch der psychiatrischen Krankheitskonzeption zuzuschreiben, zu deren wesentlichen Faktoren die Annahme zählt, daß bei psychischen Erkrankungen »ein generelles psychosoziales Symptom« vorliegt: »das arztvermeidende Verhalten« (Moeller 1972, 95). Dieser Konzeption, »rechten« und »linken« Psychiatern gemeinsam, kommt die präventive Hilfe der neuen Gesetze entgegen. Da sie zudem einen »sozialstaatlichen« Anstrich hat (Hilfe vor Ort, Gemeindenähe etc.), fällt es schwer, sie als ein weiteres Anzeichen einer generellen Entwicklung zum »Sicherheitsstaat« (Hirsch 1980, 116) zu durchschauen. Deutlich wird dieses Moment erst, wenn untersucht wird, welche Folgen dieser vorverlegte Eingriff hat. »Medizinische und psychosoziale Beratung und Betreuung« bietet etwa das Bremische Gesetz über Hilfen und Schutzmaßnahmen bei psychischen Krankheiten (Psych KG) in seinem § 6 an. Das zehn Jahre ältere Psych KG von Nordrhein-Westfalen formuliert: »Die vorsorgende Hilfe soll insbesondere dazu beitragen, daß bei einer Störung oder beginnenden Erkrankung der Betroffene rechtzeitig ärztlich behandelt wird, um sicherzustellen, daß im Zusammenwirken mit der Behandlung fürsorgerische Möglichkeiten und Einrichtungen in Anspruch genommen werden« (§ 7). Das Berliner Gesundheitsdienst-Gesetz (GDG) von 1980 enthält im 4. Abschnitt (Gesundheitshilfe) einige Hinweise auf präventive Aktivitäten. Die Gesundheitshilfe wird definiert als »Beratung und Betreuung der Bevölkerung in allen Fragen der körperlichen, geistig-seelischen und sozialen Gesundheit«. Diese Hilfe wird insbesondere von Ärzten, Zahnärzten und Sozialarbeitern geleistet. Daneben kann Behandlung treten, »wenn sie notwendig ist und es anderweitig zu keiner Behandlung kommt. Sie kann insbesondere solchen Personen geboten werden, die auf Grund ihrer Gesundheitsstörung nicht bereit sind, einen Arzt ihrer freien Wahl aufzusuchen« (§ 18 Abs. 1 und 2 GDG). Bemerkenswert an dieser Entwicklung ist die Erweiterung des Gesundheits- bzw. Krankheitsbegriffs um die Dimension der »Sozialen Gesundheit«, womit einerseits eine Anpassung der Aufgaben der Dienste an die Gesundheitsdefinition der WHO erreicht wird, andererseits aber auch eine Verdichtung des Versorgungssystems, indem die Gesundheitsbehörden mit den Sozial- und Jugendbehörden parallelgeschaltet werden. Dieser Transformationsprozeß wird an den Detailvorschriften noch deutlicher. So haben z. B. die Gesundheitsdienste Säuglinge und Kleinkinder zu betreuen, »wenn die Schwangerschaft oder die Geburt regelwidrig verlaufen ist oder sich Besonderheiten in der frühkindlichen Entwicklung zeigen«, ebenso wenn Vorsorgeuntersuchungen durchzuführen sind, um »Verhaltensstörungen zu verhüten, zu beseitigen oder zu mildern« (§ 20 Abs. 1 GDG). Auch Kinder und Jugendliche werden »hinsichtlich ihrer gesundheitlichen Entwicklung während der Schulzeit und beim Übergang in das Berufsleben« ärztlich beraten, betreut und untersucht, u. a. um Fehlentwicklungen und Verhaltensstörungen zu verhüten, zu beseitigen oder zu mildern (§ 20 Abs. 2 GDG). Geistig Behinderte, psychisch Kranke und Suchtkranke werden ebenfalls in dieses Aufgabengebiet einbezogen. Auch sie und ihre Angehörigen werden beraten und betreut. Daneben aber sorgt der öffentliche Gesundheitsdienst für die erforderliche Behandlung »und trifft die notwendigen Maßnahmen der

Unterbringung Geistes- oder Suchtkranker oder von Personen, deren freie Willensbetätigung aus anderen Gründen nicht nur vorübergehend eingeschränkt ist« (§ 25 Abs. 1 GDG). Der letzte Satz ist um so bemerkenswerter, als damit den Gesundheitsdiensten unmittelbar polizeiliche Aufgaben übertragen werden, ohne daß der polizeiliche Grund der Gefährdung der öffentlichen Sicherheit oder Ordnung ins Spiel gebracht wird. Die erwähnte Ausdehnung der Krankheitsbegriffe korrespondiert mit einer gewissen Entmedizinierung des Eingriffs (psychosoziale Beratung und Betreuung) und einer Multiprofessionalisierung des Personals. So gibt es Sozialarbeiter bzw. Fachkräfte für psychosoziale Aufgaben im Sozialpsychiatrischen Dienst (§ 7 Abs. 1 Brem Psych KG), was freilich wiederum eine gewisse Medizinierung sozialer Arbeit nach sich zieht.

Diese beachtliche Ausdehnung von Kompetenzen, kombiniert mit einem ausgesprochen dürftigen Hilfeangebot (Beratung und Betreuung), macht deutlich, wie berechtigt Castels Befürchtung ist, daß die Prävention psychischer Krankheiten und Behinderung vollständig in das Netz administrativer Kontrollen einbezogen wird (Castel, i. d. B.). Die glänzende Analyse Kreissls (Kreissl 1981, 133) über die Entwicklung der präventiven Polizei als »Kolonisierung der Sozialpolitik durch Kriminalpolitik« läßt sich durchaus auf die sozialpsychiatrische Ebene übertragen. Die sozialpsychiatrisch orientierte Gesundheitspolitik durchdringt alle Lebensbereiche. Mangels konkreter Hilfeangebote bekommt sie eine Zuführungsfunktion zum vorhandenen Versorgungssystem. Ihre eigentliche Aufgabe besteht somit darin, die Einkreisungsstrategie gegenüber den Risikopopulationen psychisch Devianter zu perfektionieren.

Der wahre Grund für diese Entwicklung liegt meines Erachtens darin, daß Ungleiches gleich behandelt wird, mit anderen Worten, daß die Fiktion aufrechterhalten wird, psychische Krankheit, hier als psychische Devianz verstanden, sei ein Phänomen, das alle Bevölkerungsgruppen gleichermaßen bedrohe. In Wirklichkeit ist sie aber eng mit Armut und Verelendung verbunden (vgl. Frank 1766 u. 1790, Chadwick 1842, v. Stein 1850, Engels 1845, Lauter 1977, Köhler 1979). Diese Erkenntnis ist also keineswegs neu oder originell, und es tut not sich auf die alten Wahrheiten zu besinnen, statt sich von raffinierten Sprachregelungen und Reformdemagogie einschüchtern zu lassen.

Angesichts der Taktik, auf Anforderungen unserer Zeit mit Reformansätzen und Reformmodellen einzugehen, nämlich zu reorganisieren und auszuweichen, nimmt es nicht Wunder, daß kaum Raum entsteht für eine prospektive Sozialpolitik, die sich zum Ziel setzen würde, durch Beeinflussung realer gesellschaftlicher Verhältnisse die Produktion von Devianz und deren Kanalisation in die verschiedensten Verarbeitungssysteme an ihrem Ursprung zu unterbinden oder drastisch zu vermindern. Eine solche Politik, die auch dem Problem der Armut sich stellen müßte, kollidiert offenbar mit der Funktionslogik eines Systems, das Armut zwar leugnet, sie aber dennoch produziert und politisch braucht und gebraucht. Selbst der extreme Kostendruck, den das gegenwärtige Versorgungssystem erzeugt, vermag keine Bewegung in Gang zu setzen, die eine bedürfnisgerechte und zugleich effektivere Versorgung mit sich brächte, da dieser zwangsläufig zwei Eigenschaften fehlen müßten, wollte sie sich nach den realen Bedürfnissen richten: Sie könnte nicht alle Details kontrollieren und wäre nicht zentral kontrollierbar.

Die Entwicklung der Prävention bleibt also im Institutionengeschiebe stecken. Dem vorhandenen Kanon von Einrichtungen wird eine weitere hinzugefügt, diesmal mit der Aufgabe zu prävenieren. In diesem Sinne stellt die Prävention aber bestenfalls eine Ergänzung des vorhandenen Systems dar und nicht seine qualitative Veränderung. Neue Patienten-, Klienten- oder Risikopopulationen werden erschlossen, den vorhandenen Systemen zugeführt oder, wenn ein Hilfeangebot fehlt, einfach eingekreist und beobachtet. Ein »präventives Stigma« (Illich 1981, 107 ff.) wird verhängt. Der Hilfebedürftige bleibt auf der Strecke.

Literatur

Chadwick, E., *Report on the Sanitary Condition of the Labouring Population of Great Britain* (1842). Hg. von M. W. Flinn, Edinburgh 1965.
Deimling, G., *Sozialisation und Kriminalprävention durch Kindergarten und Schule*, in: Schwind, Berckhauer, Steinhilper (Hg.), *Präventive Kriminalpolitik. Beiträge zur ressortübergreifenden Kriminalprävention aus Forschung, Praxis und Politik*, Heidelberg 1980.

Drucksache 8/2565, Deutscher Bundestag, 8. Wahlperiode, *Stellungnahme der Bundesregierung zum Bericht der Sachverständigenkommission*, Bonn 1979.

Engels, F., *Die Lage der arbeitenden Klasse in England* (1845), in: *Marx-Engels-Werke*, Bd. 2, Berlin (DDR) 1972.

Enquete, Deutscher Bundestag, 7. Wahlperiode, *Bericht über die Lage der Psychiatrie und der psychiatrischen und psychotherapeutischen/psychosomatischen Versorgung der Bevölkerung*, Drucksache 7/4200 und 7/4201, Bonn 1975.

Frank, J. P., *System einer vollständigen medicinischen Polizey* (1766), 3. Aufl., Wien 1786ff.

Frank, J. P., *Akademische Rede vom Volkselend als der Mutter der Krankheiten* (Pavia 1790). Hg. von Erna Lesky, Leipzig 1960.

Gilderdale, S. und W. W. Holland, *Die Entwicklung der Präventivmedizin in der westlichen Welt*, in: Blohmke, M. u. a. (Hg.), *Handbuch der Sozialmedizin*, Bd. II, Stuttgart 1977.

Gleiss, I., R. Seidel, H. Abholz, *Soziale Psychiatrie*, Frankfurt 1975.

Göckenjan, G., *Bestimmungsfaktoren präventiver Sozialpolitik in der Gesetzlichen Krankenversicherung*, in: *Veröffentlichungsreihe des Internationalen Instituts für Vergleichende Gesellschaftsforschung*, Wissenschaftszentrum Berlin, Berlin 1979.

Hirsch, J., *Der Sicherheitsstaat. Das »Modell Deutschland«, seine Krise und die neuen sozialen Bewegungen*, Frankfurt 1980.

Huber, J., *Der Markt der Sicherheiten*, in: *Kursbuch* 61, S. 44–62.

Humanistische Union, *Forderungen der Humanistischen Union zur Reform der Psychiatrie*, in: *Vorgänge* 43, 19. Jg. (1980), Heft 1.

Illich, I., *Die Nemesis der Medizin. Von den Grenzen des Gesundheitswesens*, Reinbek bei Hamburg 1981.

Jervis, G., *Kritisches Handbuch der Psychiatrie*, 3. Aufl., Frankfurt 1980.

Kaiser, G., *Kriminologie*, 3. Aufl., Heidelberg/Karlsruhe 1976.

Kaufmann, H., *Kriminologie I*, Stuttgart, Berlin, Köln, Mainz 1971.

Köhler, E., *Arme und Irre. Die liberale Fürsorgepolitik des Bürgertums*, Berlin 1979.

Kreissl, R., *Die präventive Polizei. Auf dem Weg zur gläsernen Gesellschaft?*, in: *Kritische Justiz*, Jg. 14 (1981), S. 128–139.

Lauter, H., *Epidemiologie der großen psychiatrischen Störungen*, in: Blohmke, M. u. a. (Hg.), *Handbuch der Sozialmedizin*, Bd. II, Stuttgart 1977, S. 374ff.

Moeller, M. L., *Krankheitsverhalten bei psychischen Störungen und die Organisation psychotherapeutischer Versorgung*, in: *Das Argument* 71, 14. Jg. (1972), S. 88ff.

Mrozynski, P., *Rehabilitationsrecht*, München 1979.

Nissen, G., *Allgemeine Prävention von Verhaltensauffälligkeiten bei Kindern*, in: Remschmidt, H. und H. Schüler-Springorum (Hg.), *Jugend-*

psychiatrie und Recht. Festschrift für Hermann Stutte, Köln, Berlin, Bonn, Minden 1979.

Parensen, G., *Die Unterbringung Geistes- und Suchtkranker,* München 1972.

Reichel, W., *Zwischen Polizeigriff und Hilfeleistung. Das Recht im Transformationsprozeß,* in: Wambach, Max M., G. Hellerich und W. Reichel (Hg.), *Die Museen des Wahnsinns und die Zukunft der Psychiatrie,* Frankfurt 1980, S. 271ff.

Schwind, H.-D., F. Berckhauer und G. Steinhilper (Hg.), *Präventive Kriminalpolitik. Beiträge zur ressortübergreifenden Kriminalprävention aus Forschung, Praxis und Politik,* Heidelberg 1980.

Schwind, H.-D., *Zur Jugendrevolte aus kriminologischer und politischer Sicht. Phänomene – Ursachen – Lösungsstrategien,* in: Zeitschrift für Rechtspolitik, 14. Jg. (1981).

Seidel, R., *Bedingungen für die Prävention psychischer Störungen,* in: *Das Argument* 71, 14. Jg. (1972).

Stein, L. von, *Die Geschichte der sozialen Bewegung in Frankreich von 1789 bis auf unsere Tage,* 3 Bde., Stuttgart 1850.

Wambach, M. M., »*Prävention*«, in: Rexilius, G., und S. Grubitzsch (Hg.), *Handbuch psychologischer Grundbegriffe,* Reinbek bei Hamburg 1981, S. 778ff.

Witter, H., *Grundriß der gerichtlichen Psychologie und Psychiatrie,* Berlin 1970.

Zimmer, D., *Verhaltenstherapeutische Thesen,* in: Vorgänge 43, 19. Jg. (1980), S. 79ff.

Manfred Max Wambach

Die juristische Sekunde oder die Stunde
des Klientenrechts

Eine Notiz zum vorverlegten Eingriff

In dem vorangegangenen Beitrag geht es um die Voraussetzungen und die Folgen der juristischen Kodifizierung von Eingriffen in jüngst erlassenen Gesetzen, von denen einige ihrer Kritiker sagen, es handele sich bei den hier interessierenden Bestimmungen um etwas ganz anderes als Prävention. Sie mögen recht haben von ihrer Standpunkte-Logik aus, doch sie haben unrecht, wenn man sich an den Gesetzestext hält, an die postulierten Aufgaben und seinen systematisch-objektiven Gehalt. Man kann schlechterdings nicht davon ausgehen, daß zunächst Tolpatsche den Text machen und hernach die Wissenden den Kommentar dazu, woraus sich erst die Relevanz des Gesetzes ablesen lasse.

1. Vermischung von Sozialrecht und Zwangsrecht für Irre

Diese neue Generation von Gesetzen vermengt Sozialrecht und Zwangsrecht und verändert damit die Funktion des Sozialrechts als originäres Patientenrecht zu einem Rechtsinstitut, mit dessen Hilfe im Vorfeld von Psychiatrie risikoträchtige Bevölkerungsteile als Klientel präpariert und rekrutiert werden können. Bezeichnend für den Gang·der Dinge und die Wahl des Tatortes mag es sein, daß zwei Stadtstaaten, nämlich Berlin (West) und die Freie Hansestadt Bremen, natürlich »beflügelt« von progressiven Ambitionen, eine Entwicklung vorangebracht haben, die viele Tücken und Gefahren birgt. Wie üblich ist die Reform durch einen Mangel an begleitender kritischer Reflexion bzw. Evaluation ausgezeichnet.

Indem Bremen den Begriff der Behandlungsbedürftigkeit mit Zwangsmaßnahmen verbunden hat, schuf es das erste bundesrepublikanische Gesetz, das Hilfe für psychisch Kranke unter das Offizialprinzip stellt.

2. Was ist rechtzeitig, was vorzeitig?

Einerseits sieht das Gesetz vor, daß abgewartet wird, bis ein »Benutzer« die angebotenen Dienste aufsucht, andererseits ist die Hilfe dann urplötzlich einfach vorhanden, wenn staatliche Stellen von sich aus an den »Betroffenen« herantreten und seine Behandlungsbedürftigkeit feststellen. Obwohl die Verdachtsmomente auf völlig informelle Weise gewonnen worden sein können und obwohl Krankheit oder Behinderung per definitionem nicht vorliegen, wird mittels ihrer Fiktionierung die Vermutung rechtlich schon unwiderleglich. Es genügt sozusagen eine juristische Sekunde, um den Status einer Person umzuwerfen. Dieses Handlungsschema enthält die ganze Logik präventiver Orientierung: Es gilt etwas zu prävenieren, was üblicherweise unbekannt ist. Der Eingriff erfolgt also, um den Zusammenhang zwischen vermuteten Risiken und ihren vermuteten Konsequenzen erst noch zu ermitteln. Ein solches Eingriffsschema der Vorzeitigkeit juristisch kodifiziert zu haben, ist somit das Verdienst der neuesten Reformen im Gesundheitswesen.

3. Klientenrecht als Abwehrrecht

Wenn der »frei umherschweifende« Verdacht in juristischer Sekundenschnelle einen Kranken oder Behinderten zaubert und Hilfe als Zwangsbehandlung nur dann abgelehnt werden kann, wenn man sich »freiwillig« zu einem Arzt begibt, stellt sich die Frage nach dem Klientenschutz oder dem Schutz vor dem Präventiertwerden. Wenn im »Vorfeld« Teile der Bevölkerung zwangsmäßig klientelisiert werden können, muß neben das Patientenrecht das Klientenrecht treten als Abwehrrecht gegen vermeintliche Benutzerrechte, die in Wahrheit keine sind. Ein wichtiges Aufgabenfeld ist hier für die Beschwerdezentren entstanden, deren Existenz notwendiger denn je ist, auch wenn das gerade in den fortschrittlichen Regionen des Vaterlandes geleugnet wird (so ist zum Beispiel für Bremen eine solche Einrichtung behördlicherseits für völlig überflüssig erklärt worden, und die reformwerkelnde »Szene« der Professionellen und Laien zollte dem gar Beifall). Beschwerdezentren könnten die Anstöße dazu geben, daß durch Klageverfahren die diversen unbestimmten Gesetzesbegriffe dieser Reformwerke gefüllt werden; dringlich ist eine Behandlung des Begriffs der Behandlungsbedürftigkeit. Auch wäre in bezug auf Screening- und Früherkennungsprozeduren der Aufbau von rechtlichen Schutzmöglichkeiten, die sich nicht im Datenschutz erschöpfen (obwohl damit schon viel gewonnen wäre), höchst wünschenswert.

In einer Phase, in der sich die Spielräume der Intervention als reale Hilfe immer weiter verengen, rückt die Funktion der Kontrolle nach vorn. Am Beispiel der Gemeindepsychiatrie kann man einschätzen, welche Folgen das haben wird: Hier existiert ein Bereich unkontrollierter Interventionen, der, bei fortschreitender Selektion und Marginalisierung von Risikopersonen und Risikopopulationen, eine heimtückische, weil nicht faßbare Rolle bei der Destruktion der Rechts- und Sozialstaatlichkeit spielen wird. In dieser Hinsicht sind solche Gesetze wie die genannten auch unter dem Aspekt ihrer Legitimationsaufgaben zu würdigen: Sie schaffen Freiraum für die Verwaltung, ihre Maßnahmen (im Sinne maßnahmestaatlichen Handelns) werden unantastbar. Die fortschrittsoptimistischen Rufer nach Verrechtlichung verkennen, daß in dem herrschenden System der sozialen Interventionen Verrechtlichung und Vernetzung von Kontrollen in der Regel Hand in Hand gehen. Solche Gesetze, wie die angeführten, sind ja zugleich wichtige Instrumente der Sicherheits- und Sozialpolitik, sie haben eigenständige und komplementäre Aufgaben, und die »erweichte« Rechtsform, die eine inhaltlich weitgehend offene Zweckprogrammierung erlaubt, kann dennoch härteste Effekte hervorbringen.

4. Nutzerkontrolle und Klientenrecht

Unter der mißverständlichen Bezeichnung »Nutzerkontrolle«, die seit neuestem die Bestrebungen betitelt, den Benutzern psychosozialer Dienste Einflußmöglichkeiten auf die Art und Weise der Behandlung zu verschaffen, wird, obwohl es in der Bundesrepublik verschwindend wenig sogenannte Nutzerkontrolle gibt[1], eine Diskussion geführt, die notwendigerweise auch die Dimension der Zwangsklientelisierung wird erschließen müssen, zumal ihr juristischer Ausgangspunkt die Frage nach der grundsätzlichen Bestimmung und Geltung von Freiheits- und Bürgerrechten psychiatrisch Behandelter ist, was »sowohl die Sicherstellung sogenannter negativer Rechte (›Schutz vor ...‹) als auch die Erkämpfung positiver Rechte (›Recht auf...‹) umfaßt«.[2] Wenn jenseits des Bereichs der

Vorbeugung im Unterbringungs- und Anstaltsrecht (Schutz vor und Ausweitung der Kontrollmöglichkeiten bei Zwangseinweisungen) die Vorbeugung vor den Schritten und Folgen vorverlegter, präventiver Intervention aufgegriffen wird, werden sich wohl auch die Aussichten über die Verknüpfung von Prävention und Zwang so grundlegend ändern können, daß Vorbeugung als Gefahr und Zwangspotential begriffen werden kann, vor der bereits Schutz zu gewähren ist, noch ehe der Betroffene zum »Nutzer« einer Institution geworden ist, deren Behandlungsweise er dann mitkontrollieren darf. Die dringend notwendige Reaktion auf den vorverlegten Eingriff kann doch wohl nicht aus der Lage des Zwangsbenutzers, geschweige denn des fortschrittlichen, professionellen Helfers, der seine Handlungsmöglichkeiten ohnehin nur unter dem Gesichtspunkt der Ausschaltung von Mißbräuchen kritisieren lassen würde, erfolgen, vielmehr muß und kann sie erfolgen – trotz der unterschiedlichen Betroffenheit, die sich aus sozialer Ungleichheit ergeben mag – aus der Position des »Mannes und der Frau von der Straße« als potentiellen Risikoträgern. Die Frage nach dem Klientenanwalt ist nunmehr eine Jedermenschsache.

Anmerkungen

1 Dodó Rerrich, *Nutzerkontrolle*, in: Keupp, H., und Dodó Rerrich (Hg.), *Psychosoziale Praxis – gemeindepsychologische Perspektiven. Ein Handbuch in Schlüsselbegriffen*, München, Wien, Baltimore 1982, S. 233.
2 A. a. O., S. 232.

Siegfried Grubitzsch
Psychiatrische Risikoabwehr

Politische Dissidenten und revolutionäre Führer, die durch ihr Handeln und Denken herrschende gesellschaftliche Verhältnisse kritisieren, werden von denjenigen, die ihre selbstdefinierten Macht- und Führungsansprüche in Frage gestellt sehen, seit jeher geächtet, verfolgt und eingesperrt. Die einen, weil sie den politischen Kampf bereits führen, die anderen, weil sie den Fortbestand der gesellschaftlichen Verhältnisse als mögliche Sympathisanten nicht sicher sein lassen – beide jedenfalls einen *Risikofaktor* darstellen. Seit gesellschaftliche Andersartigkeit, das Abweichen also vom (scheinbar) Selbstverständlichen, zum Gegenstand psychiatrischen Denkens geworden ist, war die *Psychiatrisierung von Gesellschaftsfeinden* und deren Unterbringung in psychiatrischen Anstalten die logisch-praktische Konsequenz. Die politischen Feinde herrschender Politik werden pathologisiert, indem ihre Normabweichung unter Verwendung psychiatrischer Terminologie individualisiert wird. So werden, um nur einige Beispiele zu nennen, die Anhänger der demokratischen Revolution von 1848 durch C. Th. Groddeck (1850) als von der »demokratischen Krankheit«, einer neuen Wahnsinnsform, befallene Bürger bezeichnet. Richard von Krafft-Ebing führt in der dritten Auflage seiner *Gerichtlichen Psychopathologie* (1892) die »paranoia reformatoria sensu politica« ein. Daß es die Gesellschaftsfeinde sind, die wegen mangelnden Urteilsvermögens in die Sozialdemokratie gehen, meint O. Bumke (1929, 767 ff.) herausgefunden zu haben, und für E. Kraepelin handelt es sich bei den Kriegsmüden des Ersten Weltkrieges vor allem um nervöse oder haltlose Persönlichkeiten (1919, 172). Die Mitglieder des Sozialistischen Patienten-Kollektivs Heidelberg werden als »politische Irre« und »gefährliche Geisteskranke« (vgl. Roth 1971) eingestuft, und der Direktor der Psychiatrischen Universitätsklinik Heidelberg, Prof. Dr. W. Ritter v. Baeyer-Katte nennt Dr. W. Huber, einen der Initiatoren, einen »fanatischen Psychopathen« (Eschen u. a. 1973, 103). Rainer Langhans und Fritz Teufel wurden anläßlich des Kaufhausbrand-Prozesses 1967 einer psychiatrischen Beurteilung unterzogen

(»geltungsbedürftige bis geltungssüchtige abnorme Persönlichkeiten«). Die Mitglieder der Rote-Armee-Fraktion Rolf Pohle und Norbert Kröcher werden als »psychisch Gestörte« abgestempelt (nicht als einzige!).[1] Schließlich nennt Sontheimer (1981) die Hausbesetzer »Schizophrene«.[2] Aber nicht nur hier, auch anderswo sind diese Psychiatrisierungen üblich. A. Pljutsch – Regimekritiker in der Sowjetunion – wurde als angeblich Schizophrener in der Spezialklinik von Dnjepropetrowsk zweieinhalb Jahre zwangsbehandelt, und wie vielen anderen Oppositionellen bescheinigte man dem General Pjotr Grigorenko 1969 eine »pathologische (paranoide) Persönlichkeitsentwicklung« (Bukowskij 1973, 90). Eine Zwangsbehandlung sei erforderlich, »da die oben erwähnten paranoiden Reformideen stabilen Charakter tragen« (ebda., 91).

Beispiele genug, die deutlich werden lassen, daß sozial Deviante, politisch oppositionelle Personen, deren Verhalten zum Auslöser sozialer Unruhen werden könnte oder bereits geworden ist, als Risikopersonen unter psychiatrische Kontrolle gestellt werden. Dadurch wird der Anschein erweckt, daß es nicht die *gesellschaftlichen Verhältnisse* seien, die Anlaß zur politischen Opposition geben, sondern *das Verhalten einzelner* oder sogenannter Minderheiten *wird für die sozialen Konflikte verantwortlich gemacht*. In ihrer Begründungslogik und ihrer Praxis entlarvt sich die herrschende Psychiatrie dann als das, was sie ist: »Machtinstrument der herrschenden Klasse« (Jervis 1978, 18). Also zerschlagen wir die bestehende Psychiatrie, um ihre Herrschaftsfunktion zu desavouieren!? Für sich genommen ist diese Forderung sicherlich berechtigt. Aber sie ignoriert zugleich die Alltäglichkeiten in politischen Auseinandersetzungen.

1. Die psychiatrische Zurichtung der Subjekte als äußere Risikoabwehr

Brokdorf, 28. Februar 1981. Einhunderttausend »chaotische Gewalttäter« (*Nordwestzeitung Oldenburg*, 2. 3. 1981), »Berufsrevolutionäre«, »Störer«, »militante Kernkraftgegner« (*Weser-Kurier Bremen*, 2. 3. 1981) sind unterwegs in der Wilstermarsch, um gegen den Bau des Kernkraftwerkes Brokdorf zu protestieren. Kontrolliert, begleitet und überwacht zu Lande, zu Wasser und aus der Luft von 10 566 bis an die Zähne bewaffneten Polizisten und Grenzschützern.[3] Sie haben den Auftrag, unseren Staat vor den Radikalen und Chaoten zu schützen, die ihn mit Hilfe der Anti-AKW-Bewegung aus den Angeln heben wollen (vgl. *NWZ* vom 2. 3. 1981). Sie begrenzen den scheinbar bedrohten staatlichen Innenraum und werden damit zu Ausgrenzern von Protest und »*Risiko*«; sie sind Grenzwächter und Irrenwärter zugleich. Irrenwärter? Wo sind denn die »Irren«?

Itzehoe, Mai 1982. Michael Duffke, Kernkraftgegner wie 100 000 andere, wird zu 5 1/2 Jahren Gefängnis ohne Bewährung verurteilt. Entscheidenden Anteil an diesem Terrorurteil hatte zweifellos der psychiatrische Gutachter, der »bekanntlich in der Regel zur Frage der Schuldunfähigkeit, § 20 StGB, oder der verminderten Schuldfähigkeit, § 21 StGB, infolge eventuellen Vorliegens einer seelischen Störung während der Tat Stellung zu nehmen« hat (Gutachterliche Stellungnahme, 1). Prof. Dr. Michaelis kam aufgrund seiner »Recherchen« zu dem Gesamturteil: Michael Duffke »ist also kein Geisteskranker« (ebda., 3). Vielmehr (!) liege eine »akzentuierte Persönlichkeitsstruktur oder Persönlichkeitsentwicklung« (ebda., 19) vor. »Wenn Herr Duffke der Täter gewesen sein sollte, war er trotz (!) des Vorliegens einer akzentuierten Persönlichkeitsentwicklung zur Zeit der Tat strafrechtlich voll verantwortlich« (ebda., 19). Dennoch (!) weise Herr Duffke seiner Ansicht nach

»... querulatorische Züge, bis hin zu Fanatismus im Sinne von Verfechten einer überwertigen Idee ... [auf]. Es hat sich in seinem Denken und Fühlen (...) eine Lebenseinstellung etabliert, die sich aus Zügen von Fanatismus, Infantilität, Mangel an Realitätsbezug und damit verbundener Bindungslosigkeit gegenüber staatlichen Ordnungsprinzipien und Gesetzen konstelliert.« Und weiterhin, daß diese »Einstellung auch der Denkweise einer bestimmten gesellschaftlichen Minderheit (!) entspricht« (*taz* vom 16. 4. 1982).

Einhunderttausend Menschen bekommen von Michaelis den Stempel aufgedrückt, als gesellschaftliche Minderheit über »parasoziale oder dissoziale«, d. h. von der Norm abweichende soziale Einstellungen zu verfügen, unter deren Abnormität nicht nur »die Betreffenden selbst«, sondern auch »die Umwelt leidet« (Gutachterliche Stellungnahme, 3). Nach Lange (1943, 218) handelt es sich bei diesen Fällen um »Störer«, bei jenen um »Versager«.

»Ätiopathogenetisch, d. h. ursächlich gesehen, sind abnorme oder akzentuierte Persönlichkeitsentwicklungen das Ergebnis des Zusammenspiels von unspeziellen Erbanlagen und ungünstigen Umwelteinflüssen. Wenn diese beiden Faktorenbündel zur auffälligen Profilierung von bestimmten Persönlichkeitszügen die qualitativ und quantitativ aus dem Normativen, aus der Normalität, ein schwammiger Begriff zugegeben, herausragen und Seinszustände formen, unter denen die Betreffenden selbst und/oder unter denen die Umwelt leidet, sprechen wir von solchen abnormen oder akzentuierten Persönlichkeiten oder Persönlichkeitsentwicklungen (...). Die Wiederholung zweier Schuljahre, der mehrfache Aufenthalt in Erziehungsheimen, der Abbruch zweier Berufsausbildungen, Ingenieur und Sozialpädagoge, sowie die genannten Delikte weisen darauf hin, daß Herr Duffke schon als Kind, Jugendlicher und auch in den Jahren vor dieser Verhandlung offenbar Schwierigkeiten hatte, sich sozialen Normen und Notwendigkeiten anzupassen« (Gutachterliche Stellungnahme, 3 f.).

Nachdem das Gericht vom Psychiater die strafrechtliche Verantwortlichkeit Duffkes in Verbindung mit dem Hinweis auf seine psychopathische Persönlichkeitsstruktur signalisiert bekommen hat, kann es zur »Tat« schreiten. Keine mildernden Umstände, keine Entlastung. Wo doch die Biografie Duffkes bereits das Risiko wiederholter Tat birgt; ein Hangtäter also? Politisches Verhalten als gesellschaftliches Risiko ist so auf die Sache eines krankhaften individuellen Triebes reduziert. »Aggression verbunden mit einer parasozialen Grundeinstellung kann bei Infantilität und einfach strukturierter Intellektualität die psychische Hemmschwelle natürlich leicht durchbrechen, so daß sich Aggression rasch konkretisiert und eventuell in Gewalttaten einmünden kann, wenn ein für einen Täter vermeintlicher Anlaß gegeben ist« (Gutachterliche Stellungnahme, 17 f.).

Aggressives Verhalten eines überzeugten, seiner »Steuerungsfähigkeit« verlustig gegangenen Kernkraft-Gegners kann Vorbildcharakter bekommen. Deshalb stellt es eine Gefahr, ein politisches Risikopotential dar, das unter Kontrolle gestellt werden muß. Die *anerzogene Angst* der Bürger ist ein dafür geeignetes, langfristig wirksames Mittel. Wo sie ihre selbstdisziplinierende Wirkung allerdings nicht (mehr) ausübt, müssen andere Maßnahmen ergriffen werden. *Therapie*angebote werden in Strafanstalten unter vollzugsmildernden Versprechen in der Hoffnung unterbreitet, Anpassungsprozesse nachträglich initiieren zu können, und wo nichts von alledem gefruchtet hat, bietet sich schließlich noch die Sicherungsverwahrung an. Sie kann angeordnet werden, wenn jemand drei vorsätzliche Straftaten begangen hat, zu zeitiger Freiheitsstrafe von mindestens 3 Jahren verurteilt wurde und wenn jemand infolge eines Hanges zu erheblichen Straftaten für die Allgemeinheit gefährlich ist (Hangtäterschaft). Personen, die sich aus politischer Gesinnung zur Kritik am bestehenden Herrschaftssystem veranlaßt sehen, können folglich solange in Gesinnungs- oder Schutzhaft genommen werden, wie sie nicht von ihrer Überzeugung abgerückt sind.

Aus der Umarmung von Richter und Psychiater wird jedoch nicht nur die Legitimation für die politische und soziale Ausgrenzung einzelner geboren, sondern eine ganze soziale Bewegung, für die Michael Duffke letztlich steht, wird durch ihre Etikettierung der staatlichen Risikoabwehr zugänglich gemacht. Dazu ist die Psychiatrie willkommen.

Exkurs: Eine Risikoperson ist ... ein Psychopath ist ... eine Risikoperson

»Jeder Lebende unterscheidet sich in dem einen oder anderen Wesenszuge von der Durchschnittsnorm, und auch die hochbegabte, harmonische Persönlichkeit bleibt weit hinter der Idealnorm zurück. Wir sind alle, wenn wir strenge Maßstäbe anlegen, nach irgendeiner Richtung hin abnorm. Psychopathien nennen wir abnorme Dauerverfassungen, wenn die abnormen Wesenszüge ausschließlich das Gefühls- und Willensleben betreffen und dabei so hochgradig sind, daß sie die Erreichung der normalen Lebensziele (Beruf, Ehe, Stetigkeit, volle soziale Eingliederung, Fähigkeit, auch größeren Forderungen der Gemeinschaft, etwa im Kriege, zu genügen) verhindern oder doch in erheblichem Maße erschweren« (Lange 1943, 218).

Diese Umschreibung der sogenannten abnormen oder akzentuierten Persönlichkeiten basiert im wesentlichen auf der Theorie von K. Schneider, der mit seinem 1923 erschienenen Buch *Die psychopathischen Persönlichkeiten* dem Begriff des Psychopathen seinen bleibenden Stempel aufgedrückt hat.[4] In der Gerichtspsychiatrie tätige Psychiater beziehen sich nach wie vor beinahe ungebrochen auf Schneiders Theorie, wonach »psychopathische Persönlichkeiten (...) solche abnormen Persönlichkeiten [sind], die an ihrer Abnormität leiden oder unter deren Abnormität die Gesellschaft leidet« (1950, 3). Auch wenn er diese Abgrenzung als »willkürliche« ansieht, sei sie aus praktischen Gründen – und das heißt für Schneider zuallererst klinische Tätigkeit – opportun. Zu bezweifeln ist allerdings, ob sich Gerichte eine solche willentliche Selbstbeschränkung auferlegen.

Daß es sich bezüglich der Abgrenzung zwischen Leidenden und Störenden um einen subjektiven Ermessensbegriff handelt und das Leiden der Gesellschaft ein nur ungefähr zu umreißendes Kriterium sein kann, ist K. Schneider offensichtlich selbst klar. Denn er schreibt: »Der abnorme Mensch, der eine revolutionäre Gruppe führt, bedeutet für den einen einen Störer, für den anderen einen Erlöser der Gesellschaft und bei Anwendung unserer Fassung also je nachdem einen Psychopathen oder keinen« (Schneider 1950, 4). Der Gefahr, daß der Psychopathie-Begriff zum »Instrument einer reaktionären Gesinnung« (Schenk 1977, 91), zum »politischen Psychopathie-Begriff« (Schneider 1950, 5) werden könnte, setzt Schneider allerdings nur den guten Willen entgegen, verborgen im Appell der wertfreien Handhabung wissenschaftlicher Diagnose-Kategorien.

Auch Rees (1980, 237) macht auf die gelegentlich politische Handhabung des Begriffes Psychopathie aufmerksam, und für Jervis (1978) handelt es sich bei der Psychopathie um eines der typischsten Beispiele für einen »psychiatrischen Mülleimer« (348):

»Jedwede Person läuft Gefahr, als psychopathisch etikettiert zu werden, die ständig originell ist, oder anders und nonkonformistisch, launisch oder stürmisch, überspannt, mythomanisch, übermütig oder zu verschlossen, in ihren Ideen fanatisch oder auch gleichgültig, sehr fröhlich und expansiv oder tendenziell melancholisch. Ebenso kann jede Person als eine soziopathische (d. h. psychopathische im engeren Sinne) Persönlichkeit betrachtet werden, die mit dem einen oder anderen der folgenden Charakteristika ausgestattet ist: Impulsivität, Gefühlskälte, Unfähigkeit zur Disziplin, Unstabilität des Verhaltens, ›Kurzschluß‹-Aggressivität, Unsensibilität gegenüber familiären Pflichten und Leiden anderer, Neigung zur Herbeiführung von ›Bruch‹-Situationen, übermäßiges und albernes Vertrauen in die eigenen Improvisationsfähigkeiten und so fort. Manche Aspekte der soziopathischen Persönlichkeiten sind folglich dem Begriff der Perversion verwandt. Kinder und Heranwachsende mit Kennzeichen von soziopathischer Persönlichkeit werden allgemein als schwererziehbar bezeichnet (...)« (Jervis ebda., 349).

Angesichts dieses beliebig verlängerbaren phänomenologischen Raritätenkabinetts, dessen Umfang nach Schneider (24) unübersehbar ist, wundert es nicht, wenn Lange (1943) meint, daß wir alle nach irgendeiner Richtung hin abnorm seien. Und da die Entstehung der psychopathischen Persönlichkeit wissenschaftlich nicht geklärt ist, von den einen als anlagebedingt (Witter 1970, 65 f.: »anlagebedingte Disposition«), von den anderen auch umweltbeeinflußt gesehen wird, beinahe alle Autoren sie nicht als Krankheit, sondern als Variation des Normalen ansehen, dieser sie als korrespondierende Anomalien zu körperlichen Abweichungen (Anomalien im EEG, mesomorpher Körperbau etc.) betrachtet und jener sie als multifaktoriell verursacht begreift, hat man sich in der Psychiatrie längst abgewöhnt, in dubio pro reo zu entscheiden. Statt dessen richtet man den Blick auf die Verlaufsformen solcher Charakteranomalien und ist sich anscheinend darüber einig, daß sie von einem relativ frühen Zeitpunkt an während des gesamten Lebens zum Ausdruck (oder Tragen) kommen und also dauerhaft sind. Wer bereits als Kind eine »unausrottbare Neigung zur Grausamkeit« (Bumke 1928, 41) zeigt, stiehlt, Tiere quält, Geschwister und Kameraden durch Hohn und Spott reizt, die Dienstboten demütigt und den Eltern jeden Schabernack spielt, aus dem wird nur selten etwas. »Derartige Neigungen werden später häufig durch den Verstand unterdrückt, aber sie lassen sich bei näherem Zusehen doch auch bei Erwachsenen nicht selten wiedererkennen« (ebda., 192). Wenn man schon nicht zu erklären vermag, wodurch eine psychopathische Persönlichkeit zu dem wird, *was sie ist,* so meint man doch zumindest rückwirkend solche relativ stabilen Verhaltensweisen aus dem Lebenslauf (der Biografie) herausdestillieren zu können, denn sie stellen ja letztlich den Beleg für die Richtigkeit der Diagnose »psychopathische Persönlichkeit« dar. Der bekannte Gerichtspsychiater Langelüddeke schreibt 1971: »Schließlich ist die Psychopathie eine Dauerverfassung, etwas, was während des Lebens konstant bleibt, wenn man von der natürlichen Entwicklung absieht« (378). Nicht viel anders argumentiert Witter (1970), und im *Mental Health Act* 1959 (zit. nach Rees 1980, 237) werden psychopathische Störungen als dauernde Störungen der Persönlichkeit beschrieben. Wer stört, *ist* ein Psychopath, und weil er/sie Psychopath *ist,* wie ja seine/ihre bisherige Biografie erkennen läßt, stört er/sie. So wird etwa bei Michael Duffke festgestellt, daß sich eine *»Lebenseinstellung«* durchgesetzt habe oder bei dem ehemaligen Lehrer Walter Herrmann[5] »die wesentlichen Strukturelemente seiner Persönlichkeitsentwicklung zu ständiger Konfrontation mit dem Staatsapparat« (*Frankfurter Rundschau*, 14. 4. 1980) geführt hätten. Auch bei Peter Brückner hatte die Disziplinarkammer versucht, durchgängige Persönlichkeitszüge auszuloten; ihn zur unverbesserlichen Risikoperson zu definieren (vgl. Nitsch 1981, 137 ff.).

Ob als Querulant, als eigensinniger dazu, oder als Hangtäter: psychiatrisch und juristisch wird damit die Hoffnungslosigkeit vorübergehender Therapie- oder Strafmaßnahmen angedeutet. Denn zu den übrigen Persönlichkeitsmerkmalen kommen bei den Psychopathen stets noch mangelnde Ausdauer und Entschlossenheit hinzu (Rees 1980, 239), weshalb ihre Nicht-Therapierbarkeit angezeigt ist. Sicherungsverwahrung scheint erforderlich, zumal psychopathische Persönlichkeiten nur selten Einsicht in ihr Verhalten erkennen lassen und gerade deshalb nicht therapiebedürftig seien. So gesehen sind Sicherungsverwahrung oder Isolationshaft stets auch Mittel, Therapiewilligkeit zu erzwingen. Jemand wird so lange von seiner Außenwelt, von sozialen Kontakten fernzuhalten versucht, bis er/sie sich auf die fremdorganisierten und inhaltlich bestimmten Sozialkontakte einzulassen bereit ist. Gehirnwäsche nennen es die einen; Resozialisierungsprogramme die anderen. Voraussetzung dafür ist die Vagheit und der große Ermessensspielraum des Psychopathie-Begriffes in Verbindung mit der gegebenen Herrschaftsstruktur. Wo sich Ideologie und Herrschaft paaren, erzeugen sie Machtwissen. Politisch unliebsame Personen, gleich ob Kernkraftgegner oder Hausbesetzer, parteiliche Psychiater oder Professoren (z. B. Herausgeber der Dokumentation *Buback – ein Nachruf*), werden als einzelne oder als angebliche Minderheit in ihrem Verhalten vor dem Hintergrund einer nicht definierten herrschenden Norm pathologisiert und ausgegrenzt. Denn mit gesellschaftlichen Minderheiten, mit außergewöhnlichen oder abnormen Individuen wie Fanatikern, Querulanten oder unberechenbaren Gesellschaftsfeinden besteht keine Veranlassung zum Dialog. Wenn ihn Sozialdemokraten wie Glotz fordern, ist das Augenwischerei – ihre Forderung ist Ideologie. Dort, wo solche Versuche des Dialogs von den Linken erzwungen werden (Tunix-Kongreß z. B.), enden sie meist wie das Hornberger Schießen: die Linke liefert – scheint's – nur noch mehr Anlaß für ihre Ausgrenzung. Bürger wie Michael Duffke *sind* keine Dialog-Partner, da er doch keinen Realitätssinn besitze. Die von ihm geäußerten Umweltgefahren sind *seine* Probleme mit der Umwelt, nicht gesellschaftlich bedingte. Fanatisch *ist er,* nicht die unersättliche Atomindustrie, das Kapital in seiner mehrwertheckenden Unrast.

So sehr der Gutachter Duffkes die Warnung seines großen Meisters K. Schneider im Ohr behalten haben mag, wonach »das Leiden an der Abnormität der eigenen Persönlichkeit« das entscheidende am Psychopathie-Begriff sei, da das Leiden der Gesellschaft an dieser Abnormität allzu schwer faßbar sei und ein Störer noch längst nicht Psychopath sein müsse, so wenig hat dieser Fingerzeig den Gutachter Michaelis davon abgehalten, nicht doch praktisch-diagnostisch tätig zu werden. Dabei scheint ihm der fanatische Psychopath K. Schneiders (1950) oder Langelüddekes (1971) Orientierung gewesen zu sein: Fanatische Personen nämlich haben danach oft überwertige Ideen, die bei kämpferisch veranlagten Menschen, d. h. bei sogenannten expansiven Fanatikern, zum Programm, zur Demonstration führen (Kampffanatiker). Sie werden erst dann zu Psychopathen, »wenn sich durch Vorherrschen streitsüchtiger Züge Schwierigkeiten ergeben, wie man sie bei den Querulanten zu sehen gewohnt ist, wenn aus den tatkräftigen Expansiven jene lästigen Rechthaber oder jene ›Gerechtigkeitsmenschen‹ werden, die für alle anderen Menschen das Gewissen haben« (Schneider, 97). Der Konflikt des machtlosen einzelnen mit der allmächtigen Ordnung der Gesellschaft ist es, »der zu expansiven Entwicklungen im Sinne seiner Kampfparanoia führe«, schreibt Schneider in Anlehnung an Kretschmer und führt weiter aus: »Sind die Überwertigkeiten persönlich, wie etwa beim Querulanten, wird gegen die Verursacher der Benachteiligung vorgegangen; sind sie weniger persönlich, wie etwa beim Sektierer, werden sie verbreitet, zum mindesten bekannt« (Schneider, 96). Zu den fanatischen Persönlichkeiten zählen nach Langelüddeke (1971) »Sektierer, Volksbeglücker und Friedensapostel«, d. h. »Menschen mit nach außen vertretenen überwertigen Ideen oft phantastischer, überspannter, wirklichkeitsfremder Art«, die »meist schon äußerlich an ihrer Kleidung, der Haartracht, der salbungsvollen Sprache zu erkennen sind« (zit. nach Güse und Schmacke 1976, 290). Nach Birnbaum (1926) zählt hierher gelegentlich auch »ein direkt antisozial gerichteter Fanatismus auf der Grundlage einer leidenschaftlichen Ablehnung aller Staats-, Gesellschafts- und Rechtsordnung« (33). Mehr noch als dieser Kategorie der Psychopathen werden die Gegner der bestehenden Gesellschaftsordnung den »gemütlosen Psychopathen«, d. h. Menschen »ohne Mitleid,

Scham, Ehrgefühl, Reue, Gewissen«, zugeordnet. Sie bilden auch den Kern von Kraepelins »Gesellschaftsfeinden« und »Antisozialen« (Schneider 1950, 120). »Aber fast nie findet man unter diesen Charakteren, soweit sie *asozial* sind, eigentlich Begabte (...) häufiger ist jedenfalls (...) die Intelligenz schlecht« (Schneider, 121). Und schließlich führt Schneider weiter aus: »Ein Wesenszug der Gemütlosen ist die Unverbesserlichkeit. Der Erziehung fehlt hier in ausgesprochenen Fällen jeder Boden, auf dem sie bauen könnte. Man kann nicht viel mehr tun, als diese Menschen verwahren« (125 f.).

Zurück zum Ausgangspunkt. Michael Duffke wurde stellvertretend zum Zwecke der Abschreckung der restlichen »Minderheit« verurteilt. Der Keil, der zwischen ihn und die vielen anderen Kernkraftgegner in Form der strafrechtlichen Aburteilung getrieben worden ist, wurde durch die Einholung des psychiatrischen Gutachtens in seiner Wirksamkeit verstärkt. Jemand, der sich strafbar gemacht hat *und* eine »akzentuierte Persönlichkeit mit dem Symptom Aggressivität« ist, bietet schließlich weniger Anlaß für eine Identifikation. Zumal sich mancher veranlaßt sieht zu fragen, ob die Aussagen des Gerichtspsychiaters nicht vielleicht doch ihre Berechtigung haben könnten. So bekommen die Definitionsversuche des Psychiaters ungewollt erste Nahrung, die verheerende Wirkung haben kann. Diese Kerbe wird noch größer geschlagen, wenn die »gemäßigten AKW-Gegner« in der bürgerlichen Presse aufgefordert werden, sich dagegen zu wehren, daß ihre Aktionen in die Nähe krimineller Akte gebracht würden (*NWZ*, 2. 3. 1981).

Staatliche Definitionsgewalt aktualisiert (anerzogene) Ängste bei möglichen Sympathisanten und verhindert eine Solidarisierung mit M. Duffke oder anderen Personen (vgl. dazu Horn 1979, 179 ff.). Denn wer möchte sich bei Androhung von Strafe schon mit dieser »Unperson«, dem Psychopathen, gleichstellen? Wer aus der Anti-AKW-Bewegung wird sich mit einem fanatischen Gewalttäter solidarisieren – zumal in einer Zeit der Debatten um die Frage der Gewaltlosigkeit politischer Aktionen; der »Blümchen-statt-Steine-Politik«? Selbst für Insider stünde die Gefahr an, ein realitätsfremdes Politikverständnis zugeschrieben zu bekommen. Die politische Glaubwürdigkeit innerhalb der eigenen Bewegung steht auf dem Spiel. Identitätskonflikte treten auf. Der äußeren Risikoabwehr durch die Organe der Macht folgt die innere, die Selbstzensur. In der Angst, von den Freunden oder Genossen ausgegrenzt zu werden, bleibt nur noch die Entscheidung, die psychiatrisch legitimierte Abgrenzung von Risikopersonen durch das eigene Verhalten zu bestätigen. Schließlich ist dieser Weg der weniger anstrengende, denn Partizipation an der Macht sichert Angstlosigkeit. Und dies im doppelten Sinne: vor den Übergriffen der herrschenden Gewalten nämlich *und* vor der Isolationsgefahr in den eigenen Reihen.

2. Dem Feinde dienen oder: die Subjekte richten sich selbst zu

»Zwischen Gefangennahme und Standgericht wurden die Bayrischen Räterepublikaner in die psychiatrischen Kliniken zur Untersuchung ihres Geisteszustandes eingeliefert – eine bisher in der Geschichtsschreibung über die Münchener Räterepublik nicht zur Kenntnis genommene Tatsache« (Heilmann 1976, 2). Die Psychiater bemühten sich nach allen Regeln der Kunst nachzuweisen, daß die Mehrzahl der revolutionären Führer Psychopathen, Debile und Minderwertige seien. »Diese auch von anderen mehrfach zur Sprache gebrachte Tatsache stellt uns nun aber mit zwingender Notwendigkeit der Aufgabe gegenüber, die Allgemeinheit vor den Schädigungen defekter Einzelindividuen wirksam zu schützen. Die Lösung dieser Aufgabe fällt in erster Linie den gesetzgebenden Körperschaften, in zweiter Linie der praktischen Psychiatrie bzw. der Irrenfürsorge zu« (Brennecke 1921, 257f.).

Die wohl bekannteste Stellungnahme eines Psychiaters stammt von E. Kahn, Assistenzarzt bei E. Kraepelin an der Münchener Universitätsklinik. Kahn hielt anläßlich der Jahresversammlung des Vereins Bayrischer Psychiater am 3. August 1919 in München einen Vortrag mit dem Thema: »Psychopathen als revolutionäre Führer«. Nachdem er in das revolutionäre Wirken von 66 Menschen zur Zeit der Münchener Räterepublik einen Einblick genommen hat, berichtet er vor dem Hintergrund seiner Typologie psychopathischer Persönlichkeiten über 15 ausgewählte revolutionäre Psychopathen. Unter diesen finden sich unter anderem: Eglhofer (Oberbefehlshaber der Roten Armee), Toller, Eisner, Mühsam, Gurlitt u. a. Er begutachtet auch Dr. Franz Lipp (nach dem 4 April Außenminister der Münchener Räteregierung), der bereits zwischen 1906 und 1910 wiederholt in psychiatrischer Behandlung war. Kahn schreibt in seinem Gutachten über Lipp (d. i. Moll):

»Ferdinand *Moll*, 64 Jahre, verh., Privatgelehrter. Begabter Gymnasiast; studierte Jura und Philosophie. Hilfsbibliothekar; Redakteur demokratischer Tageszeitungen. Erste Ehe wegen politischer Unrast geschieden; mit 45 Jahren wieder geheiratet; 3 gesunde Kinder. Morphiummißbrauch bei Mittelohrerkrankung. Alkoholabusus bis zum 47. Jahr. Lange Jahre in Italien; historische Studien, Erdbebenforschung, ›große Politik‹. Angeblich 13mal (tatsächlich 15mal) wegen Beleidigung bestraft, 119mal freigesprochen bzw. außer Verfolgung gesetzt. Mit 51 Jahren wegen Erregungszustands in Irrenanstalt: aß und schlief fast nicht, fürchtete, umgebracht zu werden, magerte ab. Mit 53 Jahren Selbstmordversuch aus Furcht, Zungenkrebs zu haben; im gleichen Jahr wieder in Irrenanstalt: Gefühl, als trage er Bleikappe auf dem Gehirn, Verfolgungs- und Größenideen, Zornausbrüche, impulsive Handlungen. Wurde in Italien Mitglied der Sozialdemokratischen Partei. Während des Krieges im neutralen Ausland tätig; bestraft wegen kleiner Mehlschiebung; in Schutzhaft unter Verdacht, für deutschfeindliche Macht Spionage betrieben zu haben. Anfang April 1919 einige Tage Volksbeauftragter für Äußeres; ließ sich alle Damen seines Ressorts vorstellen, schickte ihnen jeden Tag Blumen; fiel durch seine Geschäftigkeit, durch absurde Telegramme und Briefe auf. Bei Putsch festgenommen. In Haft; vorübergehend in Anstalt nach § 81 StrPO.: geschäftig, außerordentlich gesprächig mit lebhafter Mimik und theatralischen Gesten, weitschweifig; optimistisch, heiter; stark gehobenes Selbstgefühl; selten kurzer, oberflächlicher Zornaffekt; liebenswürdig, macht Komplimente; flüchtige Auffassung, vorzügliches Gedächtnis, oberflächliche intellektuelle Leistungen; an manchen Tagen expansiver. Einzelne Degenerationserscheinungen, Zittererscheinungen. WaR. negativ. Manisch-Depressiver; hypomanische Konstitution. (Von anderem Gutachten als ›gemindert zurechnungsfähig‹ bezeichnet)« (Kahn 1919, S. 99).

Ob Lipp nun tatsächlich ein »Grenzfall« war oder nicht, soll hier nicht zur Debatte stehen. Immerhin waren er und einige andere führende Räterepublikaner für deutsche Psychiater Anlaß genug, sich in den Kampf der reaktionären Mächte gegen die Münchener Räterepublik einzuschalten und in ihrem wissenschaftlich »objektiven« Wirken die legitimatorischen Voraussetzungen für die brutale Zerschlagung der Räterepublik durch das Militär zu liefern. Die deutsche Psychiatrie stellte ihre politische Funktionalität erneut unter Beweis. Sie lieferte die scheinbar wissenschaftlich abgesicherten Argumente für die Aburteilung der führenden Köpfe der Münchener Räterepublik und bestätigte damit die politischen Argumente, wonach weder Lipp, noch Mühsam, Levien oder Toller und andere je das Zeug gehabt hätten, die politische Führung im Lande rechtmäßig zu übernehmen. Nicht die objektive Notwendigkeit gesellschaftlicher Umwälzungen habe das Volk hinter sie gebracht, sondern ihre verschrobenen, gewissenlos und gedankenlos vorgetragenen Heilslehren. Die Massen seien von unzurechnungsfähigen Volksbeglückern *verführt*, nicht von »wahren Führern« geführt worden. So stempelte man den einen Räteführer zum »fanatischen Psychopathen«, den anderen zur »hysterischen Persönlichkeit« und einen dritten zum »ethisch defekten Psychopathen«. Allein – Kritik an dieser Definitionsgewalt wurde so gut wie nicht laut. Im Gegenteil. Den Mehrheitssozialisten, die die politische Macht für sich in Anspruch nahmen, kam die argumentative Unterstützung aus dem bürgerlichen Lager der Psychiater gerade recht, ihren Kampf gegen die Räterepublik und ihre Sympathisanten an allen Fronten zu führen.

Die sozialdemokratische württembergische Volksregierung schrieb in einem Flugblatt »An die Proletarier Württembergs«:

»Dr. Lipp: zweimal wegen Größenwahn im Irrenhaus (u. a.)
Dr. Wadler: Kriegsverbrecher (u. a.)
Sylvio Gesell: aus dem Dschungel, Wunderdoktor und Phantast, der überall der Lächerlichkeit verfiel (u. a.)
Erich Mühsam: anarchistischer Literat, ganzes Leben im Kaffeehaus verbracht, noch nie eine Stunde gearbeitet (u. a.)
Ernst Toller: Burschwa-Söhnchen, Student, Gammler, mit Visionen (u. a.)
Dr. Levien: gehirn-syphilitischer Bolschewist aus Moskau, Schmarotzer (u. a.)
Diese ›gemischte Gesellschaft‹ tut sich zusammen mit ihren Henkersknechten den Bauch vollfressen, während die kleinen Kinder keine Milch bekommen! Ihre Räterepublik bedeutet den aus fanatischer Verhetzung geborenen Ausrottungskrieg aller gegen alle, die widerliche Schändung des revolutionären Werkes der Arbeiterklasse; und deswegen eilen die uniformierten württembergischen Meuchelmörder dem Bayernvolke und der Regierung Hoffmann zu Hilfe« (zit. nach Heilmann 1976, 20).

Im Berliner *Vorwärts* (8. Juli 1919) wird in einem Artikel *Die Gurgelabschneider* über den Münchener Prozeß gegen Mühsam, Wadler und Genossen gleich im Rundumschlag eine Distanzierung nach links vorgenommen. Man wolle zwar nicht den Angeklagten dadurch den Prozeß erschweren, sondern sich mahnend an die

Massen richten, die diesen Leuten blindlings – und wie sich ja nun bestätigt habe – zu Unrecht gefolgt sind.[6] Der *Vorwärts* schreibt: »Da ist der Literat Mühsam, ein schwerer Hysteriker, in Berlin und München als ein origineller Kaffeehaus-Bohemien bekannt«, ein zwar guter, aber »übergeschnappter Kerl«. Dr. Lipp, »ein notorischer Geisteskranker«, Dr. Rothenberger »als ein Irrsinniger dem Sanatorium entlaufen«, Sylvio Gesell »ein Projektemacher zwischen Vernunft und Unzurechnungsfähigkeit«.

Bereits am 9. April 1919 steht in der *Fränkischen Tagespost,* dem sozialdemokratischen Organ für Mittelfranken und die Oberpfalz, zu lesen:

»Dr. Lipp ist ein Mann von 60 Jahren, äußerlich von imponierender Erscheinung und ein hinreißender Redner, der es glänzend versteht, eine Sache sprachlich darzustellen und jeden Zuhörer einzunebeln, dem es nicht bekannt ist, daß hier ein Mensch spricht, der bereits zweimal wegen Größenwahns im Irrenhaus verwahrt gewesen ist. (...) Ein politischer Freibeuter und Abenteurer, ein genialer Spitzel und Polizeihund der dreimal fluchwürdigen politischen Abteilung des deutschen Generalstabs. Dr. Lipp ist ein Mann von unheimlichen Kenntnissen, die er zudem in der Debatte noch durch eine sehr lebhafte Phantasie unterstützt. Angeblich spricht er sechs oder sieben Sprachen, aber in allen diesen Sprachen drückt er immer nur aus, was ihm seine durch und durch geistig erkrankte Natur eingibt. (...) Leute, die mit Dr. Lipp länger beisammen waren, erklären ihn für einen kompletten und höchst gefährlichen Narren, der unter harmlosen Gemütern schlimmer haust als ein Wolf in der Schafherde. (...) eine verschrobene Natur eines Mischlings von Genialität und Schwachsinn.«

Aber man macht es sich zu einfach, die Pathologisierung und Verächtlichmachung, die Distanzierung und Ausgrenzung nur als Mittel reaktionärer Politik begreifen zu wollen. Dr. Franz Lipp war nur einige Tage als Außenminister der Münchener Räteregierung im Amt. »Die übrigen Führer des damaligen Umsturzes scheinen Dr. Lipp bald mit einiger Skepsis behandelt zu haben« (Dr. Kolb, gutachtender Arzt, Erlangen 7. 7. 1919).[7] E. Mühsam, der dem Volksbeauftragten Lipp zur Hand gehen sollte, meinte, daß ihm eine Zusammenarbeit mit Lipp vom ersten Tage an unmöglich war. »Ihm war offensichtlich die neue Würde in krankhafter Weise zu Kopf gestiegen, und er beging ganz unglaubliche und höchst kompromittierende Lächerlichkeiten« (Mühsam 1929). »Zweifellos, Lipp ist wahnsinnig geworden. Wir beschließen, ihn sofort in eine Heilanstalt zu überführen«, schreibt Toller in seiner

Jugend in Deutschland (1978, 92). Soll man nun aber E. Mühsam Glauben schenken, der doch selbst einem vom 20. März 1926 in der *Prawda* erschienenen Artikel – der übrigens dem ausgeschlossenen KPD-Mitglied Fröhlich zugeschrieben wird – *Über die bayrische Räterepublik. Tatsachen und Kritik* zufolge ein »politisches Kind« von rührender Naivität, ein »Kaffeehausdichter« sei. Oder trifft eher das Urteil über Toller zu, dem in der *Münchener Roten Fahne,* dem Zentralorgan der KPD, am 28. April 1919 bescheinigt wird, daß seine Bereitschaft, mit der Regierung Hoffmann in Bamberg zu verhandeln, Ausdruck seiner Feigheit sei, die einem schwachen Charakter entspringe. Diesen Eindruck hatte auch schon der psychiatrische Gutachter Prof. Dr. Rüdin[8] von Toller, der ihm als stark beeinflußbar durch seine Umwelt und politisch unreif gilt – später sogar als unbestreitbar nervenkrank (zit. nach Frühwald und Spalek 1979). Die Geächteten bedienen sich teilweise gleicher Argumentationsfiguren wie ihre Richter, indem sie den politisch Gleichgesinnten ihre persönliche Integrität absprechen oder sie zum politischen Abweichler erklären:

»Damals, als ihr politischer Weitblick versagte, konnten sie wenigstens auf ihren politischen Mut trumpfen. Heute ist selbst dieser dahin. Sie sind Schwarmgeister und keine Politiker. Die Arbeiterklasse soll sich vor Toller und Genossen hüten (...)« (ebda., 60f.).

Gleichgesinnte werden unter Verwendung alltagssprachlicher bzw. wissenschaftlicher Begrifflichkeiten zur Gefahr für die eigenen politischen Machtansprüche erklärt. Dabei fällt nicht einmal mehr auf, daß gleiche Personen mit sehr unterschiedlichen, (wissenschaftlich) oft gar nicht zu vereinbarenden Etiketten belegt werden. Aber darum geht es auch gar nicht. Tatsächlich trifft zu, daß einige der führenden Personen in der Münchener Räterepublik selbst gewollt und beabsichtigt[9], andere unfreiwillig bereits mit der Psychiatrie in Berührung gekommen waren. Darin und in dem Umstand, daß psychiatrisierende Aussagen auch aus den eigenen politischen Reihen der Revolutionäre zu hören waren, ist wohl der Grund zu suchen, weshalb die deutschen Psychiater sich auf den Plan gerufen fühlten und mit einem derartigen Engagement ihre Nützlichkeit unter Beweis zu stellen suchten. Ihnen wurde ein gesellschaftlich vordefiniertes Betätigungsfeld geliefert, für dessen wissenschaftliche Einordnung sie nur in die Klaviatur ihrer diagnostischen Systematik zu greifen brauchten, um zugleich ihrer eigenen politischen Unzufriedenheit (über den verlorenen Krieg, die entarteten Verhältnisse in Deutschland etc.) Luft machen zu können. Wissenschaftlich neutral, versteht sich. Kraepelin (1919) ist entsetzt über den Verfall der seelischen Gesundheit des deutschen Volkes und hofft auf den Tag, »an dem wir es wieder mit Stolz empfinden können, Deutsche zu sein« (1919, 183). Und Gaupp (1919) stellt sich die Frage, »wodurch die Masse unseres Volkes in einen Geisteszustand geriet, der sie den Einwirkungen russischer Agenten und gewissenloser Kaffeehausliteraten hemmungslos anheimfallen ließ« (43). Bei der Einschätzung der Zeitsituation fühle er sich als Arzt und Psychiater zu kritischer Vorsicht verpflichtet, um nicht allzu schnell zu Vorverurteilungen über die deutschen Volksmassen zu gelangen.

3. Schluß

Maßnahmen psychiatrischer Risikoabwehr bewirken zweierlei: Soziale Bewegungen oder einzelne »Vertreter« werden ausgegrenzt und zum Gesellschaftsfeind erklärt. Sie werden zum Neuen Sozialisationstyp oder zum Kernkraftgegner, zum Punk oder zum Hausbesetzer, zum Kid oder zum Chaoten mit ihnen jeweils zugeschriebenen »typischen Eigenschaften«, die sie das sein lassen, was sie vor dem Hintergrund herrschender Normen sein sollen. Das macht sie erkennbar und greifbar. Als Gegner staatlicher Institutionen oder gesellschaftlicher Normen sind sie zum abgrenzbaren Sachverhalt gemacht. Ihre Andersartigkeit zeichnet sie nun aus: Sie sind arbeitsscheu, fanatisch, gelegentlich militant, tragen eine »Atomkraft?-Nein Danke«-Plakette, wohnen in einer Wohngemeinschaft, sind von einer überwertigen Idee besessen, fahren einen VW-Bulli etc. Was ihre Anormalität begründet, liefert der Psychiatrie ihre Logik und dem Staat die exekutiven Voraussetzungen. Soweit die eine Seite, für deren Unterhöhlung die eingangs angesprochene Forderung nach der Zerschlagung der Psychiatrie sicherlich eine richtige und notwendige Konsequenz ist. Aber sie läßt – und das ist die andere Seite – die Subjekte außer acht, die in der gesellschaftlichen Enklave eingeschlossen werden/sind. Deren Gemeinsamkeit stellt sich über die Ablehnung der gesellschaftlichen Verhältnisse als kapitalistisch formbestimmte, als repressive dar. Auch hier erkennt man den Genossen/die Genossin an seiner/ihrer Art zu sprechen, an seiner/ihrer Kleidung, an der Begründung für sein/ihr politisches Handeln. Ob man sich auf eine (gewaltsame) Auseinandersetzung mit Polizisten einläßt oder ihnen Blumen überreicht; mit dem politischen Gegner verhandelt oder ihm die Rote Armee entgegenschickt, kennzeichnet politische Standpunkte und Handlungsalternativen, die anerkannt werden oder aber auf Ablehnung stoßen bei den Gleichgesinnten. Auch hier, in dieser Enklave, werden die einen als »Polit-Chaoten« beurteilt und die anderen als »uneinsichtige Kids und Punks, die der Verhandlungsposition mit dem Senat entgegenstehen, sie stören«. Manche werden als »politische Möchtegerne«, andere als »idiotische Realpolitiker« betrachtet. Gleich wie – daß sich die psychiatrische Risikoabwehr in der bekannten Form zu einem sich ständig wiederholenden Repressionsakt verfestigen konnte, ist zweifellos nicht allein der Einfallslosigkeit der Herrschenden geschuldet, sondern gleichermaßen der der Linken, sich auf diese repressiven Disziplinierungs- und Definitionsmaßnahmen zu beziehen.[10] Denn ein Herrschaftsmittel funktioniert nur solange, wie es Subjekte gibt, die es durch ihr und in ihrem Verhalten bestätigen und wiederholen.[11]

Anmerkungen

1 Vgl. dazu die Zeitungsartikel vom 10. 9. 77 und 20. 1. 78 im *Weser-Kurier*. Im übrigen ist über die Psychiatrisierung der politischen Gefangenen der RAF auch im *Kursbuch* 32, 1973 nachzulesen.

2 Dieses Urteil äußerte Sontheimer in einem Interview mit der Illustrierten *Quick* (Mai 1981).

3 Angabe laut *Weser-Kurier* vom 3. 3. 81.

4 Noch 1959 erfolgte eine Übersetzung des Buches ins Amerikanische.

5 Ein ehemaliger Lehrer aus Köln, der bei »Rotlicht um die Ecke fuhr« und deswegen schließlich 4 Tage in der geschlossenen Abteilung eines psychiatrischen Krankenhauses saß, dreizehn Tage im Gefängnis war und noch 1500 DM Geldstrafe zahlen sollte. Ein Psychiater bescheinigte ihm außerdem die »friedliche Variante zu den politischen Gewalttätern der Gegenwart« darzustellen (*Frankfurter Rundschau*, 14. 4. 80).

6 Vergleichbare Stellungnahmen sind in jüngster Zeit hinlänglich aus den Auseinandersetzungen um die Buback-Dokumentation bekannt geworden.

7 Das Gutachten des seinerzeitigen Direktors der mittelfränkischen Heil- und Pflegeanstalt Erlangen, Dr. Kolb, liegt im Staatsarchiv München, StAnw. 2131 (IV).

8 Prof. Dr. Rüdin, dessen Tochter zum wissenschaftlichen Beirat der Zeitschrift *Neue Anthropologie* zählte, gehörte später zu den Wegbereitern des »Gesetzes zur Verhütung erbkranken Nachwuchses« vom 14. Juli 1933.

9 Vgl. dazu Heilmann, 1976.

10 Das kommt den staatlichen Abwehrmaßnahmen nur entgegen und wird gezielt in die Konzepte der Terrorismus-Abwehr einbezogen (vgl. dazu zum Beispiel das Referat des Soziologen R. Eckert auf der CDU-Tagung »Ursachen des Terrorismus«, abgedruckt in der *Frankfurter Rundschau* vom 14. 12. 77).

11 Insofern genügt es nicht, die Geschichte der Macht gründlich zu analysieren (Foucault, M., in: *Mikrophysik der Macht,* 1976, 37 f.). Zumal diese geschrieben ist als *Macht*geschichte. Das allein ist zudem resignativ und identitätsraubend. Vielmehr ist auch zu fragen, welche Formen des Widerstandes gegen diese Machtinstrumente bislang praktiziert wurden, um der herrschenden Geschichte die Geschichte der eigenen Identitätsbildung entgegenzusetzen.

Literatur

Birnbaum, K., *Die psychopathischen Verbrecher,* Leipzig: Thieme 1926 (2. Aufl.).

Brennecke, H., *Debilität, Kriminalität und Revolution,* in: *Archiv für Psychiatrie und Nervenkrankheiten* Bd. 63, 1921, 247–260.

Bukowskij, W., *Opposition – Eine neue Geisteskrankheit in der Sowjetunion?,* München 1973.

Bumke, O., *Lehrbuch der Geisteskrankheiten,* München 1929 (3. Aufl.).

Eschen, K., J. Lang u. a., *Folter in der BRD,* in: *Kursbuch 32,* Berlin 1973, 11–117.

Frühwald, W., und J. M. Spalek (Hg.), *Der Fall Toller,* München 1979.

Gaupp, R., *Der nervöse Zusammenbruch und die Revolution,* in: *Blätter für Volksgesundheitspflege,* XIX. Jahrg., 1919, Nr. 5/6, S. 43–46.

Groddeck, C. Th., *Die demokratische Krankheit, eine neue Wahnsinnsform.* Naumburg: Sieling 1850.

Heilmann, H. D., *Revolutionäre und Irre,* in: *Schwarze Protokolle,* Nr. 14, Nov. 1976, S. 2–28.

Horn, K., *Zur politischen Psychologie informeller Zensur und Selbstzensur,* in: *3. Internationales Russell-Tribunal* Bd. 3, »Zensur«, S. 179–187.

Güse, H. G., und N. Schmacke, *Psychiatrie zwischen bürgerlicher Revolution und Faschismus* (Bd. 1 und 2), Frankfurt 1976.

Gutachterliche Stellungnahme des Gerichtspsychiaters Prof. Dr. Michaelis (Kiel); unveröff. Protokoll.

Jervis, G., *Kritisches Handbuch der Psychiatrie*, Frankfurt 1978.

Kahn, E., *Psychopathen als revolutionäre Führer*, in: *Zeitschrift f. die gesamte Neurologie und Psychiatrie 52*, 1919, S. 90–106.

Kraepelin, E., *Psychiatrische Randbemerkungen zur Zeitgeschichte*, in: *Süddeutsche Monatshefte*, 1919, S. 171–183.

Krafft-Ebing, R. v., *Gerichtliche Psychopathologie*, Stuttgart: Enke 1892 (3. Aufl.).

Lange, J., *Kurzgefaßtes Lehrbuch der Psychiatrie*, Leipzig: Thieme 1943 (5. Aufl.).

Langelüddeke, A., *Gerichtliche Psychiatrie*, Berlin 1971 (3. Aufl.).

Langhans, R., und F. Teufel, *Klau mich*, München o. J.

Mühsam, E., *Von Eisner bis Leviné. Die Entstehung der Münchener Räterepublik*, Berlin 1929 (Reprint Berlin 1978).

Nitsch, W., *Ein »Staatsfeind« im Gewande des Kritikers? Zum Prozeß gegen Peter Brückner*, in: *Psychologie und Gesellschaftskritik* 1981, 5, 4, S. 107–128.

Opposition – eine Geisteskrankheit? Psychiatrie in der UdSSR. Autorenkollektiv der KSV-Zelle Psychologie an der FU Berlin. Köln 1976.

Rees, W. L. L., *Einführung in die Psychiatrie und medizinische Soziologie*, München 1980.

Roth, W., *Krankheit – eine politische Größe*, in: Zeitschrift »Publik«, Heft 33, 13. 8. 1971, S. 9.

Schenk, J., *Abweichendes Verhalten*, in: *Handbuch der Psychologie*, Band 8, 1. Halbbd. »Klinische Psychologie«, Göttingen 1977, S. 63–115.

Schneider, K., *Die psychopathischen Persönlichkeiten*, Wien 1950 (9. Aufl.).

Toller, E., *Eine Jugend in Deutschland*, Reinbek bei Hamburg 1978.

Witter, H., *Grundriß der gerichtlichen Psychologie und Psychiatrie*, Berlin 1970.

Gert Hellerich
Manfred Max Wambach

Risikoprognose als Prävention

Die systematisierte Antizipation von Delinquenz

1. Die Prämissen präventiver Eingriffe

Dieser Beitrag beschäftigt sich mit aktuellen Verhältnissen in den
USA, weshalb er unseres Erachtens auf Erscheinungen und Entwicklungen hinzuweisen vermag, die mit großer Wahrscheinlichkeit auch in anderen fortgeschrittenen Industriegesellschaften
Wirklichkeit werden. Eine solche generelle Annahme scheint insofern gerechtfertigt, als die Erfahrung gezeigt hat, daß über kurz
oder lang die amerikanischen Erfindungen zur Sozialtechnologie
nachgeahmt oder einfach übertragen werden. Die Absicht dieser
Untersuchung besteht darin, in einem begrenzten Feld einige entscheidende Prämissen präventiver Eingriffe auf ihren Wahrheits-
gehalt und ihre Konsequenzen zu prüfen. Und zwar erstens die
zentrale Behauptung, daß sich aus gegenwärtigem abweichenden
Verhalten künftige Gefahren prognostizieren lassen. Zweitens die
Prämisse, daß jetziges nicht-konformes Verhalten sich notwendigerweise verschlimmert, falls nicht interveniert wird, eine Annahme, die auf der Vorstellung einer Eskalation oder gewissermaßen
automatischen Sequenz von geringfügigen Verstößen zu schwerwiegenden Vergehen beruht.

Die dritte Prämisse beinhaltet die Feststellung, daß frühe und
rechtzeitige Eingriffe versprechen, Risiken zu mindern oder gar zu
beheben (Annahme der Reversibilität). Und im Anschluß daran
läßt sich die vierte Prämisse als die Behauptung benennen, daß sich
die präventiven Interventionen als Hilfe konzeptualisieren lassen,
was heißen soll: sie finden im Interesse der Betroffenen statt und
kommen deren »wahren« Bedürfnissen entgegen.

2. Risiken als Konstruktion von Verhältnissen: Risikopopulationen

In den sechziger Jahren sind in den Vereinigten Staaten eine Fülle von Forschungen durchgeführt und eine Vielzahl von Programmen entwickelt worden, die zur Erfassung und Bewältigung von Risikogruppen führen sollen. Infolge von Studentenrevolte, Hippiebewegung, Drogenkonsum, Rassenkonflikten etc. schienen immer mehr *soziale Verhältnisse* und soziale Räume voller Risiken für die gesellschaftliche Entwicklung zu stecken und die Bezeichnung »Risikogruppe« schien in bezug auf bestimmte Personenkategorien eine realitätsgerechte zu sein. Hatte man zunächst noch inkonforme, kulturell stark abweichende, politisch extremistische Gruppierungen und Bevölkerungsteile, also »natürliche« Objekte, als »Risikogruppen« etikettiert, so nahm der Begriff bald auch eine andere Bedeutung an, die heute als die vorherrschende gelten kann. Im Gegensatz zu den Gruppen, die sich aus einem lebendigen Zusammenhang konkreter, handelnder Subjekte konstituieren, sind die Risikogruppen abstrakte Konstruktionen ohne inneren Zusammenhang und folglich auch nicht mehr dem klassischen soziologischen Gruppenbegriff zu subsumieren. Aus diesem Grund wird mehr und mehr die Bezeichnung »Risikopopulationen« vorgezogen, obwohl das Wort »Risikogruppe«, insbesondere im engeren medizinischen Bereich, keineswegs verschwunden ist. Was dieser Begriff inhaltlich umfassen kann, zeigt die folgende Auswahl von speziellen Risikopopulationen, die, auf Kinder und Jugendliche bezogen, konstruiert worden sind (Reports of Task Forces 1973):

Benachteiligte, vor allem Arme; Behinderte (geistige Behinderung, Lernbehinderung, Gehirnstörung, Epilepsie u. a.); Kinder und Jugendliche mit devianten Eltern (wobei der Devianz-Begriff sehr weit gefaßt wird);

Kinder und Jugendliche mit Eltern, die permanent Ehestreitigkeiten austragen;

Kinder und Jugendliche, die in Familien mit nur einem Elternteil aufwachsen;

Kinder und Jugendliche in Stadtkernen, die keine ihnen als adäquat angesehenen Schul- und Freizeiteinrichtungen besuchen können;

Insassen von Heimen, Anstalten, Kliniken;

Kinder und Jugendliche mobiler Populationen (vor allem die der »migrant workers«, die keine »angemessene« medizinische und pädagogische Betreuung erhalten);
Kinder und Jugendliche von Minderheiten;
Nachwuchs von Sozialhilfeempfängern.

Aus der Menge der Kriterien, die zur Konstruktion von Risikopopulationen herangezogen werden, sollen noch einige, die bekannte Devianzforscher verwenden, aufgeführt werden:

Kinderreiche Familien (Saunders 1979, 73), geringe Schulausbildung bzw. niedrige Intelligenz der Eltern (Ramey und Brownlee 1981), Kinder von minderjährigen Müttern und von alkohol- und drogenabhängigen Eltern (Floyd 1981).

Zur gesellschaftlichen und politischen Relevanz der Konstruktion von Risikopopulationen seien an dieser Stelle bereits zwei wichtige Punkte notiert: der eine bezieht sich auf die Rolle der Schichtenzugehörigkeit, der andere auf die Zuordnung zu Populationen, die jeweils als Mehrheit oder Minderheiten gelten. Beide Probleme hängen eng zusammen; doch bedarf dieser Sachverhalt sicher keiner weiteren Explikation. Zunächst: Eheschwierigkeiten, die eventuell zur Scheidung führen, Familien mit mehreren Kindern, Behinderungen verschiedener Art, mobile Populationen (man denke an Akademiker, Geschäftsleute, Monteure, landwirtschaftliche Wanderarbeiter) gibt es in allen Schichten. Wenn man die in der Regel besonderen Bewältigungsmöglichkeiten von Anormalität in der Oberschicht beiseite läßt, ergibt sich folgendes: mittels der Risikopopulationen werden Sortierungs- und Klassifikationsschemata eingesetzt, die implizieren, daß die Gefahr nicht mehr länger allein von den Unterschichten ausgeht. Der Verdacht der Risikoträchtigkeit kann sich in allen sozialen Räumen und Zonen einstellen. So wird denn auch – ernsthaft und zugleich höhnisch – vermutet, daß mehr als die Hälfte der Bevölkerung mehr als einer Risikopopulation zugeordnet werden müsse; einige Alltagsapokalyptiker zählen bereits zwei Drittel der Bevölkerung zur Kategorie der Abweichenden. Übrig bleibt (Ruesch, in Basaglia und Basaglia 1972) neben der abweichenden Mehrheit nur noch eine Kerngruppe von Regierung, Industrie, Finanz, Wissenschaft, Technik, Armee und Unterrichtswesen und ein um diesen Kern sich bewegender Kreis von Verbrauchern von Konsumgütern und Dienstleistungen, die als nicht auffällig bezeichnet werden können, obwohl, wie man hinzufügen muß, dieses Modell bereits eine Utopie geworden ist: Nichtauffälligkeit bedeutet, nicht mehr der allumfassenden Normalität, die per se auch jede Risikoträchtigkeit ausschließt, anzugehören. Wozu dann eigentlich die Konstruktion einer solchen wachsenden Menge von Risikopopulationen? Etwa, um ihren »Angehörigen« zu helfen? Für manche Beobachter und manche Wissenschaftler ist selbstverständlich gar nichts anderes denkbar (vgl. Bricker und Bricker 1973); sie berufen sich darauf, daß seit Anfang der sechziger Jahre nicht zu übersehen ist, welche zahlreichen Hilfsprogramme und Dienste für Risikopopulationen angeboten werden: von der genetischen Manipulation und genetischen Beratung über die in die psychiatrische und psychotherapeutischen Gemeindeversorgung eingebauten präventiven Interventionen bis hin zu den pädagogisch-psychologischen Maßnahmen der Kompetenzvermittlung und -erweiterung (Hellerich 1982, 4. Kapitel). In Gemeindezentren für seelische Gesundheit, in Schulen, Kliniken, im häuslichen Milieu und an vielen anderen Orten werden Interventionen zur Risikominderung durchgeführt. Entweder werden Kinder und Jugendliche pharmako- oder psychotherapeutisch behandelt, oder die risikoträchtigen Interaktionsmuster werden bearbeitet: beispielsweise durch »Mothers Training Programs« (Badger 1981), »ökostrukturelle Familientherapie« (Canino und Canino 1980) und diverse andere Programme der frühen psychosozialen Stützung (»early psychosocial support«) (Masterpasqua u. a. 1980). Freilich ist ein großflächiger Ausbau von Diensten und die Einstellung von qualifiziertem Personal bereits aus finanziellen Gründen gescheitert, noch ehe die Reagansche Sozialpolitik grundsätzlichere Restriktionen gebracht hat. Im Gegensatz zu den Zielsetzungen der Promotoren der Prävention, für die Früherkennung (Diagnose) und Frühbehandlung eine Einheit bilden, klaffen diese nun in der Versorgungspraxis immer weiter auseinander (siehe bereits bei Shyne 1980, 32). Praktikern der Prävention bleibt daher auch keine andere Wahl, als davor zu warnen, zu viele Risikopopulationen zu sieben, da sie auf der bestehenden Versorgungsgrundlage nicht behandelt werden können. Aber die Praktiker, wie professionalisiert sie auch immer sein mögen, sind selbst nur ausführende Organe im Mechanismus des administrativ gesteuerten Screenings (vgl. Castel in diesem Band), sie definieren weder Ziele noch Kriterien der Risikokonstruktion.

Obgleich zwar nur ein kleiner Prozentsatz der kindlichen und ju-

gendlichen Risikopopulationen in die gemeindenahen psychosozialen Dienste und Programme einbezogen wird, gerät doch der
Rest nicht in kontrollfreie Zonen, ihre Daten bleiben vielmehr im
Computer gespeichert, wo sie jederzeit für neues Screening auf
»höherer Ebene« und in neuer Zusammensetzung abrufbar sind.

3. Verhaltensweisen als Risiken: Individuen im Visier

Etikettierungen wie »Problemkind«, »verhaltensgestört«, »auffällig«, »zurückgeblieben«, »Schulversager«, »Schulschwänzer«,
»Ausreißer« etc. sollen auf diejenigen Kinder und Jugendlichen
aufmerksam machen, die aufgrund ihrer Verhaltensweisen auf dem
Wege zu ernsthafteren Vergehen und Verstößen sind. Zunächst
werden die Symptome dieser »Prädelinquenz« anhand von individuellen Verhaltensweisen in Kindergarten, Vorschule, Schule,
Familie aufgespürt, wobei, wie gesagt, immer davon ausgegangen
wird, daß, wenn nicht rechtzeitig interveniert wird, aller Wahrscheinlichkeit nach die Eskalation zu kriminellen Handlungen eintritt. Eine direkte Wechselbeziehung zwischen gegenwärtigen
Verhaltensauffälligkeiten und künftiger Kriminalität wird aufge-
zeigt: z. B. zwischen Leseschwäche und Delinquenz (Taglianetti
1975, de Hirsch 1972), ja, sogar zwischen Leseschwierigkeiten und
Neigung zu Gewalttätigkeit (Andrew 1979), zwischen Sprachstö-
rungen und Delinquenz (Mulligan 1972; Stevenson u. a. 1978)
oder insgesamt zwischen Schulversagen bzw. Drop-out und Delinquenz (Elliott und Voss 1974). Die Korrelation zwischen individuellem Risikoverhalten und Kriminalität als statistische Größe
scheint desto beliebiger zu sein, je jünger der Symptomträger ist.
   Das Gesetz über frühes und periodisches Screening, Diagnose
und Behandlung (EPSDT), der *Omnibus Crime Control and Safe
Streets Act* von 1968 und der *Juvenile Justice and Delinquency
Prevention Act* von 1974 bilden die Grundlage der Hilfe für be-
aufsichtigungsbedürftige, gestörte und behinderte Kinder und Jugendliche, die insofern als Risikoträger gelten sollen, als bei ihnen
von vornherein die Neigung zu prädelinquenten Verhaltensweisen
angenommen werden kann. Bemerkenswert für die hier zur Diskussion stehenden Probleme sind die Kategorien des Hyperaktiven und des status offenders. Hyperaktivität gilt als Ursache für
Schulprobleme und -versagen, Lern- und Leistungsstörungen, für

aggressives und dissoziales Verhalten. Im hyperaktiven Kind oder Jugendlichen soll aufgrund biochemischer Störungen zuviel Energie vorhanden sein, die wegen geringer Dysfunktionen des Gehirns nicht mehr normal reguliert werden kann. Da mangelnde Selbstkontrolle keine soziale Bewegungs- und Erwartungssicherheit gewährleistet (kritisch dazu Conrad 1976, Schrag und Divoky 1975), wird das als unberechenbar, unverständlich und schwer integrierbar geltende Verhalten der Hyperaktiven als behandlungsbedürftige Krankheit angesehen. Die zweite Kategorie von Prädelinquenten ist die der status offenders, d. h. der kleinen Taugenichtse, der »Devianten ohne Verbrechen« (Lerman 1975), der »Devianten ohne Opfer« (Schur 1965). Es sind das die Ausreißer, Schulschwänzer, Bummelanten, Schwererziehbaren, von denen insgesamt behauptet wird, daß sie, wenn man sie nicht hinreichend detektiere, unweigerlich in manifester Kriminalität enden werden. Mit solchen Modellen offensichtlich höchst pragmatischer und eklektizistischer Herkunft wird die Behandlung der Risikoindividuen administrativ gerechtfertigt, obwohl genügend Forschungsergebnisse vorliegen, die an dieser Präventionslogik gründlich zweifeln lassen.

So hat selbst eine im Auftrage des *National Institute of Juvenile Justice and Delinquency* durchgeführte Untersuchung zur Wechselbeziehung von status offense und Kriminalität gezeigt, daß die überwiegende Mehrheit der status offenders innerhalb eines Zeitraums von 12 Monaten entweder keine weitergehenden Verstöße begingen oder ihre Handlungen auf status offense beschränkten (Kobrin u. a. 1979). Auch andere Untersuchungen bestätigen, daß die Korrelation zwischen Risikokindern bzw. -jugendlichen und Kriminalität weitaus niedriger ist als angenommen. Nur jeder fünfte Auffällige soll auch delinquent geworden sein (Mitchell und Rosa 1981; Taylor und Watt 1977). Überwiegend ist auffälliges Verhalten an die Institution Schule geknüpft und tritt nach ihrem Verlassen nicht mehr auf (schulspezifische Verhaltensstörungen). Wenn Risikoverhalten aber an bestimmte Institutionen gebunden ist, die störend auf die Entwicklung von Kindern und Jugendlichen einwirken, dann müßte das Verhalten als Reaktion auf soziale Umweltfaktoren betrachtet werden und Prävention sich primär auf Institutionen richten. Wenn auch die Korrelation zwischen Risikoverhalten und Delinquenz wenig stichhaltig ist, so bestehen Praktiker und Administratoren dennoch darauf, Vorbeugung als

Hilfe zu betrachten, zumal Hilfe den Betroffenen ohnehin keinen Schaden, sondern nur Vorteile bringen könne.

Die »Über-Kontrolle« (NIMH 1973, 26) mittels gerichtlicher, polizeilicher, therapeutischer, pädagogischer und medizinischer Institutionen führt indes dazu, daß immer mehr Kinder und Jugendliche erfaßt werden (NIMH 1973, 26), auch solche, die vor der Anwendung präventiver Strategien nicht belangt worden wären (Cohen 1979, 348): Bereits im ersten Jahr nach Einführung der gemeindenahen Präventionsprogramme sind 30 Prozent mehr Kinder unter Verdacht, Registrierung, Beobachtung, Diagnose und Zwangsbehandlung gefallen (Hylton 1981). Die Anzahl der Hyperaktiven nimmt ständig zu und damit die Medizinierung und Therapeutisierung von kindlichen Verhaltensweisen, die vorher schlicht als frech oder ungezogen galten (Conrad 1976; Schrag und Dovoky 1975).

4. Effekte und Dimensionen

»Das Screening ist eine verführerische Maßnahme, weil es den Eindruck erweckt, als ob mittels dieser Technik kurze und präzise Aussagen über das Kind (oder den Jugendlichen) gemacht werden...« »Mit diesen Labels sind eine Menge von Annahmen und Erwartungen verbunden. Sie werden zur Kurzfassung der Person des Kindes bzw. Jugendlichen. Trotz der besten Intentionen der Fachleute werden von den Programmen und Institutionen, besonders Schulen, weitreichende Entscheidungen über das Kind bzw. den Jugendlichen auf der Grundlage der Labels und nicht seiner möglichen Fähigkeiten getroffen und gerechtfertigt« (Childrens Defense Fund 1977, 177 und 178). So führen die Risiko-Labels dazu, daß Lehrer betroffene Schüler als andersartig wahrnehmen: Die Folge sind weniger positive Interaktionen, mehr Kritik, weniger Kontakt zu den Eltern (List und Harrel 1982, 156), was das Leistungsniveau der Schüler beeinträchtigt und ganz allmählich dazu beiträgt, eine gewisse Übereinstimmung mit den Prognosen herbeizuführen. Ist das »Risiko-Stigma« erst einmal aufgedrückt worden, dann ist es, sollte es auch noch so ungenau oder sinnlos sein und sollte sich dies über die Jahre herausstellen, unaustilgbar (vgl. The American Orthopsychiatric Association 1978, 13). Das Stigma mindert die ganze Person zu einer »befleckten und beeinträchtigten« Teilperson (Goffman 1977, 11), die Eigendynamik der Fortschreibungsprozesse führt außerdem zu einer wachsenden Selbstgeringschätzung (Clausen 1981). Da die Kontinuität des »Risiko-Stigmas« nur selten gebrochen wird, kann das Leben zu einer ständigen »Horror-Show« geraten (President's Commission on Mental Health 1978, 345). Mit der Konstruktion von Risikokindern und -jugendlichen wird eine »doppelte Benachteiligung« von Populationen erzeugt, die sowieso wenig soziale Macht und Marktchancen besitzen, und das »Beschuldigen des Opfers« nimmt ihnen die Hoffnung und das Recht, sich in ihrem Anderssein zu entfalten. »Behandle das Kind so, wie du, wärst du noch ein Kind, behandelt werden möchtest«, stellte ein Kritiker dieser Entwicklung als kategorischen Imperativ auf (Illingworth 1978, 258). Andere Besorgte mahnen, bei den Kindern doch auch das Positive – die Stärken – wahrzunehmen und nicht immer primär nur das Negative – die »Defekte« (The American Orthopsychiatric Association 1978, 17). Das sind gewiß nicht untypische Reaktionen, gut gemeint und von feiner Ignoranz; hierbei mag das banale Plädoyer für das Positive im Kind sicher sinnvoller sein als der hohe kategorische Anspruch, der letztlich retrospektivem Wunschdenken über Kindheit freien Lauf läßt. Die Kampflinie gegen diese Verhältnisse läuft indes nicht im Bereich der Bestrebungen, die Behandlung von Kindern zu humanisieren; sie läuft entlang grundsätzlicher sozialpolitischer Auseinandersetzungen.

Die Prämissen der geschilderten präventiven Eingriffe sind also höchst zweifelhafter Natur: Betrachtet man die Konsequenzen, dann muß davon ausgegangen werden, daß sie im Vergleich zu den Zielsetzungen gegenteilige Wirkungen zeitigen, wobei gewiß eine Anzahl von Folgen zu den unbeabsichtigten zu zählen ist. Eindeutig feststellbar ist, daß das Screening und die Konstruktion von Risikopopulationen auf den hier vorgestellten Feldern zu einer Inflation von Problemfällen führt. Die sozialpolitische Verarbeitung dieser Fälle erzeugt Folgeprobleme, die nicht nur wegen der finanziellen Aufwendungen, sondern vor allem wegen ihrer administrativen Behandlung »jenseits von Freiheit und Würde« (Skinner) und unter kriminal- und sicherheitspolitischen Interessen eine Zukunft heraufbeschwören, in der es überhaupt nicht mehr möglich sein wird, zwischen Diensten für den Menschen und Kontrollen über den Menschen zu unterscheiden (vgl. Schrag 1978, 225). Bereits jetzt wird in der Prävention diese Differenz ständig verwischt. Die präventive Intervention rechtfertigt sich stets durch ihre Konzep tualisierung als Hilfe (frühe Hilfe kann nicht schaden) und übersieht geflissentlich die Folgen der »Rechtzeitigkeit« (sprich: Vorzeitigkeit) des Eingriffs: statt der Chancen einer Reversion zu Norm und Normalität – um in der immanenten Logik zu bleiben – werden die der Progression erhöht. Es ist sicher nicht falsch zu sagen, daß mit Hilfe der Detektierung von kindlichen und jugendlichen Risikopopulationen die Verwaltungen der Volksmasse auf der Fährte bleiben und sie steuern (Packard 1978, 160), daß die Computer sanft, aber wirkungsvoll die Freiheit des Menschen ersticken.

Literatur

Andrew, J. M., *Violence and poor Reading*, in: *Crimonology*, 1979, Vol. 17, Nr. 3, S. 361–365.

Badger, E., *Recruitment and attendance of high risk adolescent mothers for training in parenting*, in: *Journal of Adolescence*, 1981, Nr. 4, S. 219–229.

Bricker, N. A., und D. D. Bricker, *Behavior modification programs*, in: P. Mittler (Hg.), *Assessment for learning in the mentally handicapped*, Baltimore 1973.

Canino, J., und G. Canino, *Impact of Stress on the Puerto Rican family: Treatment considerations*, in: *American Journal of Orthopsychiatry*, 1980, July, Vol. 50, S. 535–541.

Castel, F., R. Castel und A. Lovell, *Psychiatrisierung des Alltags. Produktion und Vermarktung der Psychowaren in den USA*, Frankfurt 1982.

Childrens Defense Fund, *EPSDT: Does it Spell Health Care for Poor Children?*, Washington, D.C. 1977.

Clausen, J. A., *Stigma and Mental Discorder: Phenomena and Terminology*, in: *Psychiatry*, 1981, Vol. 44, November, S. 287 ff.

Cohen, S., *The punitive City: Notes on the Dispersal of Social Control*, in: *Contemporary Crises*, 1979, Vol. 3, S. 339–363.

Coleman, L., *Problem kids and Preventive Medicine: The Making of an Odd Couple*, in: *American Journal of Orthopsychiatry*, 1978, Vol. 49, Nr. 1, S. 56 ff.

Conrad, P., *Identifying hyperactive Children*, Lexington 1976.

Cooper, D., *Die Sprache der Verrücktheit: Erkundungen ins Hinterland der Revolution*, Berlin 1978.

De Hirsch, K., u. a., *Approaches to Prediction*, in: J. Jansky und K. de Hirsch, *Preventing Reading Failure: Prediction, Diagnosis, Intervention*, New York 1972.

Elliott, D. S., und H. le Voss, *Delinquency and Dropout*, Lexington 1974.

Floyd, L., *A Model for Assisting High-Risk Families in Neonatal Nurturing*, in: *Child Welfare*, November 1981, Vol. LX, S. 637–642.

Goffman, E., *Stigma*, Frankfurt 1977.

Hebbs, N. (Hg.), *Issues in the Classification of Children*, San Francisco 1975.

Hellerich, G., *Hilfe oder Herrschaft? Eine Analyse des Wandels der psychosozialen Versorgung*, Maschinenschriftlich, Bremen 1982.

Hylton, J., *Community Corrections and Social Control: The Case of Saskatchewan, Canada*, in: *Contemporary Crises*, April 1981, Vol. 5, S. 183–215.

Illingworth, R. S., *Pediatrics: Some related psychological trends of the last thirty years*, in: *Acta paedopsychiatrica*, 1978, Vol. 43, S. 253–259.

Kobrin, S., u. a., *Offense patterns of status offenders*, Washington D.C.: US National Institute of Juvenile Justice and Delinquency, 1979.

Lerman, P., *Community Treatment and Social Control: A Critical Analysis of Juvenile Correctional Policy*, Chicago 1975.

Masterpasqua, F., u. a., *Integrating early parent-infant psychosocial support into neighborhood health clinics: An ecological intervention*, in: *Infant Mental Health Journal*, 1980, Vol. I, Nr. 2, S. 108–115.

Mednik, S. A., und G. Hope Witkin-Lanoil, *Intervention in Children at High-Risk for Schizophrenia*, in: G. Albec and J. M. Joffe (Hg.), *Primary Prevention of Psychopathology*, Hanover, N.H. 1977.

Meier, J. H., *Screening and Assessment of Young Children at Developmental Risk*, Washington, D.C. 1973.

Mitchell, S. und P. Rosa, *Boyhood behaviour problems as precussors of criminality: a fifteen-year follow-up study*, in: *Journal of Child Psychology and Psychiatry*, 1981, Vol. 22, Nr. 1, S. 19–33.

Mulligan, W., *Dysexia, specific learning disability and delinquency*, in: *Juvenile Justice*, Nov. 1972, S. 20–25.

NIMH, *Diversion from the Criminal Justice*, Rockville 1973.

Packard, V., *Die große Versuchung: Der Eingriff in Leib und Seele*, Düsseldorf 1978.

President's Commission on Mental Health, *Task Panel Reports*, Appendix, Vol. 2, Washington D.C. 1978.

Ramey, C., T. und J. Brownlee, *Improving the identification of high-risk infants*, in: *American Journal of Mental Deficiency*, März 1981, Vol. 85, S. 504–511.

Reports of Task Forces and the Report of the Committee on Clinical Issues by the Joint Commission on Mental Health of Children, *The Mental Health of Children: Services Research and Manpower*, New York 1973.

Rosenthal, C., und L. Jacobson, *Pygmalion in the classroom*, New York 1968.

Ruesch, J., *Die Zwangsjacke*, in: F. Basaglia und F. Basaglia-Ongaro, *Die abweichende Mehrheit. Die Ideologie der totalen sozialen Kontrolle,* Frankfurt 1972.

Saunders, S., *Primary Prevention from a Neighborhood-Base: A working model,* in: *American Journal of Orthopsychiatry,* 1979, Vol. 49, Nr. 1, S. 69–80.

Schrag, P., *Mind Control,* New York 1978.

Schrag, P., und D. Dovoky, *The Myth of the Hyperactive Child,* New York 1975.

Schur, E., *Crimes without Victims: Deviant Behavior and Public Policy; Abortion, Homosexuality, Drug Addiction,* Englewood Cliffs, N.Y. 1965.

Shyne, A. W., *Who are the Children: a national Overview of Services,* in: *Social Work, Research and Abstracts,* 1980, Vol. 16, Nr. 1, S. 26–33.

Stevenson, S., u. a., *Behaviour, language and development in three-year-old-children,* in: *Journal of Autismus and Childhood Schizophrenia,* 1978, Vol. 8, S. 299–313.

Taglianetti, T. J., *Reading Failure: a Predictor of Delinquency,* in: *Crime Prevention Review,* April 1975, Vol. 2, S. 24 ff.

Taylor, T., und D. C. Watt, *The relation of deviant symptoms and behavior in an normal population to subsequent delinquency and maladjustment,* in: *Psychological Medicine,* 1977, Vol. 7, S. 163–169.

The American Orthopsychiatric Association, *Developmental Assessment in EPSDT,* in: *American Journal of Orthopsychiatry,* 1978, Vol. 49, Nr. 1, S. 7 ff.

Tjossem, Th. (Hg.), *Intervention Strategies for High Risk Infants and Young Children,* Baltimore 1976.

Wambach, M. M., *Kinder als Gefahr und Risiko. Zur Psychiatrisierung und Therapeutisierung von Kindheit,* in: Hengst, Heinz, u. a. (Hg.), *Kindheit als Fiktion,* Frankfurt 1981, S. 191–241.

Gert Hellerich

Screening in den USA: Der Kleinstkinder-TÜV

1. Je früher desto besser

Die entscheidende Bedeutung der frühkindlichen Phase für das psychische Leben der Erwachsenen, wie sie beispielsweise von Freud, Gesell, Piaget reklamiert worden ist, hat bereits vor Jahrzehnten die Erforschung der psychischen Entwicklung von Kleinkindern stimuliert. Sie wurde auch schon in der praktischen Absicht geführt, eine akute problematische psychische Verfassung mit der aufgedeckten kindlichen Vergangenheit zu erklären. Unterdessen hat sich die Intention umgekehrt: Aus der sozusagen rückwärts gewandten Prophezeiung über die Genese der Psyche ist die Prognose von künftigen Entwicklungen geworden. In der Alltagspraxis der Humanwissenschaften hat die Diagnose von Möglichem und Wahrscheinlichem einen zentralen Stellenwert erhalten. Die diagnostischen Methoden sind in administrative Strategien eingegliedert worden. Diesen Zusammenhang im Hinblick auf das Kleinstkind zu konstituieren, gelang in den USA in den siebziger Jahren. Hierbei konnte auf verschiedenen Vorlaufphasen aufgebaut werden. In diesen Jahren kam es zu einer wahren Inflation von Forschungsarbeiten, Modellprojekten und Programmen über die frühe Kindheit. Spezialzeitschriften veröffentlichen die allerneuesten Forschungsergebnisse; genannt seien *Infant Behavior and Development* (seit 1978) und *Infant Mental Health Journal* (seit 1980).

Es wird hauptsächlich das Ziel verfolgt, Entwicklungsrückstände so früh wie möglich feststellbar und rechtzeitig behandelbar zu machen. Es wird die Tendenz unterstützt, Dienste und Einrichtungen für Kleinkinder bis drei Jahre in Umfang und Qualität zu vergrößern. Die Behauptung, vorbeugen sei besser als heilen, ist zum Glaubenssatz geworden. Mit ihm verbindet sich die Meinung, je *früher* man eingreife, »*desto besser* sei es, um einerseits Defizite zu mindern oder zu beheben, andererseits die Entwicklung zu optimieren« (Kurtz 1979, 168). Die Promotoren der Prävention stellen sich vor, daß Defizite mit jedem Lebensjahr zunehmen. »Wir müssen das Mißfunktionieren entdecken und behandeln, ehe es

137

verfestigte Formen einer schweren Störung annimmt«, lautet der Appell der Joint Commission on Mental Health of Children (1970). Die frühe Intervention wird ganz und gar im Interesse des Kindes und im Interesse der Eltern liegend gesehen, deren Unsicherheiten und Ängste zudem durch die Früherkennung und -behandlung abgebaut werden sollen (zum Optimismus der »early intervention« siehe Bronfenbrenner 1974). Die Screening-Programme im frühen Kindesalter sollen freilich auch zur finanziellen Entlastung der öffentlichen Haushalte beitragen: Entwicklungen, die zu ernsthaften gesundheitlichen Beeinträchtigungen oder antisozialem Verhalten führen könnten, sollen billiger im Vorfeld korrigiert werden (Currier 1977). Doch die praktische Umsetzung der Programme zur Prävention beim Kleinstkind scheint mit mehr Problemen verbunden zu sein als die Vorbeugung in Kindergarten, Vorschule und Schule, wo ohne Mühe und Bedenken von Erziehern, Kindergärtnern und Lehrern über mehrere Stunden am Tag und über fünf Tage in der Woche direkt an Ort und Stelle beobachtet und gemessen wird. Da der Schulbesuch ferner über eine bestimmte Anzahl von Jahren obligatorisch ist, sind die Screening-Möglichkeiten dort optimal.

Die wenigsten Schwierigkeiten bereitet es, an Kleinstkinder in Tagesstätten oder Heimen heranzukommen. Jedoch ist der Prozentsatz der Kleinstkinder, die extrafamiliale Einrichtungen besuchen, sehr gering. Auch zu den Vorsorgeuntersuchungen der Kinderärzte werden nicht alle Kinder gebracht, und deren Routine-Screening ist wegen der zeitlich begrenzten Möglichkeiten unbeabsichtigt unzuverlässig (Brazelton 1976), da der Entwicklungsstand der Kinder nicht hinreichend genau erfaßt werden kann.

2. Vorgeburtliche Fahndung

Mit Hilfe mikroskopischer Techniken versucht die Medizin, Anomalien der Erbsubstanz schon in der Vorgeburtsphase festzustellen. Die diesbezügliche kostenaufwendige Forschung bringt Jahr für Jahr neue Erkenntnisse über genetische Anomalien. Wenn auch behauptet wird, daß Syndrome (Turners-Syndrom: einem weiblichen Wesen fehlt ein X-Chromosom, Klinifelters-Syndrom: ein männliches Wesen hat ein extra X-Chromosom, Downs-Syndrom: das 21. Chromosom ist ein Triplet statt eines Paares) oder

Enzymmangel (z. B. Phenylketonurie – aufgrund eines Paares rezessiver Genen) die Ursache für Verhaltensstörungen seien (National Academy Sciences 1975), so sind doch Verhaltensprobleme, die mit genetischen Störungen in Verbindung stehen, die am wenigsten erforschten. Sie gelten aber als die verheißungsvollsten für die zukünftige Forschung (Reed 1975, 94). Erbanlagen sind zwar als anatomische und physiologische Voraussetzungen eine notwendige Entwicklungsbedingung, doch sie als die alleinige Ursache der Entwicklung zu betrachten, hieße, in einen »biologischen Determinismus« (Sameroff 1977) zu verfallen; hieße, die Variabilität psychischer Verhaltensweisen, die selbst bei genetischen Defekten auftreten kann, zu ignorieren. Im Endeffekt hieße das, auf eine Manipulation der Genenstruktur (den »anderen« oder »neuen« Menschen ohne Verhaltensabweichung schaffen) hinzuwirken. Falls aber entsprechende Eingriffe nicht vollzogen werden, würde das Kleinstkind einer durch die genetischen Screening-Prozesse heraufbeschworenen Stigmatisierung, die als Folge der medizinischen Entdeckung einer nicht- oder nur teilweise behandelbaren Krankheit zwangsläufig eintritt (Kopelman 1978), ausgesetzt.

3. Screening von Geburt an

Die Klinifizierung der Geburt ermöglicht es der Medizin, die im Mittelpunkt des »birth assessment« steht, die physiologischen und anatomischen Strukturmerkmale des Säuglings zu screenen (z. B. Blut-, Gewichts-, Reflexmessungen). In zunehmendem Maße wird der medizinische Blick durch psychologische und soziologische Perspektiven ergänzt. Beispielsweise finden Interaktionsmessungen in den Perioden des Stillens statt, in denen die Augenkontakte des Neugeborenen mit der Mutter oder seine Reaktionsfähigkeit auf akustische Stimulationen durch die Mutter gemessen werden (Osofsky und Danziger 1974). Selbst die Saugmuster, das ist der Zeitraum, die Anzahl und die Stärke des Saugens, werden ausgewertet, um Standardabweichungen festzuhalten (Dubigum und Cooper 1980).

Mit Neugeborenen-Tests werden (Brazelton Neonatal Assessment Scale 1973) die Orientierungs-, die Koordinations-, die motorischen und viele andere Fähigkeiten gemessen, aber auch bereits Irritabilitäten, Labilitäten und Reaktionen auf Liebkosungen und gutes Zureden, die über soziale Interaktionsbereitschaft Aufschluß geben sollen. Mit einer Modifikation dieses Tests mißt man sieben Faktoren des frühkindlichen Verhaltens. 1. *Intensität und Aktivität:* z. B. die Stärke der Reaktionen auf vertraute Personen, auf Fremde, auf das Windelwechseln, aufs Baden, auf neue Nahrungsaufnahme, auf frustrierende Ereignisse etc. 2. *Regularität:* z. B. Regelmäßigkeit des Einschlafens und Aufwachens, der Nahrungsaufnahmebereitschaft, des Einnässens etc. 3. *Zuwenden und Abwenden:* z. B. die Stimmungslage, wenn das Kleinkind von einem Fremden auf den Arm genommen wird oder wenn es medizinisch untersucht wird. 4. *Wahrnehmungssensitivität:* z. B. Intensität der Reaktionen auf schnelle Bewegungen, auf starke Geräusche, auf grelles Licht. 5. *Aufmerksamkeit:* z. B. differenzierte Reaktionen auf Erwachsene und Kinder, auf verschiedene Stimmen, Reaktionen auf körperliche Unterschiede bei Menschen, Reaktionen auf Essensvorbereitungen oder auch auf neues Spielzeug. 6. »*Manageability*«: z. B. die Anpassungsfähigkeit an neue Situationen und Plätze sowie die Ausdauer beim Spiel. 7. *Sensibilität gegenüber neuer Nahrung:* z. B. Annahme, Anpassungsfähigkeit und Empfindlichkeit gegenüber Unterschieden im Geschmack (Bohlin u. a. 1981, 92 f.).

Diese Test-Items machen deutlich: Schon vom Neugeborenen wird erwartet, daß es sich in ein bestimmtes Schema einfügt, daß es den Zwang von Regeln befolgt, eine regelmäßige Lebensweise anerkennt und daß es sich früh geordnete Reaktionen zu eigen macht und wohlweislich zwischen dem Vertrauten (Routine) und dem Ungewöhnlichen (Nichtnormalen) zu differenzieren vermag.

Auch die Emotionen, wesentliche regulative Kräfte des Kleinstkindes, werden mehr und mehr getestet, um Abweichungen zu kontrollieren. Fachleute sind davon überzeugt, daß eine Korrelation zwischen der Entwicklung von negativen Stimmungen (Temperament) und späteren kognitiven und sozialen Störungen (Rothbart 1981, 509), zwischen übermäßigem Schreien und späterer Schwererziehbarkeit (Thomas u. a. 1968, Snow u. a. 1980) besteht. Ordnung und Temperament (z. B. Wut, Haß, tiefer Schmerz) scheinen als kontradiktorische Elemente verstanden zu werden. Wenn Temperament als Vorläufer von Verhaltensstörungen (Graham u. a. 1973) angesehen wird, dann muß diese Fehlerquelle rechtzeitig aufgespürt und abgedichtet werden.

Indessen – das eigentliche Problem dieses Interventionsbereichs stellt sich den Diagnostikern in anderer Weise: Die Tests als Vermessungsbasis kindlicher Entwicklung werden in den ersten drei Lebensjahren von den Eltern nicht genügend wahrgenommen. Die Hälfte der Eltern nimmt trotz erkennbarer Entwicklungsabweichungen ihrer Kinder keine ärztliche Untersuchung in Anspruch, geschweige denn, daß sie sich veranlaßt sieht, speziell dafür vorgesehene Testlabors aufzusuchen (Metz u. a. 1976).

4. Elternbefragung als Kleinstkindertest

Da die Eltern, insbesondere diejenigen aus Unterschichten, zögern, ihre Kleinkinder zu Vorsorgeuntersuchungen oder in die Testlabors zu bringen, wird die Erfassung nicht-standardisierten Verhaltens zunehmend aktiv institutionalisiert. Die Diagnostiker verschicken Fragebögen, drücken sie den Eltern in die Hand oder interviewen sie. Die Namen der Kinder werden von Familienregistern (einer von der Bundesregierung und den Bundesstaaten durchgeführten Volkszählung) und lokalen Geburtenregistern eingeholt (zur Erfassung dreijähriger Kinder siehe Earls 1980; Richman u. a. 1975).

Mittels dieser Techniken können innerhalb einer kurzen Zeitspanne *eine Menge Informationen* über die Entwicklungsbedingungen und -zustände von Kleinkindern gesammelt werden. Um objektivere Daten über die »wahre« Entwicklung des Kleinkindes zu erhalten, werden die Eltern zunächst zusammen und danach separat einer Befragung unterzogen. Die Kinder müssen sich speziellen Befragungen durch einen Interviewer, der die elterlichen Angaben nicht kennt, unterziehen (Earls 1980). »Behavioral items« in einem mit den Eltern durchgeführten Interview oder einem »Behavior Screening Questionnaire«, die zur Symptombündelung beitragen sollen, enthalten Essens- und Schlafprobleme (also mehr auf die Körperentwicklung bezogene Vorgänge), verwoben mit mehr psychosozialen Entwicklungsabläufen (z. B. Überaktitivät, mangelhafte Konzentration, starke Abhängigkeit, unglückliche Stimmung, Unruhe, Furcht, schlechte Beziehung zu Gleichaltrigen, Wutanfälle und Schwierigkeiten der Selbstkontrolle). Andere in diesem »Behavior Screening Questionnaire« nicht enthaltene Items sind Bettnässen, Sprachdefizite, häufige Magenschmerzen. Die standardisierten Fragen zeigen deutlich, daß Abweichungen

von dem konstruierten Durchschnittskleinstkind – das ist einerseits ein Zuwenig (z. B. Konzentrationsschwächen, fehlende
Freude und Lust, mangelnde Aktivitäten u. a.) und andererseits
ein Zuviel (überschüssige Energie, zu aktives Verhalten, zu viel
Temperament etc.) – als problematisch und behandlungsbedürftig
angesehen werden. Die Frage, ob nicht frustrierende Bedingungen
es gerade für ein Kind notwendig machten, aggressiv zu reagieren,
ob übermäßige Energie und Aktivität gegenüber unangemessenen
Situationen durchaus angebrachte Reaktionsmuster sein könnten,
wird nicht gestellt. Jedoch werden auch Interviews verwendet, in
denen »Verhältnisse« aufgespürt werden sollen. Geht es um die
Stabilität zu Hause, werden Fragen über Anwesenheit des Vaters
in der Familie gestellt, über die typische Dauer der Abwesenheit
des Kindes und wie häufig das Kleinkind der Pflege anderer anver-
traut wird. Diese Fragen zielen also auf die Organisation bzw. Des-
organisation der häuslichen Umgebung des Kindes (Ramey und
Brownlee 1981, 506 u. 509). Zweifellos sind die Interviewer »guten
Willens«, die Familie, falls sie als Stützpunkt diverser Normalisie-
rungspraktiken gegenüber Kleinkindern dysfunktional sein sollte,
zu sanieren und somit funktionalere Bedingungen zu schaffen, be-
denklich erscheint aber, daß die häusliche Intimsphäre überhaupt
nicht mehr respektiert wird. Hier scheint eher ein entstabilisieren-
der Effekt wirksam zu werden.

Abgesehen davon greifen Kritiker der Interview- und »Questionnaire Screening«-Methoden noch ein anderes Problem auf, nämlich das der Validität und Zuverlässigkeit. Sind die Informationen,
die die Eltern geben, »wahrheitsgetreu«? Sind die Eltern bereit, ihr
Familienleben so wiederzugeben, wie es sich in der Alltäglichkeit
abspielt? Eingewendet wird gegen die Fragebogen- und Inter-
viewmethode, daß die Eltern entweder absichtlich oder unbewußt
Informationen verzerrt geben (Medinnus 1976, 40 u. 50). Demgegenüber weisen Befürworter dieser Screening-Methoden auf Untersuchungen hin, die Eltern im Vergleich zu den diagnostischen
Fachleuten nur wenig über- oder unterscreenten (Knobloch 1979).

5. Familiendiagnose als präventive Maßnahme

Während biologisch bedingte Behinderungen und Defizite zu-
meist gleich nach der Geburt erkennbar sind, entwickeln sich, so

die Überzeugung der »early interventionists«, funktional- und umweltbedingte Defizite häufig erst im zweiten und dritten Lebensjahr. Die genannten Screening-Methoden haben erhebliche Mängel: Erstens hängen sie von der Bereitschaft der Eltern ab, ihre Kinder zu Vorsorgeuntersuchungen und zu arrangierten Tests zu bringen, zweitens können die Antworten auf Fragebögen und Interviews (trotz Kontrollfragen) nicht stichhaltig überprüft werden. Daher bahnt sich in zunehmendem Maße der diagnostische Hausbesuch an: ein intensives Eindringen in die familiale Lebenswelt, um an Ort und Stelle »Mißfunktionieren« aufzudecken.

Die Familien werden zum größten Teil aufgrund psychosozialer Abweichungsmerkmale ausgewählt: Familien, die Angehörige in einer »Outpatient«-Behandlung (Bloom 1973) oder in Kliniken und gemeindenahen Behandlungsprogrammen haben (Kantor und Lehr 1975), Eltern, die mit ihren Kindern an Langzeitbeobachtungen zur Ausarbeitung eines familialen Erziehungsprogramms teilnehmen (Bradley und Caldwell 1977), Familien mit hoher Risikoträchtigkeit, wie beispielsweise Eltern ohne höhere Schulbildung, mit niedrigem Einkommen (Ramey 1975). Zum Vergleich werden Kontrollgruppen (z. B. Weiße mit College-Erziehung und mittleren Einkommen) (Kantor und Lehr 1975), die innerhalb vorgegebener Merkmale (z. B. Alter, Geschlecht der Kinder) nach dem Zufallsprinzip ausgewählt werden, herangezogen (Ramey u. a. 1975). Zwar werden im vordiagnostischen Gespräch (Bloom 1973) die zum Zwecke der Hilfeleistung notwendigen Beobachtungsprozeduren erläutert, aber die peinliche Situation des Fremden inmitten der alltäglichen Handlungssituationen der Familienangehörigen läßt sich dadurch kaum bereinigen. Was soll nun aber der Diagnostiker in den konkreten, realen Lebenssituationen der Familie? Die Antwort ist einfach: er soll so viel wie möglich *beobachten*. Zu diesem Zwecke wurde auch ein neues Meßinstrument, der »Home Observation for Measurement of the Environment« (HOME), erfunden, das zum verbreitetsten Screening-Mittel in den USA geworden ist (Bradley and Caldwell 1981, 768). Dieses soll alle Beziehungs- bzw. Kommunikationsstrukturen in der Familie, also den familialen Prozeß bzw. die Totalität der familialen Interaktionen (Kantor und Lehr 1975), erforschen. Zwei Beobachter, die die Interaktionen der Familienangehörigen über Monate hinweg verfolgen (wochentags am Abend in einem 4-Stunden-Block und am Wochenende nachmittags über die gleiche Zeitspanne), messen die Dimensionen familialer Verhaltensweisen (Steinglass 1980). Hierbei halten sich die Beobachter in zuvor in Seminaren geübter Weise an den Status des Nichtinteragenten. Gegenstand der »natürlichen Beobachtung« sind Zeichen, Spuren oder Anhaltspunkte von bestimmten Verhaltensweisen, aus denen Schlüsse über abweichende Verhaltensmuster und eventuelle Behandlungsmöglichkeiten gezogen werden können. Die Überprüfung der Interaktionen der Familienangehörigen erfolgt meist dadurch, daß psychometrische und statistische Methoden benutzt werden, die anderen Meßinstrumentarien entnommen sind. Zum Beispiel das »Behavior-Coding-System« (Jones 1975), das Lob und Tadel, Aufmerksamkeit und Vernachlässigung, Kontakt und Distanz, Weinen und Lachen, negative und positive Körperberührung, Gefälligkeit und Nicht-Gefälligkeit testet. Andere HOMES testen mütterliche Wärme, Disziplin und Strafe, die Organisationsstruktur der Häuslichkeit, die vorhandenen Spielzeuge, die mütterliche Hingabe und vielfältige Gestaltungsmöglichkeiten des Zusammenlebens (Bradley und Caldwell 1977). Diese fortwährende Berichterstattung über das sich im Interaktionsprozeß befindliche Kind ist zwar sehr zeitaufwendig, jedoch soll diese Methode sehr detaillierte und »unvoreingenommene« Information beschaffen.

Die Beobachter fordern bei Messungen, die eine Abweichung von der Norm auch nur andeuten, die Familie auf, sich Beratungen, Therapien oder Erziehungsprogrammen zu unterziehen. Diese familiale Regulierung reiht sich in die immer häufiger werdenden Angebote kommunikationshygienischer, professionalisierter Beziehungsarbeit ein, die »richtige« Kommunikation zwischen den Eltern und dem Kind herbeiführen will. Aus finanziellen Erwägungen wird außerdem eine Paraprofessionalisierung der Mütter betrieben: Sie sollen durch pädagogisch-psychologische Kompetenzen »Meß-Expertinnen« werden (Fields u. a. 1978). Als Folge der diagnostischen Hausbesuche wird das Private entgrenzt, das Originäre, Spontane, Einzigartige an engen Standards gemessen, und subjektive Verlaufsformen des Familienlebens werden tendenziell negiert. Leisten die Familienangehörigen gegen die Eindringlinge Widerstand, wird Paranoia bescheinigt (Bloom 1973, 70).

6. Andersartigkeit als Risiko

Screening, als Instrument zur frühen und rechtzeitigen Feststellung von individuellen Entwicklungsdefiziten konzipiert, entpuppt sich trotz der Hilfemöglichkeiten, die sich der Messung der Abweichung des Kindes von der Standardentwicklung anschließen können (Diagnose-Behandlungseinheit; skeptisch über die Erfolge Stanley 1973; auch Scott 1978), als eine Strategie gegen die Andersartigkeit, das Bedürfnis des Subjekts nach Anders-Sein. Die Meß-Skalen sind im Gesichtskreis wissenschaftlicher Methodik so geeicht, daß nur das Normal-Seiende als akzeptabel anerkannt und das Nicht-So-Seiende als korrektionsbedürftig gelten muß. Wenn die Differenz zum Risiko (Stone u. a. 1974) wird und diese beim Kleinkind, das wegen seiner Plastizität am besten steuerbar ist, nicht toleriert wird, dann ist es nur logisch, schon bei der Geburt ein »richtiges« und »falsches« Gefühl in den Interaktionen, wobei solche Verhaltensweisen als Frührisiken gelten, zu unterscheiden. Sollten diese Regulierungen auf alle Altersgruppen und Verhaltensbereiche übertragen werden sowie in alle sozialen Räume eindringen, dann werden bei dieser totalen Geschlossenheit der wissenschaftlichen Ideologie alle attestierter Durchschnitt sein müssen. Die quantifizierenden und auf Normalisierung ausgerichteten Meßergebnisse tragen zunehmend dazu bei, daß Fachleute für Abweichung einen subjektiven, existentiellen Sinn in nichtstandardisierten Handlungen nicht mehr zu erkennen vermögen. Die Konstruktion von verobjektivierten Frühdiagnosekästchen führt zu einem vorverlagerten Übereinstimmungszwang: Die Folge ist, daß immer mehr kindliche Verhaltensweisen als risikoreich und damit behandlungsbedürftig gelten und wachsende Überwachung und Kontrolle unabdingbar wird.

Die Normalisierungsprozeduren sind freilich kein großer etatistischer Coup, der zentral gesteuert und gegen die Wünsche und Bedürfnisse der Bürger durchgesetzt werden muß. Gewiß spielen staatliche Interessen eine hervorragende Rolle beim Screening physischer, geistiger und psychischer Defizite (»Early and Periodic Screening, Diagnosis, and Treatment Programs«, EPSDT). Sicher trägt auch die »Reimbursement-Praxis« unter diesen EPSDT-Programmen und den Medicaid-Maßnahmen, für die die Bundesregierung Gelder zur Erfassung und Behandlung psychischer Abweichungen den gemeindenahen Diensten und Einrichtungen zur

Verfügung stellt, zur Steuerung normalisierender Praktiken im frühen Kindesalter bei. Die Gesundheitszentren, Kinderärzte oder die Professionellen eines diagnostischen Zentrums müssen, um ihre Dienste honoriert zu erhalten, am Ende ihrer Visiten eine Diagnose in der Form erstellen, daß eine Krankheit bzw. Störung festgestellt worden ist (Childrens Defense Fund, 1978, 90). Zweifelsohne erhöhen auch die vielen staatlich geförderten Forschungsprojekte des *Department of Health, Education and Welfare*, des *National Institute of Mental Health*, des *National Institute of Child Health and Human Development* und vieler anderer die Bereitschaft und die Fähigkeit, abweichende Verhaltensweisen schon bei Kleinstkindern zu screenen. Der Großteil der Screening-Programme wird allerdings von privaten Stiftungen und von Konzernen finanziell unterstützt, von pharmazeutischen Unternehmen bis zur Carnegie- oder Menninger-Foundation. Eine auf Praxiserfahrung erpichte Armee von Studenten arbeitet regelmäßig in den Diensten, um Auffälligkeiten bei Kleinst- und Kleinkindern »vor Ort« aufzuspüren und mittels Frühbehandlung zu helfen. Da die Eltern das gesellschaftlich vorgegebene Bedürfnis verinnerlicht haben und vom Nutzen des Screenings überzeugt sind, und darüber hinaus die Art der gemeindenahen Maßnahmen fast stets die Folgen dieser Programme verschleiert (Cohen 1979, 611), werden fortwährend immer mehr und neue »early interventions« gefordert.

Literatur

Bloom, M. C., *Usefulness of the home visit for diagnosis and treatment*, in: *Social Casework*, 1973, Vol. 54, S. 67–75.

Bohlin, G., u. a., *Dimensions of Infant Behavior*, in: *Infant Behavior and Development*, 1981, Vol. 4, Nr. 1.

Bradley, R., und B. Caldwell, *The Home Inventory: A Validation of the Preschool Scale for Black Children*, in: *Child Development*, Juni 1981, Vol. 52, S. 708–710.

Bradley, R., und B. Caldwell, *Home Observation for Measurement of the Environment: A Validation Study of Screening Efficiency*, in: *American Journal of Mental Deficiency*, 1977, Vol. 81, S. 417–420.

Brazelton, T. B., *Discussant's Comments*, in: T. Tjossem (Hg.), *Intervention Strategies for high risk infants and young children*, Baltimore 1976.

Bronfenbrenner, U., *Wie wirksam ist kompensatorische Erziehung?*, Stuttgart 1974.

Childrens Defense Fund, *EPSDT in Practice*, in: *American Journal of Orthopsychiatry*, 1978, Vol. 48, S. 77 ff.

Cohen, S., *Community Control – A New Utopia*, in: *New Society*, März 1979, S. 610–612.

Currier, R., *Is early and periodic screening, diagnosis and treatment worthwhile?*, in: *Public Health Reports*, 1977, Vol. 92. Nr. 6, S. 527–536.

Dubigum, J., und D. Cooper, *Good and Poor Feeding Behavior in the Neonatal Period*, in: *Infant Behavior and Development*, 1980, Vol. 3, S. 395–408.

Earls, R., *Revalence of behavior problem in 3 year-old children. A cross-national replication*, in: *Archives of General Psychiatry*, 1980, Vol. 37, S. 1153–1157.

Fields, T. M., *Infants born at risk: Behavior and Development*, New York 1979.

Fields, T., u. a., *The mother's Assessment of the Behavior of the Infant*, in: *Infant Behavior and Development*, 1978, Vol. 1, S. 156–167.

Graham, Ph., u. a., *Temperamental Characteristics as Predictors of Behavior Disorders in Children*, in: *American Journal of Orthopsychiatry*, 1973, Vol. 43, S. 329–339.

Joint Commission on Mental Health of Children, *Crisis in Child Mental Health: Challenge for the 1970's*, New York 1970.

Jones, R., u. a., *Naturalistic Observation in Clinical Assessment*, in: *Advances in Psychological Assessment*, Vol. 3, hg. von T. McReynolds, San Francisco 1975, S. 42–95.

Kantor, D., und W. Lehr, *Inside the Family*, San Francisco 1975.

Knobloch, H., *The validity of parental reporting of Infant Development*, in: *Pediatrics*, 1979, Vol. 63, S. 872–876.

Kopelman, L., *Genetic Screening in Newborns: voluntary of compulsary?* in: *Perspectives in Biology and Medicine*, 1978, Vol. 22, Nr. 1, S. 83–89.

Korner, A. F., *Individual differences at birth: Implications for early experience and later Development*, in: *American Journal of Orthopsychiatry*, 1971, Vol. 41, S. 608–619.

Kurtz, D., *Early Identification of handicapped Children: A Time for Social Work Involvement*, in: *Child Welfare*, 1979, Vol. 48, Nr. 3, S. 165 ff.

Medinnus, G. R., *Child Study and Observation Guide*, New York 1976.

Metz, R., *A pediatric Screening Examination for psychosocial Problems*, in: *Pediatrics*, 1976, Vol. 58, S. 595–606.

National Academy of Sciences, *Genetic Screening*, Washington, D.C. 1975.

Osofsky, J., und B. Danziger, *Relationships between neonatal Characteristics and Motor-Infant Interaction*, in: *Developmental Psychology*, 1974, Vol. 10, S. 124–130.

Ramey, C., u. a., *Infants Home Environments: A Comparison of High-Risk Families and Families from the General Population*, in: *American Journal of Mental Deficiency*, 1975, Vol. 80, Nr. 1, S. 40–42.

Ramey, C. T., und J. Brownlee, *Improving the identification of high-risk infants*, in: *American Journal of Mental Deficiency*, 1981, Vol. 85, Nr. 2, S. 504–511.

Reed, E., *Genetic Anomalies in Development*, in: F. D. Horowitz, *Review of Child Developmental Research*, Vol. IV, Chicago 1975.

Richman, N., u. a., *Prevalence of behavioral problems in three-year-old children: An epidemiological study in a London Borough*, in: *Journal of Child Psychology and Psychiatry and applied Sciences*, 1975, Vol. 16, S. 277–287.

Rothbarth, K., *Measurement of Temperament in Infancy*, in: *Child Development*, June 1981, Vol. 52, Nr. 2, S. 69 ff.

Sameroff, A., *Concepts of Humanity in Primary prevention*, in: G. Albee and J. M. Jaffe (Hg.), *Primary Prevention of Psychopathology*, Hanover, N.H. 1977.

Snow, M. E., u. a., *Crying Episodes and Sleep-Wakefulness Transitions in the first 26 Months of Life*, in: *Infant Behavior and Development*, 1980, S. 387–394.

Stanley, J. C., *Compensatory Education for Children ages two to eight*, Baltimore 1973.

Steinglass, Pl., *Assessing families in their Homes*, in: *American Journal of Psychiatry*, 1980, Vol. 137, 1523–1529.

Stone, L. J., u. a., *The compact Child*, London 1974.

Thomas, A., u. a., *Temperament and behavioral disorders in Children*, New York 1968.

Westmann, J. C. (Hg.), *Individual Differences in Children*, New York 1973.

III.
Präventionspolitik und Schutz vor Risiken

Rosemary CR Taylor

Die Konstruktion der Prävention: Wissenschaft und Ideologie in den USA

Prävention ist das neue Schlagwort in der amerikanischen Gesundheitsversorgung. Was sie jedoch auf lange Sicht in der Praxis bedeuten wird, ist Gegenstand eines beachtlichen politischen Kampfes. Präventive Strategien werden zunehmend durch eine Ideologie geprägt, die den Individuen die Verantwortung für ihre eigene Gesundheit und ihr Wohlbefinden zuweist. Es ist eine Ideologie, die in den letzten fünf Jahren das amerikanische Bewußtsein erobert hat, obwohl die Aktivitäten, die sie hervorbringt – Jogging und körperliche Bewegung, Nichtraucherkampagnen und Änderungen der Eßgewohnheiten –, weitgehend auf die weiße Mittelschicht begrenzt sind. In diesem Aufsatz soll untersucht werden, wie in den späten siebziger Jahren der vorherrschende Konsens über den angemessenen Inhalt einer präventiven Politik in den USA zustande gekommen ist. Sie ist zum Teil einer besonderen, heterogenen sozialen Koalition, auf die ich noch näher eingehen werde, zu verdanken. Die materiellen Interessen bestimmter historischer Protagonisten erklären jedoch nicht zureichend, warum die Vermutungen über die Ätiologie von Krankheiten, die zur gegenwärtigen präventiven Strategie beigetragen haben, nun den dominanten Interpretationsrahmen der sozialen Realität bilden. Ich behaupte, daß die individualistische, vom Staat, der medizinischen Profession und verschiedenen Fraktionen des Kapitals unterstützte Ideologie der Prävention so weitgehend akzeptiert wird, weil sie sich zum einen mit den Veränderungen anderer kultureller Ideale deckt und weil sie zum anderen durch die gegenwärtige Organisation der amerikanischen Gesundheitsversorgung gefördert wird.

Zunächst muß geklärt werden, warum Prävention – gleichgültig in welcher Form – überhaupt eine so große Bedeutung in der politischen Auseinandersetzung gewinnen konnte. Denn vor nicht allzu langer Zeit beklagten die Kritiker noch, daß die hochtechnisierte Medizin von den für die Gesundheitsversorgung bereitstehenden Mitteln den Löwenanteil einstrich, während die Prävention von

Krankheit eine Strategie darstellte, deren Beschwörung zwar zum Ritual geworden war, die jedoch selten größere materielle Unterstützung fand. Für viele ist der Ursprung der neuen Begeisterung für Prävention offensichtlich: Es ist nämlich erwiesen, daß die Medizin einen relativ geringen Einfluß auf die Gesundheit hat.

»Nach hochgegriffenen Schätzungen beeinflußt das medizinische System (Ärzte, Arzneien, Krankenhäuser) lediglich 10 % der gewöhnlichen Gesundheitsindikatoren (...). Die restlichen 90 % sind durch Faktoren bestimmt, über die die Ärzte nur wenig oder gar keine Kontrolle haben; sie reichen vom individuellen Lebensstil (Rauchen, körperliche Bewegung, Ärger), den sozialen Bedingungen (Einkommen, Eßgewohnheiten, physiologische Erbanlagen) bis hin zur physischen Umgebung (Luft- und Wasserqualität)« (Wildavsky 1977, 105).

Wenn die medizinische Versorgung solch eine geringe Auswirkung auf unsere Gesundheit hat, dann sollten wir, so die Anhänger dieser Argumentation, Geld und Energie lieber für Dinge verwenden, die unsere Gesundheit tatsächlich beeinflussen, nämlich für präventive Maßnahmen.

Die in dieser Weise geführte Diskussion über das Verhältnis zwischen Gesundheit und Gesundheitsversorgung schürte die Besorgnis über die Kosten für letztere. Vermeidbare Krankheit, so wurde argumentiert, sei für die Nation zu kostspielig und trage zu einer alarmierenden Inflationsrate und einer instabilen Wirtschaft bei. 1950 wurden 4 % der staatlichen Gesamtausgaben für die Gesundheitsversorgung aufgewendet. Dieser Anteil stieg 1970 auf 8,6, im Jahre 1975 auf 10,4 und 1979 auf 12 % (Freeland und Schendler 1981, 115). Medicare- und Medicaid-Programme trugen zu dieser Erhöhung bei, und die Höhe der Staatsausgaben geriet außer Kontrolle, was die allgemeine Fiskalkrise noch verschärfte. Die hohen Krankenhauskosten, die in erster Linie für die ständig steigenden Ausgaben verantwortlich sind, konnten von der Versicherung nicht aufgefangen werden; daher haben sich die sozialen Kosten erhöht, und die ungleiche Verteilung der Mittel ist schlimmer geworden. Bezieher niedriger Einkommen waren nicht die einzigen, die protestierten. Große Konzerne werfen scheele Blicke auf die Arztkosten, da die Sozialleistungen an gewerkschaftlich organisierte Arbeiter einen immer größeren Anteil ihrer Lohnkosten ausmachen. Prävention ist von diesem Standpunkt aus betrachtet eine Notwendigkeit, um die Kostenexplosion in der Medizin in Grenzen zu halten.

Es wurde eine Vielzahl von Lösungsmöglichkeiten vorgeschlagen, um das doppelte Problem eines zu teuren und zugleich im Hinblick auf die Gesundheitsförderung wenig effektiven Gesundheitssystems zu bewältigen. Die Versuche Präsident Carters, eine Höchstgrenze für die Krankenhauskosten durchzusetzen, schlugen fehl. Andere Maßnahmen zielten darauf ab, die Privilegien der Ärzte zu beschneiden. Präsident Reagan präsentierte den Wettbewerb als Allheilmittel der achtziger Jahre. Die Kürzung aller sozialen Dienstleistungen ist zu einer politisch entwicklungsfähigen Strategie avanciert und gelangt im System der Gesundheitsversorgung in der Weise zum Einsatz, daß Medicaid ehemaligen Empfängern verweigert wird und städtische Krankenhäuser schließen müssen. Auch den Verbrauchern wird ein Gutteil der Schuld für die mißliche Lage zugewiesen, und in Fragen des Verbraucherverhaltens können die Kritiker der Kostenexplosion und die der Ineffizienz des Gesundheitswesens ins gleiche Horn stoßen. Die Konsumenten sollten kostenbewußter werden, sagen die Politiker, denen die Nachgiebigkeit der wehleidigen Gesunden gegen sich selbst Sorge bereitet. Die Patienten sollten Selbsthilfemaßnahmen ergreifen, ehe sie sich an ineffektive Gesundheitsversorgungsdienste wenden müssen, die ihnen langfristig gesehen erheblichen Schaden zufügen können, sagen die Kritiker der modernen Medizin. Beide Vorschläge fallen unter das Universalmittel Prävention, aber da hört die Übereinstimmung auch schon auf.

Während die meisten Kritiker darin übereinstimmen, daß Prävention eine gute Sache ist, interpretieren sie den Begriff unterschiedlich. Die Meinungsverschiedenheiten sind unvermeidlich, weil sie sich aus zwei widersprüchlichen Theorien über die Ursachen der Krankheit in der gegenwärtigen Gesellschaft ergeben. Manche betrachten die heutigen Krankheiten weitgehend als Folge des Stresses und der Arbeitsbedingungen im Kapitalismus (Eyer und Sterling 1977) sowie spezifischer Umweltbedrohungen wie Luftverschmutzung, krebserregende Chemikalien, Zusatzstoffe in der Nahrung und Arbeitsunfälle. Prävention erfordert demnach weitreichende soziale Reformen. Die ätiologischen Theorien, die wieder andere überzeugen, konzentrieren sich auf individuelles Verhalten. Die Zivilisationskrankheiten – Krebs, Herzleiden und Schlaganfall – sind Wohlstandskrankheiten: die Leute essen zuviel, trinken übermäßig, haben zu wenig Bewegung und bringen sich durch rücksichtsloses Autofahren um. Prävention bedeutet nach dieser Auffassung, den einzelnen mit Hilfe von Erziehung und Sanktionen davon zu überzeugen, seine selbstzerstörerischen Gewohnheiten zu ändern.

Der Sinn von Präventionspolitik war somit ein Streitobjekt in der politischen Arena. Historisch betrachtet war jede der beiden theoretischen Orientierungen im Hinblick auf Krankheit und Prävention (nennen wir die eine sozial und die andere individualistisch) jeweils zu verschiedenen Zeiten in den USA vorherrschend. In jüngster Zeit findet jedoch die Richtung, die den Schwerpunkt auf die individuellen Verhaltensweisen legt, mehr politische Unterstützung als Bemühungen, die gesellschaftlichen Determinanten von Krankheit anzugehen. Obwohl Gewerkschaften und Umweltschützer in den letzten zwanzig Jahren einige bedeutende Erfolge erzielt haben – die Gründung der Umweltschutzbehörde (*Environmental Protection Agency – EPA*), das Werksicherheits- und Gesundheitsgesetz (*Occupational Safety and Health Act – OSHA*) und die Maßnahmen zur Kontrolle giftiger Substanzen (*Toxic Substances Control Act*) sind beachtenswerte Beispiele –, muß vermerkt werden, daß diese von anderen Stellen als dem *Department of Health and Human Services* gefördert worden sind. Sie werden daher nicht immer in die Beratungen über die Gesundheitspolitik einbezogen. Insbesondere wenn sie unter die Zuständigkeit des *Department of Labor* fallen, kann eine konservative Regierung die Kürzung von Mitteln damit rechtfertigen, daß die Produktivität der Industrie möglichst wenig behindert werden dürfe. Unter der Reagan-Regierung hat der von den Nahrungsmittelherstellern ausgeübte Druck die Bemühungen des Kongresses, von der Industrie die Angabe des Natriumgehalts auf der Verpackung zu verlangen, so gut wie zunichte gemacht; die Bestimmungen zur Reinhaltung der Luft und des Wassers (*Clean Air and Clean Water Acts*) waren Angriffen ausgesetzt, und sowohl die OSHA als auch die EPA sind durch Mittelkürzungen in ihrer Arbeit stark beeinträchtigt worden. Das Amt für Krankheitsverhütung und Gesundheitsförderung (*Office for Disease Prevention and Health Promotion*), das eigentlich die einzige mit Gesundheitsproblemen befaßte Einrichtung ist, die von den Reaganschen Kürzungen verschont blieb, konzentriert sich unterdessen ausschließlich auf Fragen der Lebensstile.

Wie kann nun der Erfolg der individuumzentrierten Konzeption erklärt werden? Ich werde im folgenden zwei der bekanntesten Erklärungen näher untersuchen. Die wissenschaftliche Forschung habe, so die erste Erklärung, eindeutig bewiesen, daß schädliche Lebensstile für die modernen epidemischen Krankheiten wie Krebs, Herzleiden und Schlaganfall verantwortlich seien. In einem Artikel des *Journal of Chronic Disease* wird wie folgt argumentiert.

»Die Erkenntnis, daß die Risikofaktoren, die chronischen Erkrankungen von Erwachsenen zugrunde liegen, ohne weiteres bereits in der Kindheit identifiziert werden können und daß sie zum überwiegenden Teil die Folge von im frühen Kindesalter erworbenen Lebensstilgewohnheiten (z. B. Zigarettenrauchen, schlechte Eßgewohnheiten und Mangel an Bewegung) sind, hat viele zu dem Schluß kommen lassen, daß Primärprävention der chronischen Leiden bei den Kindern beginnen müsse« (Williams u. a. 1979, 505).

Die Vertreter der zweiten Erklärung (Salmon und Berliner 1979) argumentieren, daß bestimmte Handlungsträger – die Industrie und der Staat – sowohl ideologisch als auch finanziell von solchen Maßnahmen (wie Versicherungspolicen mit Selbstkostenbeteiligung) nur profitieren können, die die Notwendigkeit der Veränderung individueller Gewohnheiten betonen. Sie laufen Gefahr, eine Menge zu verlieren aufgrund von Untersuchungen, die die Wichtigkeit sozialer Faktoren aufzeigen und die politische Anstrengungen ermuntern könnten, dem Kapital neue Beschränkungen aufzuerlegen. Die Betonung, die landesweit auf Eigenkontrolle und Selbsthilfe gelegt wird, ist dieser Interpretation zufolge von Konzernen, die als Verursacher von betrieblichen und Umweltgefahren unter Beschuß gerieten, publizistisch gefördert, wenn nicht gar initiiert worden. »Sie müssen nach neuen Wegen suchen, die von den Gesundheitsaktivisten ausgehenden Bestrebungen abzuwehren und die Last der Verantwortung für Gesundheit von ihnen zu nehmen« (Crawford 1979, 258).

Keine der beiden Erklärungen gibt eine befriedigende Begründung für die Veränderungen, die hinsichtlich der Prävention in der Volksmeinung, in der Politik der Gesundheitsversorgung und im wissenschaftlichen Denken vonstatten gegangen sind. Forschungsergebnisse über die Beziehung zwischen den Faktoren des Lebensstiles und der chronischen Krankheiten sind keineswegs eindeutig. »Die Informationsbasis für Prävention ist immer noch unvollkommen«, konstatiert ein in *The Lancet* kürzlich erschienener Artikel (Black 1982, 953):

»Es gibt, um ein spezielles Beispiel anzuführen, eine wohlbegründete Korrelation zwischen einem hohen Vorkommen von Erkrankungen der Herzkranzarterien und einem Lebensstil, der starkes Rauchen und Trinken, Bewegungsmangel, übermäßiges Essen und (viel zweifelhafter) ›Streß‹, was damit auch gemeint sei, impliziert. Innerhalb dieses Gesamtzusammenhangs wissen wir wenig über das relative Gewicht der verschiedenen Faktoren, und möglicherweise ist kein einziger von ihnen so wichtig wie eine Familiengeschichte der Erkrankungen von Herzkranzarterien (der gegenüber man nichts unternehmen kann) (...)« (ebd.).

Das Argument, daß die empirischen Ergebnisse der Wissenschaft sich häufen und allmählich eine gesicherte Datenbasis liefern, die die politischen Entscheidungsträger von der Notwendigkeit individuenzentrierter präventativer Maßnahmen überzeugt, läßt darüber hinaus unser Wissen über ihre soziale Struktur außer acht. Viele der Daten, die gegenwärtig zum schlüssigen Beweis für die selbstzerstörerische Kraft menschlicher Gewohnheiten hochstilisiert werden, sind nicht neu. Was wir ergründen müssen, ist die »Entdeckung« dieses Wissens und die Art und Weise, in der es funktionalisiert wurde.

Die Industrie für die individualistische Konzeption der Prävention verantwortlich zu machen, erklärt nicht, wie die Hervorhebung der Lebensgewohnheiten das öffentliche Bewußtsein vereinnahmt hat. Die gegenwärtige Sucht der Amerikaner nach körperlicher Bewegung und gesünderer Nahrung kann nicht nur aus der Habgier der Konzerne abgeleitet werden, denn theoretisch gesehen gründet sich dieses Argument auf die Einschätzung des Staates als einem einfachen Instrument des Kapitals und von Ideen als der unmittelbaren Widerspiegelung der Kapitalinteressen. Auch politisch gesehen ist solch eine Erklärung problematisch, weil sie viele der »präventiven« Alternativen in der Gesundheitsversorgung – Selbsthilfegruppen, holistische Gesundheitsbefürworter und Praktiker – im wesentlichen als treibende Kraft des Reformismus und der Vereinnahmung abtut. Sie übersieht die wirklich progressiven Bewegungen der sechziger Jahre, die innerhalb der Gesundheitsversorgung die Medizin entmystifizierten und Patienten lehrten, sich auf sich selber und aufeinander zu verlassen.

Es ist die Hypothese dieser Untersuchung, daß die vorherrschende Ideologie der Prävention in einem größeren Rahmen als dem der Autonomie der Wissenschaft oder des Einflusses spezifischer materieller Interessen verstanden werden muß. Politische

Entscheidungen geschehen innerhalb eines allgemein geteilten kognitiven Verständnisses eines Problems und seiner verursachenden Gründe. Wir müssen verstehen, auf welche Weise auf der bundesweiten politischen Ebene ein Konsens über die Ratsamkeit des individuenzentrierten Ansatzes geschmiedet wurde. Um die theoretischen und intuitiven Grundlagen der von den Gesetzgebern, Ärzten, Forschern und Konzernmanagern vertretenen Standpunkte zu entwirren, müssen wir die sozialen Beziehungen untersuchen, die diese Theorien den verschiedenen Handlungsträgern plausibel machen. Die Medizin ist z. B. ein Beziehungssystem, das zumindest den Klienten und den Arzt beinhaltet. Die in der Praxis gebräuchlichen Präventivstrategien müssen daher bis zu einem gewissen Grad von den gegenwärtigen Anforderungen an das Arzt-Patient-Verhältnis herrühren (Rosenberg 1979). Die Forscher benutzen Untersuchungsarten und Beweisführungen, die für ihre Forschungsfragen so richtungweisend sind wie ihre politische Zugehörigkeit (Chubin und Studer 1978). Nachdem jedoch geklärt worden ist, welcher Art die sozialen Situationen der verschiedenen Gruppen sind, die sie zur Annahme unterschiedlicher Theorien über die Ätiologie chronischer Erkrankungen bewegen, behaupte ich, daß der offenbare Konsens, der die individuenzentrierten Präventivmaßnahmen als angemessen betrachtete, sich aus einem konkreten politischen Kampf ergab.

Kosten und Nutzen: Kapital und Arbeit

Große amerikanische Konzerne, die einen hohen Anteil an gewerkschaftlich organisierten Arbeitern haben, sind beunruhigt, daß ihre Kosten für Gesundheitsversorgung zu erheblichen Geschäftskosten geworden sind: »(...) ihre Ausgaben für Gesundheitsversorgung steigen, gleich nach den Kosten für Energie, rascher als irgendein anderer Kostenfaktor, der für industrielle Produkte aufgewandt werden muß« (Gifford und Anlyan 1979, 792). Nach Forbes erkennen die Ärzte nicht »die tiefe Sorge derjenigen, die die Rechnungen zu bezahlen haben – und das sind eben die Unternehmer« (»Physician, Heal Thyself« 1977, 43). Die Gesundheitsversorgung – so versichert General Motors – ist jedoch nicht nur eine teure Angelegenheit für die direkt davon betroffenen Konzerne; vielmehr kosten solche Aufwendungen 175 Dollar für jedes 1976 von GM gebaute Auto und jeden Lastwagen (Burns 1977, 19). Xerox, Exxon, Pepsico, General Foods und North American Rockwell hatten 1980 als Folge der von dem *President's Council of Physical Fitness* herausgegebenen Information, daß vorzeitiger Tod die amerikanische Industrie mehr als 25 Milliarden Dollar und 132 Milliarden ausgefallene Arbeitstage jährlich kostet, extensive physische Fitneßprogramme für die Angestellten entwickelt (Lowery 1980, 56).

Auf den ersten Blick scheint es so, als ob die Industrie mit allem experimentieren sollte, was gegenwärtig als »Prävention« auf den Markt gebracht wird. Wenn die Krankheiten verhindert, früher entdeckt und angemessen behandelt werden könnten, falls sie sich als chronisch erwiesen haben, dann würde gewiß weniger in die Gesundheitsunterstützung für Angestellte bezahlt werden müssen, und somit könnten auch die Versicherungsprämien für die Konzerne sinken. Es stellt sich heraus, daß Prävention die neue Parole in den Unterstützungsplänen der Konzerne sein mag, doch zeigen diese mehr Interesse an bestimmten Gesundheitsgefahren und bestimmten Kategorien von kranken Mitarbeitern als an anderen Fragen. Der Hauptanteil der von den Konzernen vorgenommenen Werbung gegen Krankheit und gesundheitsgefährdenden Lebenswandel hat sich auf die leitenden Angestellten und ihre Anfälligkeit für Herzanfälle konzentriert. Ein Personalchef, der von der *Harvard Business Review* interviewt wurde, nennt folgende Gründe dafür: »Es ist unsere Erfahrung, daß die Kosten eines Herzanfalls oder -versagens mindestens von dem dreifachen Jahresgehalt eines leitenden Angestellten bis zu Millionenbeträgen reichen, was davon abhängig ist, wie schwer die Krankheit ist und welche Rolle er in der Struktur des Konzerns innehatte.« »Denken Sie an die Kosten«, fordert der Artikel den Leser auf, »die Krankenhaus- und Arztrechnungen, die Entschädigungen für Arbeitsunfähigkeit, den Arbeitsverlust, die Lebensversicherung und andere rehabilitative oder Ersatzkosten« (White 1978, 16).

Neuere Untersuchungen legen jedoch nahe, daß das Bild eines trotz seiner Macht, seines Geldes und Ansehens elenden, von übermäßigem Streß gequälten und nicht zur Ruhe kommenden leitenden Angestellten zum größten Teil ein Mythos ist. Mehrere Untersuchungen haben gezeigt, daß beim leitenden Personal in Wirklichkeit weniger Herzanfälle als bei den Arbeitern auftreten und daß die Mortalitätsquote 30 bis 10 % niedriger als die der Gesamtbevölkerung ist. Eine Umfrage über die Arbeits- und Lebensgewohnheiten von 2000 leitenden Angestellten im Großraum von New York City hat ergeben, daß der Großteil – 87 % – seine Arbeit gut bewältigt, ein überdurchschnittlich gutes Gesundheitsverhalten zeigt und nicht unter Arbeitsdruck leidet (Boroson 1978, 14). Warum existiert dann weiterhin der Mythos von den leitenden Angestellten, die aufgrund des Drucks eines zunehmend von mehr Streß gekennzeichneten Arbeitslebens einem speziellen Risiko ausgesetzt sind, und warum unterstützen die Konzerne so bereitwillig präventive Maßnahmen für eine ziemlich gesunde Gruppe unter ihren Angestellten? Sicherlich liegt eine Erklärung darin, daß die leitenden Angestellten als wertvollere Arbeitskräfte gelten und daher auch besser gehegt und gepflegt werden müssen.

Indem die Konzerne sich auf Herzkrankheiten als die wahre Gesundheitsbedrohung der Arbeiter konzentrieren und indem sie die für die präventive Behandlung auf diesem Gebiet relativ kostengünstigen Strategien fördern, lenken sie die Aufmerksamkeit von jenen Krankheiten ab, die genauso viele Leben fordern, jedoch »weniger wertvolle« Mitarbeiter betreffen und deren Behandlung potentiell mehr kostet. Nach Angaben der OSHA sterben jedes Jahr ungefähr 100 000 Arbeiter, und drei- bis viermal so viele werden als Folge der Berufskrankheiten arbeitsunfähig (Krankheiten, die neuen, in die industriellen Produkte und Verfahren eingeführten Chemikalien zuzuschreiben sind und sich von den herkömmlichen Arbeitsunfällen unterscheiden, die 2000mal pro Monat geschehen). Aber die Konzerne gehen in ihrem neuentdeckten Eifer für die Prävention nur selten auf die Risiken der Betriebsunfälle oder der Krebserkrankung ein. Im Gegenteil, sie bemühen sich gegenwärtig, die Zahlen und die Maßnahmen der Bundeseinrichtungen wie EPA, OSHA, CESC *(Consumer Product Safety Commission)* und USDA *(Department of Agriculture)* in Zweifel zu ziehen, die Vorschriften zum Schutz der Arbeiter und Verbraucher vor diesen Gefahren herausbringen. Darüber hinaus hat der Einspruch der chemischen Industrie gegen die Methoden der Risikoerforschung eine neue politische Rhetorik hervorgebracht: Das Leben ist unvermeidbar risikoreich, und das sich aus einigen Produkten ergebende Krebsrisiko muß »in Relation« gesetzt, mit anderen Risiken verglichen und gegen den Nutzen der Produkte abgewogen werden. Das Ergebnis ist, daß die Sorge um Krebserreger am Arbeitsplatz heruntergespielt wird.

Die Gewerkschaften üben weiterhin Druck auf das Management bezüglich einer Reihe von Gesundheitsfragen im Produktionsbereich aus. Wegen des vermehrten Auftretens von Gehirntumoren bei petrochemischen Arbeitern forderten diese eine gründliche Untersuchung des Phänomens; die Industriearbeiter haben sich gegen die Bestrebungen zur Wehr gesetzt, Strafen für die Verletzung der Sicherheitsvorschriften zu mildern. Aber in Zeiten wirtschaftlicher Rezession, wenn viele Gewerkschaften vorrangig mit drohenden Entlassungen und Betriebsstillegungen beschäftigt sind, müssen Gesundheits- und Sicherheitsprobleme am Arbeitsplatz oftmals zurückstehen. Diese Bedingungen ermöglichen es den Konzernen, sich auf die Risiken des Herzinfarkts einiger weniger leitender Manager zu konzentrieren, Angriffe gegen ungesunde Lebensgewohnheiten zu richten und die Lasten für die Gesundheit direkt auf Arbeiter und Konsumenten abzuwälzen.

Die Profite der Konzerne sind jedoch nicht nur von den steigenden Sozialabgaben und den drohenden, schärferen Umweltschutz- und Sicherheitsauflagen abhängig. Eine der fortwährenden Sorgen vieler amerikanischer Konzerne ist in den siebziger Jahren zweifellos die Produktivität gewesen; ihrer Meinung nach wurde sie durch das Krankfeiern der Arbeiter negativ beeinflußt. Die amerikanischen Arbeiter, die Gründe für ihre Abwesenheit angaben, nannten Krankheit und Verletzung zweimal so häufig wie persönliche Gründe oder das Wahrnehmen öffentlicher Aufgaben (Hedges 1977, 16). Von 1973 bis 1976 machten Krankheit und Verletzung drei Viertel aller in der Produktion verlorenen Arbeitsstunden aus (ebda., 19). Die Statistik über das Krankfeiern spiegelt wahrscheinlich nicht genau die soziale und medizinische Realität wider. Die Beschäftigten arbeiten häufig nicht, weil es langweilig ist. Trotzdem beginnen viele Konzerne mit dem Präsidenten des Blue Cross in Wisconsin übereinzustimmen, der mit Kimberley-Clark zusammenarbeitete, um ein Programm zur Erhaltung der Gesundheit für ihre Gehaltsempfänger aufzubauen, wobei die gesamten Kosten von der Firma übernommen wurden. »Präventivmedizin bringt potentiell einen enormen Gewinn an besserer Gesundheit und größerer Zufriedenheit, geringere medizinische Ausgaben und zunehmende Produktivität«, erklärte er, und diese Aussage findet sich zunehmend in den Publikationen von Unternehmen (»Kimberley-Clark« 1977, 40). Gesunde Arbeiter, versichern sie, sind glücklichere und leistungsfähige Arbeiter. Präventive Programme können die Beschäftigungsfluktuation, Krankenurlaube und Entschädigungszahlungen für Arbeiter herabsetzen, die Produktivität erhöhen und die gewerkschaftliche Organisierung verhindern (Fields 1978, 18; Wright 1978; Pritchett 1977).

Die Strategien der jeweiligen Unternehmen werden zweifelsohne unterschiedliche Formen annehmen, je nach der wirtschaftlichen Lage, den Eigenschaften ihrer Arbeitskräfte und den spezifischen Risikomerkmalen, die in ihre betrieblichen Kalkulationen eingehen. Jedoch lassen die bereits existierenden Programme der Prävention darauf schließen, daß sie durch eine restriktiv individuenzentrierte Konzeption getragen sein werden. Der wohl überzeugendste Beweis für diese Behauptung steht in den Tätigkeitsberichten der Nationalen Konferenz über betriebliche Gesundheitsförderungsprogramme, die vom *Department of Health, Education and Welfare* im Jahre 1979 abgehalten wurde. Modellhafte Möglichkeiten zur Verwirklichung von Gesundheitsförderungsprogrammen am Arbeitsplatz wurden von Vertretern der Industrie, der Gewerkschaften, Versicherungsgesellschaften und der Wissenschaft diskutiert. Alle »Komponenten der Risikoverminderung« bezogen sich auf die Voraussetzung, daß der einzelne zu Verhaltensänderungen motiviert werden könne. Am auffälligsten war die Diskussion über »Streßbewältigung«, die Komponente, die geeignet ist zu zeigen, welche Rolle größere Umwelt- und Beschäftigungsrisiken bei Erkrankungen spielen. Während eingeräumt wird, daß »Untersuchungen eine Verbindung zwischen umweltbedingtem Streß und Krankheit nahelegen (...), so muß doch festgestellt werden«, fährt der Bericht fort, »daß eine Kombination von Faktoren innerhalb und außerhalb der Arbeitssituation aufeinander wirkt und zur Entstehung von Krankheiten beiträgt (...). Gewisse Persönlichkeits-, kognitive und Verhaltenseigenschaften eines Beschäftigten treffen mit Umweltfaktoren zusammen und beeinflussen diese Verbindung (...). Ein arbeitsplatzzentriertes Programm zur Verminderung von Streß könnte bewirken, daß die Menschen *ihre Lebensstile* ihrer Gesundheit wegen *ändern,* und würde gleichzeitig dazu beitragen, das Krankfeiern zu reduzieren, die Produktivität zu steigern und Versicherungs- und Krankheitskosten zu senken« (McGill 1979, 18 f.). Konkrete Techniken, die den Menschen helfen sollen, ihre Lebensgewohnheiten zu ändern, sind Durchsetzungstraining und Bewältigungsstrategien (wie z. B. Entspannungsmethoden). Den Arbeitsplatz zu ändern steht überhaupt nicht zur Diskussion. »Ändere den Arbeiter und nicht den Arbeitsplatz«, faßte der Direktor für Gesundheit und Sicherheit einer Gewerkschaft die in den Konzernen vorherrschende Ideologie zusammen (»Pigment Plant« 1980, 114; Shabecoff 1980, B9).

Wissenschaftliche und soziale Entscheidungsregeln: die medizinische Profession

Innerhalb des medizinischen Berufsstandes wird eine heftige Debatte über Sinn und Anwendungsbereich der präventiven *Medizin* geführt. Der Bereich wird gemeinhin in drei Kategorien unterteilt: Tertiär-Prävention (die klinische Krankheit wird unter Kontrolle gebracht, gebessert oder gar geheilt), Sekundär-Prävention (die Krankheit wird erkannt und diagnostiziert, oft mit Hilfe von Screening) und Primär-Prävention (die Ursache der Krankheit wird durch Immunisierung, Kontrolle der Umweltfaktoren oder die Änderung persönlichen Verhaltens beseitigt) (White 1979). Die Ärzte stimmen weitgehend darin überein, daß historisch gesehen die Tertiär-Prävention ihr eigentliches Arbeitsfeld war. Bei der Primär-Prävention steht die richtige Form im Mittelpunkt der Diskussion. Im Vergleich zu den »Möglichkeiten, die Aktionen der Einzelstaaten und des Bundes gegen Umweltverschmutzung, gegen Vergiftung der Nahrung und des Wassers und gegen Beschäftigungsrisiken in sich bergen, sind«, nach Leon Eisenberg, »die Ergebnisse der Verhaltensänderung unbedeutend. Es ist weitaus mehr Wissen vorhanden, als eingesetzt wird; ungenutzt bleibt es vor allem wegen der politischen Schwierigkeiten und der wirtschaftlichen Veränderungen, die notwendigerweise daraus folgen würden« (Eisenberg 1977, 1231–1233). Im Gegensatz hierzu ist in einem Leitartikel in *Preventive Medicine* zu lesen:

»In der Vergangenheit war es der Regierung oder dem Gesundheitsamt durch relativ einfache Aktionen bezüglich Wasser, Ernährungs- und Wohnbedingungen möglich, Mortalität und Morbidität in größerem Maße zu senken. Die den heutigen fünf hauptsächlichen Krankheitskategorien zugrundeliegenden Ursachen sind jedoch ganz anderer Natur. Die meisten der fraglichen Bedingungen sind mit Aspekten des persönlichen Verhaltens verknüpft. (...) Es wird Zeit, daß die Präventivmedizin sich mit den gegenwärtigen Krankheitsmustern beschäftigt und Versuche unternimmt, das persönliche Verhalten von Menschen mit besonders hohem Gesundheitsrisiko zu verändern, anstatt darauf hinzuwirken, das Verhalten ganzer Gruppen zu modifizieren« (Holland 1975, 387f.).

Auf den ersten Blick hat es den Anschein, als herrschten in der medizinischen Profession die gleichen Meinungsverschiedenheiten wie in der Öffentlichkeit.

In der Praxis sieht es jedoch anders aus; die Ärzte konzentrieren sich auf die Behandlung und vernachlässigen jedwede Art von Prävention. Wie Charles Rosenberg (1979) darlegte, muß die Therapeutik innerhalb jener die Medizin konstituierenden Konfiguration von Ideen und Beziehungen verstanden werden. Die therapeutischen Instrumente eines Arztes bedingen sein Verständnis von Krankheit und Gesundheit. Die moderne Chirurgie, Arzneien und Technologien bewirken, daß er Krankheit innerhalb des klassischen biologisch-medizinischen Modells interpretiert; dieses geht davon aus, daß die meisten Krankheiten spezifische, identifizierbare Ursachen haben und daß medizinische Grundlagenforschung, wenn sie angemessen finanziert wird, diese Ursachen aufdecken wird. Nach Eisenbergs Meinung (1977) dominiert das Impfmodell der Prävention noch immer das ärztliche Verständnis der heutigen Gesundheitsprobleme.

In der gegenwärtigen Arzt-Patient-Beziehung erwarten die Patienten wahrscheinlich vom Arzt irgendwelche wirksamen Maßnahmen, während Prävention meist bedeutet, daß der Arzt gar nichts tut. Der Patient sucht kurzfristige Linderung und nicht so sehr langfristige Lösungen und Ratschläge über gesunde Lebensführung, wie die Primärprävention sie vorschreibt. Präventive Maßnahmen mögen auch die Freude der Mediziner an ihrem Beruf um einiges schmälern, denn »den Ärzten macht es Spaß zu sehen, wie es den Menschen aufgrund ihrer Behandlung besser geht; dagegen ist es äußerst schwierig, einen symptomfreien Patienten dazu zu bringen, daß er sich besser fühlt« (Smith 1976, 196). Die Ärzte raten ihren Patienten nur dann, ihr Verhalten zu ändern, wenn diese Strategie nicht die emotionale und persönliche, in der Medizin sowohl von Ärzten als auch Patienten erwartete Beziehung störend beeinflußt.

Beweise für die Wirksamkeit primärpräventiver Strategien müßten mit der ärztlichen Konzeption einer wissenschaftlich-medizinischen Praxis in Einklang stehen. Läßt sich das Prinzip der Primärprävention in die ärztliche Erfahrung mit der Prognose und der natürlichen Geschichte bestimmter Krankheiten nahtlos einfügen? Als die Präventivmedizin zur Rechtfertigung der Förderung von Organisationen zur Erhaltung der Gesundheit (*Health Maintenance Organizations* – HMOs) herangezogen wurde, wandte der Bund amerikanischer Ärzte (*American Medical Association* – AMA) sich zunächst aus Kostengründen dagegen. »Die Funktion der Gesundheitserhaltung – Reihenuntersuchungen und Vorsorge – wird zwar den Vorteil haben, einige zuvor nicht diagnostizierte Krankheiten zu identifizieren«, sagte J. R. Kernodel, ein Sprecher der AMA vor einem Untersuchungsausschuß über Gesundheitsfragen des *Labor and Public Welfare*-Ausschusses des Senats im November 1971. »Aber der Untersuchungsvorgang selbst kann unverhältnismäßig teuer sein, was wiederum zu höheren Kosten und nicht zu den erwarteten Einsparungen führt. Wir wissen einfach nichts Genaues über das Kosten-Nutzen-Verhältnis« (Brown 1976, 6 f.). Außerdem sei Prävention eben nicht dasselbe wie die Medizin, sondern eine verflixt verschwommene Angelegenheit. Die AMA wehrte sich vor allem gegen die HMOs, weil sie traditionelle Praxisformen unterhöhlen würden; Kernodels Bemerkungen geben jedoch auch die Vorstellung vieler Ärzte wieder, daß die Versuche, individuelle Verhaltensweisen zu ändern, aussichtslos und gewiß unwissenschaftlich seien.

Allerdings ist die Prävention eine von bestimmten Wählergruppen unterstützte Idee, die die medizinische Profession nicht einfach ignorieren kann. Wenn die Ärzte ihre Bedeutung anerkennen, dann wird der von ihnen geführte Diskurs zunehmend durch das individuumzentrierte Modell bestimmt. Dieses ist Ausdruck einer Ideologie, deren Wirkung nicht allein von Veränderungen der modernen Medizin herrührt, sondern auch durch Modifikation in der gesellschaftlichen Stellung der medizinischen Profession bedingt ist.

Angriffe auf die Ärzteschaft unterscheiden sich in den sechziger Jahren von den Kritiken früherer Zeiten: Sie zentrierten sich auf das Wesen der sozialen Beziehung in der Medizin und den Umfang der ärztlichen Zuständigkeiten. Zu viele soziale und persönliche Probleme wurden als ausschließlich primärmedizinische Probleme definiert, behauptete man, wodurch dieser Profession eine gefährliche Machtfülle übertragen wurde (Illich 1976). Es gibt einige Anzeichen dafür, daß nicht alle Ärzte die ihnen zugefallenen erweiterten Verantwortlichkeiten begrüßen, oder zumindest nicht für alle

Bereiche. Die Entscheidungsgewalt darüber, wann die lebensverlängernden Maschinen ausgeschaltet werden sollen, ist für viele Ärzte ein zweifelhafter Segen. Ferner sind die Ärzte frustriert angesichts der schwerwiegenden Probleme, mit denen die Patienten, die an Alkoholismus, Geisteskrankheit, Fettleibigkeit und Drogenabhängigkeit leiden, sie konfrontieren. Unter diesen Bedingungen ist die Ideologie individueller Verantwortung verführerisch. Typisch für diese Meinung ist folgende Schlußfolgerung in einem Artikel über die Grundlagen der Präventivmedizin: »Dieses Thema ›Wir fühlen uns gesund‹ – eine wöchentliche landesweite Sendung über Gesundheitsfragen im Fernsehen – überträgt die Verantwortung für die Gesundheit dorthin, wo sie hingehört, auf das Individuum und nicht auf den Arzt« (J. Smith 1976, 199). Diese Vorstellungen werden in den Leitartikeln und den Leserbriefen der bekanntesten medizinischen Zeitschriften der letzten fünf Jahre nachgebetet (Cimmino 1978; Baker 1978).

Die sozialen Theorien über die Ätiologie der chronischen Krankheiten wie Krebs oder Herzleiden würden von den Ärzten verlangen, daß sie aus dem traditionellen Wirkungskreis der wissenschaftlichen Medizin heraustreten und sich in die Politik einmischen oder sich zumindest mit dem sozialen Umfeld ihrer Patienten vertraut machen. Die Relevanz der Lebensgewohnheiten des Patienten anzuerkennen, bedeutet jedoch nicht unbedingt, sich als Arzt auf das gefährliche, unbekannte Terrain der Verhaltensänderung zu begeben. Die Patienten selbst werden die meiste Arbeit leisten müssen; aber »wenn der Patient sich seiner persönlichen Risiken bewußt geworden ist und sich entschlossen hat, Veränderungen vorzunehmen, dann übernimmt der Arzt die Führung und lenkt die Handlungen des Patienten in der Weise, daß seine Gesundheit gefördert wird« (Fowinkle 1977, 896). Paramedizinisches Personal kann sich dann um die kleineren, von den Patienten geforderten medizinischen Dienstleistungen kümmern, aber »wir brauchen Ärzte, die bestimmen, was von dem paramedizinischen Personal überhaupt getan werden soll. Wir brauchen Ärzte, um die Ergebnisse solcher Dienste zu evaluieren. Und gewiß wird ein Arzt auch am Anfang dazu gebraucht, den *Inhalt* der Gesundheitserziehungsprogramme festlegen zu helfen« (Carter 1976, 401).

Die ärztliche Profession hat sich darum bemüht, als sie mit dem aufkommenden öffentlichen Interesse an ganzheitlicher Medizin,

Selbsthilfetechniken und anderen präventiven Praktiken konfrontiert wurde, ihre Autorität auch in diesem Feld zu behaupten. Sie ist freilich keine Wegbereiterin gewesen, sie zog es vor, den Bereich der kurativen Medizin zu verbessern und anzupassen; sie will keinen neuen, auf Gesundheit bezogenen Aktivitätsbereich überwachen, der außerhalb der medizinischen Domäne anwächst und sich ausdehnt. Obwohl sie sich nicht darauf stürzt, mit neuen Techniken zu experimentieren, so vereinnahmt sie doch langsam und widerwillig unter dem Etikett der »Präventivmedizin« einzelne, individuenzentrierte Innovationen, die die kritische Unterstützung der Öffentlichkeit erhalten.

Legitimität und Politik: der Staat

Bis zum Zweiten Weltkrieg hatte der Staat kaum etwas mit der direkten Gesundheitsversorgung zu tun. Nach dem Krieg nahm die staatliche Beteiligung nach und nach erheblich zu: zunächst durch das Hill-Burton-Programm, das Bundesmittel für den Bau von Krankenhäusern bereitstellte, dann durch die Gründung der *National Institutes of Health* und die vom Kongreß befürwortete stärkere Förderung biologisch-medizinischer Forschung, und schließlich durch die Einführung der Medicare- und Medicaid-Programme Mitte der sechziger Jahre. Die Vereinigten Staaten gaben 1980 schätzungsweise 247 Milliarden Dollar für die Gesundheitsversorgung aus, eine Summe, die 9,4 % des Bruttosozialprodukts entspricht, was als gravierender Beitrag zur Inflation gewertet wurde. 42,2 % dieser Gelder stammten aus öffentlichen Mitteln. Die fortwährend steigenden Ausgaben für medizinische Behandlung stellen den Staat vor eine Vielzahl schwerwiegender Probleme; verschärfte Marktkonkurrenz der Leistungsanbieter und Prävention werden als Lösungsmöglichkeiten angesehen. Ebenso wie die Unternehmer liebäugelt auch der Staat hierbei mit präventiven Maßnahmen, die auf dem Konzept des Lebensstils aufgebaut sind. Sowohl unter Carter als auch unter der Reagan-Administration ist diese Art von Prävention ein zentraler Programmpunkt in der Gesundheitspolitik der Bundesregierung geworden. Richard S. Schweiker, der Sekretär der *Health and Human Services*, ließ zu Beginn der achtziger Jahre keinen Zweifel daran aufkommen, daß Prävention als Problem des einzelnen definiert werden sollte: »Wir werden uns in dem Spektrum der Gesundheitspolitik den selbstheilenden Kräften der Konsumentenwahl und des Patientenbewußtseins zuwenden« (Fisher 1981, 43).

Die Mittelkürzungen und die Aufforderung zu Selbstbeschränkung haben jedoch eine beträchtliche politische Opposition hervorgerufen. Die Gesundheitsversorgung hat für alle Menschen einen außerordentlichen Symbolwert. Die Ereignisse der sechziger Jahre haben hohe Erwartungen und einen Sinn für das Recht auf gute medizinische Behandlung aufkommen lassen. Die Legitimität des Wohlfahrtsstaats ist eng verbunden mit der Entwicklung der Gesundheitsversorgung, und die Vorstellung, daß die Erhaltung und Wiederherstellung der Gesundheit fortwährend mehr und immer bessere Dienstleistungen verlange, stirbt nur langsam. Ob sich der Staat für Prävention durch Veränderung der Lebensgewohnheiten oder durch soziale Reformen entscheidet, tritt in den Hintergrund gegenüber der Entscheidung, die getroffen werden muß zwischen dem Status quo einer hochtechnisierten kurativen Medizin und jedweder Art von Prävention. Im Jahre 1978 betonte Präsident Carter, als er die staatlichen Prioritäten im Gesundheitssystem zusammenfaßte, daß »Prävention sowohl billiger als auch einfacher sei«, schränkte jedoch ein:

»Wir haben das erstere betont und das letztere im beträchtlichen Maße vernachlässigt. In den letzten Jahren haben wir 40 Cents von jedem Gesundheitsdollar für Krankenhauskosten ausgegeben. Wir haben das Krankenhaus zur ersten statt zur letzten Verteidigungslinie gemacht. Nur 3 Cents wurden hingegen für Krankheitsprävention und -kontrolle, weniger als ein halber Cent für Gesundheitserziehung und ein Viertel Cent für umweltbedingte Gesundheitsforschung ausgegeben« (Venkateson 1978, 12).

Die Regierung Carter versuchte sowohl soziale als auch individuenzentrierte, präventive Maßnahmen auszudehnen. Mehrere staatliche Behörden haben angesichts der politischen Macht der Ökologiebewegung damit begonnen, die Möglichkeit der Industrie einzuengen, Luft und Wasser zu verunreinigen und die Nahrungsmittel mit Schadstoffen anzureichern. Während die Unternehmen ihre Aufmerksamkeit auf Herzkrankheiten zentrieren, betont der Staat auch den durch Krebs verursachten wirtschaftlichen Verlust und das menschliche Leiden. Zugegeben, viele der von der OSHA durchgedrückten Sanktionen gegen die Industrie waren keine harten Strafen, doch hat die Environmental Protection Agency (EPA) in letzter Zeit ihre Maßnahmen mit größerem Erfolg verschärft.

Die US-Steel (der größte amerikanische Stahlkonzern), dessen in hochindustrialisierten Regionen liegende Fabriken zu den schlimmsten Umweltverschmutzern gehören, hat sich z. B. bereit erklärt, sich den Umweltgesetzen nach einem festen Schema zu unterwerfen (Shabecoff 1977, A1). Die EPA führte auch striktere Vorschriften zur Kontrolle der durch die neuen Kohlekraftwerke hervorgerufenen Luftverschmutzungen ein. Zur gleichen Zeit griffen die Agenturen der Gesundheitsbürokratie die destruktiven Lebensgewohnheiten an. Im Jahre 1979 wurde das Rauchen in einer Broschüre des *Department of Health Education and Welfare* (HEW) als ein wesentlicher, wenn nicht sogar *der* entscheidendste Risikofaktor für jede statistisch signifikante Todesursache in den USA aufgeführt. Dies verdeutlicht, was ein einzelner Initiator (nämlich der damalige Minister des HEW, Joseph Califano) mit einer bestimmten Theorie über das Verhältnis von individuellen Gewohnheiten und Gesundheit ausrichten kann. In dem Bericht *Healthy People* des *Surgeon Generals* erweitert er seine Kritik an zügellosem persönlichen Verhalten:

»Eine Fülle wissenschaftlicher Forschungen zeigt klar und deutlich, daß der Schlüssel zu einem gesunden oder kranken, langen oder kurzen Leben eines Menschen in mehreren einfachen, persönlichen Gewohnheiten zu finden ist: die eigenen Rauch- und Trink-, Eß-, Schlaf- und Bewegungsgewohnheiten, ob man die Geschwindigkeitsbegrenzungen einhält und sich anschnallt und einige andere einfache Maßnahmen durchführt« (US Department of Health Education and Welfare 1979, VIII–XI).

Als Präsident Reagan 1981 sein Amt übernahm, wurde er mit wachsenden Haushaltsdefiziten, einer sich verschärfenden Fiskalkrise und dem sich gegen Gesetzesauflagen zur Wehr setzenden Kapital konfrontiert. Im Bereich der Prävention wurden die Lebensgewohnheiten jetzt mit großem Nachdruck hervorgehoben; dieses Vorgehen deckt sich mit der politischen Ideologie der Republikaner, die Selbstbestimmung, Dezentralisierung und eine Erziehung anpreisen, die »es den Menschen ermöglicht, ihre eigenen Interessen zu befördern« (Allegrante und Green 1981, 1528). Der Staat setzte zwar seinen Kampf gegen den Krebs fort, doch tat er dies aufgrund einer umdefinierten Ätiologie mit andern Mitteln. »Der Öffentlichkeit wird in steigendem Maße die Beziehung zwischen Krebs und den eigenen Lebensgewohnheiten bewußt«, sagte Schweiker. »Mit unserer Hilfe werden sie mehr und mehr präventionsorientiert.« Er lobte das neue chemopräventive Programm des *National Cancer Institute,* das »sich mehr darauf konzentriert, wie in den späten Phasen der Krebsentstehung eingegriffen werden kann, um Krebs zu verhindern, statt sich ausschließlich auf die auslösenden Substanzen zu konzentrieren« (Cancer cited 1982, 8).

Soziale Ansätze zur Prävention wurden abrupt beschnitten. Um nur einiges zu nennen: Das Programm über schädliche Abfallstoffe wurde 1982 von 141,4 auf 107,2 Millionen Dollar gekürzt; die Mittel für die Erforschung der Luftqualität werden 1983 real um 42 % niedriger sein als 1981; die Wissenschaftler und Forscher des *Center for Desease Control* werden systematisch entfernt (Supplement 1982).

Die Hinwendung der Gesundheitspolitik zu einer individuenzentrierten Definition der Prävention (von der Kostenkontrolle zum Wettbewerb) ergab sich aus einer konkreten politischen Auseinandersetzung. Califanos Förderung von Raucherentwöhnungsprogrammen, als er noch Minister von HEW war, veranlaßte ihn schließlich, die Steuersubventionen an die Tabakindustrie in Frage zu stellen. Als aber Meinungsumfragen zeigten, daß Carters Popularität zurückging, verstärkte dieser seine Zusagen an die Tabakindustrie wieder. Diese heikle Angelegenheit war für Califanos Ausstieg aus seinem Amt entscheidend. Schweikers Versprechen, die Präventivmedizin »ganz oben im Gesundheitsprogramm des Departments« anzusiedeln, stieß bei dem jährlichen Treffen der AMA 1981 auf eisiges Schweigen (Reinhold 1981, A12). Die Vorschläge der Regierung, die Leistungen abzubauen und den Inhalt des *Federal Employees Health Program* zu ändern, haben zu Spannungen zwischen dem das Programm verwaltenden *Office of Personnel Management,* den Krankenversicherungsanstalten und mehreren Gewerkschaften der Bundesangestellten (Iglehart 1981, 1363) geführt. Nach einer der größten amerikanischen Meinungsumfragen scheint die Öffentlichkeit viele der Kürzungen in den sozialen Präventivprogrammen abzulehnen: »Die Leute sind zu Tode erschrocken über giftige Abfälle und krebserzeugende Substanzen im Trinkwasser; so wollen z. B. 94 % der Bevölkerung die gesetzlichen Maßnahmen für sauberes Wasser (Clean Water Act) beibehalten oder wollen sie sogar noch verschärfen« (»Reagan Health Policy« 1982, 13).

Nicht nur die Interessen des Kapitals, des Staates, der Umweltbewegung, der Versicherungsgesellschaften und der Ärzteschaft, sondern auch die der staatlichen Einrichtungen wie EPA, *Office of*

Management and Budget und *Department of Health and Human Services* prallten bei der Auseinandersetzung um die Prävention aufeinander. Man kann sich den Staat nicht, wie die Neomarxisten zunehmend betonen, als monolithischen Block vorstellen, der von einer mit eigenem Bewußtsein ausgestatteten Managergruppe verwaltet wird. Die unterschiedlichen, sich aus dem Widerstreit zwischen Kapital und Arbeit ergebenden Meinungsverschiedenheiten spiegeln sich in den Standpunkten der verschiedenen Einrichtungen innerhalb des Staates wider. Bestimmte Behörden, wie z. B. die *Food and Drug Administration* (FDA), werden zugänglicher für die verschiedenen Klassenfraktionen sein, obwohl sie innerhalb der Grenzen des kapitalistischen Staats handeln. Die konkrete Form, die der Konflikt innerhalb des Staates annehmen wird, hängt von der Struktur des Staates selber ab. Welche Zugangsmöglichkeiten zur OSHA sind den Gewerkschaftsvertretern garantiert? Welches Verhältnis ist zwischen den Wissenschaftlern und der FDH strukturell möglich?

Schlußfolgerung

Prävention ist zu einem Schlachtruf geworden, der sich mit einer immensen Vielfalt von Problemen beschäftigt; ihr Inhalt und die ihr zugrundeliegende Strategie bleiben jedoch verschwommen. Ihre Popularität kann nicht direkt auf klar umrissene, materielle Interessen zurückgeführt werden. Sie ist aus dem Aufeinandertreffen unterschiedlicher Arten von Problemen und Lösungen entstanden, die nicht immer zusammenpassen. Das zentrale Problem des Kapitals und des Staats ist die Kostenfrage; für die Ärzteschaft sind es die öffentliche Feindseligkeit, neue korporative Interessen im Gesundheitswesen, die einen gegenüber der Ärzteschaft gleich starken Machtfaktor bilden, ein Staat, der die Ärzte zu kontrollieren versucht; für die Öffentlichkeit ist es eine böswillige medizinische Profession, eine sich verschlechternde Wirtschaftslage und die ständige Unsicherheit eines brüchig gewordenen und weniger kontrollierbaren alltäglichen Lebens. Manchmal können sich einige dieser Handlungsträger zusammentun und unter gemeinsamer Flagge ihren jeweiligen Bösewicht bekämpfen: Prävention ist die Antwort auf alle Probleme.

Bislang gibt es noch keinerlei Übereinstimmung über die spezifischen Programme, die eine allgemeine Präventionsstrategie konstituieren könnten. Zwei dominante ätiologische Theorien steuern zwei sehr unterschiedliche Ziele an: Die eine Theorie stellt ab auf selbstzerstörerische Gewohnheiten, die andere auf soziale Faktoren als krankmachende Ursachen. Die Fürsprecher weder der einen noch der anderen Richtung können sich über die konkreten Implikationen ihrer theoretischen Orientierung einigen. Ein Teil der sich hieraus ergebenden Verwirrung ist sicherlich auf den Stand des ärztlichen Wissens auf diesem Gebiet zurückzuführen. Es gibt keine gesicherte Praxis, auf die Voraussagen über die erfolgversprechenden und erfolglosen Techniken der Verhaltensänderung gegründet werden können. Die Auseinandersetzungen schleppen sich dahin, z. B. über den Anteil des Rauchens sowie der Luftverschmutzung am Krebs und auch darüber, welche Techniken die Leute wirklich vom Rauchen, vom Alkohol, von Ärger und Angst abbringen werden. Untersuchungen über Verhaltensänderungen erfordern viel Zeit, um beweiskräftige Ergebnisse zu erzielen. Und ihre Gegner heben hervor, daß es keine klare Kosten-Nutzen-Rechnung gibt, die man über ihren Erfolg anstellen kann.

Die politisch Verantwortlichen und die Spitzenbeamten wählen unter den vorhandenen Forschungsergebnissen diejenigen aus, die die von ihnen getroffenen Entscheidungen hinsichtlich der als präventiv bezeichneten Strategien rechtfertigen. Aber auch eindeutige Daten über die Ätiologie chronischer Krankheiten würden nicht auf einen Schlag das Wesen der gegenwärtigen Debatte über Prävention verändern. Die Konzerne werden sich weiterhin für die Bekämpfung der Herzerkrankungen einsetzen, wobei sie hoffen, sich ihr leitendes Personal gesund erhalten und die Höhe der Sozialkosten reduzieren zu können. Der Staat versucht, die von ihm finanziell nicht länger tragbaren Dienste zugunsten einer Ermahnungskampagne für eine bessere Lebensweise seiner Bürger einzuschränken. Die relative Macht »wissenschaftlicher« Argumente wird davon abhängen, wie sie von der Ärzteschaft umgesetzt werden können, und davon, wie sie zu volkstümlichen und unmittelbar lebensweltlichen Vorstellungen über Gesundheit und Medizin passen. Die individuenzentrierte Version der Prävention gewinnt für die Amerikaner in einer Phase an Bedeutung, die vom Antagonismus gegen staatliche Intervention und der Verherrlichung individuellen Selbstvertrauens gekennzeichnet ist. Je mehr jedoch der Lebensstandard der amerikanischen Bürger bedroht wird, desto weniger plausibel wird ihnen die Behauptung erscheinen, daß Gesundheit, wie alles andere, einfach eine Angelegenheit der Willenskraft ist.

(Übersetzt von Hans Drake und Gert Hellerich)

Literatur

Allegrante, J. P., und Green, L. W., *Sounding Board – When Health Policy Becomes Viction Blaming*, in: *New England Journal of Medicine*, Vol. 305 (17. Dezember 1981), S. 1528–1529.

Baker, H., *Let's Try More Prevention*, correspondence, in: *Canadian Medical Association Journal*, Vol. 118 (Mai 1978), S. 1034–1036.

Bartz, Dan., *Received Business Deduction for Personal Medical Expenses*, in: *Supermarketing*, Vol. 32 (April 1977), S. 46.

Black, D., *The Aims of a Health Service*, in: *Lancet*, Vol. 1 (24. April 1982), S. 952–954.

Boroson, W., *The Myth of the Unhealthy Executive*, in: *Across the Board*, Vol. 15 (Februar 1978), S. 10–16.

Brown, L. D., *The Story of HMO.* Case prepared for Executive Programs in Health Policy and Management, Harvard School of Public Health (1976).

Burnham, D., *Asbestos Workers' Illness – and their suit – may change health standards*, in: *The New York Times* (20. Dezember 1977), S. 30.

Burns, J. E., *Spiraling Hospital Costs and the 41st Annual IMS Clinic*, in: *Industrial Management*, Vol. 19 (Mai u. Juni 1977), Editorial.

Cancer Prevention Cited as Alternative to Environmental Emphasis, in: *The Blue Sheet*, Vol. 25, no. 2 (2. Juni 1982), S. 8–9.

Carter, E. T., *Preventive Medicine*, correspondence, in: *Minnesota Medicine*, Vol. 59 (Juni 1976), S. 399–401.

Chubin, D. E., und Studer, Kenneth E., *The Politics of Cancer*, in: *Theory and Society*, Vol. 6 (1978), S. 55–74.

Cimmino, Ch. V., *Preventive Medicine: Applause and Argument*, correspondence, in: *Virginia Medical*, Vol. 105 (August 1978), S. 549.

Crawford, R., *Individual Responsibility and Health Politics in the 1970s*, in: Susan Reverby und David Rosner (Hg.), *Health Care in America*, Philadelphia 1979, S. 247–268.

Eisenberg, L., *The Perils of Prevention: A Cautionary Note*, Editorial, in: *New England Journal of Medicine*, Vol. 297 (Dezember 1977), S. 1230–32.

Eyer, J., und Sterling, P., *Stress-Related Mortality and Social Organization*, in: *The Review of Radical Political Economics*, Vol. 9 (Frühjahr 1977), S. 1–44.

Fields, G., *Occupational Health Becomes a Specialty for More Physicians: Workers, Government Insist on Preventive Medicine; Companies Expect Savings*, in: *Wall Street Journal*, (24. Oktober 1978), S. 18.

Fisher, M. J., *Competition, Prevention Keys to Reagan Health Strategy*, in: *National Underwriter*, Vol. 85 (26. Juni 1981), S. 43.

Fowinkle, E. W., *New Directions in Preventive Medicine*, in: *Journal of the Tennessee Medical Association*, Vol. 70 (Dezember 1977), S. 894–96.

Freeland, M. S., und Schendler, C. E., *National Health Expenditures: Short-Term Outlook and Long-Term Projections*, in: *Health Care Financing Review*, Vol. 2 (Winter 1981), S. 97–126.

Gibson, R. M., und Waldo, D. R., *National Health Expenditures, 1980*, in: *Health Care Financing Review*, Vol. 2 (September 1981), S. 1–54.

Gifford, J. F., und William G. Anlyan, *Sounding Board – The Role of the Private Sector in an Economy of Limited Health-Care Resources*, in: *The New England Journal of Medicine*, Vol. 300, Nr. 14 (5. April 1979), S. 790–793.

Hedges, J. N., *Absence from Work – Measuring the Hours Lost*, in: *US Bureau of Labor Statistics, Monthly Labor Review*, Vol. 100 (Oktober 1977), S. 16–23.

Holland, W. W., *Prevention: The Only Cure*, editorial, in: *Preventive Medicine*, Vol. 4 (1975), S. 387–89.

Iglehart, J. K., *Health Policy Report: The Administration Responds to the Cost Spiral*, in: *New England Journal of Medicine*, Vol. 305 (26. November 1981), S. 1359–1364.

Illich, I., *Medical Nemesis: The Expropriation of Health*, New York 1976 (deutsch: *Die Nemesis der Medizin. Von den Grenzen des Gesundheitswesens*, Reinbek bei Hamburg 1981).

Kimberly-Clark is Spending Millions to Insure Employees' Health, Wellbeing, in: *Paper Trade Journal*, Vol. 161 (Dezember 1977), S. 40.

Kramer, B. M., *Behavioral Change and Public Attitudes towards Public Health*, editorial, in: *American Journal of Public Health*, Vol. 67 (Oktober 1977), S. 911–13.

Lowery, D., *In Andover, an Ex-coach Fits Right In*, in: *The Boston Globe* (15. August 1980), S. 56.

McGill, A. M. (Hg.), *Proceedings of the National Conference on Health Promotion Programs in Occupational Settings*, Washington, D. C. 1979.

Noble, D., *Cost-Benefit Analysis*, in: *Health/Pac Bulletin*, Vol. 11, Nr. 6 (Juli u. August 1980), S. 1–2, 7–12, 27–40.

Physician, Heal Thyself... Or Else!, in: *Forbes* (1. Oktober 1977), S. 40–46.

Pigment Plant Wins Fertility-Risk Case: Government's Challenge Rejected on Policy Excluding Women from a ›Hazardous‹ Area, in: *The New York Times* (8. September 1980), S. A14.

Pritchett, S. T., *Can Employee Benefits also be Employer Benefits?,* in: *American Society of Chartered Life Underwriters – CLU Journal,* Vol. 31 (April 1977), S. 40–45.

Reagan Health Policy Opposed by Most of Public, in: *The Blue Sheet* (9. Juni 1982), S. 13–14.

Reinhold, R., *Medical Leaders Growing Wary over Reagan Health-Care Plans,* in: *The New York Times* (16. Februar 1981), S. A12.

Rosenberg, Ch. F., *The Therapeutic Revolution. Medicine, Meaning and Social Change in Nineteenth-Century America,* in: Ch. F. Rosenberg und M. J. Vogel (Hg.), *The Therapeutic Revolution. Essays in the Social History of American Medicine,* Philadelphia 1979, S. 3–25.

Salmon, J. W., und Berliner, H. S., *Can the Holistic Health Movement Turn Left?* Paper presented to the Annual Meeting of the American Public Health Association, New York, 7. November 1979.

Shabecoff, Ph., *E.P.A. Reported Near an Accord with U.S. Steel,* in: *The New York Times* (22. Mai 1979), S. A1.

Shabecoff, Ph., *US Appeals Ruling on Women in Hazardous Jobs,* in: *The New York Times* (9. September 1980), S. B9.

Smith, J. E., *The Philosophy of Preventive Medicine,* in: *Minnesota Medicine,* Vol. 59 (März 1976), S. 196–199.

Spencer, F. J., *The Great Preventive Life-Style Cop-Out,* editorial, in: *Virginia Medical,* Vol. 105 (April 1978), S. 327.

Supplement: The President's Budget Proposal, in: *The Nation's Health* (März 1982).

US Department of Health, Education, and Welfare. Public Health Service, *Healthy People: The Surgeon General's Report on Health Promotion and Disease Prevention,* Washington D.C. 1979.

Venkateson, M., *Preventive Health Care and Marketing: Positive Aspects,* in: Ph. D. Cooper, W. J. Kehoe und P. E. Murphy (Hg.), *Marketing and Preventive Health Care: Interdisciplinary and Interorganizational Perspectives,* Chicago 1978, S. 12–25.

Whelan, E., *The Politics of Cancer,* in: *Policy Review,* Vol. 10 (Herbst 1979), S. 33–46.

White, J. R., und Steinbach, G., *Motivating Executives to Keep Physically Fit,* in: *Harvard Business Review,* Vol. 56 (März/April 1978), S. 16, 184, 186.

White, K. L., *Prevention as a National Health Goal,* editorial, in: *Preventive Medicine,* Vol. 4 (1975), S. 247–251.

Wildavsky, A., *Doing Better and Feeling Worse: The Political Pathology of Health Policy,* in: *Daedalus* (Winter 1977), S. 105–123.

Williams, C. L., u. a., *Chronic Disease Risk Factors Among Children. The*

›Know Your Body‹ Study, in: *Journal of Chronic Diseases,* Vol. 32 (1979), S. 505–13.

Wright, H. B., *Why Keep Fit?*, in: *Accountant,* Vol. 16 (März 1978), S. 350–52.

Rainer Müller

Prävention von arbeitsbedingten Erkrankungen?

Zur Medikalisierung und Funktionalisierung des Arbeitsschutzes

1. Prävention von arbeitsbedingten Erkrankungen – ein altes Problem

1874 schrieb der bedeutende Gewerbemediziner Ludwig Hirt im *Handbuch der Öffentlichen Gesundheitspflege und der Gewerbekrankheiten:*

>»Es gibt wohl kaum ein Kapitel in dem ganzen Gebiete der Medizin, welches von den Ärzten im allgemeinen weniger beachtet und gepflegt worden wäre wie die Lehre von den Ursachen der Krankheit. So dankbar und wichtig es immer erscheinen mochte, die Symptome der einzelnen Affektionen genau zu studieren, auf neue, mehr oder minder wirkende Heilmittel zu fahnden, auch wohl dem Obduktionsbefunde Aufmerksamkeit zu schenken, so kühl und gleichgültig verhielt man sich, wenn es galt, auf die Ursachen der Krankheiten näher einzugehen. Noch heutzutage, wo doch die Ansicht, daß es leichter ist, Krankheiten zu verhüten als sie zu heilen, wieder mehr und mehr zu Ehren gelangt, schenkt man der Ätiologie kaum genügend Aufmerksamkeit (...). Wenn wir es nun auch als abgemachte Sache betrachten wollen, daß es wohl kaum etwas gibt, was nicht unter Umständen zur Krankheitsursache werden könnte, so müssen wir doch hervorheben, daß es gerade einzelne Momente im Leben des Menschen sind, welche einen hervorragenden Einfluß auf die Erzeugung von Krankheiten haben; zu diesen gehört – der mag vielleicht zu den einflußreichsten gerechnet werden – der Beruf, das Gewerbe, der Stand: Es sind darin, wie eingehende Studien erweisen, eine so ungeheure Masse von Schädlichkeiten enthalten, daß man wohl daran tun wird, denselben eine andere Beachtung als bisher zuteil werden zu lassen.«[1]

Schon vor der bakteriologischen Ära (1882 – Entdeckung des Tuberkelbakteriums) und weit vor dem ungeheuren Ausbau der klinisch-naturwissenschaftlichen Medizin wurde die herrschende Medizin, wie heute, wegen des Ausblendens der eigentlichen Krankheitsursachen vom Standpunkt fortgeschrittener medizinischer Erkenntnis her kritisiert. Zu einer Zeit, als die Erreger der Infektionskrankheiten noch nicht bekannt waren und die Einsichten in die strukturellen, funktionalen und biochemischen Dimensionen vom kranken Körper noch spärlich sowie operative bzw. chemische Eingriffe kaum oder gar nicht möglich waren, lag in der Medizin bereits ein fundiertes Wissen über die Abhängigkeit der individuellen Gesundheit und derjenigen der Bevölkerung von Arbeit, Ernährung, Wohnen und Armut vor.

Hirt konnte sich mit seiner Aussage auf eigene langjährige umfangreiche Studien über »Arbeiterkrankheiten«[2] und auf Traditionen in der Medizin wie der öffentlich-staatlichen Gesundheitspflege[3], der Sozialhygiene und sozialen Medizin[4] stützen. Außerdem waren schon zur damaligen Zeit vor allem in England breit angelegte Statistiken über die soziale Ungleichverteilung von Morbidität und Mortalität erstellt worden.[5] Erkenntnisse über die soziale Pathologie waren bereits in der Anfangsphase der Industrialisierung vorhanden und wuchsen, speziell für den Bereich der industriellen Pathologie, quantitativ und qualitativ mit der Ausweitung des industriellen Sektors an.[6] Aus diesen Einsichten gezogene Schlußfolgerungen, es müsse eine nichtpersonenbezogene Prävention im Rahmen einer sozialen Hygiene betrieben werden, wurden in die gesellschaftspolitischen Forderungen der bürgerlichen Reformbewegung und der Arbeiterbewegung aufgenommen. Der Erfolg einer Medizin als einer »sozialen Wissenschaft« (R. Virchow, S. Neumann)[7] war indessen an das Schicksal der bürgerlichen Reform- und der proletarischen Revolutionsbewegung geknüpft; gleich diesen konnte sich auch der Entwurf einer sozialen Medizin nicht durchsetzen. Die experimentelle, naturwissenschaftliche, klinische Medizin wurde die Medizin der kapitalistischen Industriegesellschaft. Die Ideologie der physiologischen Medizin des vorigen Jahrhunderts entsprach vollkommen der Fortschrittsideologie der bürgerlichen Gesellschaft.[8]

Die klinische Medizin konnte im Laufe der Zeit das Gesundheitswesen der Industriestaaten fast gänzlich okkupieren. Dies wurde möglich durch die Ausbildung eines medizinisch-industriell-bürokratischen Komplexes, der, je nach Land auf unterschiedlichem Niveau, eine sozialstaatliche Überformung erhielt. In diesem Komplex verband sich die Ärzteprofession, interessiert an Autonomie gegenüber gesellschaftlicher Kontrolle und an finanzieller Privilegierung, mit den Profitinteressen der Industrie (insbesondere der chemischen Großindustrie) und den Ordnungs- und Kontrollbedürfnissen des Staates, denen das Sozialversicherungssystem Genüge tun soll.

Die kollektiv erfahrenen Gesundheitsrisiken des Arbeitslebens (Arbeitsunfälle, arbeitsbedingte Erkrankungen, Frühinvalidität, Berufskrankheiten) wurden von Medizin, Juristerei und Sozialbürokratie zu Einzelfällen umdefiniert.

Gesamtgesellschaftliche bzw. privatwirtschaftliche Haftung wurde auf die Institutionen der Sozialversicherungen, insbesondere der Kranken- und Rentenversicherungen, abgeschoben, an die die abhängig Erwerbstätigen einen Teil ihres Lohnes abtreten mußten. Der Zusammenhang von Arbeit und Krankheit wurde entthematisiert. Krankheit wurde als individuelles Schicksal interpretiert und der Verantwortung des einzelnen anheimgegeben. Eine gesamtgesellschaftlich organisierte Kontrolle der Gesundheitsrisiken des Arbeitslebens unterblieb. Diese Strategie der Individualisierung von Gesundheitsrisiken der Arbeit erhält neuerdings unter dem Deckmantel des Präventionskonzeptes eine neue Qualität, insofern sich nämlich moderne Verfahren der klinischen Medizin mit sozialtechnologischen Interventionsformen verbinden.

2. Der Bedarf an Prävention
und der Zwang zur Prävention

Hirts Feststellungen zur Krankheitsursachenforschung und Prävention, getroffen vor mehr als hundert Jahren, haben an Aktualität nichts verloren. Heute wird die Forderung nach Prävention vor allem mit ökonomischen Zwängen begründet. Von 1970 bis 1980 beispielsweise stiegen im Gesundheitswesen der Bundesrepublik die Ausgaben von jährlich 70 Milliarden auf 200 Milliarden DM.[9] Diesen riesigen Geldmengen steht eine wenig positive Bilanz bei der Bewältigung von chronischen Krankheiten (Frühinvalidität) und vorzeitigem Tod gegenüber. Nach einer Hochrechnung des Instituts für Arbeitsmarkt- und Berufsforschung werden bis 1990 2,8 Mio. von den 12,4 Mio. im Jahre 1978 sozialversicherungspflichtigen Männern aus dem Erwerbsleben ausscheiden. 32,7 % von ihnen werden vorzeitig sterben, 37,3 % werden mit einer chronischen, nicht heilbaren Krankheit frühinvalide, und nur 30 % haben Aussicht, die normale Altersrente zu beziehen.[10] Frühverrentet wird, wer wegen chronischer unheilbarer Krankheit in seiner Arbeitsfähigkeit auf Dauer stark gemindert ist und auf dem

Arbeitsmarkt nicht mehr vermittelt werden kann. Herz-Kreis-lauf-Erkrankungen sind dabei am häufigsten. (Es betrug die Erwerbsunfähigkeit in den Jahren 1969 bis 1974 bei männlichen Arbeitern bzw. von 1973 bis 1976 bei männlichen Angestellten: 12,2 % bzw. 11,5 % Arteriosklerose, 10,2 % bzw. 14,8 % ischämische Herzkrankheiten, 8,6 % bzw. 8,7 % essentieller Bluthochdruck.) Es folgt als zweitwichtigste Frühinvaliditätsursache Bronchitis und Emphysem (10,3 % bzw. 4,6 %). Auf dem dritten Rang stehen Krankheiten des rheumatischen Formenkreises (10,4 % bzw. 8,9 %). Danach folgen bösartige Neubildungen (8,0 % bzw. 7,2 %).[11]

Bei stationären Rehabilitationsmaßnahmen stehen ebenfalls chronische Krankheiten ganz im Vordergrund (1971 bis 1974 bzw. 1973 bis 1976 bei männlichen Arbeitern bzw. Angestellten: Krankheiten des Skeletts 26,2 % bzw. 23,6 %, Bronchitis und Emphysem 13,4 % bzw. 8,4 %, Neurosen 11,5 % bzw. 15,5 %, ischämische Herzkrankheiten 9,2 % bzw. 11,5 %).[12] An der Gesamtsterblichkeit waren 1979 Krankheiten des Kreislaufsystems mit ca. 50 % und die bösartigen Neubildungen mit ca. 22 % beteiligt.[13]

In der Bundesrepublik gingen 1975 9,4 Millionen Lebensjahre verloren. Als verlorene Lebensjahre werden diejenigen bezeichnet, die ein Verstorbener ohne seinen Tod, gemessen an der mittleren Lebenserwartung, noch hätte leben können. 22 % der verlorenen Lebensjahre entfielen auf bösartige Neubildungen, jeweils 14 % auf ischämische Herzkrankheiten (Herzinfarkte) bzw. Unfälle, Vergiftungen und Gewalteinwirkungen, 6 % auf Krankheiten der Verdauungsorgane und 5 % auf Krankheiten der Atmungsorgane. Allein die Kfz-Unfälle machten 5 % aus.[14]

Das Gesundheitsrisiko verteilt sich in der Bevölkerung ungleich. Es korreliert mit dem Grad des sozialökonomischen Status und zeigt berufs- bzw. schichtenspezifische Ausprägungen. Je niedriger die Schicht, um so größer die Rate der chronischen Erkrankungen, der Frühinvalidität und der Frühmortalität.[15]

3. Krankheit als Gegenstand der Forschung

Die herrschende Medizin mit ihrem naturwissenschaftlich verengten Krankheitsbegriff und der damit verbundenen klinisch-individualtherapeutischen Orientierung erweist sich theoretisch und praktisch als unfähig, Antworten auf die Fragen nach der Entstehung und Bewältigung von chronischen Krankheiten zu geben.[16] Zu den Paradoxien der naturwissenschaftlichen Medizin gehört es, daß sie angesichts ihrer Schwierigkeiten bzw. Unfähigkeit, Ursache-Wirkungszusammenhänge bei der Entstehung, Entwicklung und Bewältigung von chronischen Leiden zu verfolgen, zwar an dem Individualprinzip festhält, aber ihr Feld einer naturwissenschaftlich begriffenen, sozusagen säkularisierten Gesundheit verläßt und auf eine simple Lehre moralischer Verfehlungen rekurriert, indem sie Krankheit als durch individuelles Fehlverhalten (Rauchen, Völlerei, Bewegungsmangel) verschuldet ansieht (Risikofaktorentheorie).

Das Konzept der Risikofaktoren wurde von der Medizin insbesondere für Herz-Kreislauf-Erkrankungen und hier vor allem für den Herzmuskelinfarkt formuliert. Es besagt, daß zwar gesicherte wissenschaftliche Erkenntnisse aufgrund der multifaktoriellen Genese chronischer Krankheiten letztlich noch nicht über die gesamte Kausalitätskette vorliegen, die zwischen bestimmten Krankheitsursachen und spezifischen Erkrankungen besteht, aber eine gesicherte Beziehung zwischen Herzgefäßerkrankungen (abhängige Variable) und Zigarettenrauchen, Bluthochdruck sowie Hypercholesterinämie und zwischen weiteren direkten oder indirekten Risikofaktoren, wie Übergewicht, Diabetes mellitus und Bewegungsmangel, eindeutig nachweisbar erscheint.[17]

Um zu einer Verminderung der kardiovaskulären Morbidität und Mortalität zu gelangen, werden Interventionen vorgeschlagen, die wenig oder gar nicht an den strukturellen Bedingungen des »Fehlverhaltens« ansetzen, sondern auf individuelle Verhaltensänderungen im Rahmen von sehr großen Kollektiven abstellen, begleitet von medicopädagogischer Propaganda in der Öffentlichkeit. Eine gänzlich der Vorstellungswelt der Ärzte verhaftete Interventionsform stellt in diesem Zusammenhang die ebenfalls massenhaft praktizierte medikamentöse Intervention dar.

Zur angeblichen Validität der Risikofaktorentheorie sei hier lediglich angemerkt, daß die Faktoren nur einen begrenzten Anteil der Neuerkrankungen von Herzinfarkt erklären.[18] Der niedrige Prognosewert des Modells verweist darauf, daß es eine Reihe wichtiger, vor allem psycho-sozialer Bedingungen nicht berücksichtigt.

Dem biomedizinischen Konzept steht das Konzept der Sozioge-

nese von Krankheit gegenüber. Im Zusammenhang mit der Streßforschung und der Sozialepidemiologie wird ein Verständnis von
Krankheit formuliert, das stärker die Bedingungen der Umwelt
und die individuellen Perzeptions- und Bewältigungsformen berücksichtigt. Unter Umwelt wird hier nicht nur die stoffliche, naturwissenschaftlich faßbare Dimension verstanden. Neben der
Identifikation von Belastungen geht es in der sozialepidemiologischen Belastungs-Beanspruchungs-(Streß-)forschung außerdem
um die sozialen Bedingungen, die die Entstehung von Krankheiten
verhindern und/oder ihre Bewältigung erleichtern. Eine wesentliche Rolle spielt dabei die soziale Unterstützung, die eine Person im
sozialen Netzwerk (Betrieb, Familie, sonstige soziale Gruppierungen) erhält. Das Interesse richtet sich auf die Identifikation und
den Wirkungsnachweis persönlicher, sozialer und institutioneller
Ressourcen, Hilfen oder Schutzfaktoren.[19] Nach Badura bewegen
sich Streßforschung und die Soziologie sozialer Beziehungen im
Rahmen der sozialepidemiologischen Forschung aufeinander zu,
um eine Theorie chronischer Krankheiten zu konstituieren. Unterschiede im Gesundheitszustand von sozialen Gruppen werden
von daher nicht nur als Ungleichverteilung von Risiken bzw. Belastungen angesehen, sondern auch als ungleiche Verteilung persönlicher, sozialer und institutioneller Ressourcen verstanden.
   Zahlreiche Studien zum Streß haben, entgegen der Spezifika-
tionsannahme der klinischen individual-therapeutischen Medizin,
gezeigt, daß nur in Ausnahmefällen eine strenge Spezifität der
Krankheitsverursachung angenommen werden kann. Selbst Infektionskrankheiten sind nicht allein von bestimmten Erregern abhängig, sondern von zusätzlich begünstigenden Vorbedingungen.
   Bei vielen, insbesondere chronischen Erkrankungen konnten
trotz intensiver Forschungsarbeit keine spezifischen Einzelursa-
chen festgestellt werden. Die Streßforschung hat deutlich gemacht,
daß vielfältige, qualitativ unterschiedliche physikalisch-chemische
und psycho-soziale Reize zu ähnlichen physiologisch-biochemi-
schen Veränderungen führen, die bei starker bzw. langfristiger
Einwirkung Krankheitscharakter bekommen.[20]
   Für die Frage nach gesundheitsschädlichen Auswirkungen von
beruflicher Tätigkeit heißt dies, daß ein kausales Verständnis im
Sinne einer spezifischen Ursache und einer durch sie hervorgerufenen spezifischen Wirkung nur noch die Ausnahmefälle registriert,
die Regelfälle werden nicht mehr wahrgenommen. In der arbeits-

medizinischen Berufspathologie dominiert freilich dieses eng gefaßte Kausalitätsmodell. Für die sozialversicherungsrechtlichen Kategorien Arbeitsunfall und Berufskrankheit dient dieses einschränkende Verständnis in der medizinischen Begutachtungspraxis seit 1884 (Einrichtung der Unfallversicherung) bzw. 1925 (Berufskrankheitsverordnung) dazu, Ansprüche auf Entschädigung abzuwehren. Neben anderen Gründen hat diese restriktive Praxis einen umfangreichen Erfahrungsgewinn und eine systematische Erforschung arbeitsbedingter Erkrankungen und damit ihre reale Prävention verunmöglicht. Krankheit durch Berufstätigkeit nur im Sinne eines Arbeitsunfalles gelten zu lassen, wobei unter Unfall ein von außen auf den Menschen einwirkendes, körperlich schädigendes, plötzlich eintretendes, d. h. zeitlich begrenztes Ereignis verstanden wird, wird dem Stand der wissenschaftlichen Erkenntnis und der gesellschaftlichen Brisanz dieses Problems nicht gerecht. Die Brisanz findet gerade in den oben angesprochenen Indikatoren der Morbidität (Frühinvalidität), Mortalität (vorzeitiger Tod) und Gesundheitsökonomie (Kostenexplosion) ihren eindeutigen Ausdruck.

4. Arbeitsschutz als Prävention von Staats wegen

Die staatliche Einflußnahme auf Gesundheitsgefahren im Produktionsprozeß, allerdings ohne besondere Wirkung, begann in Deutschland mit dem preußischen Gesetz von 1839 über die Beschäftigung von jugendlichen Arbeitern in Fabriken. Fußend auf der Gewerbeordnung von 1869 wurden seit 1878 in allen deutschen Bundesstaaten Techniker als Fabrikinspektoren vermehrt eingesetzt. In diese staatliche Gewerbeaufsicht wurden zu Beginn dieses Jahrhunderts, anfänglich nur vereinzelt und in der Weimarer Republik dann verstärkt, Gewerbeärzte eingeordnet. Parallel zur staatlichen Gewerbeaufsicht entwickelten sich im Bereich des Arbeitsschutzes durch das Unfallversicherungsgesetz von 1884 die heute bestehenden 92 Unfallversicherungsträger. Im Zentrum der Arbeit der Unfallversicherungen steht bis heute die finanzielle Regelung und Entgeltung von Arbeitsunfällen bzw. Berufskrankheiten (z. Z. lediglich 55 anerkannte) sowie deren Verhütung unter technischen Gesichtspunkten. Eine aktive, an dem Begriff der arbeitsbedingten Erkrankungen ausgerichtete Prävention und Bewältigung findet kaum oder gar nicht statt.

Im Bereich des Arbeitsschutzes und der Unfallverhütung sind in der Bundesrepublik außerdem noch 11 Technische Überwachungsvereine tätig, die aus den 1866 in verschiedenen Gebieten Deutschlands gegründeten Dampfkesselüberwachungsvereinen hervorgegangen sind.

Zur Zeit existieren mehr als 40 Gesetze und mehr als 120 Rechtsverordnungen ausschließlich für den Arbeitsschutz sowie über tausend Unfallverhütungsvorschriften und mehr als 900 Verwaltungsvorschriften. Die Regelungen beziehen sich auf neun Sachgebiete: Maschinen, Geräte, technische Anlagen; herstellerbezogene Gerätesicherheit; überwachungsbedürftige Anlagen; Arbeitsstätten einschließlich Betriebshygiene; Arbeitsstoffe; Strahlenschutz; Sprengstoff; Arbeitszeitregelung; Schutz besonderer Personengruppen; Arbeitsschutzorganisationen.[21]

Einen besonderen Schub erhielt die Arbeitsschutzgesetzgebung Ende der sechziger bis Mitte der siebziger Jahre. Mit dem Anspruch, ein großartiges Reformvorhaben zu beginnen, wurde eine auf das Beschäftigungssystem bezogene Sozialpolitik formuliert. Genannt seien: Arbeitsförderungsgesetz (1969), Betriebsverfassungsgesetz (1972), Rehabilitationsgesetz (1974), Arbeitssicherheitsgesetz (1973), Arbeitsstätten- und Arbeitsstoffverordnung (1975) und Maschinenschutzgesetz (1968). Diese Gesetzgebung wurde als Wende von einer vorwiegend kompensatorischen zu einer präventiven Sozialpolitik gedeutet[22], die dazu beitragen könnte, die Arbeits- und Lebensbedingungen zu verbessern. Gleichzeitig sollte diese Strategie zu einer Minderung der Kosten der staatlichen Sozialpolitik und der öffentlichen Leistungsträger führen. Alles dies würde, so war die Überzeugung, auch im langfristigen Interesse des Kapitals an der adäquaten Reproduktion der menschlichen Arbeitskraft liegen.

Das Postulat der Innovation von notwendiger Prävention erfreut sich eines, sich über alle politischen Parteien und Interessentengruppen erstreckenden, breiten Konsenses. Nach Dohse u. a.[23] beruht dieser auf der Mehrdeutigkeit des Präventionsbegriffes. Die Autoren unterscheiden ein arbeitsweltbezogenes Präventionskonzept, das die Interessen der Arbeitnehmer und der Gewerkschaften aufnimmt (institutionelle Prävention), von einer verhaltensbezogenen bzw. personellen Prävention, die nicht an den Arbeits- und Lebensbedingungen, sondern an den Individuen und deren persönlicher Lebensführung (Lebensstile) bei der Ernährung und in der Freizeit ansetzt. Neben diesen beiden Konzepten sehen Dohse u. a. ein selektiv-repressives Präventionskonzept in den einzelnen Unternehmungen wirken. Durch eine intensive Sortierung und Selektion des Personals würden Arbeitnehmer mit hohen Fehlzeiten ausgemustert und leistungsgeminderte erst gar nicht eingestellt bzw. innerbetrieblich abgestuft. Repressiv sei diese Strategie insofern, als sie sich zwangsläufig unmittelbar auf das Verhalten des einzelnen auswirke. Denn im Falle gesundheitlicher Störungen und Leiden geht dieser zur Arbeit, ohne sich auskurieren zu lassen, und nimmt zudem gesundheitsschädliche Arbeitsbedingungen in Kauf. Im »magischen Dreieck« von Lohnmaximierung, Arbeitsplatz- und Gesundheitssicherung treten Gesundheit und Lohn für den betroffenen Lohnarbeiter gegenüber der Sicherung des Arbeitsplatzes zurück. Arbeitsplatzunsicherheit wirkt den sicher gutgemeinten sozialpolitischen Absichten zur »Humanisierung des Arbeitslebens«, zum Arbeitsschutz und zur Arbeitsförderung entgegen. Dohse u. a. vertreten die These,

»daß die selektiv-repressive Präventionspolitik der Betriebe – zumal bei reduziertem Wachstum – gesellschaftlich dominant ist und insbesondere reformerischen Ansätzen der Primärprävention entgegengesetzt ist. Es läßt sich nicht nur feststellen, daß die Kapitalseite als Konsenspartner für primärpräventive Politik nahezu ganz ausfällt; darüber hinaus ist zu beobachten, daß die selektiv-repressive Präventionsstrategie, die die Intention der ›eigentlichen‹ arbeitsweltbezogenen Präventionen unterläuft, teilweise geradezu durch diejenigen staatlichen Regelungen gefördert wird, die die Reformwelle hervorgebracht hat.«[24]

5. Die Medikalisierung des Arbeitsschutzes

Unter Medikalisierung wird die immer direktere und komplexere Einbindung des Menschen von der Geburt bis zum Tode in ein System medizinisch-ärztlicher Leistungen, Forderungen und Kontrollen verstanden, die zu tiefgreifenden Mentalitäts- und Verhaltensänderungen der Bevölkerung geführt haben. Dieser Prozeß läßt sich auch als Übergang der Kompetenz des einzelnen bzw. der Familie an solche von Professionellen, sozialen Diensten und Staat beschreiben. Zunehmende gesellschaftliche Arbeitsteilung und die notwendige Verarbeitung der Reproduktionsrisiken der

Lohnarbeiterexistenz waren die hauptsächlichen Triebkräfte.

Historisch läßt sich eine erste Phase der Medikalisierung mit den Versuchen zur Ausbildung eines staatlichen Medizinalwesens in den absolutistischen Staaten und seiner theoretischen und administrativen Begründung im *System einer vollständigen medicinischen Polizey* nachweisen. Die zweite Phase setzte Mitte des vorigen Jahrhunderts mit der Entwicklung der naturwissenschaftlichen Medizin, der starken Zunahme von Ärzten und Krankenhäusern und dem Aufbau von Krankenversicherungssystemen ein. Der Einrichtung von Sozialversicherungen, insbesondere der Krankenkassen, wird eine wesentliche Rolle im Prozeß der Medikalisierung zugeschrieben.[25]

In Verbindung mit der Medikalisierungsthese wird auch der Prozeß der Professionalisierung und Spezialisierung der Ärzte thematisiert. Hierunter wird die Ausformung des Ärztestandes zu einem von Laien- und Staatskontrolle unabhängigen, sich auf Expertenwissen stützenden, arbeitsteiligen Beruf mit Monopolanspruch auf Expertise und Behandlung verstanden.[26] Illich spricht in diesem Zusammenhang von der klinischen, sozialen und kulturellen Iatrogenesis der Medizin, d. h. der Schädigung durch das Ärzte- und Medizinsystem.[27]

Für den Arbeitsschutz, die Betriebs- und Arbeitsmedizin stellt sich nun die Frage, welche Wirkungen und gesellschaftlichen Konstellationen mit der Medikalisierung und Professionalisierung verbunden waren und welche Rolle bzw. Funktion die heutige Betriebsmedizin bei der selektiv-repressiven Prävention spielt.

Historisch lassen sich, vereinfachend formuliert, drei unterschiedliche Haltungen der Ärzte zu den »Arbeiterkrankheiten« nachzeichnen. Als Fabrikärzte und auch als angestellte Ärzte der Krankenkassen haben Mediziner stets als Kontrollinstanz über das Krankheits- und Arbeitsverhalten von Arbeitern im Sinne der Unternehmen funktioniert. Sie haben dies zum Teil auch theoretisch zu begründen versucht. In dieser Tradition standen insbesondere die Betriebsärzte während des Nationalsozialismus. In der Nachkriegszeit wurde die Rolle der Vertrauensärzte der Krankenkassen so gedeutet; was wohl als Zeichen für eine ungebrochene Kontinuität gewertet werden darf.

Für die »Krankheiten der Arbeiter« wurden nur bei sehr extremen und augenfälligen Verhältnissen die Arbeits- und Lebensbedingungen verantwortlich gemacht. Krankheit wurde von den

Medizinern auf Fehlverhalten wie ungenügende Hygiene und moralisch verwerflichen Lebenswandel (Alkohol) zurückgeführt und folglich als selbstverschuldet angesehen. Eine zweite Gruppe von Ärzten hat sich als wissenschaftlich interessierte Naturforscher den Arbeiterkrankheiten und ihrer Verursachung durch gesundheitsschädliche Stäube, Gase und Dämpfe (Steinstaub, Blei, Phosphor, Quecksilber) zugewandt. Ihre Untersuchungen trugen dazu bei, die Grundlagen für eine wissenschaftliche Berufspathologie zu legen[28], deren Erkenntnisse indessen nur zum Teil zur Beseitigung bzw. zur Verringerung von Gesundheitsgefahren im Produktionsbereich beitrugen.

Als Sozialkritik formulierten Ärzte ihre Einsicht in den Zusammenhang von ungünstiger sozialer Lage und Krankheiten der Erwerbsbevölkerung im Rahmen der liberalen und demokratischen Reformbewegung um das Jahr 1848[29] und im Zusammenwirken mit der zur selben Zeit aufkommenden Arbeiterbewegung.[30] Die Arbeit von sozial- bzw. gewerbehygienisch engagierten Ärzten in der Arbeiterbewegung und speziell in den zunächst freiwilligen Hilfskrankenkassen bzw. selbstverwalteten Zwangskassen ab 1882 hat zur Politisierung der Probleme arbeitsbedingter Erkrankungen geführt: Im Bereich der Ursachenforschung und der praktischen Prävention bzw. Bewältigung sind bis 1933 einige Erfolge zu verzeichnen gewesen.[31]

Eine direkte Einbindung von Ärzten in die soziale Kontrolle und Steuerung des Einsatzes von Arbeitskräften in Betrieben und auf dem Arbeitsmarkt wurde, von der Zeit des Nationalsozialismus abgesehen, wie Dohse u. a. zu Recht betonen, erst systematisch seit der Sozialgesetzgebung der siebziger Jahre vollzogen. Zu nennen ist hier vor allem das Arbeitssicherheitsgesetz, nach dem in den Betrieben Betriebsärzte einzusetzen sind. Bis zu diesem Zeitpunkt beschränkte sich die soziale Funktion der Ärzte im Rahmen der Sozialversicherung auf Ausstellung von Arbeitsunfähigkeitsbescheinigungen, auf Gutachtertätigkeit im Verfahren zur Anerkennung bzw. Ablehnung von Berufskrankheiten, Arbeitsunfällen und Berufs- bzw. Erwerbsunfähigkeit. Im Zuge der Verwirklichung des Arbeitssicherheitsgesetzes werden seit 1974 in den Betrieben zunehmend Ärzte eingesetzt. Ihre Aufgaben bestehen im wesentlichen darin, den Arbeitgeber und die sonst für den Arbeitsschutz und die Unfallverhütung verantwortlichen Personen im Betrieb zu beraten, Arbeitnehmer zu untersuchen und arbeitsmedizinisch zu beurteilen. Sie sollen auch die Ursachen von arbeitsbedingten Erkrankungen feststellen und dem Arbeitgeber Maßnahmen zur Verhütung dieser Erkrankungen vorschlagen.

Entgegen ihrer Ausbildung und Sozialisation in Klinik und Einzelpraxis sollen Betriebsärzte nicht individualtherapeutisch tätig sein, sondern nach Absicht des Gesetzgebers in enger Zusammenarbeit mit dem Betriebs- bzw. Personalrat und den Sicherheitsingenieuren auf strukturelle Verbesserungen der Arbeitsbedingungen einwirken und durch Vorsorgeuntersuchungen die Arbeitnehmer vor Krankheiten bewahren. Zwischen Selbstverständnis und Qualifikation der Ärzte und den eigentlich für sie vorgesehenen Aufgaben besteht indessen ein Widerspruch. Zu dieser Konfliktsituation kommt hinzu, daß Ärzte mehrheitlich aufgrund ihrer sozialen Herkunft und sozialpolitischen Orientierung keine Erfahrung mit den Auseinandersetzungen zwischen abhängig Erwerbstätigen bzw. ihren Interessenvertretern und den Unternehmern haben. Sie verstehen sich als Ärzte, nicht jedoch als die »natürlichen Anwälte der Armen« (Virchow), ihr professionalisiertes Autonomieverständnis läßt eine Kontrolle durch den Betriebs- bzw. Personalrat nicht zu. In dieser Rolleninkonsistenz und Ambiguität zieht sich der Betriebsarzt auf den Bereich zurück, in dem er sich sicher fühlen und ihm niemand hineinreden kann und darf. Dies ist der Bereich der Diagnostik. Solchen Bestrebungen der Ärzte kommt sehr stark entgegen, daß der Betriebsarzt zusätzlich zu den obligaten Untersuchungen durch eine Reihe von Vorschriften gehalten ist, Einstellungs-, Überwachungs- und Vorsorgeuntersuchungen vorzunehmen.

Diese Tendenz des Rückzugs auf die medizinische Diagnostik wird durch eine zunehmende Verfeinerung und Differenzierung derselben und einer damit einhergehenden Kodifizierung der Überwachung und des Einsatzes von Arbeitnehmern stark gefördert. Im einzelnen heißt das folgendes: Mit zunehmender Tendenz werden für Arbeitsplätze bestimmte Ausschluß- und Einsatzkriterien nach Belastungs- und Beanspruchungsgesichtspunkten festgelegt. Unter Belastungen werden im ingenieurwissenschaftlichen Paradigma der herrschenden Arbeitswissenschaft alle Faktoren und Bedingungen der Arbeitsumgebung und der Arbeitsanforderungen verstanden, die kurz- und mittelfristig zu meßbaren biologischen Reaktionen (Beanspruchungen) einschließlich Ermüdung führen. Es werden bzw. wurden, teilweise auch wissenschaftlich begründet, vielfach aber nur über Konsens der an der Kodifizierung beteiligten Experten, Grenzwerte, Normen und medizinische Tauglichkeitskriterien festgelegt. Die bekanntesten Grenzwerte stellen die Maximalen Arbeitsplatzkonzentrationen (MAK-Werte) dar. Sie wurden jeweils für einzelne chemische und physikalische Faktoren in Listen niedergelegt. Die MAK-Werte besagen, daß die höchstzulässige Konzentration eines Arbeitsstoffes als Gas, Dampf oder Schwebestoff in der Luft am Arbeitsplatz nach dem gegenwärtigen Stand der Erkenntnis auch bei wiederholter und langfristiger, in der Regel täglich achtstündiger Einwirkung, jedoch bei Einhaltung einer durchschnittlichen Wochenarbeitszeit bis zu 45 Stunden im allgemeinen die Gesundheit der Beschäftigten nicht beeinträchtigt und diese nicht unangemessen belästigt.[32] Als Tauglichkeitsvoraussetzungen wurden das Fehlen oder das Vorhandensein von bestimmten Krankheiten und gesundheitlichen Störungen in den Vorschriften formuliert.

Der Intention nach sollen die Grenzwerte und Tauglichkeitsvoraussetzungen also dem Gesundheitsschutz des einzelnen dienen; diese präventive Absicht droht jedoch in eine negative Entwicklung umzukippen: Sie wird im Sinne des oben konstatierten selektiv-repressiven Präventionskonzeptes von den Betrieben unterlaufen. Betriebsärzte funktionieren durch ihre Praxis der Einstellungsuntersuchung als Filter zur Auslese der gesundheitlich Beeinträchtigten. Diese Strategie drückt sich u. a. in der Tatsache aus, daß unter den langzeitigen Arbeitslosen ein sehr hoher Prozentsatz chronisch krank und nicht mehr vermittelbar ist.

Eine innerbetriebliche Selektion leistungsgeminderter bzw. gesundheitlich beeinträchtigter Arbeitnehmer hinsichtlich einer Abstufung auf weniger anspruchsvolle Arbeitsplätze in Verbindung mit Lohneinbußen vollzieht sich ebenfalls über die angeblich neutrale, sich auf wissenschaftliche Kompetenz berufende und mit der Attitüde der Humanität ausgestattete Betriebsmedizin.

Stellt z. B. der Betriebsarzt eine abnehmende Hörfähigkeit bei einem Arbeitnehmer fest, so muß der Betreffende bei Bestehen einer Lärmexposition auf einen lärmarmen Arbeitsplatz umgesetzt werden. Die Berufsgenossenschaft will selbstverständlich die Zahlung einer Rente wegen Lärmschwerhörigkeit vermeiden. Ein entsprechend qualifizierter Arbeitsplatz steht nicht immer zur Verfügung. Da eine Garantie auf Arbeitsplatzsicherheit und ein Recht auf Arbeit nicht existiert, können die Beschäftigten von einer Abstufung, eventuell auch von einer Entlassung bedroht sein. Allerdings hat hier der Betriebs- bzw. Personalrat ein Mitbestimmungsrecht. Handelt es sich um ein Mitglied der Stammbelegschaft, das von der Altersgrenze noch weit entfernt ist, so hat die Betriebsleitung ein Interesse an der weiteren Nutzung der qualifizierten Arbeitskraft. Da aber insgesamt mit zunehmender Tendenz eine Verkleinerung der Stammbelegschaften und eine entsprechende relative Vergrößerung der Randbelegschaft für unqualifizierte Tätigkeiten zu erwarten ist, wird die Ausgrenzung aus Krankheitsgründen (Krankheitskündigung) zunehmen. Die Medikalisierung im betrieblichen Arbeitsschutzsystem wird außerdem im besonderen Bereich der gefährlichen Arbeitsstoffe durch eine weitere Entwicklung vorangetrieben. Wie geschildert, wurden für einzelne chemische Stoffe MAK-Werte als oberste Belastungsgrenzen am Arbeitsplatz festgelegt. Sie sollen als Orientierungspunkte dazu dienen, daß in der Atemluft keine gesundheitsschädlichen Konzentrationen von Schadstoffen auftreten. Eine Aufnahme und Verteilung im Körper über das Blut sowie eine Schädigung von einzelnen Organen bzw. der Gesundheit insgesamt soll vermieden werden. Der Fortschritt der naturwissenschaftlich-klinischen Medizin besteht hier darin, daß mit immer subtileren technischen Verfahren und biochemischen bzw. physikalischen Methoden innerorganismische Prozesse in ihren einzelnen Gliedern, und zwar in den molekularen bzw. atomaren Bereich hinein, analysiert und Abweichungen bei einzelnen Individuen von der Durchschnittsnorm als pathologisch deklariert werden können. Derartige Erkenntnisse bleiben freilich für die klinische Therapie meistens ohne nennenswerte Konsequenz oder aber von zweifelhaftem Wert (klinische Iatrogenesis).

Auf dem Gebiet der Schadstoffkunde (Toxikologie) hat dieser technologische Fortschritt dazu geführt, daß Schadstoffe und durch sie induzierte Stoffwechselprodukte bzw. biologische Prozesse im biologischen Substrat (Blut, Urin, Gewebe) in sehr kleinen Mengen meßbar wurden. Von der Betriebsmedizin können diese Verfahren nun als sehr präzise Dauerüberwachungsinstrumente bei Exponierten eingesetzt werden. Die Mediziner nennen dieses Überwachungssystem »biological monitoring«. Am weitesten entwickelt ist dieses Verfahren auf dem Gebiet der Elektrophysiologie. Elektrische Ströme z. B. des Herzens, Gehirns, der Muskeln werden durch kleine, handliche Geräte abgeleitet, über Funk an Empfänger übertragen und dort computermäßig gespeichert und ausgewertet. Derartige Ergebnisse werden dann als Indikatoren für körperliche und psychomentale Beanspruchungen interpretiert.

Arbeitsmediziner argumentieren nun, daß der Arbeitsschutz eine andere Orientierung benötige. Es besteht die Gefahr, daß der Zwang zum technisch-organisatorischen Arbeitsschutz an den Emissionsquellen (Lüftung, geschlossene Systeme, Herstellungsverbot), der durch die MAK-Werte gesetzlich gefordert wird, durch die Orientierung an den biologischen Arbeitsstoff-Toleranz-Werten (BAT-Werte) im Körper des einzelnen Arbeitnehmers unterlaufen wird.[33]

Die Orientierung an dem einzelnen als einem Risikoträger eo ipso und nicht an den verursachenden Strukturen der Gesundheitsrisiken kommt wiederum dem individualtherapeutischen Schema der klinisch-naturwissenschaftlichen Medizin entgegen. Somit werden die Mediziner in diesem Bereich noch mehr als bisher zu bloßen Experten.

Die Medikalisierungs- bzw. Professionalisierungsthese geht zugleich davon aus, daß Ärzte sich die Herrschaft über den Körper des einzelnen angeeignet haben und diese Vorherrschaft gegen andere Gesundheitsdienstberufe sowie die eigene Kompetenz der Patienten durchgesetzt haben. Die These droht nun auch im Arbeitsschutz bestätigt zu werden. Eine besondere praktische Zuspitzung erfährt nämlich die Medikalisierung durch Methoden, mit denen Personen herausgefiltert werden, die von ihrer »Konstitution« her (Immunlage, »Widerstandsfähigkeit«, Erbanlagen) empfindlich auf bestimmte gefährliche Stoffe reagieren. Diese Tests werden als präventive Maßnahmen zur Verhütung arbeitsbedingter Erkrankungen gepriesen.

Nach einem parlamentarischen Bericht des Kongresses der USA werden derartige genetische Testverfahren zur Selektion von Beschäftigten in der Produktion und Verarbeitung von gefährlichen Arbeitsstoffen eingesetzt.[34] Nach dieser Studie geben 59 von 356 befragten Unternehmen, die zu den 500 größten Industrieunternehmen des Landes gehören, an, daß sie innerhalb der nächsten fünf Jahre genetische Tests, meistens Blutuntersuchungen, an ihren Beschäftigten einführen werden. Bei sechs Betrieben wurden die Gentests bereits angewandt. Diesen Praktiken werden weitreichende Konsequenzen für den Arbeitsmarkt zugeschrieben. Diskriminierungen von Risikogruppen, Frauen, Rassen und ethnischen Gruppen sowie schadstoffempfindlicher Personen werden erwartet. Die Bundesstaaten New Jersey, Florida und North Carolina haben bereits Gesetze verabschiedet, die eine Diskriminierung aufgrund genetischer Tests verbieten.

6. Verhaltensprävention im Arbeitsschutz

Haben im Bereich des wirtschaftlichen Betriebsmanagements seit Taylor und Ford, wissenschaftlich begründet durch die Arbeits- bzw. Betriebspsychologie, Sozialtechnologien in der Personalführung und im Personaleinsatz einen immer stärkeren Raum eingenommen, so dringen zur Zeit auch in den Bereich des betrieblichen Gesundheitsschutzes Sozialtechnologien ein, die auf dem genannten verhaltensorientierten Präventionskonzept aufbauen. Die entsprechenden Interventionsprogramme für den Herzinfarkt sind auf eine etappenweise Realisation eingestellt. Zunächst werden bei den einzelnen Belegschaftsmitgliedern die klassischen medizinischen Risikofaktoren – wie Rauchen, Gewicht, die blutchemischen Parameter (Zucker- und Fettstoffwechsel) sowie der Blutdruck bestimmt. Aus diesen Faktoren wird dann das Herzinfarktrisiko für jeden einzelnen errechnet und ihm mitgeteilt. Das Risikoprofil soll Personen unter einem vordergründig pädagogischen Aspekt motivieren, sich der Disziplinierung durch die eventuell ärztlich verordnete medikamentöse Behandlung und durch Techniken der Verhaltenskonditionierung (Gewichtsreduzierung, salzarmes Essen, Nichtrauchen, Sport) zu unterwerfen. Das Hauptproblem sehen die Interventionsforscher in der Bereitschaft der Belegschaften, an solchen Programmen mitzuwirken.

Kritisiert werden müssen diese vom Staat mit großen finanziellen und personellen Ressourcen ausgestatteten Interventionsstudien[35] aus verschiedenen Gründen. Einmal beruht das Interventionsschema auf Annahmen über Ursachen und Wirkungen, die wissenschaftlich fragwürdig sind. Die gewichtigeren Gründe, die gegen die Vorverlagerung von klinisch-individualtherapeutischen Praktiken im Sinne einer Erschließung von neuer Klientel für niedergelassene, mit dem Monopol auf Behandlung ausgestattete Ärzte (starke Zunahme der Niederlassung, erhöhte Konkurrenz) sprechen, sind sozial- bzw. gesundheitspolitische Überlegungen. Wenn Gesundheit bzw. Krankheit, wie Sozialepidemiologie und

Streßforschung zunehmend erkennen, zu einem hohen Grad von der gesellschaftlich produzierten und reproduzierten Umwelt abhängt, dann hat eine Politik der Prävention an diesen sozialen und ökonomischen Strukturen anzusetzen, um wirklich Vorbeugung leisten zu können. Der einzelne ist je nach seiner Position in der sozialstrukturellen Hierarchie im höchsten Grade den sozialökonomischen Bedingungen ausgeliefert; seine Möglichkeiten zur Kontrolle von Makrostrukturen sind minimal. Definiert man Krankheit als durch abweichendes Verhalten verursacht, so wird Krankheit, wie alle als deviant deklarierten und unter Strafe bzw. Staatskontrolle gestellten Verhaltensweisen, zum Objekt individuenzentrierter Präventionspolitik, insofern man ihr vorbeugen will. Die individualisierenden, verhaltensbezogenen Präventionsstrategien haben im Arbeitsschutz allerdings Tradition. In der Unfallforschung wurde eine Fülle von Arbeiten über sicherheitswidriges Verhalten und seine Beeinflussungsmöglichkeiten durch Schulung, Unterweisung und Konditionierung veröffentlicht.[36] Die psychologische Unfallforschung hat sich je nach den vertretenen Psychologiekonzepten mit dem »Risikofaktor« Mensch im Arbeitsunfallgeschehen befaßt. Einen breiten Raum hat das Postulat der individuellen, persönlichen Unfalldisposition eingenommen. Es wurden einzelne Eigenschaften, wie z. B. Konzentrationsvermögen, Sicherheitseinstellung, Intelligenz, motorische Koordination, Reaktionsfähigkeit oder auch typische Persönlichkeitsstrukturen (z. B. psychische Labilität) zu entscheidenden Gründen für Arbeitsunfälle erklärt. Eine besondere Vereinfachung erfuhr die psychologische Unfallforschung in der Theorie von der Unfällerpersönlichkeit.[37] 80 % der Unfälle sollen durch menschliches Fehlverhalten verursacht sein; nur die restlichen 20 % können angeblich auf technische bzw. auf organisatorische Arbeitsbedingungen zurückgeführt werden.

Dieser individualpsychologische Ansatz unterschlägt die entscheidende Frage nach der Arbeitsplatzgebundenheit des Unfallrisikos, nach der direkten Gefährdung durch die Arbeitssituation, sowie die Tatsache, daß gefährliches Verhalten vom Arbeitenden durch die Arbeitsbedingungen und -anforderungen in der Regel geradezu erzwungen wird. Gefährliches, unfallträchtiges und leistungsgerechtes Verhalten können an manchen Arbeitsplätzen identisch sein. Die widersprüchlichen Forderungen nach sicherheitsgerechtem Arbeiten einerseits und maximaler Produktivität andererseits werden häufig nicht systematisch als Faktoren von Unfallsicherheit in die Arbeitsvorbereitung und den Produktionsablauf eingeplant. Das Wägen und Wagen in dieser Konfliktsituation wird in der betrieblichen Hierarchie nach unten auf die Arbeitenden abgewälzt. Vorhandene Sicherheitsvorschriften bleiben daher abstrakt und abgehoben; ihre Einhaltung wird durch die faktischen Zwänge in der Arbeit, charakterisiert z. B. durch Mehrfachbelastungen und Zeitdruck, häufig vereitelt.[38] Die Theorie von der Unfällerpersönlichkeit und die Verengung auf verkürzte psychologische Konstrukte in der Unfallforschung und Unfallprävention wurden zwar durch sorgfältige empirische Studien eingehend kritisiert[39], aus den Ergebnissen sind jedoch bisher nicht die notwendigen Schlußfolgerungen gezogen worden.

Anmerkungen

1 Geigel, N. A., Hirt, L., Merkel, G., *Handbuch der öffentlichen Gesundheitspflege und der Gewerbekrankheiten*, Leipzig 1874, S. 383.

2 Hirt, L., *Die Krankheiten der Arbeiter*, 4 Bände, Breslau, Leipzig 1871–1878.

3 Frank, J. P., *System einer vollständigen medicinischen Polizey*, 6 Bände, Mannheim, Stuttgart, Wien 1779 bis 1819. Zu seinen Vorläufern siehe: Rosen, G., *Die Entwicklung der sozialen Medizin*, in: Deppe, H.-U., Regus, M. (Hg.), *Seminar: Medizin, Gesellschaft, Geschichte*, Frankfurt 1975, S. 79–131.

4 Rosen, a. a. O., S. 97.

5 Oesterlen, F., *Handbuch der medicinischen Statistik*, Tübingen 1865, 1872 (2. Auflage).

6 Karbe, K.-H., *Die Entwicklung der Arbeitsmedizin in Deutschland von 1780 bis 1850 im Spiegel der zeitgenössischen medizinischen Literatur*, Dissertation Karl-Marx-Universität, Leipzig 1978.

7 Rosen, a. a. O., Karbe, a. a. O.

8 Canguilhem, G., *Der Beitrag der Bakteriologie zum Untergang der »medizinischen Theorien« im 19. Jahrhundert*, in: Ders., *Wissenschaftsgeschichte und Epistemiologie*, hg. von W. Lepenies, Frankfurt 1979, S. 119.

9 Bundesminister für Jugend, Familie und Gesundheit (Hg.), *Daten des Gesundheitswesens*, Ausgabe 1980, Stuttgart, Berlin, Köln, Mainz 1980, S. 307, 308, *Frankfurter Rundschau* vom 5. 8. 1982.

10 Bloss, H., *Abgänge sozialversicherungspflichtig beschäftigter Arbeit-*

nehmer nach Berufen bis 1985 und 1990, in: *Mitt. AB 2/1979*, S. 166–177.

11 Blohmke, M., Reimer, F., *Krankheit und Beruf*, Heidelberg 1980, S. 282–286.

12 A. a. O., S. 283–287.

13 Bundesminister für Jugend, a. a. O., S. 155.

14 Wissenschaftliches Institut der Ortskrankenkassen (WIDO), *Der Verlust an Lebensjahren durch vorzeitigen Tod nach Krankheitsarten, 1952 und 1975*, Bonn 1979.

15 Abholz, H. H. (Hg.), *Krankheit und soziale Lage. Befunde der Sozialepidemiologie*, Frankfurt, New York 1976.

Müller, R., Volkholz, V., *Arbeitsbelastungen, arbeitsbedingte Erkrankungen und Frühinvalidität*, in: *Zbl. Arbeitsmedizin* 1980, S. 416–423.

16 Abholz, H. H., *Welche Bedeutung hat die Medizin für die Gesundheit*, in: Deppe, H.-U. (Hg.), *Vernachlässigte Gesundheit*, Köln 1980, S. 15–57.

17 Greiser, E., Hoffmeister, H., Laaser, M., Nüssel, E., *Interventionsstudie zur Prävention von kardiovaskulären Erkrankungen und Diabetes mellitus*. Unveröffentlichtes Manuskript 1978; zur Kritik siehe: Crawford, R., *Gesundheitsgefährdendes Verhalten: Zur Ideologie und Politik des Selbstverschuldens*, in: *Argumente für eine soziale Medizin, Argument* Sonderband 30, 1979, S. 6–29; Karmaus, W., *Das Konzept der Risikofaktoren als möglicher Beitrag zur Ätiologieforschung*, in: *Jahrbuch für kritische Medizin, Argument* Sonderband 37, 1979, S. 6–42.

18 Waltz, E. M., *Soziale Faktoren bei der Entstehung und Bewältigung von Krankheit – ein Überblick über die empirische Literatur*, in: Badura, B. (Hg.), *Soziale Unterstützung und chronische Krankheit. Zum Stand sozialepidemiologischer Forschung*, Frankfurt 1981, S. 41 ff.

19 Badura, B., *Zur sozialepidemiologischen Bedeutung sozialer Bindung und Unterstützung*, in: Badura, a. a. O., S. 13–39.

20 Nitsch, J. R., *Streßtheoretische Modellvorstellungen*, in: Nitsch, J. R. (Hg.), *Stress. Theorien, Untersuchungen, Maßnahmen*, Bern, Stuttgart, Wien 1981, S. 130.

21 Deppe, Z., Kannengiesser, U., Kickuth, U., *Arbeitsschutzsystem. Untersuchung in der Bundesrepublik Deutschland*, hg. von der Bundesanstalt für Arbeitsschutz und Unfallforschung, Bremerhaven 1980, 5 Bände.

22 Böhle, F., *Humanisierung der Arbeit und Sozialpolitik*, in: *Soziologie und Sozialpolitik, Kölner Zeitschrift für Soziologie und Sozialpsychologie*, Sonderheft 19, 1977, S. 290 ff.

23 Dohse, K., Jürgens, M., Russig, H., *Die präventive Wende der staatlichen Sozialpolitik. Formen des Unterlaufens und der Verkehrung auf Betriebsebene*, in: Veröffentlichungsreihe des Internationalen Instituts für vergleichende Gesellschaftsforschung, Wissenschaftszentrum Berlin, Oktober 1979.

24 A. a. O., S. 15.

25 Frevert, U., *Arbeiterkrankheit und Arbeiterkrankenkassen im Industrialisierungsprozeß Preußens (1840–1870)*, in: Conze, W., Engelhardt, U. (Hg.), *Arbeiterexistenz im 19. Jahrhundert. Lebensstandard und Lebensgestaltung deutscher Arbeiter und Handwerker*, Stuttgart 1981, S. 333–359.

26 Freidson, E., *Dominanz der Experten*, München 1975.

27 Illich, I., *Die Nemesis der Medizin*, Reinbek 1981.

28 Hirt, L., a. a. O.

29 Ackerknecht, E., *Rudolf Virchow*, Stuttgart 1957.

30 Karbe, a. a. O.

31 Klein, P., Labisch, A., Milles, D., Müller, R., *Zur Entwicklung der Arbeitsmedizin in Deutschland bis zum Ende der Weimarer Republik*, in: Hauß, F. (Hg.), *Arbeitsmedizin und präventive Gesundheitspolitik*, Frankfurt 1982, S. 28–40.

32 Valentin H. u. a., *Arbeitsmedizin*, 2. Auflage, Bd. 1, 1979, S. 179.

33 Lehnert, G., *Biologische Arbeitsstoff-Toleranz-Werte: Ein Konzept zur Individualprävention bei Exposition gegenüber gesundheitlichen Arbeitsstoffen*, in: *Arbeitsmedizin, Sozialmedizin, Präventivmedizin*, 11, 1980, S. 266–270. Schaller, K. H., Valentin, H., *Biologische Arbeitsstoff-Toleranz-Werte: BAT-Werte für Blei und seine anorganische Verbindung*, in: *Arbeitsmedizin, Sozialmedizin, Präventivmedizin*, 12, 1980, S. 277 bis 287.

34 Sendung des ersten Hörfunkprogramms des Norddeutschen Rundfunks am 1.7. 1982 um 15.10 Uhr über »Gen-Test am Arbeitsplatz«, *Frankfurter Rundschau* vom 1.7. 1982: *gen-Test für Angestellte*. Beckwith, J., *Genetik als soziale Waffe*, in: *Technologie und Politik* 17 (Biotechnik), Reinbek bei Hamburg 1981, S. 69–89.

35 Das Bundesministerium für Forschung und Technologie fördert eine multizentrische Interventionsstudie zur Prävention von kardiovaskulären Erkrankungen (siehe Anm. 17).

36 Skiba, R., *Die Gefahrenträgertheorie*, hg. von der Bundesanstalt für Arbeitsschutz und Unfallforschung, Dortmund 1973. Voelmer, G. R., *Risikoverhalten im innerbetrieblichen Transportsystem Kranführer – Kran*, herausgegeben von der Bundesanstalt für Arbeitsschutz und Unfallforschung, Dortmund 1974.

37 Plagemann, H., *Untersuchung psychologischer Unfallforschung*, in: Thomas, K., *Analyse der Arbeit*, Stuttgart 1969, S. 277.

38 Müller, R., Volkholz, V., *Mehrfachbelastung am Arbeitsplatz und Häufigkeit von Arbeitsunfällen*, in: *SIFKU-Informationen, Zeitschrift für sozialwissenschaftliche Katastrophen- und Unfallforschung*, Heft 3, 1980, S. 13–22.

39 Plagemann, a. a. O.

IV.
Verhaltensrisiken und Lebensrisiken

Eberhard Wenzel

Risikoverhalten

Einige Bemerkungen zu einem alltäglichen Phänomen

I.

Unter Risikoverhalten verstehe ich ein Verhalten, mit dem konfligierende Erwartungen/Interessen zwischen Repräsentanzen der sozialen Struktur bzw. Personen-(Gruppen) und dem Individuum bzw. Konflikte innerhalb des Individuums *kompensatorisch ausagiert* werden; das Risiko wird dabei *subjektiv* definiert nach dem ungefähr kalkulierbaren *persönlichen* Nutzen, nicht unbedingt nach dem Maß an sozialer Anerkennung bzw. Sanktion, das es nach sich ziehen könnte. Ziel des Risikoverhaltens ist nicht allein die Bewältigung der als konflikthaft interpretierten Erwartungen/Interessen bzw. sozialen Situationen, sondern auch die *subjektiv so definierte* Wiederherstellung psychischer und körperlicher Dispositionen, um erneut diesen konflikthaften Situationen (erfolgreich?) gegenübertreten zu können.

Mit dieser Definition von Risikoverhalten ist eine Reihe von Problemen verknüpft, die ich im folgenden nennen möchte, ohne sie im einzelnen im Rahmen dieser Arbeit bearbeiten zu können:

– Risikoverhalten wird ausschließlich unter subjektiven Gesichtspunkten gesehen. Es als Konfliktlösungsversuch zu interpretieren, auch und gerade unter der Bedingung, daß es selbst gesundheitsgefährdend sein kann, entnehme ich dem psychoanalytischen Erklärungsansatz (vgl. Horn u. a. 1981). Trotz der möglichen Gesundheitsgefährdung scheint das Subjekt, so Horn u. a., einen Krankheitsgewinn in seinem Verhalten zu vermuten. Auch wenn entwickelte Subjektstrukturen nach diesem psychoanalytischen Erklärungsmodell eng an die Bedingungen und Funktionen sozialer Systeme gekoppelt sind, bleibt eine soziologische Erklärung von Risikoverhalten zunächst nicht weiter ausgearbeitet.

– Risikoverhalten kann unter soziologischen Perspektiven rekonstruiert werden als Handlungsstrategie, mit der zielgerichtet die Interpretation normativer Orientierungen bis an ihre sozial tolerable Grenze getrieben wird. Es kann unter dem Gesichtspunkt seiner Systemfunktionalität betrachtet werden. Dabei ist die unterschiedliche Funktionalität in unterschiedlichen sozialen Sub-Systemen genauer zu untersuchen.

– Risikoverhalten muß schließlich unter dem Aspekt seiner schichtspezifischen Aufsplitterung gesehen werden. Wie und nach welchen Mustern wird schichtspezifisch Risikoverhalten realisiert? Und vor allem: Warum wird es innerhalb der verschiedenen sozialen Schichten von dem einen Teil in Kauf genommen, während es beim anderen gar nicht beobachtet werden kann?

– Risikoverhalten muß sozialpolitisch betrachtet werden. Es kann als Indikator für den Zustand gesellschaftlicher Verhältnisse angesehen werden, wobei zu untersuchen wäre, welche ökonomischen, ökologischen und kulturellen Faktoren es wesentlich beeinflussen. Gibt es einen Zusammenhang zum Beispiel zwischen Risikoverhalten und »flächendeckender« Gesundheitsvorsorge? Zwischen einem immer engeren sozialen Netz und dem Versuch, ihm teilweise zu entrinnen? Zwischen Arbeitsplatzstrukturen und Arbeitscharakter und Risikoverhalten?

Risikoverhalten – unter Berücksichtigung der genannten Probleme – vorschnell in die Rubrik »Konflikt- und Rückzugspotentiale« einzuordnen, würde nur einem Teil des Themas gerecht. Dann nämlich, wenn man es auf seine gesellschaftliche Funktionalität allein zurückführen wollte. Da die soziologische Diskussion über »abweichendes Verhalten«, soziale Normen und Interaktionsstrukturen, gesellschaftliche Funktionalität und Legitimationskrise, Arbeits- und Lebenssituation der Bevölkerung wesentlich fortgeschrittener ist als sozialpsychologische Beschreibungen und Analysen von alltäglichem Verhalten, halte ich es für angemessen, im folgenden eher auf der deskriptiven Ebene zu verbleiben[1], auch wenn ich mich damit der Kritik aussetze, ein kompliziertes, gesellschaftspolitisch weitreichendes Thema allenfalls an der Oberfläche zu berühren, ohne seinen Gründen und Ursachen nachzugehen.

2.

Rudolf zur Lippe schreibt in seiner Studie *Am eigenen Leibe*, es sei zwar klar, »daß es keine Prozesse ohne Risiken, kein vorversichertes Leben gibt, weil absolute Sicherheit absolute, d. h. tötende Planung voraussetzt« (zur Lippe 1978, 253); dennoch scheint es Prozesse in unserer Gesellschaft zu geben, die zunehmend soziales Leben und Lebensäußerungen planvoll, d. h. der Intention nach: rational, in den Griff bekommen. Von einer weitgehenden Rationalisierung gesellschaftlicher Prozesse und Institutionen ist die Rede. Politisch wird dies zum Beispiel positiv und als begrüßenswert dargestellt mit dem Hinweis darauf, »ein engmaschiges soziales Netz« entwickelt zu haben, das insbesondere den ökonomisch schwächeren Bevölkerungsgruppen Schutz und Hilfe zukommen läßt – der Sozial- bzw. Wohlfahrtsstaat als politisches Programm bzw. Label zur Kennzeichnung eines gesellschaftlich erarbeiteten Zustandes. Kein Zweifel, daß Sozialprogramme einen wichtigen Fortschritt der Gesellschaft darstellen; kein Zweifel auch, daß sie notwendig sind, ja, daß sie für einige Sektoren sogar noch ausgebaut werden müssen (z. B. gesundheitliche Versorgung, soziale und ökonomische Lage der Frauen, Integration bzw. Unterstützung von Minderheiten etc.). Es stellt sich freilich die Frage, ob nicht das Ausmaß an staatlicher Planung und Steuerung neben seinen positiven Effekten auch kontraproduktive Auswirkungen hat, die sich insbesondere auf der Ebene alltäglicher Interaktionen und Handlungen auswirken.

»Die vorherrschende Moral ist ökonomisch. Die Menschen werden danach eingeschätzt, wieviel sie produzieren und konsumieren, nicht danach, ob sie sich zu vitalen, lebensbejahenden Personen entwickeln. Das führt zu einem schleichenden Aushöhlungsprozeß im Inneren: Alles ist fixiert auf das magische Wirtschaftswachstum, das die notwendigen Mittel für die ständige Steigerung des Lebensstandards hervorbringen soll – und dieser ist so attraktiv, daß man kaum darauf achtet, wie sehr das Leben verarmt. Man folgt der Routine. Man funktioniert. Gleichzeitig greift die Leere zwischen den Menschen – und in ihnen – um sich«, so Hans Lohmann (1978, 329 f.) in einem Bericht an das schwedische Parlament über Probleme und Perspektiven des »psychischen Umweltschutzes«. Lohmann redet nicht dem Abbau sozialer Leistungen und Versorgungseinrichtungen das Wort, sondern wirft die Frage auf, ob sie nicht bisweilen ein Ausmaß an Zugriff auf die einzelne Person und ihre Handlungsweisen bzw. -chancen gewonnen haben, daß es den Menschen tendenziell unmöglich gemacht wird, *selbständig und aktiv* ihren Beruf, ihre Familie, ihre Erziehung, kurz:

ihr Leben in die Hand zu nehmen. Selbstverständlich bleibt auch im schwedischen Wohlfahrtsstaat ein Rest an Risiko bei jedem sozialen Prozeß erhalten; es könnte sich freilich um einen Rest handeln, der für die Menschen gar nicht mehr *reizvoll* ist, um sich in der *vorstrukturierten* Weise auf die eine oder andere Handlung einzulassen. Aus der Motivationspsychologie ist bekannt, daß die Bereitschaft zu lernen dann am größten ist, wenn zwischen Leistungspotential und Leistungsanforderung eine Beziehung besteht, die das Individuum erkennen läßt, daß es das angestrebte Ziel unter konzentriertem Einsatz seiner Fähigkeiten erreichen kann. Das heißt: Ein zu geringes Risiko, das Ziel zu erreichen, wirkt genauso lernhemmend wie ein zu großes. Ob sich diese Relation auf das hier zur Debatte stehende Problem »Risikoverhalten« übertragen läßt, ob zum Beispiel gesundheitsgefährdendes Risikoverhalten als Reflex auf zu geringe (oder zu hohe) Anforderungen, sich gesundheitsfördernd zu verhalten[2], interpretiert werden kann, bleibt angesichts der nicht vorhandenen empirischen Untersuchungen vorerst Spekulation. Wenn man auf die phänomenologische Ebene von Risikoverhalten eingeht, so empfiehlt sich aus sozialpsychologischer Sicht zunächst einmal eine Beschreibung dessen, was mit dem Begriff »Lebensstil« erfaßt werden könnte. Wie läßt sich die gesellschaftliche Situation beschreiben, wie der Alltag weiter Bevölkerungskreise unter dem Gesichtspunkt »Risikoverhalten« charakterisieren?

3.

»Die Mehrheit der Bürger fühlt sich allein gelassen. Hilflos. Bedroht. Die Regeln sind noch da, theoretisch eindeutig, aber wirksam oft nur noch als Ideologie. Die Richtung ist nicht erkennbar. ›Wo leben wir denn hier eigentlich?‹ ist eine Standardfloskel geworden« (*DER SPIEGEL* Nr. 3, Jg. 1982, 63). Und: »Die Mehrheit fühlt sich in der Klemme. Daß es ihr ›eigentlich gut geht‹, den meisten, ›ehrlich gesagt, so gut wie nie‹, erleichtert wenig. Im Gegenteil. Sie haben viel zu verlieren. Obwohl immer mehr zweifeln, ob tatsächlich alles Gewinn ist, was sie haben. Und ob sie nicht zu teuer dafür bezahlen.

Das ist die eine Seite der Klemme. Selbstzweifel. Zu viele machen nicht mehr mit. Die Jungen, die Frauen. Spuren nicht mehr einfach. Nun machen auch schon die Alten Rabatz, wollen nicht mehr bloß als ›Friedhofsgemüse‹ abgeschrieben werden, wie die Grauen Panther aus Wuppertal es ausdrücken. Und sie haben gute Gründe.

Die andere Seite: Der Laden läuft nicht mal mehr. Geldnöte? Die fangen bei den meisten gerade an. Aber es wird wieder gerechnet. ›Noch‹ und ›noch nicht‹. Plötzlich wirft mancher einen neuen Blick auf die eigene Firma. Steht sie etwa auch schon ein bißchen schräg in der Wirtschaftslandschaft?« (*DER SPIEGEL* Nr. 3/1982, 65).

Sinkendes Wirtschaftswachstum, Inflation, Arbeitslosigkeit, Überdruß an der Bürokratie und deren Gängelung, Angst vor anonymen Wohnsiedlungen, zu große Schulen und selten Jugendzentren (dann meist nicht einmal selbstverwaltet), leere politische Floskeln der Regierenden und der Opposition, Steuerbegünstigung und Steuerhinterziehung großen Stils – die Liste ließe sich noch lange fortsetzen. Was ich andeuten möchte: Die Lebensverhältnisse in der Bundesrepublik Deutschland wandeln sich; was sich freilich noch mehr gewandelt hat, sind die Wahrnehmungen und Einstellungen ihrer Bürger zu dem, was sie alltäglich erleben. Es wird wieder registriert, wann und warum etwas politisch geschieht, in welchem Ausmaß es jeden einzelnen betrifft und womöglich trifft. Die Bereitschaft, sich mit Problemen der engeren Umgebung sozial, politisch, ökologisch auseinanderzusetzen, ist gestiegen. Zugleich aber auch die Niedergeschlagenheit, das Entsetzen, die Frustration darüber, wie staatliche Institutionen mit ihren Bürgern umspringen, sobald diese sich zusammenschließen. Gorleben, Startbahn West in Frankfurt, Main-Donau-Kanal, Wyhl – ein paar Ausschnitte von vielen Initiativen, in denen Menschen aller Schichten und jeden Alters sich zusammengetan haben, um gegen massive Veränderungen ihrer direkten Lebenszusammenhänge politisch zu kämpfen. Diejenigen, die es (noch) nicht so betrifft, sehen derweil im Fernsehen die Berichte darüber, wundern sich, daß diese Leute sich so aufregen (»ist doch gar nicht so tragisch«) – und greifen zum Bier, zur Zigarette, zum Schnaps oder zur Pralinen-Schachtel. Am Stammtisch sind sie bereit, über den Staat zu schimpfen, daß er sich ständig in ihr Privatleben einmischt, die Sozial- und Arbeitslosenversicherungskosten steigen – um häufig nach einem gewissen Alkoholkonsum resigniert festzustellen: »Da kann man eben doch nichts machen!« Dieser Satz läutet in der Folge eine neue Runde Bier ein. Lösungen sind nicht in Sicht. Also wird die Zeit damit verbracht, sich angesichts der vermehrt und intensiver auftretenden Konflikte eine relativ entspannte Stunde zu genehmigen.

Währenddessen treffen sich Jugendliche in Kneipen, Discos, auf der Straße, haben »null Bock auf nichts«; überlegen, wie sie die Zeit totschlagen sollen, lassen ihre Motorräder und Autos aufheulen, veranstalten mal schnell ein kleines Rennen. Andere haben sich längst von solchen sozialen Ereignissen zurückgezogen, mißbrauchen Medikamente, Drogen aller Art – und dösen in der Ecke einer völlig unklaren, perspektivlosen Zukunft entgegen.

Horrorvisionen? Ja und nein. Denn schließlich muß festgestellt werden, daß nicht alle Menschen in der Bundesrepublik so denken bzw. sich so verhalten. Nicht einmal um schichtenspezifisches Verhalten handelt es sich. Auch die Frage, in welchem Ausmaß solche Einstellungen und Verhaltensweisen verbreitet sind, kann nicht beantwortet werden, weil entsprechende sozialwissenschaftliche Untersuchungen nicht vorliegen. Allenfalls Andeutungen, wie z. B. in der SHELL-Jugend-Studie '81, sind zur Zeit zu erhalten. Oder aus der ansteigenden Tendenz des Alkohol- und Drogenmißbrauchs kann geschlossen werden, daß es den Menschen in der Bundesrepublik zumindest psychisch nicht so gut geht, wie häufig angenommen wird.

Streß am Arbeitsplatz, unzureichende Wohnverhältnisse, korrodierende Familienstrukturen, Ausbildungsplatzmangel etc. sind weithin bekannte Phänomene des gesellschaftlichen Alltags. Die Zahl der Konflikte zwischen gesellschaftlichen Interessen, ihrer jeweiligen Manifestation und subjektiven Bedürfnissen muß als ansteigend betrachtet werden. Aber auch die Konflikte zwischen gesellschaftlichen Institutionen, die auf dem Rücken der Bevölkerung ausgetragen werden, dürften bei den schärfer werdenden Verteilungskämpfen an Ausmaß und Intensität zunehmen. Das Konfliktpotential muß nicht notwendig größer werden, es wird freilich umfassender ausgeschöpft, als es noch vor Jahren der Fall war.

In dieser Skizze wird deutlich, daß der Lebensstil bzw. die verschiedenen Lebensstile in der Bevölkerung von gesellschaftlichen Problemen wesentlich beeinflußt werden. Wahrnehmung, Bearbeitung und mögliche Lösung der Konflikte haben sich gewiß in den vergangenen Jahren insofern verändert, als der einzelne sich immer weniger ihnen entziehen kann. Ob er sie bearbeiten kann oder gar lösen, steht auf einem anderen Blatt.

4

Bevor ich näher darauf eingehe, welche subjektive Funktion Risikoverhalten angesichts der skizzierten Lebensbedingungen annehmen kann, halte ich es für erforderlich, kurz auf den Begriff
»Lebensstil« (»Lifestyle«) einzugehen. Insbesondere in der medi-
zinsoziologischen Literatur wird seit kurzem dieses Konzept eingeführt, ohne es allerdings soziologisch zu erläutern. Unter »Lebensstil« wird dort häufig Verhalten verstanden, das als gesundheitsfördernd bzw. -gefährdend eingeschätzt wird. Lebensstil ist
dann ganz einfach Rauchen, Trinken, Essen, Sport, Freizeitaktivi-
täten u. ä. (vgl. McGann 1980). Die begriffliche Unschärfe, die der
Begriff »Stil« bekommt, nämlich: ein Synonym für Verhaltenswei-
se, läßt »Lebensstil« als analytischen Begriff völlig aus dem Blick.
   Ich schlage demgegenüber vor, daß unter Lebensstil das Ensemble
normativer Orientierungen und Handlungsstrukturen verstanden
wird, das im Zuge von biografisch strukturierten Sozialisations-
prozessen als Auseinandersetzung zwischen Subjekt und gesell-
schaftlicher/natürlicher Umwelt entsteht; Lebensstile beschreiben
Handlungschancen und -potentiale auf der strategischen Ebene
und sind auf der subjektiven Ebene Ausdruck von Motivations-
konstellationen. Im Lebensstil sind die sozialstrukturellen Lebensbedingungen und ihre subjektiven Deutungsmuster in Form
von Handlungsstrukturen aufgelöst, d. h., der Lebensstil ist Ausdruck einer spezifischen sozialen Lage und der in ihr entwickelten
motivationalen Dispositionen.
   Risikoverhalten ist demzufolge *ein* Ausschnitt des Lebensstils eines Menschen. Es steht in funktionalen Beziehungen zu anderen
Handlungen; über den Grad seiner Abhängigkeit bzw. Unabhängigkeit von ihnen läßt sich im Moment nur spekulieren. Nach der
Untersuchung von Horn u. a. (1981) ist jedoch anzunehmen, daß
Risikoverhalten, Persönlichkeitsstruktur, Lebens- und Arbeitsbedingungen in engem Verhältnis zueinander stehen. In ihrer Studie
The Homeless Mind. Modernization and Consciousness entwickeln
Berger, Berger & Kellner (1974) den Gedanken, daß technologische und institutionelle Entwicklungstendenzen in modernen Gesellschaften auf der Ebene von Subjektstrukturen ihre Entsprechung finden. Die zunehmende Rationalisierung und Funktionali-
sierung der Lebensverhältnisse fördere z. B. Protestformen innerhalb der Bevölkerung, die stark emotional geprägt sind, d. h. mit

denen die Anteile von Lebensäußerungen wieder mobilisiert werden, die gesellschaftlich immer mehr ausgeblendet werden. Wie sich Risikoverhalten als Teil eines Lebensstils realisiert, soll im folgenden näher betrachtet werden.

5.

»Unseren Körper nur als transportables Gestell zum Aufstellen des Kopfes zu benutzen, ist widernatürlich, kann man sagen« (zur Lippe 1978, 159). Das Verarbeitungspotential der kognitiven Strukturen ist nicht so groß, daß mit ihm alle Informationen, Erfahrungen, Erkenntnisse und Konflikte, die jeder Mensch tagtäglich aufnimmt, bewältigt werden können. Rationalität als Zielgröße gesellschaftlicher (Handlungs-)Systeme ist rundherum nicht zu realisieren. Daß sie dennoch angestrebt wird, daß ihre Reichweite bis in alltägliche Interaktionen führt – und daß damit physische und psychische Bereiche menschlicher Lebensäußerungen tendenziell stigmatisiert werden –, dürfte einer der Gründe sein, warum Menschen so scheinbar »unvernünftig« sich verhalten, warum sie sich und ihre Gesundheit, ihren Arbeitsplatz und ihre soziale Sicherheit gefährden. In der ständigen Anforderungssituation lebend, allem und jedem »gerecht« zu werden, d. h., soziale Situationen und in ihnen manifest werdende Beziehungen zu anderen Menschen jeweils rational, problemadäquat, vernünftig zu bewältigen, stellt für zunehmend mehr Menschen eine Überforderung ihrer psychischen Kapazitäten dar. Konflikte entstehen, breiten sich aus.

Man kann sich die Entstehung und den Verlauf solcher Konflikte relativ leicht vor Augen halten: Am Arbeitsplatz werden aus wie immer gearteten Gründen bestimmte Umstrukturierungen notwendig; es werden keine Personen entlassen, aber bestimmten Arbeitern werden neue Arbeitsaufgaben zugewiesen, die von diesen als Verschlechterung ihres Status und ihrer Arbeitsbedingungen angesehen werden. Eine innerbetriebliche Klärung kann in diesem Fall nicht herbeigeführt werden, weil alle Maßnahmen mit Zustimmung des Betriebsrates getroffen wurden. Diese Konfliktsituation wird z. B. von der einen Person einfach verdrängt; sie resigniert und meint, da könne man eben nichts machen. Eine andere Person reagiert auf diesen Konflikt dadurch, daß sie zu Hause sich in Rage redet, plötzlich die Kinder anschreit, der Ehefrau Vorwürfe macht, daß das Essen nicht schmecke etc.; es findet eine Verlagerung des Konflikts in das Familienleben statt, der dort neue Schwierigkeiten hervorruft, die angesichts des massiven emotionalen Ausbruchs des Mannes nicht geklärt werden können. Der Konflikt eskaliert subjektiv dadurch, daß sowohl die Konfliktfelder als auch die Konfliktparteien ausgeweitet werden; schließlich geht eine Intensivierung damit einher. Die gespannte Situation kann in diesem Moment nicht reduziert werden; das bedeutet, daß die Handlungsfähigkeit des Mannes, eine rationale Konfliktlösung herbeizuführen, beeinträchtigt ist; er kann den sozialen Erwartungen nicht mehr entsprechen. Relativ häufig wird als Strategie zur Beruhigung der Situation und zur eigenen Aggressionsabfuhr der Weg in die Kneipe gewählt – bzw., wenn dies nicht möglich ist, wird in der Wohnung selbst Alkohol getrunken. Diese »Selbst-Beruhigung« kann Erfolg haben; sie kann aber auch zu einer Verschärfung der Situation beitragen, weil zunehmender Alkoholkonsum Bereiche der Persönlichkeit an die Oberfläche treten läßt, die ansonsten relativ gut kontrolliert sind. Es könnte zur Auseinandersetzung über längst »vergessene« Probleme, Kränkungen kommen. In dieser Situation findet eine starke Gefährdung der Beziehung statt, die Familienstruktur kann zur Debatte stehen. Angesichts der damit verbundenen realen Bedrohung der eigenen sozialen und emotionalen Sicherheit, wird auf eine weitere Konfliktaustragung verzichtet.

So und anders, zu anderen Gelegenheiten mit anderen Themen, mit mehr oder weniger Konfliktparteien dürften in der Bundesrepublik täglich Millionen sozialer Konflikte stattfinden. Und die skizzierte »Bearbeitungsform«, durch Genußmittel die Situation subjektiv erträglicher zu machen, dürfte ebenfalls recht häufig auftreten; vor allem auch deshalb, weil in unserer Kultur der Genuß von Alkohol bei bzw. nach massiven Konflikten durchaus akzeptiert ist.

Auf der subjektiven Ebene entwickelt sich dadurch freilich eine Tendenz, die sich folgendermaßen charakterisieren läßt: Konflikte zwischen Personen treten zwar auf, aber »richtig« bearbeiten kann man sie nicht; in ihren Auswirkungen auf die eigene Person werden sie als bedrohlich erlebt; sie machen unsicher, erzeugen Spannung: In dieser Situation kann man nicht mehr rational, vernünftig argumentieren und handeln. Um die aggressive Situation zu dämpfen, empfiehlt es sich, aus der Situation herauszugehen – z. B. dadurch, daß man die Wohnung verläßt und in die Kneipe geht oder auch dadurch, daß man in ein anderes Zimmer geht und ein Bier trinkt: Alkohol beruhigt. Wird diese Erfahrung zunehmend gemacht, tritt vielleicht sogar noch Tabakkonsum dazu, kann sich ein Verhaltensmuster entwickeln, das Konflikte einer bewußten Bearbeitung nicht einmal versuchsweise zuführt, sondern gleich der Verdrängungsarbeit anheimstellt. Das, was an alltäglichen Problemlagen entsteht, wird nicht mehr als Konflikt erkannt, der diskutiert und gegebenenfalls gelöst werden kann. Sie werden als Ereignisse wahrgenommen, auf die eine bestimmte Verhaltensreaktion, ein bestimmter Handlungsablauf eingestellt sind. Der Konflikt wird ausagiert, indem gesundheitsgefährdendes Risikoverhalten als Strategie angewandt wird.

Der Intention nach wird mit diesem Risikoverhalten der Versuch unternommen, die entstandenen Konflikte aus dem Weg zu schaffen, die eigene Verunsicherung zu beheben, um sich wieder in den Stand zu versetzen, in der nächsten Situation – sei's am nächsten Tag im Betrieb, sei's in der Familie oder mit Freunden/Bekannten – handlungs- und interaktionsfähig zu sein. Bösartig formuliert: Subjektiv liegt in diesem Risikoverhalten sowohl die Therapie als auch die Rehabilitation.

Nun könnte man einwenden, daß die im Beispiel skizzierte Konfliktsituation und deren Bearbeitung bzw. Nicht-Bearbeitung durch Risikoverhalten erstens in dieser schematischen, undifferenzierten Weise kaum realistisch sind; und daß zweitens Risikoverhalten an sich nichts anderes sei als probleminadäquates Verhalten, z. B. Konfliktvermeidungsverhalten bzw. Konfliktverdrängung. Dem ersten Einwand würde ich zustimmen; in dem Beispiel sollte nur angedeutet werden, daß Risikoverhalten nicht an sich entwickelt wird, quasi ein eigenständiger Verhaltensbereich ist, sondern als Ausschnitt eines Lebensstils sowohl sozial-strukturell als auch biografisch bedingt und entwickelt zu untersuchen ist. Der zweite Einwand trifft meines Erachtens deshalb nicht zu, weil mit dem Konzept »Risikoverhalten« zum Beispiel Konfliktvermeidung oder -verdrängung nicht ersetzt werden, sondern eher eine bestimmte Strategie für z. B. Konfliktvermeidungsverhalten bezeichnet wird. Darüber hinaus wird zwar nach meiner These Risikoverhalten in und durch Konflikte entwickelt, es erhält allerdings im Zuge der biografischen Entwicklung einen auch konfliktunabhängigen Status, d. h., es wird auch in Situationen zum Ausdruck gebracht, in denen offensichtlich gar kein Konflikt wahrnehmbar ist. Dies läßt sich gerade bei riskantem Verhalten wie Genußmittelkonsum nachweisen. Risikoverhalten wird schrittweise habitualisiert; es bleibt zwar an seinen Entstehungszusammenhang gebunden, kann in der Folge allerdings immer wieder über ihn hinausreichen; im extremen Fall von suchtabhängigem Genußmittelkonsum kann sogar der Entstehungszusammenhang fast völlig in den Hintergrund treten.

6.

Risikoverhalten als gesundheitsgefährdendes Verhalten zu beschreiben, scheint einleuchtend zu sein. Ob damit subjektiv immer ein Nutzen verknüpft sein muß, ist eher fraglich. Was subjektiv und in der jeweiligen Situation als positiv erlebt wird, kann im Zuge ständiger Wiederholung durchaus zu einer Reihe negativer Effekte führen, die letzten Endes dann auch subjektiv nicht mehr negiert werden können. Der Versuch, physische und psychische Dispositionen durch riskantes Verhalten wiederherzustellen bzw. zu meinen, sie wiederherstellen zu können, um im Alltag zu bestehen, wird auf Dauer zu einem kontraproduktiven Ergebnis führen. Subjektive Abwehrstrategien (»Mir wird das nicht passieren, ich werde nicht drogenabhängig!«) signalisieren, daß diese Gefahr durchaus gesehen wird. Offensichtlich spielt jedoch die Zeitperspektive, d. h. der Zeitpunkt, an dem kontraproduktive Effekte erwartbar sind, eine wesentliche Rolle. Regelmäßig Alkohol zu trinken – und zwar in erheblichen Mengen – sowie ein entsprechender Tabakkonsum führen erst nach Jahren zu gesundheitlichen Beeinträchtigungen, die als solche subjektiv wahrgenommen werden. Was in meiner Definition als »Nutzen« bezeichnet wurde, meint einen unmittelbaren, direkt auf das Verhalten folgenden Nutzen, der subjektiv in der jeweiligen Situation sicher höher eingeschätzt wird als der in ferner Zukunft zu erwartende Schaden. Dies ist charakteristisch für die Ausprägung von Risikoverhalten. Das zu kalkulierende Risiko ist bei seinem Auftreten relativ günstig einschätzbar, d. h., »riskante Situationen« sind tendenziell interpretiert als »win«-Situationen. Daß sich später herausstellen wird, wie sehr sie bereits zu diesem Zeitpunkt – und für spätere noch viel mehr – »no win«-Situationen waren, steht für das handelnde Subjekt in diesem Moment nicht zur Debatte.

Daß »no win«-Situationen für gesundheitsgefährdendes Risikoverhalten letzten Endes charakteristisch sind, ganz gleich, ob es sich um längere Zeitphasen von übermäßigem Trinken, Rauchen oder Medikamenten-Konsum handelt, scheint auf der Hand zu liegen. Nun kann der Begriff »Risikoverhalten« nicht ausschließlich unter dem gesundheitsgefährdenden Aspekt betrachtet werden. Risikoverhalten als ein Ausschnitt des Lebensstils kann durchaus auch produktive Effekte erzeugen, zumindest solche Effekte, die nicht ohne weiteres als gesundheitsgefährdend eingeschätzt werden können.

7.

Risikoverhalten, d. h. sich als Person in einer Konfliktsituation riskieren, muß nicht notwendig heißen, daß das Ausagieren des Konflikts im Genußmittelkonsum endet. Dies mag eine der vorherrschenden Formen von Risikoverhalten sein; daß es nicht die einzige ist, soll hier angesprochen werden. Wenn man die oben skizzierte soziale und politische Situation in der Bundesrepublik Deutschland akzeptiert, d. h., wenn es richtig ist, daß die Durchrationalisierung von Staat und Gesellschaft einen Grad angenommen hat, der auf der Ebene täglicher Handlungen und Interaktionen ganze Verhaltensbereiche und Wahrnehmungen stigmatisiert, dann sind Formen des sozialen und politischen Widerstandes zu erwarten, die nicht nur subjektiv, sondern auch objektiv Risikoverhalten darstellen. Wo soziale und politische Konflikte nicht mehr diskursfähig sind – und dieses Stadium hat sich in einigen Fällen in der Bundesrepublik bereits eingestellt (Hausbesetzungen, Atomkraftwerke, Umweltzerstörung) –, ist mit nicht nur individuellem, sondern kollektivem Risikoverhalten zu rechnen, dessen Ziel darin besteht, Lebensbedingungen wiederherzustellen, die sowohl dieses Risikoverhalten nicht hervorrufen als auch anderes, gesundheitsgefährdendes nicht provozieren. Riskant ist das Verhalten vor allem aus zwei Gründen: Erstens stellt jede soziale und politische Auseinandersetzung, schon gar wenn sie den Charakter von Widerstand annimmt, eine erhebliche Verunsicherung, Beeinträchtigung des entwickelten Lebensstils dar; die Gefährdung der

eigenen sozialen Sicherheit, des sozialen Status, der sozialen Netz-
werke – dies wäre die subjektive Seite des Risikos; zugleich gewinnt solches Risikoverhalten als Form sozialen und politischen
Kampfes für die Repräsentanten von Staat und Gesellschaft den
Charakter von »abweichendem«, womöglich »kriminellem« Verhalten. Für diese Fälle sind juristische Maßnahmen vorgesehen,
um Staat und Gesellschaft (vor ihren eigenen Bürgern) zu schützen. Auch wenn die etablierten Arenen zur Konfliktaustragung
und -lösung nicht mehr als funktionsfähig und effektiv angesehen
werden, besteht – wenigstens nach Auffassung herrschender
Kreise – keine Notwendigkeit, geschweige denn Berechtigung,
den Konflikt auf andere Weise auszuagieren. Wer dies dennoch
tut, riskiert zumindest heutzutage, strafrechtlich verfolgt zu werden. So gesehen, stellt – zynisch formuliert – dieses Risikoverhalten zwar auch eine Gesundheitsgefährdung dar. Seine motivatio-
nale Basis und die Form seiner (kollektiven) Realisierung unterscheiden es allerdings erheblich von der Form der Konfliktausagie-
rung, die ich weiter oben beschrieben habe. Riskantes Verhalten in
diesem Sinn kann kurzfristig sowohl eine »win«- als auch eine »no
win«-Situation zur Folge haben; dasselbe gilt für langfristige Perspektiven. Ein Grund für diese relativ unklare Situation liegt darin,
daß politische Entwicklungen schwer abschätzbar sind, weil sie
allzu eng an soziale, ökonomische und ökologische Prozesse gebunden sind. Ein weiterer Grund kann darin gesehen werden, daß
der Nutzen dieses riskanten Verhaltens auch auf anderen Gebieten
liegen kann: Kennenlernen neuer Leute, Entwicklung eines anderen Lebensstils u. a. m.

8.

Ob Risikoverhalten gesundheitsgefährdend ist oder nicht, spielt
offensichtlich für staatliche Agenturen keine Rolle. Wesentlich für
sie ist, daß es verhindert (Prävention) bzw. verändert (Intervention) wird. Bemerkenswert an dieser Politik ist, daß sie das Phänomen als Ursache nimmt, d. h., sie folgt einer Strategie der Symp-
tombehandlung. Daß Risikoverhalten wesentlich *ein* Indikator
dafür ist, welchen sozialen, ökonomischen, ökologischen und kulturellen Status eine Gesellschaft hat, kommt dieser Politik nicht in
den Sinn. Was wir in der Bundesrepublik brauchen, ist nicht eine

Prävention bzw. Intervention gesundheitsgefährdender Verhaltensweisen, sondern eine Veränderung derjenigen gesellschaftlichen Strukturen, die diese Verhaltensweisen wesentlich hervorbringen.

Anmerkungen

1 Vgl. zum Beispiel Dreitzel (1980), Habermas (1973), Osterland u. a. (1973), die in ihren Arbeiten das Thema soziologisch diskutieren, ohne allerdings den Begriff »Risikoverhalten« zu verwenden.

2 Problematisch an diesem Beispiel ist, daß es keine eindeutigen Hinweise darauf gibt, was »gesundheitsfördernd« ist; in den meisten Fällen wird hier ganz einfach gesagt: »nicht zu viel«, aber auch nicht »zu wenig«. Anders sieht es da schon bei den »Gesundheitsgefährdungen« aus, auch wenn im Detail noch vieles zu klären ist.

Literatur

Berger, P. L., Berger, B., Kellner, H., *The Homeless Mind. Modernization and Consciousness*, London 1974.

DER SPIEGEL, *Die Angst der Deutschen. Bericht über die Stimmungslage der Nation*, Hamburg 1982, Heft 3 ff.

Dreitzel, H. P., *Die gesellschaftlichen Leiden und das Leiden an der Gesellschaft. Eine Pathologie des Alltagslebens*, Stuttgart 1980 (3., neubearbeitete Auflage).

Habermas, J., *Legitimationsprobleme im Spätkapitalismus*, Frankfurt 1973.

Horn, K., Beier, Ch., u. Kraft-Krumm, D., *Gesundheitsverhalten und Krankheitsgewinn bei sozial Unterprivilegierten. Barrieren und Chancen für Veränderungsmöglichkeiten*, Frankfurt 1981 (unveröff. Manuskript, im Auftrag der Bundeszentrale für gesundheitliche Aufklärung, Köln).

zur Lippe, R., *Am eigenen Leibe. Zur Ökonomie des Lebens*, Frankfurt 1978.

Lohmann, H., *Krankheit oder Entfremdung? Psychische Probleme in der Überflußgesellschaft*, Stuttgart 1978.

McGann, B., *Behavior, Health and Lifestyle. The Meaning of Human Health and the Essential Factors Which Enhance It*, Dublin 1980.

Osterland, M., u. a., *Materialien zur Lebens- und Arbeitssituation der Industriearbeiter in der BRD*, Frankfurt 1973.

Manfred Max Wambach

Alternative Lebensstile
als verkehrsgeregelte Lebensweisen?

Randnoten zum Risikoverhalten

»Vorbeugen ist besser als eine Glatze!«

Slogan im Werbefernsehen (Februar 1982)

Welchen Stellenwert kann Prävention bei einem Raucher haben, dem man nach den neuesten WHO-Rezepten durch die Propagierung eines alternativen Lebensstils, in dem die gesundheitsschädliche Zigarette keine Rolle spielt, das Qualmen verleidet, der an seinem Arbeitsplatz, beispielsweise an einem Hochofen, jedoch einer »Orgie« krankmachender Dämpfe ausgesetzt ist?

Ich will eine solche Frage gar nicht präzise formulieren, geschweige denn, daß ich für ihre Beantwortung hier etwas leisten möchte; mir geht es einzig und allein darum, mich einzulassen auf die Prämissen der Gesundheitsvorsorge, die mit dem Schema der Risikoverminderung arbeitet; mir geht es um die Konsequenzen, die aus der immanenten Logik ihres Verhütungsbetriebs folgen. Ihre augenblickliche reale Wirksamkeit scheint mir von geringem Interesse zu sein.

Weniger Eier, weniger Bier (kleine Dosen von Alkohol schützen nachgewiesenermaßen vor Arteriosklerose), keine Zigaretten, keine sexuellen Exzesse (ein bißchen Beischlaf beugt jedoch dem Prostatakrebs vor), nicht weniger als sieben Stunden Schlaf, ausgiebig »angemessen« frühstücken, täglich das Gewicht kontrollieren und spazierengehen, nicht zwischen den Mahlzeiten naschen – von dieser Art sind die praktischen Tips, mit denen sich die Risikofaktoren-Medizin um die Dimension einer Volksgesundheitspädagogik erweitert hat.

Prävention wofür? Was soll erreicht werden? Was auch immer an Zielen »kürzester Reichweite« genannt werden mag (Hebung des aktuellen Wohlbefindens), die eigentliche Zielsetzung besteht darin, die Sterblichkeitsrate in einem bestimmten Zeitraum um so und soviel Prozent zu senken. Soll das auch heißen, das Leben bis zum Nungehtnichtsmehr zu verlängern? Dem Tode kann man nicht prävenieren. Und der Spruch »Beuge vor, dann wird das Ende nicht so schlimm«, ist eher von theologischer denn medizinischer Bedeutung. Man könnte einer solchen Weisheit entgegnen: Ein schlimmes Ende ist normal, denn das Ende ist ja das Schlimme. Wenn man an die als Senioren diffamierten alten Menschen denkt, stellt sich die Frage so: Was haben die durch Risikovermeidung Verlängerten zu erwarten? In einer Zeit, in der zwar aus begreiflichen Gründen der Anteilnahme am sozialen Schicksal der Senioren politisch gefrönt wird, der Diskurs über Sterbehilfe und soziale Euthanasie jedoch auf ein Einverständnis gegen sie schließen läßt, muß Prävention in einem merkwürdigen Licht erscheinen. Gegen die abstrakte Sterblichkeitsrate steht die individuelle Sterblichkeit als Natursubstrat, ein außergesellschaftliches Potential gegen das sich letzten Endes keine Vorkehrungen vergesellschafteter Art treffen lassen.

Wenden wir uns den Gewöhnlichkeiten der Risikovermeidung des Normalbürgers mittleren Alters zu, dessen Verwertbarkeit zu erhalten lohnen mag. Ist der sogenannte Lebenskünstler, der mit Witz und Verstand zu überleben trachtet, ein hoffnungslos rückständiger Laie, eine verzopfte Kreatur? Man kann sich des Eindrucks nicht erwehren, daß zur Technik und Finalität der Risikovermeidung ein tüchtiger Schuß Professionalität gehört, zumindestens jedoch die Bereitschaft, sich professionellen, didaktisierten Ratschlags zu befleißigen. Es gehört Training dazu, bewußt, willentlich und antizipativ bestimmte Verhaltensweisen als Risikofaktoren zu kalkulieren, die Selbstdisziplinierungen mit prognostischen Berechnungen zu verbinden. In der Interpretation für Gläubige: Nachdem Kranken-, Sozial- und andere Versicherungen die merkwürdige Tradition des himmlischen Buchhalters vergessen gemacht haben, kann jeder fortschrittliche Mensch seine Risiken mit dem Heimcomputer errechnen.

Die persönliche Ökonomie der Risikovermeidung liegt im Grunde auf der Linie, das fungible Individuum zu trainieren, das alle Paradoxien seiner Existenz zu bewältigen fähig ist: in sich selbst verliebt und gegen sich selbst gleichgültig, »wahnsinnig« subjektiv und kreativ, aber für seine Brauchbarkeit hochsensibilisiert; offen für alles, gegen alle Irritationen seiner selbst jedoch abgesichert. Gewiß erscheint hier ein im Zuge universeller Rationalisierung und Disziplinierung abermals transformierter Typus von Mensch, der »freiwillig« rationellen Regeln folgt und seine Imponderabilien gewissermaßen selbst verwaltet; aber zu vermuten, daß dieser Besitzer alternativer Lebensstile den gesellschaftlichen Effekt einer globalen Präventionskultur hervorrufen könnte, erscheint reichlich naiv. Angesichts der herrschenden Verhältnisse wird Risikovermeidung ohne Kontrolle nicht funktionieren, wie immer stehen die Medien, Geld und Gesetz bereit. Wie kann das vor sich gehen? Zunächst sind Rabatte oder Zuschläge zu Versicherungsleistungen möglich. Im präventionsbesessenen Musterstaat Schweden ist bereits einer Versicherungsgesellschaft konzediert worden, Sondertarife für Lebensversicherung denjenigen einzuräumen, die sich verpflichten, neben dem vollständigen Verzicht auf Tabak und Alkohol vorgeschriebene körperliche Ertüchtigungen abzuleisten. Die nach dem geliebten Vorbild der USA entworfenen, aggressiven Konzepte der Präventivmedizin werden neuerdings auch in der Bundesrepublik vertreten: Ein Vorschlag des deutschen Kassenärzteverbandes verlangt, Raucher oder Trinker, die an Herz- und Kreislaufleiden erkranken, mit einem Risikozuschlag zu belegen. Abgesehen von der Tatsache, daß man zwischen möglichen Gesundheitsgefahren durch Tabak oder Alkohol und anderen möglichen Krankheitsursachen überhaupt nicht trennen kann und daher eine Grenzziehung willkürlich sein wird, bleibt die Frage, wer mit welchen Methoden und an welchem Ort feststellen soll, ob der einzelne raucht oder trinkt. Sollen das Mandat dazu allein die Ärzte erhalten, soll mit geteiltem Mandat gearbeitet werden? Sollen die Krankenkassen die Überwachungsmaßnahmen organisieren? Alle weiteren Ausführungen zu diesem Problem sind überflüssig, denn jeder kann sich ausmalen, welche sozialen Folgen solche notwendigerweise umfassende Kontroll- und Überwachungsmaßnahmen zeitigen werden.[1]

Anmerkung

1 »Viele präventiv therapierte ›Risikoträger‹ haben bei der Nutzung dieser Angebote zugleich Formen sozialer Kontrolle erfahren, die mit der Realisierung solcher Eingriffe verbunden sind.« So in: Abholz, H.-H., u. a. (Hg.), *Risikofaktorenmedizin. Konzept und Kontroverse*, Berlin, New York 1982, S. V.

Wolfgang Deubelius

Leben gegen den Tod:
Krimineller, Anti-Autoritärer, Rockstar

Vorbemerkung

In einer Gesellschaft von Pflichtversicherten entgeht niemand dem Zwang zur Anpassung ans gesetzte Mittelmaß. In der täglichen Reproduktion der Monotonie des Alltagslebens sehnen wir uns nach dem »Blitzschlag des Abenteuers«. Der aber, behaupten zwei gewitzte Gedankenjäger, erwarte uns, wenn überhaupt, nicht etwa auf Reisen, sondern eher gleich um die Ecke (Brückner und Finkielkraut 1981). Muß man jedoch überhaupt das Haus verlassen, um Überraschungen zu erleben? Man hätte vielleicht nur seinen Besitzstand an Sicherheiten und Versicherungen zu annullieren, sich völlig auf sich selbst einzulassen, und schon stünde das riskanteste Abenteuer in der Tür. Nicht mehr dem Zweckoptimismus der Lebensreformer Glauben schenken, auf garantierte Erlebnisse verzichten, die antrainierte Risikovermeidung außer acht lassen, das wären erste Schritte – nicht etwa Fluchtlinien –, um sich auf die realen Risiken des Lebens einzulassen (vgl. Cohen und Taylor 1977). Sein Leben in Form einer Revolte leben und das zu dokumentieren, muß immer ein Plädoyer werden für das Leben als Risiko. Das ist der Sinn eines Berichts, der zu den anderen Beiträgen dieses Bandes anscheinend quer liegt, aber dennoch, völlig außerhalb des Rahmens konventioneller Wissenschaftlichkeit, das Problem auf die Spitze treibt.

Die Collage von authentischen Existenzaussagen und – so darf man wohl sagen – Automanifestationen der Revolte, ist die adäquate Methode, Erfahrungssegmente so zu montieren, daß sie eine neue Erfahrungsebene bilden, die sich als insgesamt paradigmatische erweist.

Manfred Max Wambach

Mitten hier im Leben sind wir vom Tod umfangen. Das Bild zeigt es uns anschaulich. Von hinten kommt er angeschlichen, so ein zotteliger, wilder Typ, und packt mit seiner rechten kalten Pranke das Opfer seiner nimmermüden Gier, ein blühendes, junges, noch unschuldiges Mädchen, das gerade erst seinen Körper zu entfalten beginnt. Mit der Linken umfaßt er seinen schweren Wanderstab, woran die Tagesernte baumelt – klappernde Totenschädel und allerlei Knochen. In solcher Pose lieben wir ihn, den großen Gleichmacher. So macht er uns schaudern. Zeigt uns die Nichtigkeit allen irdischen Seins. Von unserer Geburt an leben wir zum Tode hin. Das ist unser phantastisches Risiko. Unsere phantastische Reise. Keiner kommt hier lebend heraus. Zum Tode treibts uns. Dunkel. Geheimnisvoll. Unbewußt.

Die Barbarei des Ersten Weltkrieges ließ Freud zu der Anschauung kommen, daß sich im Menschen zwei gegensätzliche Triebe einen unversöhnlichen Kampf lieferten: der Todes- und der Lebenstrieb in Gestalt griechischer Götter, Thanatos und Eros. »Die Menschen haben es jetzt in der Beherrschung der Naturkräfte so weit gebracht, daß sie es mit deren Hilfe leicht haben, einander bis auf den letzten Mann auszurotten. Sie wissen das, daher ein gut Stück ihrer gegenwärtigen Unruhe, ihres Unglücks, ihrer Angststimmung. Und nun ist zu erwarten, daß die andere der beiden ›himmlischen Mächte‹, der ewige Eros, eine Anstrengung machen wird, um sich im Kampf mit seinem ebenso unsterblichen Gegner zu behaupten.« Freuds Wort in Gottes Ohr, aber der Todestrieb hat sich offensichtlich doch besser behauptet, sich sogar so sehr behauptet, daß wir uns heute tausendfach vernichten können. Der ewige Eros scheint sich irgendwo im Verborgenen aufzuhalten. Vielleicht in Erwartung seines guten Augenblicks. Seines »Kairos« (Tillich). Sein Reich komme im Himmel wie auf Erden.

Inzwischen aber grüßt uns der Tod lächelnd aus den Schornsteinen der Kraftwerke; kommt uns in noblen Hotelfluren im rauschenden Ballkleid entgegen; grüßt uns aus eleganten Köfferchen kostbarsten Kalbsleders auf den Messen der Welt; rast uns entgegen auf deutschen Autobahnen im schmucken Sonntagsstaat; winkt uns von verkrüppelten Tannen zu in bayerischen und pfälzischen Wäldern; singt uns fröhliche Lieder in den Fußgänger- und Konsumzonen der Städte; tanzt verzückt im Takt des Strahlenwalzers; torkelt bei hellichtem Tag aus Düsenklippern und fällt schwer auf Rolltreppen in B-Ebenen; schleicht sich heimlich aus Gebets-

mühlen; zündelt mit Schwefelhölzern auf dem Grunde der Welt-
meere; sitzt auf dem Dach der Welt, läßt die Beine baumeln,
schlägt eine elektrische Gitarre und schreit sein Lied in die Welt
unter ihm über unbekannte, neue Wellen: »Aus taumelnder Traurigkeit schlüpft ein feuchter Morgen mir in meinen Kopf, wo das
grüne Feuerrad dröhnt; in mein Herz, wo sich ein weißer Tod gerade den letzten Schuß törnt; in meinen Bauch, wo giftige Dämpfe
der Sehnsucht den Garaus machen; in mein Geschlecht, wo ver-
faulte Orangen eine süßliche Weichheit verbreiten. So bietet sich
dar mit großartiger Geste der tödliche Tag, kündigt sich an mit lä-
chelnder Verbeugung das Ende der Zeit.«

Das alles scheint nun unseren heutigen Weltbürger nicht im ge-
ringsten zu stören, vielmehr macht er unbekümmert weiter wie eh
und je. Psychoanalytisch gesagt: Dieser Weltbürger verdrängt seinen Todestrieb. Verdrängt aber wird nach der Formel der Psychoanalyse ein frühes Trauma, ein essentiell angstmachendes Erlebnis,
das massiv abgewehrt werden muß. Pech nur, daß dieses frühe
Trauma irgendwann später einmal, nach einer gewissen Latenz-
zeit, wo es so tut, als sei es gar nicht mehr vorhanden, einfach verschwunden, weg, aus der Welt, dabei hat es sich's längst in irgend-
einem ruhigen Winkel gemütlich gemacht, lebt wie Gott in Frankreich, wird dick und rund, immer fetter und fetter, und harrt seines
guten Augenblicks, seines Kairos, bis es mit gewaltigem Getöse
blitzartig aus seinem Versteck hervorbricht, freilich nicht mehr als
das kleine nette Traumachen, das es einst war, sondern als total
aufgeschwemmtes, pervertiertes Schwabbeltrauma, das sich damit
groß tut, eine Neurose zu sein. Wen dieses Schwabbelungeheuer
einmal in seinen Glubschfingern hält, der ist wirklich übel dran
und muß sein Heil auf der Couch suchen.

Dafür, daß wir also vor langer, langer Zeit einmal irgendeinen
kleinen, harmlosen Tod verdrängt haben, rächt sich das Biest heute
an uns, indem es uns tausendfach angrinst und uns zum Narren
hält wie die Igel den Hasen in jenem Märchen. Und wie ich das
sehe, geht uns langsam, aber sicher die Puste aus, das Herz pocht
wie wild, und der Kreislauf will auch nicht mehr so recht.

Diesen verdrängten Todestrieb im Nacken, hetzt der heutige
Weltbürger kreuz und quer über die ganze Erde, immer weiter,
ununterbrochen, stets voran, vorwärts die Zeit, findet keine Ruhe,
muß schaffen und schaffen, die Welt umkrempeln, das Unterste
nach Oben bringen, ständig neue Welten bauen, immer mehr Geld

hecken, heckendes Geld hecken, im Haß auf die Natur, auf alles Fremdartige, auf Menschen, die anders sind, letztlich auf sich selbst. Sein Menschsein ist Unternehmersein. Sein Lebensrisiko ist das Unternehmerrisiko. Mit dem Geschmack von Freiheit und Abenteuer. So greift der Weltbürger in den Schlaf der Welt, greift ein, greift an, begreift sein Sein des Ich als Ding. Macht sein Ich zum Ding, das schlafend Geistlose zum in der Tat Geistreichsten, das Unsichtbare zum Gegenstand, der Nutzen bringt und damit geldlich wird. »Die Dinge sind schlechthin nützlich und nur nach ihrer Nützlichkeit zu betrachten« (Hegel). Spricht der Weltbürger zu seinem Weltgeist. Ganz Ding. Ganz Geld. Nur Nutz. Müßiggang ist aller Laster Anfang. Murmelt der handelnde, seiner sich selbst gewisse Geist. Hundertprozentig Geist. An und für sich seiender Geist als sich selbst zeugender Geist reiner Einsicht, objektiver Analyse. Kopfgeburt. Bewußtsein als alles durchdringende Aufklärung zur unendlichen ursprünglichen Akkumulation des Gegenständlich-Abstrakten als Abstrakt-Gegenständliches: Kapital. Der Begriff des Ich als Ding will Besitzer sein. Will im zugreifenden Begriff besitzen. Für immer immer mehr besitzen. Leben = Besitz. Je mehr ich besitze, desto mehr ist mein Ich Ding, desto mehr bin ich Mensch. Denkt sich der Weltbürger in seiner durchgeistigten Einfalt, die keineswegs heilig ist. Denn in Wirklichkeit wird er immer toter, je mehr Besitz er anhäuft, wie uns die etymologische Deutung des Wortes Besitz kundtut: das althochdeutsche »ot« bedeutet noch beides, Besitz und Tod (Hörisch). Deswegen haßt er auch alles Lebendige: Natur, alles Leibliche, Körperliche, Sexualität, Krankheit, Verfall, Tod. Und will selbst nicht sterben, produziert nur immer weiter am fortlaufenden Band Totes. Weltweit. Sein Weltgeist regiert schon die ganze Welt mit Weltbank und Weltcomputer. Reiner Geist. Klinisch rein. Und Geld stinkt sowieso nicht.

Der Weltbürger gestaltet die Welt ganz nach seinem Bilde: traumlos, leblos, endlos. Im unendlichen Kampf gegen die Zeit, die ihm zwischen den Fingern zerrinnt. Um sie besser in den Griff zu kriegen, unterteilte er die Zeit in immer kleinere Einheiten, freilich mit dem unglücklichen Ergebnis, daß sie ihm immer schneller davonlief. Sein Leben verrinnt nicht mehr im behäbigen Rhythmus des Stundenglases, sondern im tausendstel Sekundentakt der Quarz- und Atomuhren. Atemlos hechelt er nun diesen davonrasenden Zeitläuften hinterher und muß deshalb den chaotisch strukturierten Erdraum rationalisieren, den Himmel stürmen, Flußläufe begradigen, Kanäle bauen, Berge abtragen, untertunneln, Linien seines ungelebten Lebens in die Landschaft ziehen, das Krumme gerade machen, das Schiefe eben, das Sperrige kantenlos. Störende Hindernisse werden beseitigt, Wälder abgeholzt, Sümpfe trockengelegt, Urwälder verwüstet. Die Wüste lebt. Na wenigstens die. Und Wüste ist doch auch Natur, oder? Da sage noch einer, der Weltbürger tue nichts für die Natur. Das alles, um die heißlaufende Zeit einzuholen zu Nutz und Frommen heißlaufender Akkumulation von Geld und Besitz.

Wer sich aber untersteht, gegen diesen Weltgeist anzuleben, geht ein erheblich größeres Risiko ein als jenes Unternehmerrisiko unseres Weltbürgers, wie wir im folgenden sehen werden. Es geht um das Risiko, kriminell zu sein; um das Risiko, ein Dichter und Rockstar zu sein; und um das Risiko, anti-autoritär und ausgeflippt zu sein.

»Pasolini ist tot. Et morte. Kaskaden von Blütenblättern. Blumenmädchen werden defloriert. Jungfrauen am Spieß geröstet und verschlungen. Rund um die Uhr laufen simultan projizierte Filmtode von Hollywoodstars. Kanonen schießen fässerweise Menschenfleisch und Weintrauben in die Luft. Ein Fest für die Augen. Die Falconetti tritt auf in türkisfarbenem Harnisch. Der Smoking der Zucht. Am breiten Strand entlang krümmen sich Männer mit Flügeln aus Wundschorf und sondern Chalone ab. Gischt des Ozeans und geiferndes Herz. Mit einem Stock in den Ruinen stochern – unseren Schädeln. Unsere Minen versiegen. Wir verbluten auf dem Laken. Der Diamant hört auf zu existieren, nicht die Kohle. Brennstoff ist Leben! und das Leben läuft weiter wie ein Film« (Smith 1980).

Am Anfang ist der Krieg. Der Krieg nimmt ihm den Vater für sechs Jahre weg. Sechs Jahre lang: Soldaten, Bomben, Flucht, Gewalt, Haß, Tod. Aber der Tod erschreckt ihn nicht, sondern fasziniert ihn, zieht ihn magisch an. Der erste Tote, den er sieht, kommt ihm vor wie ein kaputter Hampelmann, bei dem der Kopf zur Seite herunterbaumelt. »Ich war so fasziniert von dem Körper des toten Mannes, daß ich meinen Blick gar nicht mehr von ihm lösen konnte. Mein Vetter kam und scheuchte mich weg« (Mesrine 1980, 18f.). Er soll den Tod nicht merken, nicht sehen, obwohl er ständig um ihn herum geschieht. Seine kindliche Seele soll rein bleiben und keinen Schaden nehmen in einer unreinen Welt. Aber das Unreine ist stärker. So erlebt er das Unreinste überhaupt, den Zusammenhang von Sexualität und Tod, den Haß auf den menschlichen Körper, den Haß des Mannes auf die Frau. Die »sexual-aggressive Komponente« seines Traumes. Eine Gruppe von Frauen, als »Deutschhuren« beschimpft, wird von Widerstandskämpfern auf den Bauernhof gebracht, auf dem er die Kriegsjahre verbringt. Die Frauen werden von den Männern übelst beschimpft und mißhandelt. Plötzlich reißt einer der Männer einer Frau die Kleider vom Leib. Gierig betatschen Männerhände den nackten Frauenkörper. Dann hageln Schläge. Erst mit bloßen Fäusten, dann mit den Gewehrkolben, bis schließlich die Frau unter den Schlägen zusammenbricht. »Ich verfolgte wie gebannt das Schauspiel. Zum ersten Mal hatte ich eine Frau nackt gesehen. Trotz meiner jungen Jahre hatte mich das erschüttert. Ich verstand diesen Haß nicht, diese Versessenheit, eine Frau zu quälen. Mein Vetter bemerkte plötzlich, daß ich dabei war, und schickte mich sofort ins Haus« (Mesrine 1980, 19). Wieder wird Tod und Haß, diesmal in Verbund mit Sexualität, tabuisiert, und das Kind soll rasch vergessen, was die Welt der Erwachsenen auszeichnet. So versteht Jacques diese Welt nicht, sie bleibt ihm rätselhaft, dunkel. Er flüchtet in die Natur, zu den Tieren, bei denen er Liebe, Wärme und Verständnis sucht. Eine Welt, die er verstehen kann. »Ich lernte, mich mit Tieren zu beschäftigen und begann, sie zu lieben. Ein Hund leistete mir Gesellschaft. Wir führten sehr ernsthafte Gespräche miteinander. Ich erzählte ihm von meinem Vater und von meinem Kummer darüber, daß ich von meiner Familie getrennt war. Er leckte mir übers Gesicht und tröstete mich so. Der salzige Geschmack meiner Tränen schien ihm zu gefallen« (Mesrine 1980, 15).

Echt freilich ist diese Liebe zur Natur nicht. Wie auch, wenn die menschliche, erste Natur ganz dem Töten und Hassen lebt. So lernt er das Wichtigste im Leben dieser Welt: sein Leben zu schützen mittels Waffengewalt. Obwohl er doch scheinbar die Natur und die Tiere liebt, tötet er als erstes, bezeichnenderweise ohne es überhaupt zu wollen, einen Vogel, eine Meise, die angstlos in seiner Nähe pfeift. »Jetzt war ich drei Meter von ihr entfernt. Warum nahm ich sie aufs Korn? Sie schien überhaupt nicht beunruhigt. Ich sah sie in der Visierlinie. Sie sang immer noch. Wie im Traum drückte mein Finger auf den Auslöser« (Mesrine 1980, 25). »Wie im Traum« tötet der junge Jacques zum ersten Mal, ausgerechnet das, was er am meisten liebt, ein Tier in der Natur, die bisher immer gut zu ihm war. Zu stark schon haben sich die Bilder von Krieg, Tod und Haß in ihn eingegraben, als daß sie noch Platz ließen für so etwas wie natürliche Liebe zum Leben, Bejahung des Lebens und der Natur. Der Finger am Abzug tötet nicht nur den Vogel, sondern auch das Gute in ihm, das Leben, die Liebe. »Ich redete auf meine kleine, tote Meise ein. Zum ersten Mal hatte ich gemerkt, daß eine Waffe töten kann. Nie zuvor hatte ich auf ein Tier geschossen. Dazu mochte ich Tiere viel zu gern. Meine Handlung war zufällig gewesen, aber ich verzieh sie mir nicht. (...) So merkwürdig es auch scheinen mag, mein ganzes Leben dachte ich mit einer gewissen Traurigkeit an dieses Ereignis. Vielleicht hatte ich mit dieser Meise das, was es an Gutem in mir gab, getötet« (Mesrine 1980, 23). Das Gute in ihm stirbt in dem Moment, wo er gerade das tötet, was er am meisten liebt, und was ihm Liebe und Wärme gegeben hat zu einer Zeit, als kein Mensch dazu imstande war. Sein verdrängter Todestrieb wird allmächtig und läßt dem lebensbejahenden Trieb Eros keine Chance mehr. Im Unterschied zum Weltbürger ist sich freilich Jacques dieser Tatsache sehr bewußt.

Auch dem künftigen anti-autoritären Drogenfreak soll als Kind das »herrliche Mysterium des Todes« vorenthalten bleiben. Dabei ist dieser Tod sehr lebendig da, fühlbar nah da, »in einer alles durchdringenden Angst« (Vesper 1977, 301). Der Tod ist im Hause seiner Eltern tabuisiert. Als seine Halbschwester Ulrike stirbt, entfernt der Vater das Bild seiner Tochter vom Schreibtisch und wird nie mehr von ihr reden. Ebenso weigert er sich, dem Sterben der Großmutter beizuwohnen, selbst die Tote im Sarg schaut er nicht an. Doch das Geheimnis des Todes lockt, heimlich durchbricht Bernward das Tabu und schaut zu, wie ein Schwein geschlachtet wird: »Ich hörte das Krachen des Hammers, sah, wie der Nippel tief in den Schädel des Tieres eindrang, hörte das entsetzliche Schreien, das das Tier aus weit aufgerissenem Rachen ausstieß, wobei mir seine braunen, fast fauligen Zähne auffielen, hörte einen zweiten Schlag, sah, wie die Männer sich über das schreiende, sich verkrampfende Tier stürzten...« (Vesper 1977, 299). Dieses Erlebnis läßt ihn erkennen, daß das Sterben zum Leben gehört, zum Sein an sich, daß das Sterben neues Leben gibt, und das Lebende sterben will, und daß das Verbot des Vaters in Wahrheit nicht ihn schützen sollte vor einer brutalen Wirklichkeit, vor Blut, Leiden, Schmerz, sondern den Vater selbst, dessen Angst vor dem

Tode er nicht sehen durfte, »... vor dem fiesen, endgültigen, alles beendenden, alles zerstörenden Verrecken, und dies Ausklammern, dies Aussparen eines entsetzlichen und erhabenen Augenblicks, dies kam mir dumpf vor wie ein Verbrechen gegen das Leben, gegen das Sein überhaupt, eine furchtbare und gemeine Lüge« (Vesper 1977, 300 f.).

Es ist diese Angst vor dem Tode, die nicht leben läßt, die das Leben nicht lieben läßt. Dafür haben wir ja statt dessen unseren Gott der Liebe, den lieben Gott, der sagt mit autoritärer Stimme: Du sollst nicht töten. Dabei genau wissend, daß sein Verbot nur die Lust am Töten steigert. Denn diese Lust am Töten monopolisiert er für sich. Alle die wider ihn sind, müssen mit seiner Strafe rechnen, die oft genug den Tod bedeutet (oder Feuer, oder Krankheit, Hungersnot, Pest, Krieg – die Bibel ist voll solcher Horrorgeschichten vom »strafenden Gott«). Stirbt einer, so ist das der Wille Gottes, des Herrn über Leben und Tod. Unser aller Vater im Himmel. So ein Gott ist zwiespältig, gütig und strafend. Dieses Zwiespältige macht Angst. Diese Angst macht gefügig. Läßt nicht so recht zum Leben finden. Treibt schon den Kindern die Liebe zum Leben aus dem Leib. »Die unendliche Gemeinheit lag nicht in der offenen Konfrontation, denn daran gab es nicht viel zu durchschauen, sondern in den hinterhältigen, langsam aber entsetzlich wirkenden Methoden. Die blauen Flecken der Schläge vergehen. Aber die Verheerungen, die sie dadurch anrichteten, daß sie die Bedürfnisse nach Freiheit, Liebe und Kreativität zerbrachen, sind nie mehr rückgängig zu machen« (Vesper 1977, 321). Der Vater und die Mutter sind die Stellvertreter göttlicher Macht hier auf Erden und die Garanten für die Aufrechterhaltung seiner kosmischen Ordnung. Daß ja keiner zu sich komme, sondern alle zu ihm. Gegen diese angstmachenden Strukturen, diese verborgenen Tödlichkeiten der Elternliebe, die nur den Willen brechen will, begreift sich der spätere anti-autoritäre Protest.

Auch der kleine Jim soll vor dem grausigen Antlitz des Todes bewahrt bleiben, obwohl sein Vater als Offizier bei der Marine selbst ein tödliches Handwerk ausübt. Um so mehr ist das Familienleben von diesem Militärgeist der Ordnung und Sauberkeit geprägt. Der verdrängte Tod will ein quadratisches Leben. Der statistische Tod ist kein richtiger Tod mehr. Als Jim einmal mit seinen Eltern im Auto auf der Autobahn fährt, kommen sie an einer Stelle vorbei, wo ein umgestürzter Lastwagen liegt. Jim sieht verletzte, blutende, sterbende Pueblo-Indianer auf dem Straßenpflaster liegen und schreit wie wild los: »Ich will helfen, ich will helfen... Sie sterben, sie sterben.« Seine Eltern wollen ihn beruhigen, sagen, das sei alles nur ein schlechter Traum. Aber Jim brüllt weiter. In einem fort. Später erzählt er, im selben Moment, wo sein Vater von der Unglücksstelle weggefahren sei, sei ein Indianer gestorben, dessen Seele in Jims Körper übergegangen sei (Hopkins, Sugerman 1980, 6). In Erinnerung an jenen »wichtigsten Augenblick meines Lebens«, die Erfahrung des Todes, Tod als mystische Seelenwanderung, Zeugung von Leben zum Sterben, schreibt Jim später folgendes Gedicht:

»Da ist Blut in den Straßen, bis hoch an meine Knöchel,
Da ist Blut auf den Straßen, bis hoch an mein Knie.
Blut auf den Straßen in jener Stadt dort Chicago,
Blut, das ständig steigt und mich verfolgt.
Blut in den Straßen ergießt sich in den Fluß voll Trauer
Blut in den Straßen, schon hoch bis zum Schenkel.
Der Fluß reißt mit sich die Beine der Stadt
Frauen weinen Flüsse voll Klagen.
Sie kam in die Stadt und fuhr wieder fort,
das Licht der Sonne in ihrem Haar.
Indianer liegen zerschmettert in der Dämmerung der Autobahn,
blutend,
Geister bestürmen des jungen Kindes eierschalig-zerbrechliche
Seele.
Blut in den Straßen jener Stadt dort New Haven,
Blut färbt die Dächer und Palmen von Venice.
Blut in meiner Liebe in dem schrecklichen Sommer,
blutend rote Sonne im phantastischen L.A.
Blut schreit der Schmerz, als sie ihr die Finger abschneiden
Blut wird geboren werden bei der Geburt einer Nation.
Blut ist die Rose der mystischen Vereinigung.«

(Hopkins, Sugerman 1980, 270f.)

Dreifach versinkt der Todestrieb im Unbewußten:

Jacques lernt das lieben, das töten kann: die Waffen. Er wird zum Meisterschützen.

Bernward lernt das Schweigen lieben, das einen vor Tadel und Strafe schützt. Sich aus allem raushalten, sich zurückziehen in sich, sich einschließen in sich, sich nicht mehr einmischen, nichts mehr fragen, nichts mehr sagen, dann kann man auch nichts mehr falsch machen. Er versinkt in einem zehnjährigen Schweigen. Macht das Leben mit sich ab. Die Großmutter sagt über ihn: »Unser Moltke, der große Schweiger« (Vesper 1977, 367).

Jim lernt die Phantasie lieben, sich lauter verrückte Sachen ausdenken, um Eltern und Lehrer zu schocken, zu provozieren, lebendig zu sein, von ihren Normen abzurutschen. Er möchte das eine hören, Jim – ich liebe dich. Doch niemand sagt's. Ständig heißt's nur: Jim – benimm dich!

Gleich neben das Tabu Tod stellt sich das zweite Verbotene und Verschwiegene: die Sexualität.

Weil Jacques Eltern ihr Geschäft aufbauen, haben sie keine Zeit für ihn. Die Kraft reicht nicht aus, sich auch noch auf ein so schwieriges Kind einzulassen, das ständig fordert. Kurzerhand wird er in ein Internat gesteckt, abgeschoben, was Jacques tief kränkt: »Die erste Freude über die Rückkehr meines Vaters war verflogen. Ich hatte ihn mir wie einen großen Bruder vorgestellt, dem ich alles sagen könnte und der mit mir spielen würde. Er war aber so sehr von seiner Arbeit in Anspruch genommen, daß er mir unbewußt das verweigerte, was ich am nötigsten brauchte: seine Anwesenheit. Er liebte mich, das wußte ich genau, aber er ließ mich aufwachsen, ohne meine Fehler zu bemerken oder zu korrigieren. Ich war von diesem mangelnden Interesse enttäuscht« (Mesrine 1980, 21). Nach außen wird er der wilde, starke Jacques, der es in keiner Schule aushält, überall rausfliegt, mit dem keiner fertig wird. Nach innen, in seinen Phantasien, sehnt er sich nach Ruhe, Geborgenheit, Wärme, Liebe, mit einer Frau, allein, irgendwo ganz weit weg. Er ist der Held, der seine Geliebte aus großen Gefahren rettet, um dann für immer mit ihr auf einer kleinen, einsamen Insel zusammenzusein. Im wirklichen Leben aber gibt es keine Liebe für ihn, sondern nur Sex. Sex bekommt er auf der Straße, die sein einziges, wahres Zuhause ist, sofort, wenn er nur genügend Geld hat. Als harter Kerl und mit viel Geld kriegt er jede Frau, das weiß er schon als Sechzehnjähriger. Danach richtet er sein Leben aus.

Für Bernward ist Sexualität in jeder Form die Grenze seines kindlichen Seins. Weil er von klein auf auf dem Bauch liegend schläft, dabei mit der rechten Hand sein Geschlecht umfassend, kommt seine Mutter jede Nacht zu ihm, wenn er schon schläft, dreht ihn um auf den Rücken und zieht seine rechte Hand unter der Bettdecke hervor. »Mit dieser Hand willst du doch dann essen!« sagt sie (Vesper 1977, 383). Ein einziges Mal nur sieht er seinen Vater nackt und schließt vor Schreck gleich wieder die Augen. »Eine Lampe brannte im hinteren Teil des Zimmers, mein Vater war nackt, ich sah seinen dicken, schlaffen Körper, ich sah seinen Schwanz, ich sah zwischen seinen Beinen einen Sack, wie ich ihn bisher nur bei Ebern gesehen hatte. Er war länger als sein Schwanz, die Schwänze der Kinder, die ich, wenn sie rauften oder Kopfstand machten, gesehen hatte, sahen ganz anders aus; ich schloß die Augen sofort wieder« (Vesper 1977, 383 f.). Als er zum ersten Mal onaniert und der Samen auf seinen Bauch fließt, steigt eine gräßliche Angst in ihm auf, und er kann nur noch zu Gott flehen: »Du sollst nicht ehebrechen, Du sollst nicht begehren Deines Nächsten Weib, Du sollst den Lüsten des Fleisches nicht erliegen, denn die törichten Jungfrauen und alle, die lasterhaft leben und Unzucht treiben, wird Gott vernichten und am Jüngsten Tag in die ewige Finsternis der Hölle verdammen« (Vesper 1977, 388 f.). Sein beobachtender, kritischer Verstand aber läßt ihn bald das Flammenschwert Gottes und die ewige Verdammnis vergessen und seinen Körper genießen: »Ich sah auf meinen Schwanz, der wieder steif wurde, ich nahm ihn in die Hand, ich sah ihn genau an, die weiche, glatte Haut, den braunen Hodensack, die von der Vorhaut umschlossene Eichel, ich sah wie die Adern, die an ihm entlangliefen, pulsierten, ich spürte meinen Herzschlag unter den geschlossenen Fingern. (...) Ich vergaß Gott, ich vergaß die Angst in mir, ich spürte nur noch mich« (Vesper 1977, 391). Langsam lernt er, die Regungen seines Körpers anzunehmen, aber in einem mühsamen, langwierigen Prozeß, an dem er letztlich auch scheitert. Er kommt nie dazu, seine Sexualität wirklich voll zu entfalten, verneint dies sogar für alle heutigen Menschen generell: »Es ist wichtig, sich völlig klarzumachen, daß es heute Menschen mit durchgearbeiteter, ruhig entwickelter, sexualbejahender Struktur nicht gibt, denn wir alle sind durch die autoritäre, religiöse, sexualverneinende Erziehungsmaschinerie beeinflußt worden« (Vesper 1979, 109).

Zieht sich Bernward vor der Übermacht der rigiden, autoritären Erwachsenen in sich selbst zurück, so spielt Jim gegen die Ordnungs- und Sauberkeitsfanatiker seine Anti-Phantasien nach außen, um diese Autoritäten zu demaskieren, der Lächerlichkeit preiszugeben. Er malt Bilder wie beispielsweise einen Mann, dessen Penis eine Coca-Cola-Flasche ist, statt der Hoden hat er einen verrotteten Flaschenöffner, eine Hand ist ausgestreckt und trieft vor Schleim, Schleim trieft ihm auch aus seinem Arschloch. Oder einen Mann mit erigiertem Penis in der Größe eines Baseball-Schlägers, gehalten von einem kleinen Jungen, der davor kniet und sich in genüßlicher Vorerwartung die scharfen Zähne leckt. Mit Hunderten solcher demaskierenden Zeichnungen oder mit witzigen Gedichten und in ironisch-»wissenschaftlichem« Ton gehaltenen Abhandlungen z. B. über die Gefahren der Masturbation (»in extremen Fällen ist eine Amputation dringend geboten«) wehrt sich der junge Jim (er ist etwa 14 oder 15 Jahre alt) gegen die puritanische Moral der ihn umgebenden Erwachsenen, spürt genau ihre Falschheiten und Zwänge auf, die gegen ein freies Leben des Leibes gerichtet sind, solches gar nicht zulassen wollen. Verzweifelt kämpft er gegen die übermächtigen, traumatisch wirkenden Tabus der Gesellschaft an (Tod, Lieben des eigenen Körpers, freie Sexualität, Inzest) mittels »schockierender« Handlungen. Einmal ist eine Schulfreundin bei ihm zu Besuch. Als er hört, daß seine Eltern ins Haus zurückkehren, zieht er sie schnell in das Schlafzimmer seiner Eltern, wirft sie auf das Bett, bringt das ganze Bettzeug durcheinander. Wütend über Jims Spinnerei rennt das Mädchen mit zerzaustem Haar, die Bluse halb aus dem Rock gezogen, aus dem Zimmer, genau in dem Moment, in dem Jims Eltern zur Tür hereinkommen. Ein anderes Mal sagt er bei einer Familienfeier am Eßtisch zu seiner Mutter: »Es klingt wie ein Schwein, wenn du ißt.« Die erwachsenen Autoritäten können mit solchen Provokationen nicht anders umgehen, als den Urheber dieser Provokationen als »krank«, »gestört« oder »pervers« zu etikettieren. Das muß irgendein Teufel sein, der in ihm wütet.

Dieser Teufel ist Jims verzweifelter Kampf um die Liebe und Zuneigung seiner Eltern, besonders seiner Mutter, der es wichtiger ist, daß er saubere Hosen anhat und daß die Haare ordentlich geschnitten sind (»Dein Vater ist Kapitän auf einem der größten Flugzeugträger der Welt, wie würde es da aussehen, wenn sein ureigener Sohn herumläuft wie ein Beatnik?«). Bernward dagegen hat seinen Eltern nichts entgegenzusetzen als sein Schweigen. Er paßt sich an. Wird unauffällig, lethargisch. Eine Lethargie, aus der ihn erst die aufkeimende Protestbewegung der sechziger Jahre reißt.

Jacques aber steigt von Anfang an aus seiner Familie und damit aus der »anständigen« Gesellschaft aus, nachdem er begriffen hat, daß er von seinen Eltern aber auch gar nichts zu erwarten hat, daß er ihnen nur lästig ist und sie ihn abschieben, weil sie nicht mehr mit ihm zurechtkommen. Seine einzige Liebe wird die Waffe. Sie gibt ihm die fehlende Sicherheit, Wärme, Leben. Das, was anderen den Tod bringt, macht ihn um so mehr lebend. »Sie wissen, daß ich total verrückt nach Waffen bin. Das ist meine Leidenschaft, allein der Geruch von Schießpulver berauscht mich schon, und nur mit einer Waffe in der Hand fühle ich mich wohl« (Mesrine 1980, 49). Er lebt dem Tod, lebt seinen Todestrieb voll aus. Indem er anderen den Tod bringt, kommt er auch seinem eigenen Tod immer ein Stück näher. Im Algerienkrieg meldet er sich freiwillig zu den gefährlichsten Aufgaben, um seine eigene Angst vor dem Tode zu überwinden im Sterben anderer. Davon kommt Jacques zeit seines Lebens nicht mehr los. »Ich war auf dem Weg, ein Mörder zu werden. Eins dieser verbrecherischen Raubtiere, die kaltblütig ohne das geringste Schuldgefühl Lebewesen aus Fleisch und Blut umbringen. Ich sollte Menschen umlegen, um meine Ehre, meine Interessen oder ganz einfach mein Leben zu verteidigen. (...) Das einzige Verbrechen, das ich mir nie verziehen habe, war das an dem kleinen, blauschimmernden Vogel, den ich im Alter von 13 Jahren in unserem Garten getötet hatte« (Mesrine 1980, 53). Er steigt aus der Gesellschaft aus, erklärt ihr den Krieg, »denn der Mensch ist des anderen Menschen Wolf« (Mesrine 1980, 333). Jacques sieht, daß die bürgerliche Gesellschaft von der Gewalt beherrscht wird, von einer unbewußten Sehnsucht nach Haß und Tod. Im Unterschied zum Bürger, der seinen Todestrieb verdrängt, ist sich Jacques seines Todestriebes sehr bewußt, so daß er ihn sogar zu seinem einzigen Lebenssinn macht. Er spürt, daß die bürgerliche Gesellschaft eine Gesellschaft zum Tode hin ist, und setzt sich an ihren Rand, näher zwar dem Tode, näher aber zugleich dem Leben als jeder Bürger. Nur in der Nähe des Todes kann er gut leben. Er erkennt auch den Zusammenhang, der zwischen dem ungelebten Leben des Bürgers und dessen rastloser Jagd nach Geld-, Besitz- und Zeitgewinn besteht. »Ich wollte ohne Zeiteinteilung leben, denn damit fingen für mich alle Zwänge der Menschen an. (...) Was ich wollte, das war ganz einfach, ›Zeit haben zu leben‹« (Mesrine 1980, 51). Eine Sehnsucht, die er mit den beiden anderen Aussteigern Bernward und Jim teilt. Im Unterschied zu ihnen aber setzt sich Jacques nicht als Negation der negativen, lebensfeindlichen bürgerlichen Gesellschaft, sondern mitten in ihr Negativstes, ihre latente Todessehnsucht, und wendet diese gegen sie.

Bernward findet zu sich in dem Moment, wo ein beträchtlicher Teil einer Jugendgeneration zu sich findet (als kleine radikale Minderheit), im anti-autoritären Protest gegen den autoritären bürgerlichen Staat (besonders in der Bundesrepublik mit ihrer erheblich faschistischen Vergangenheit). Der anti-autoritäre Protest der APO-Bewegung in den sechziger Jahren gibt Bernward die Möglichkeit, endlich seine eigene Sprache zu finden, sein Schweigen zu brechen und gegen seinen faschistischen Vater (der ein bekannter Schriftsteller unter den Nazis war) anzugehen, um sich so von den Zwängen seines Elternhauses langsam zu befreien. »Der Aufstand geschieht gegen diejenigen, die mich zur Sau gemacht haben, es ist kein blinder Haß, kein Drang zurück ins Nirwana, vor die Geburt. Aber die Rebellion gegen die zwanzig Jahre im Elternhaus, gegen den Vater, die Manipulation, die Verführung, die Vergeudung der Jugend, der Begeisterung, des Elans, der Hoffnung – da ich begriffen habe, daß es einmalig, nicht wiederholbar ist. Ich weiß nicht, wann es dämmerte, aber ich weiß, daß es jetzt Tag ist und die Zeit der Klarstellung. Denn wie ich sind wir alle betrogen worden, um unsere Träume, um Liebe, Geist, Heiterkeit, ums Ficken, um Hasch und Trip« (Vesper 1977, 44).

Er setzt sowohl auf die subjektive wie auch die kollektive Revolte. Die Revolutionierung der Revolutionäre. Das Finden neuer Formen des Zusammenlebens und des Bewußtseins. Das Experimentieren mit den Rauschdrogen. Der Sprung in eine andere Wirklichkeit. In »Traumzeiten«, die nicht nach den Atomuhren der bürgerlichen Gesellschaft funktionieren. Dazu sind Drogen gut und wichtig. Vorausgesetzt, sie werden bewußt eingesetzt zur kritischen Analyse des eigenen Selbst und nicht als Fluchtmittel vor diesem Selbst. Das ist Bernwards Ausgangspunkt zur Begründung seiner »materialistischen Drogentheorie«, als Hilfsmittel zur Analyse der neurotischen Charakterstruktur heutiger Menschheit. »Etwa 40 Minuten nach der Induktion der chemischen Substanz überfluten die ursprünglichen Triebenergien das gesellschaftliche, präformierte Ich, jenes neurotische, gepanzerte Ensemble, das als Ergebnis des Sozialisationsprozesses innerhalb der autoritären, kapitalistischen Gesellschaft entstanden ist. Die normalerweise zwischen Bewußtem und Unbewußtem bestehenden Barrieren verschwinden, die Psyche regrediert auf den Zustand frühkindlicher, libidinöser Totalität, auch die Grenzen zwischen den Wahr nehmungs- und Abstraktionsebenen des Bewußtseins sind weitgehend aufgehoben. Assoziations- und Erinnerungsfähigkeit fast entgrenzt. (...) Die Drogen, weit entfernt, das Wesen des Menschen zu enthüllen, enthüllen auf diese Weise nur seine kleinbürgerliche Existenz. (...) Die vorübergehende Desintegration des neurotischen Zwangscharakters, der als Produkt und Stütze der autoritären Strukturen kapitalistischer Gesellschaften vorherrscht, vermittelt den meisten Drogenessern eine vollkommen neuartige Erfahrung von sich selbst; Zwangshandlungen, paranoide Zustände und Psychosen werden bewußt empfunden und können, vor allem dort, wo eine Anleitung besteht, bis auf ihre traumatischen Ursachen zurückverfolgt werden; der rasche Fluß von Phantasiebildern ermöglicht deren Analyse, die – wie die Träume – auf Verdrängungen verweisen« (Vesper 1977, 490 ff.). Drogen als Psychoanalyse! Ein Gedanke, der mir zu Unrecht in Vergessenheit geraten zu sein scheint. Nur die Geheimdienste der Welt wissen offensichtlich noch um diese Bedeutung, für sie allerdings pervertiert als Mittel zur Psycho-Manipulation. Bernwards große Sehnsucht bleibt eine Welt, in der der Widerspruch zwischen dem Möglichen und dem Wirklichen aufgehoben ist und in der alle Menschen die Möglichkeit haben, auf einen lebenslangen Trip zu gehen ohne den Krückstock Drogen.

Jim will nicht die Revolution wie Bernward, sondern die ganze Welt, jetzt sofort, was meint: Liebe. Wie der kleine Jim mit Witz, Phantasie, Ironie und verbissener Wut um die Liebe seiner Eltern kämpft, hört der Poet und Rockstar nicht auf, diese Liebe einzufordern in seinen Gedichten, Liedern und – was neu hinzukommt – in den Drogen, im Alkoholrausch. Der Alkohol wird sein schöner, einziger Freund. Der dionysische Rausch des ewigen Augenblicks gibt Jim die Welt jetzt und die Liebe hier. Die Bühne liegt ganz im Dunklen. Auch im restlichen Raum verlöschen die Lichter. Jim, dunkel gekleidet, betritt mit seinen Freunden die Bühne; Jim als Sänger, Ray an der Orgel, John am Schlagzeug und Robby spielt Gitarre. Sie nennen sich »The Doors«. Die Pforte zur anderen Seite. Der Geheimtip der Szene von Los Angeles im Jahre 1966. Die drei Musiker spielen etwas zaghaft los. Anscheinend planlos, zusammenhanglos, jeder für sich. Leise, ganz leise, zupft Robby eine traurige Melodie, nur ein paar Töne; unterbrochen manchmal von John, der mit gewaltigem Getöse auf sein Schlagzeug einhämmert, manchmal wieder nur sanft die Becken streichelt; Ray gibt an seiner Orgel einen hypnotischen Beat vor. Jetzt kommt Jim. Die Augen geschlossen. Eine Hand umfaßt das Mikrophon. Für einen Moment steht er unbeweglich wie eine Statue. »Das ist das Ende, wunderschöner Freund – das ist das Ende, mein einziger Freund, das Ende – all unserer tollen Pläne. Das Ende – von allem, das feststeht, das Ende – keine Sicherheit oder Überraschung mehr, das Ende. Nie wieder werde ich in deine Augen sehn«, singt er mit einer weichen, zärtlichen, fast gebrechlichen Stimme, in der etwas Dunkles, Unheimliches mitschwingt. »Kannst du dir ausmalen, was sein wird – so grenzenlos und frei – in verzweifelter Not – nach irgend jemandes Hand – in einem verzweifelten Land. Verloren in einer römischen Wildnis aus Schmerz – und alle Kinder sind verrückt – wartend auf den Sommerregen. Da ist Gefahr am Stadtrand – nimm den King's Highway, baby – unheimliche Szenen im Innern der Goldmine – nimm den Highway nach Westen, baby. Nimm die Schlange – nimm die Schlange, zum See – dem alten See – die Schlange ist lang… sieben Meilen – nimm die Schlange – sie ist alt… und ihre Haut ist alt – der Westen ist am besten – der Westen ist am besten. – Komm her und wir erledigen den Rest – Der blaue Bus ruft uns – Der blaue Bus ruft uns – Fahrer, wohin bringst du uns?« Jetzt hört Jim auf zu singen und erzählt eine Geschichte: »Der Mörder erwachte noch vor dem Morgengrauen – er zog seine Stiefel an – er nahm die rechte Seite des alten Treppenaufganges – und ging hinunter in die Halle. – Er ging in das Zimmer seiner Schwester und… – Dann machte er einen Besuch bei seinem Bruder – Und dann… ging er runter in die Halle. – Und er kam zu einer Tür – und er sah hinein – ›Vater?‹ – ›Ja, Sohn?‹ – ›Ich möchte dich töten. Mutter… ich möchte – dich ficken!« Dieses letzte Wort schreit Jim mit aller Kraft heraus, bis seine Stimme untergeht im einsetzenden Gewittersturm elektrisch verzerrter Töne. Danach beruhigt sich die Musik wieder, das Gewitter flaut ab, und Jim singt weiter, lauter und aggressiver jetzt: »Komm doch, baby, mach dein Glück mit uns – Komm doch, baby, mach dein Glück mit uns – und triff mich dahinten im blauen Bus – Komm doch.« Wieder setzt der Gewittersturm ein, bis er endgültig ausplätschert im Takt der leisen Anfangsmelodie. Wieder singt Jim weich, zärtlich, schmeichlerisch, lockend: »Das ist das Ende, wunderschöner Freund – Das ist das Ende, mein einziger Freund – es tut weh, dich so freizusetzen, aber nie wirst du mir folgen – Das Ende des Lachens und der weichen Lügen – Das ist das Ende, wunderschöner

Freund – Das ist das Ende, mein einziger Freund – es tut weh, dich so freizusetzen, aber nie wirst du mir folgen – Das Ende des Lachens und der weichen Lügen – Das Ende der Nächte, wo wir zu sterben versuchten – Das ist das Ende.«

Das ganze Stück ein einziger Schrei nach Liebe und Leben, nach Tanz und Körper. Gegen den Tod. Gegen das Ende, für die Ewigkeit. Den ewigen Taumel der Liebe. Das ist Jims Lösung. Nicht wie Jacques den verdrängten Todestrieb bewußt machen, drauf spucken und ihn ausleben; nicht wie Bernward den Todestrieb negieren als Negation der Negation (setzend die bürgerliche Gesellschaft als das Negative an sich); sondern den Tod, das eigene Ende bejahen und feiern im ewigen Lebenstrieb, im Eros, wie ein anderer Dichter vor ihm schon sagte: »Wer immer den Tod versteht und feiert, der verherrlicht gleichzeitig das Leben« (Rilke).

Und alle drei sind mit ihren Lösungen gescheitert.

Jacques starb im Kugelhagel der Polizei. Auf offener Straße liquidiert. Anders konnten sie mit diesem »Ungeheuer« – »Staatsfeind Nr. 1« – nicht mehr fertig werden. Und von Anfang an war Jacques klar, daß er eines Tages so umkommen würde, das war sein »Naturgesetz«. »Wir wissen alle ohne Ausnahme, daß wir von Geburt an zum Tode verurteilt sind (...). Ich finde es nicht idiotischer, durch eine Kugel im Kopf zu sterben als am Lenkrad eines R 16 oder in der USINOR-Fabrik bei einer Arbeit, die einem den Mindestlohn einbringt. Ich persönlich lebe vom Verbrechen. (...) Banken zu überfallen, ist mein Beruf. Nun – sterben bzw. die Gefahr auf sich nehmen zu sterben, wenn man einmal mit der Gewalt lebt... Ich will nicht behaupten, mit der Pistole in der Hand zu sterben sei wie ein Mann zu sterben – das gibt es nicht. Den Tod gibt es, sonst nichts« (Mesrine 1980, 343 f.). Jacques hat der bürgerlichen Gesellschaft ihren ureigensten Todestrieb vorgelebt, was diese nicht erträgt, sie tötet einen solchen Menschen eher, liquidiert ihn, bringt ihn zum Schweigen, wie sie ihr schlechtes Gewissen zum Schweigen bringt, ihren Todestrieb verdrängt. Das läßt nichts Gutes für ihr eigenes Ende erwarten.

Bernward flippte eines Tages aus, wurde in die Psychiatrie gesteckt, verübte dort Selbstmord. Wählte den Freitod. Die Anstaltsmauern, die Mauern der Gesellschaft, ließen ihm keinen anderen Ausweg, seine Freiheit zu bewahren, als den fremdesten überhaupt, den Körper töten, damit der Geist leben kann. »Natürlich: sie sperren ihn ein, aber der Geist ätzt sich den Weg, schöner

Vogel Quetzal, wir werden uns, der Freiheit beraubt, nicht töten, wir schmelzen, fließen durch die Mauern. Das ist alles. Das System hat *kein* Argument auf seiner Seite, keins. Kinder, Maler, Dichter: sie haben doch schon lange gewußt, daß die Pferde blau sind und die Löwen Flügel haben, daß das Weltall lebt« (Vesper 1977, 86). Bernwards Tod fällt zusammen mit der Niedergangsphase jener anti-autoritären Bewegung, die ihn von dem Psycho-Terror seiner Eltern befreite. Vielleicht spürte er deshalb stärker als viele andere das Scheitern dieser Bewegung auch als sein eigenes. Die Verhältnisse waren nicht zum Tanzen gebracht worden. Sie blieben steinern, tödlich steinern.

Jim fand nicht mehr aus dem ekstatischen Taumel des dionysischen Rausches. Er brannte aus, wie es sich für einen ordentlichen Rockstar gehört (»it's better to burn out than to fade away«). Herzschlag. Aber das Tragische seines Todes besteht darin, daß er genau in dem Moment starb, in dem er seinen Mythos als Rockstar, der ihn einengte, tötete, abstreifte, wirklich leben wollte, ein Leben aus Liebe zur Poesie und Philosophie. Aus Liebe zur Leiblichkeit und ewigen Lust. »Lust will sich selbst, will Ewigkeit, will Wiederkunft, will Alles – sich – ewig gleich« (Nietzsche). Lust am Leben und an der Liebe, auch und gerade im Angesicht des Todes.

»ich fühl mich wie – ich fühl mich wie'n stück scheiße – ich brauch einen – ich brauch einen drink – und zwar keinen essig – ich will nicht sterben – ich komm mir richtig bescheuert vor – laßt mich doch nicht verkümmern – ich bin nicht dazu geboren – als jungfrau zu sterben – ich will meine auster – geknackt kriegen mann – liebe wie ein hammer – liebe mich – gib mir leben – noch eine stunde bis zum tod – was zum teufel – noch eine stunde bis zum tod – soll ich denn hier – die stunde des todes – und ich fühl mich so frei – hab lust zu vögeln – fühl mich so frei – hab lust zum davonlaufen – hab kein haar mehr – das mich belastet – kahl rasiert – schnitte im skalp – sieht beschissen aus – eine stunde bis zum tod und ich fühl mich so frei – eine stunde bis zum tod und ich fühl mich so frei – schließer schließer – spiel mit meiner pussy – leck meinen kleinen – ratzekahlen kopf – komm schon komm schon – schiebs mir rein – hol den wächter – bitte den wächter – brauch einen wächter – er soll mich vögeln – hol die ganze mannschaft daß sie mich vögelt – wenn nur die ganze mannschaft mich vögeln würde – wenn nur die wächter mich vögeln würden – wenn nur ein wachter mich vögeln würde

– wenn nur ein gott mich vögeln würde – wenn nur ein gott« (Patti Smith: »jeanne d'arc«).

Hier zeichnet sich für mich die Lösung des rätselhaften Kampfes von Lebens- und Todestrieb ab. Nicht im (verdrängten) Nein des Weltbürgers zum Leben und zum Tod, nicht im (bewußten) Ja zum Tod und im (unbewußten) Nein zum Leben wie bei Jacques; nicht im Nein-Nein zum Leben und zum Tod wie bei Bernward; sondern eine Lösung, wie sie sich schon bei Jim abzeichnete, bei ihm aber noch undeutlich und unbewußt blieb, weil zu sehr noch dem vorgegebenen Dualismus von Leben vs. Tod verhaftet. Er wollte an die Grenzen der Realität vorstoßen, um auf die andere Seite durchzubrechen und zu sehen, was dann passiert. Die Lösung aber liegt, meiner Meinung nach, nicht im Durchbrechen, sondern im Verschmelzen.

Wenn der Todestrieb das Prinzip des Nicht-Seins bejaht und Eros das Prinzip des Seins, so geht es nicht darum, das Sein gegen das Nicht-Sein zu setzen, als ewigen Kampf von Eros gegen Thanatos, sondern im Bewußt-Machen des gemeinsamen Strebens beider nach Lust. Strebt die Lust des Lebenstriebes nach Entspannung unmittelbar hier jetzt sofort, um wieder neu spannend zu werden, zur erneuten Lust nach Entspannung unmittelbar hier jetzt sofort etc. ad infinitum, und begreift sich diese Lust des Lebenstriebes als Sinn des lebendigen Seins an sich (gegen die Mühsal, gegen das Leid, gegen den Dreck, gegen den Schmerz), so strebt die Lust des Todestriebes nach der endgültigen Auflösung dieser Spannung, nach der ewigen Entspannung, nach dem transzendenten Einfließen ins »ewige Ja des Seins, ewig bin ich dein Ja: denn ich liebe dich: oh Ewigkeit« (Nietzsche). Das ist der Traum der Menschheit vom traumhaft-glücklichen Zustand des Menschseins (denn wie Freuds Traumanalyse gezeigt hat, gibt es im Traum kein eigentliches Nein). »Nur wenn Eros – der Lebenstrieb – das Leben des Leibes bejahen kann, kann der Todestrieb den Tod bejahen und mit der Bejahung des Todes das Leben verherrlichen« (Norman O. Brown 1962).

Mit dieser Lösung im Kopf sehe ich das Bild des Malers auf einmal mit ganz anderen Augen an: Das Mädchen wird von dem Tod gar nicht von hinten überrascht, sondern lehnt sich liebevoll an ihn, denn sein kuscheliges, lockiges Haar und sein dichter Pelz versprechen Wärme und Geborgenheit und sinnliche Liebe. Sie lächelt im genüßlichen Wissen um das Kommende, hat auch schon bereitwillig seinen mächtigen Wanderstab gepackt. Aber vielleicht ist auch alles wieder ganz anders, umgekehrt nämlich: In Wahrheit ist das Mädchen der Tod, das den starken, kräftigen Mann, einen Bären von einem Mann, sehr lebendig und sehr erotisch, verführen möchte zum gemeinsamen Fest der Lust.

Bleibt noch das Problem des verdrängten Todestriebes beim Weltbürger. Wie die alt-ägyptischen Pharaonen sich gewaltige Gräber errichten ließen für ein würdiges Leben nach dem Tode, das für sie eine größere Bedeutung hatte als das wirkliche Leben, strebt das Weltbürgertum danach, die ganze Erde zu seiner gewaltigen Grabkammer zu machen, freilich nicht wie die Pharaonen aus einer bewußten Sehnsucht nach dem Tode, sondern aus einer unbewußten, verdrängten Sehnsucht heraus. Dies läßt den Weltbürger weder leben noch sterben. Er verdrängt das Sterben aus seinem Leben (in die Intensivstationen), er verdrängt das Alt-Werden aus seinem Leben (in die Sanatorien). Und will ewig nicht sterben. Und kann heute nicht leben. Deshalb braucht er Herzschrittmacher und wird sich bald mit künstlichen Herzen, Nieren, Lungen, Gliedmaßen durchs Leben schleppen. Will schließlich ganz und gar Roboter werden, nur um nicht leben und sterben zu müssen. Deshalb muß er auch alles Lebendige aus der Natur entfernen, die Natur technisieren, will sie sich gleichmachen, nach seinem Bilde schaffen. Keine Spur von Humanisierung der Natur und Naturalisierung des Menschen. Sondern indem der Mensch die Natur technisiert, technisiert er zugleich den Menschen. Der Mensch findet seine wahre Natur in der Technik. Meint der Weltbürger und deutet dabei stolz auf seine Quarzuhr, die ihm immer nur anzeigen kann, wie weit er schon wieder hinter der Zeit zurückliegt. Er kann gar nicht im Heute leben, weil er ständig nur ans Morgen denkt. Und die Uhr, auf die er ständig angstvoll schaut, ist gar nicht diese Uhr, sondern eine Uhr in zehn oder zwanzig Jahren. Ebenso alle anderen Dinge, die seinen Wohlstand ausmachen: Auto, Fernseher, Telefon, Waschmaschine, Hi-Fi-Anlage, Flugzeug, Computer, Waffensysteme. Wie wird all dies in 20, 30, 40 Jahren aussehen? Das ist seine weltbewegende Frage, seine Art, sich Unsterblichkeit zu sichern, sich Denkmäler zu setzen. Selbst das Szenario seines eigenen Untergangs projiziert er schon (siehe den Bericht *Global 2000*). Und fühlt sich gut dabei. Ganz Souverän, ganz Herr.

In diesem Sinne haben die Punks von London, Amsterdam, Berlin, Zürich, New York recht, wenn sie »no future« auf ihre Lederjacken pinseln, weil diese bürgerliche Gesellschaft in der Tat keine Zukunft hat, sondern vergänglich ist wie jede andere Gesellschaft vor ihr auch, was sie aber nicht wahrhaben will. Unrecht haben sie, wenn sie dieses »no future« auf sich selbst beziehen, weil sie damit genau in der Logik des Systems denken. Lieber jung und als Held sterben (ob im Schützengraben oder als »streetfighter« bleibt sich gleich), als alt und weise werden, reifen, sein Leben vervollkommnen zum Tod. Es ist diese »Ur-Entscheidung« von Jung-Siegfried, die auch die bürgerliche Gesellschaft getroffen hat mit einem ersten dramatischen Höhepunkt im Faschismus. Bernwards Vater ist ein typisches Beispiel für die panische Angst der Nazis vor dem Tod und ihre Ablehnung von allem, was nach Tod, Verfall, Krankheit riecht. Daher auch ihre fanatische Verherrlichung des stählernen, gesunden, jungen Körpers, freilich nicht als Verherrlichung des Lebens und der Liebe, sondern als unbewußte Verherrlichung des Todes, und die unerbittliche Ablehnung und Verfolgung all dessen, was »entartet« oder »verfallen« war (Juden, Krüppel, Ausgeflippte, Irre). Hätte das NS-System überlebt, wären mit tödlicher Sicherheit die Alten als Nächstes an der Reihe gewesen. Der Jugendlichkeits-Kult unserer heutigen Gesellschaft weist in die gleiche Richtung.

All das ist in der Tat beängstigend und läßt nicht auf einen guten Ausgang hoffen. Eine Gesellschaft, die Alter und Tod verdrängt und den Eros nicht lebt, ist eine Selbstmordgesellschaft, treibt unvermeidlich in den kollektiven Untergang. Die Bühne dafür ist bereits bereitet, die Akteure warten ungeduldig auf ihren Einsatz. Noch liegt die Bühne im Dunkel. Aber irgendwo in einem entfernten Winkel (genannt Süd-Atlantik) glimmen schon die ersten Funken, die diese Bühne in das Licht eines furiosen Feuerwerks tauchen sollen. Rettung versprechen einzig und allein die kollektiven Lebenstriebe der Menschheit, die diesen Verdrängungsprozeß bewußt machen müssen und die Menschen die Lust an ihren Körpern wieder annehmen lassen. Das lustvolle, bewußte Feiern von Eros und Thanatos. 1968 tanzte Eros mit seinem mächtigen Lockenkopf auf den Straßen der Welt zehntausendfach. Wer sagt, daß das ein letzter Auftritt gewesen sein soll.

Literatur

N. O. Brown, *Zukunft im Zeichen des Eros*, Pfullingen 1962.

P. Brückner, A. Finkielkraut, *Das Abenteuer gleich um die Ecke. Kleines Handbuch der Alltagsüberlebenskunst*, München und Wien 1981.

S. Cohen, L. Taylor, *Ausbruchversuche. Identität und Widerstand in der modernen Lebenswelt*, Frankfurt 1977.

J. Hörisch, *»Die Begierde zu retten« – Zeit und Bedeutung in Goethes »Wahlverwandtschaften«*, in: *fragmente*, Schriftenreihe zur Psychoanalyse, H. 2 u. 3, Kassel 1982.

J. Hopkins, D. Sugerman, *No one here get's out alive*, New York 1980.

H. Marcuse, *Triebstruktur und Gesellschaft*, Frankfurt 1977.

J. Mesrine, *Der Todestrieb*, Hamburg 1980.

F. Nietzsche, *Werke* (Hg. K. Schlechta), München 1965.

H. Salzinger, *Rock Power*, Frankfurt 1972.

P. Smith, *Babel*, Frankfurt 1980.

P. Tillich, *Kairos und Utopie*, in: *Zeitschrift für evangelische Ethik*, H. 6 (1959).

B. Vesper, *Die Reise*, Jossa 1977.

B. Vesper, *Ergänzungen zu »Die Reise«*, Jossa 1979.

V.
Die Risiken der Institutionalisierung

Edgardo Battiston, Renzo Bonn, Paolo Borghi,
Alfonso Gaglio, Roberto Mezzina, Mario Reali,
Luigina D'Orlando, Maurizio Costantino

Das Alibi der Prävention in der Psychiatrie und die Krise

Vorbemerkung zum Triestiner Modell

Obgleich die Triestiner Psychiatrie einige Berühmtheit, insbesondere unter den deutschen Psychiatrie-Touristen, erlangt hat, scheinen mir einige Vorbemerkungen zu dem folgenden Beitrag angebracht.

Die Eingliederung der Psychiatrie in Modelle umfassender Gesundheitssicherung ist eine Erscheinung neueren Datums: Im Jahre 1959 erfolgte in Großbritannien die Aufnahme der Psychiatrie in den *National Health Service,* andere Länder haben sich dem nur halbherzig oder überhaupt nicht angeschlossen. Italien ist sozusagen ein Glücksfall: In die allgemeine, langfristig angelegte Modifikation des Gesundheitswesens wurde die Psychiatrie hineingenommen. Betrachtet man diese Transformation auf der rechtsprogrammatischen Ebene, so kann man sagen, daß Italien dem Modell eines integrierten soziogesundheitlichen Dienstes gefolgt ist, das charakterisiert wird durch Globalität der Gesundheitssicherung, lokale Gliederung, eine Partizipation der örtlichen Bevölkerung und eine Bevorzugung der Prävention. Dieser Beitrag zeigt die Divergenz zwischen Rechtsprogrammatik, dem über Italien hinaus bekannten Reformdiskurs und der bestehenden Praxis, die den Stellenwert von Prävention durch ihre reale Funktion erheblich verändert hat. Anstatt auf die Gemeindeversorgung zu hoffen, hatte man in Italien einen prinzipielleren und elementaren Reformansatz gewählt, der verhindern sollte, die Logik der Anstalt ins Territorium zu transportieren. Eine rechtzeitige, gewissermaßen vor der Institution schützende Aktivität sollte diesen Mechanismus zerbrechen. Der Beobachter der Triestiner Verhältnisse muß den Eindruck gewinnen, die Zeitspanne, in der eine psychiatrische Intervention erfolgt, habe sich zwar verkürzt und der

Zeitpunkt »nach vorn« verlegt, der Eingriff scheine aber nicht vorschnell zu kommen. Weil Psychiatrie ihre Aufgaben aber mehr als eine Art Sozialarbeit im Stadtteil erledigt, werden Störungen früher wahrgenommen.[1] Welche Chancen jedoch für den Aufbau einer realen Präventionsdimension vorhanden sind, darüber in dem folgenden Beitrag.

Ein paar Worte noch zu dem Gesetz Nr. 180, das unterdessen auch die gesetzliche Grundlage für Triest bildet. Seine Bedingungen und Konsequenzen sind in Deutschland absolut unzureichend wahrgenommen worden, weshalb in die Rezeption der italienischen Psychiatrie ein etwas illusionistischer Zug gekommen ist. In Italien gibt es jetzt mehrere Vorschläge zur Veränderung des Gesetzes, im parteipolitischen Bereich ist hierbei die Democrazia Cristiana eine treibende Kraft, auf der lokalen und regionalen Ebene unterstützt und munitioniert von Bürgerinitiativen, die die Interessen von betroffenen Familien organisieren. Ein wichtiges Moment für diese Bewegung liegt in dem rapiden Wandel der Familienstruktur hin zur Klein- oder Kernfamilie, der sich in den letzten Jahrzehnten in Italien vollzogen hat. Die familialen Selbsthilfe- und Aufnahmepotentiale sind auf ein Minimum geschrumpft. In einem der Reform sehr ungünstigen Klima hat sich um das Gesetz 180 ein enormes Konfliktfeld gebildet. Sein Weiterbestehen scheint gefährdet zu sein.

Christa Schulz

Für diejenigen, die in Triest arbeiten, ist Prävention ein Wort, das nie benutzt wird, es sei denn mit einer ganz konkreten Bedeutung oder verstanden als Partizipation, aktive Beteiligung der Bevölkerung.

Nur selten wird die Prävention im positiven Sinne begriffen (kurzes Präludium zur Utopie) als kollektiver Ausdruck direkter politischer Aktion, wie beispielsweise die Besetzung eines Hauses zusammen mit ehemaligen Patienten.

Angesichts unserer Bemühungen, Krankheit in der trostlosen Atmosphäre anstaltsförmiger oder jedenfalls institutioneller Unterdrückung zu bekämpfen, erscheinen uns der Begriff Prävention oder die Ausarbeitung von Präventionsschemata wie vage, hohle und heuchlerische theoretische Spielereien.

Wir hatten schon immer den Eindruck, daß diejenigen, die diese

Kategorien (nach Basaglia im Dienste der herrschenden Ideologie) verwenden, sich im Grunde vom Kranken distanzieren und absetzen, sich jedem wirklichen Kontakt mit ihm entziehen möchten, als seien sie ihm gegenüber voreingenommen und hätten es lediglich auf eine soziale Prävention gegen den Patienten abgesehen.

Analysiert man beispielsweise den pathetischen, nunmehr veralteten Versuch (den zunächst G. Caplan und andere unternahmen und der dann in modifizierter Form für die moderne Polizei und Soziologie wieder aufpoliert wurde), die Prävention in eine primäre, sekundäre und tertiäre aufzugliedern, dann gewinnt man den Eindruck, daß diese Spezialisten im Dienste der herrschenden Klasse es verstanden haben, ein perfektes, scheinbar fortschrittliches System (eben ein Alibi) zu ersinnen, um nirgendwo mit dem Kranken in Berührung zu kommen.

In der sogenannten Primärprävention ist dieser Patient überall ihr Gesprächsthema: in der Schule, in den sozialen Diensten, in den kulturellen Einrichtungen. Hier wird gegen den Patienten ein großangelegtes Denunzierungs- und Bespitzelungsunternehmen gestartet, wobei alle Augen und Computer in Erwartung seines Zusammenbruchs auf ihn gerichtet sind, was ihn mit Sicherheit in die Paranoia treibt.

Alsdann schreitet man zur sekundären Prävention, die auf das Individuum ausgerichtet sein soll und auf das Moment der Krise, um dieser (so wird behauptet) vorzubeugen; in Wirklichkeit sperrt man den Kranken, um ihn nicht sehen zu müssen, in irgendeine Institution.

Danach wird der Kranke entsprechend seiner gesellschaftlichen Stellung (Endprävention?) im besten Falle an die ambulanten Dienste weitergereicht; oftmals jedoch endet er im Abseits, bleibt sich selbst überlassen oder macht Bekanntschaft mit anderen Institutionen wie den Gefängnissen, den technisch wiederaufbereiteten Überresten der Irrenanstalt, Obdachlosenheimen, Gerichten etc.

In jüngster Zeit hat das theoretische und praktische Dispositiv der Prävention die Grenzen der im engeren Sinne psychiatrischen Domäne überschritten, um den Entwicklungen der Informatik und den fortgeschrittensten Positionen der modernen Soziologie gerecht zu werden (risikoträchtige Bevölkerungsgruppen: J. Wing, Jan Taylor).

Auf der Grundlage dieser »neuen« Auffassung von Prävention versucht die Psychiatrie, sich mit Hilfe einer unübersehbaren technokratischen Umstrukturierung wieder eine neue wissenschaftliche Würde zu verschaffen, um mit mehr Glaubwürdigkeit ihrem historischen Auftrag, die schwächsten Gesellschaftmitglieder zu unterdrücken, gerecht zu werden. Auf diese Weise präsentiert sich diese Prävention unter erneuter Umgehung und Ausschaltung des Kranken wieder einmal als progressives Aushängeschild (Alibi), als bislang fehlendes Kettenglied, mit dem sich das von den herrschenden Klassen geknüpfte System der Repression schließen läßt.

Ein Paradebeispiel für den mörderischen Gebrauch, den der Staat von modernen Präventionskategorien, die auf dem Begriff der *besonderen Risikoträchtigkeit* basieren, unter anderem mit Hilfe des Einsatzes von Computern machen kann (vgl. Robert Castel in diesem Band), ist die radikale Auflösung der persönlichen Identität, die dadurch erreicht wird, daß man das Subjekt in ein Sammelsurium von Einzelfaktoren, von elektronisch verarbeitbaren Daten zerlegt und es zugleich auf diese reduziert.

Diese präventive Methode verspricht wesentlich mehr Effizienz als die Sterilisierung, jenes berühmt-berüchtigte Mittel der Prävention, das sich bei der Ausrottung von Krankheit selbst dann noch als untauglich erwiesen hat, als man es in großem Maßstab anwandte. Diesem neuen Schema fällt auch der Begriff der Gefährlichkeit zum Opfer, d. h. das letzte, beängstigende, verrückte Zeichen der Subjektivität des Kranken. Folgerichtig verschwindet auch das Konzept der therapeutischen Beziehung, die selbst in ihrer brutalsten Form, der Wärter-Häftling-Beziehung, immer noch besser ist als die Vernichtung.

Im Verein mit der technokratischen Umstrukturierung der Psychiatrie stellt die Prävention die andere Seite (das Alibi) der Kürzungen öffentlicher Mittel im Wohlfahrtsstaat dar, die nahezu überall zum Schaden der ärmsten Bevölkerungsgruppen vorgenommen werden. Diese Art der Prävention ist eines der neuesten, gegen den Irren gerichteten Angriffsmittel, das dazu dient, erneut den globalen Charakter seiner Förderungen mit einer Fülle von technischen Antworten zu zersplittern, »nachdem er sich gerade mühsam in den Sozialstaat wiedereinzugliedern begann« (Franco Rotelli).

Wir wollen nun den Versuch machen zu erklären, wie in Triest die *praktische Prävention von Krankheit* bislang verstanden wurde und wie sie gegenwärtig betrieben wird.

Zu Beginn unserer Arbeit in Triest glaubten wir, daß wir, um Krankheit zu verhüten, als erstes *gegen die Irrenanstalt* zu Felde ziehen müßten. Ohne hier näher auf die verschiedenen theoretischen Überlegungen, die zu dieser Entscheidung führten, eingehen zu müssen, läßt sich sagen, daß es uns schlicht und einfach dumm vorkam, zu präventiven Zwecken Kranke dort zu suchen, wo sich keine befanden, z. B. in den Schulen, während gleichzeitig 1200 Patienten an ein und demselben Ort zusammengepfercht waren. Es erschien uns dumm und sinnlos (oder allenfalls im Sinne derjenigen, die diese Art der Hilfe rücksichtslos planen), Fachkräfte und Mitarbeiter in den bequemen Büros der präventiven Psychiatrie (z. B. in den sogenannten *Centri di Igiene Mentale* von damals) auf die aussichtslose Suche nach den Wurzeln des Übels anzusetzen, während draußen der Baum des Bösen nicht zu übersehen war. Wie hätten wir, gemütlich am Tische sitzend, die Zeit damit verbringen sollen, epidemiologische Studien zu betreiben, um mit der Schreibfeder aussichtslose Angriffe vom Territorium aus (wie Giovanni Jervis in Reggio Emilia) gegen das Irrenhaus zu starten, während in unmittelbarer Nähe die Kranken, über die man theoretisierte, an ihren Betten festgebunden waren?

Es wäre kein Zeichen von Wissenschaftlichkeit gewesen, Zeit mit der Wiederbelebung der psychiatrischen Klinik zu verlieren (wie Jervis mit seinem *Kritischen Handbuch der Psychiatrie*), während anderweitig bereits die Maske von der Krankheit abzubröckeln begann. Dies geschieht immer dann, wenn man der Krankheit den Boden, auf dem sie gediehen ist, d. h. die Irrenanstalt (und allgemeiner die Anstaltsförmigkeit der Institutionen), entzieht, ohne die Praxis mit einer kritischen Neufassung der Psychiatrie zu verunreinigen (wie Jervis und seine Handbücher).

Zum Thema Irrenanstalt und Prävention gehört auch, daß es unbegreiflich bleibt, warum brillante Denker wie Guattari und andere, nur um sich ihren Platz an der äußersten Linken des antipsychiatrischen Lagers zu sichern, sich nicht schämen, unentwegt zu behaupten, allein das »Politische« habe präventiven Wert. Als sei es politisch richtig, gar nichts für die eingesperrten Patienten zu unternehmen; als seien die Krankheit bzw. das Leiden, die der Kranke durchstehen muß, um zu überleben, und die Anstrengungen, die der Gesundheitsarbeiter unternimmt, um die Patienten bzw. internierten politischen Gefangenen zu heilen bzw. zu befreien, unter der Würde des politischen Kampfes.

Während wir mit der Analyse der Bedeutung unserer Arbeit als praktische Prävention fortfahren und die – zumindest terminologisch – unmögliche Verbindung von Prävention und Krise ins rechte Licht rücken möchten, wollen wir nur kurz auf den *Servizio di Diagnosi e Cura* (im Gesetz 180 vorgesehener Diagnose- und Behandlungsdienst an den Allgemeinkrankenhäusern) zu sprechen kommen. Will man seine zentrale Bedeutung und die Möglichkeit, institutioneller Schwerfälligkeit zum Opfer zu fallen, einschätzen, so steht dieser Dienst an zweiter Stelle innerhalb des psychiatrischen Versorgungssystems. Hier kommt der Mensch, der eine Krise durchmacht, oft zum ersten Mal mit einem psychiatrischen Dienst in Berührung. Nachdem das neue Gesetz in Kraft getreten ist, besteht vor allem bei diesem Dienst die Gefahr, daß er, was in vielen Städten tatsächlich zutrifft, die verderblichsten Aspekte der Irrenanstalt reproduziert und im besten Falle die Psychiatrie dem ungeeigneten Schutz der Medizin unterstellt.

In einem Diagnose- und Behandlungsdienst präventiv zu arbeiten bedeutet, daß man aus ihm weder eine schöne noch eine häßliche, weder eine geschlossene noch eine offene Station macht, sondern eine Zuflucht, denn es ist absurd, z. B. eine Existenzkrise durch medizinischen Zugriff zu ersticken.

Präventiv arbeiten heißt *zurückweisen,* kämpfen, ein Bollwerk gegen die Psychiatrisierung von Problemen errichten, die nichts Psychiatrisches an sich haben. Dem Eintritt in den Kreislauf der psychiatrischen Versorgung beugen wir vor, indem wir einen Schutz aufbauen, ohne uns auf das elende Spiel der technischen Kompetenzen einzulassen, indem wir versuchen, gemeinsam mit den Menschen, die bei uns ankommen, den Weg zurückzuverfolgen, der sie gewaltsam in die Psychiatrie geführt hat. Indem wir beispielsweise versuchen, denjenigen, die wegen ihrer geringen gesellschaftlichen Macht und infolge des mangelhaften Gesundheitswesens in die Psychiatrie gedrängt werden, wieder zu ihrem Recht auf angemessene medizinische Versorgung zu verhelfen.

Präventiv in einem solchen Dienst arbeiten heißt, wo immer möglich zu verhindern, daß die Stadt Schande, Armut und Ungerechtigkeit hinter gefälligen Diagnosen wie Angstpsychose oder Depression verstecken kann. Präventiv arbeiten bedeutet, sich zu weigern, zu Komplizen derer zu werden, die das Sagen haben, derer, die, um sich die Hände nicht mit offener Repression schmutzig zu machen, bestrebt sind, jede heftige Reaktion unter die Diagnose »Erregungszustand« zu subsumieren, wobei das Adjektiv »psychomotorisch« hinzukommen muß, damit auch nicht im entferntesten erkennbar ist, was »Erregungszustand« in Wirklichkeit bedeutet.

Im Hinblick auf eine wirklich *präventive Praxis* im Sinne einer Ausschaltung von Krankheit und einer Überwindung der Psychiatrie fällt unserer Ansicht nach dem *Centro di Salute Mentale* (C.S.M. – Zentrum für psychische Gesundheit) eine zentrale Rolle zu. Dieser Dienst, der während der Phase des Abbaus der Irrenanstalten entstanden war, hat sich inzwischen organisatorisch verstärkt, glücklicherweise ohne sich von der Kritik beirren zu lassen, die von den anspruchsvollen Anhängern einer Ideologie der Nicht-Kontrolle an ihm geübt wird. Gegenwärtig ist er das stärkste Bollwerk gegen die Gefahr, die Kranken im Stich zu lassen, und es stellt eine ernstzunehmende Antwort auf die berechtigte Kritik dar, die von den Leuten an diesem Gesetz geübt wird, wenn dessen Verwirklichung ausbleibt. Gleichzeitig gibt das C.S.M. in dieser schwierigen Periode der ökonomisch begründeten Angriffe auf die Sozialleistungen den Hilfeempfängern die Möglichkeit, sich zusammenzuschließen, um sich zu wehren. In den letzten Monaten ist ein Kampfkomitee der Sozialhilfeempfänger entstanden, dem die psychiatrisch Betreuten, die sich durch die Unsicherheit ihrer Lebensverhältnisse bedroht fühlen, angehören. Einerseits will man sie in Fürsorgeeinrichtungen oder zu einer Eingliederung in den normalen Arbeitsmarkt, die nichts als Schwindel ist, drängen, andererseits werden sie paradoxerweise mit radikalen Argumentationen über den Doppelbegriff Gesundheitswesen – Fürsorge erpreßt. Dieser paradoxe Angriff zwingt sie, sich an den Status des Kranken zu klammern, was ihnen den Schwung nimmt, wieder ins normale Leben zurückzukehren, und sie hilflos den Folgen einer möglichen Rückkehr zur harten konservativen Psychiatrie oder der Willkür jedes zufällig daherkommenden Psychiaters ausliefert. Das Zentrum für psychische Gesundheit ist nach der Irrenanstalt (bzw. ihren Überresten) und dem Diagnose- und Behandlungsdienst der Knotenpunkt des psychiatrischen Versorgungssystems; es ist folglich der geeignete Ort, um der Psychiatrie eine Herausforderung zu präsentieren, ein Ort für die konkrete Prävention von Krankheit. Damit wir uns recht verstehen: Wenn man ein mystisches Experiment à la Kingsley Hall irgendwo außerhalb der Stadt durchführt, so kann daneben jede Art der psychiatrischen Repression fortbestehen; wenn hingegen dasselbe mystische, politische oder existentielle Experiment oder auch jede beliebige andere nichtpsychiatrische Aktion innerhalb des C.S.M. stattfindet, so gewinnt das die Bedeutung eines Vorgangs, der die psychiatrische Institution selbst in ihrem Innersten erschüttert. Konkrete präventive Arbeit in einem solchen Zentrum zugunsten von ehemaligen Anstaltsinsassen zu leisten (um zu verhindern, daß sie erneut krank werden), heißt, dieses als einen Dienst zu verstehen, der in erster Linie zum Nutzen der Patienten gestaltet werden muß; in diesem Sinne hat sich das C.S.M. als wesentliches Instrument zur wirklichen Zerstörung der Irrenanstalt erwiesen. Die organisatorische Struktur dieses Dienstes ermöglicht es, eine unterschiedliche Behandlung von *akuten* und *chronischen* Fällen zu vermeiden, in dem Sinne, daß eine Krise nicht von einem Zeitrhythmus, den andere bestimmen, abhängig gemacht werden kann: Der Maßstab ist in jedem Falle, vor allem für diejenigen, die ihre seelischen Verwundungen schon vor langer Zeit davongetragen haben, die Dringlichkeit, hinsichtlich derer eine von technischen Erfordernissen bestimmte räumliche und zeitliche Einteilung immer hinderlich ist. Der Einfluß der akademischen »psychiatrischen Wissenschaft«, die in pathologischer Weise die Krankheit mehr fördert als verhütet, läßt sich in einem C.S.M. insofern einschränken, als dieser Dienst wegen seiner zentralen Lage innerhalb der Stadt und wegen der Notwendigkeit, in unfiltrierter und nicht vorab fertiger Form zu reagieren, von den technischen Teilmodellen der Psychiatrie oder Medizin abgekoppelt ist. Der Angriff gegen das psychiatrische Lehrgebäude ist insofern erfolgversprechend, als die Arbeit größtenteils von den Pflegern geleistet wird, die zwar intelligente wissenschaftliche und kulturelle Beiträge nicht ablehnen, die aber im Gegensatz zu vielen Ärzten nicht durch eine psychiatrische Ausbildung verdorben sind, so daß sie ihr ganzes Wissen uneingeschränkt in die Praxis einbringen können. Dieses praktische Wissen stammt aus dem ständigen Zusammensein mit dem Kranken, einer besseren Kenntnis des Lebens und einer globalen, somit nicht fachtechnisch und ideologisch gefärbten Sichtweise der Krise und der erforderlichen Reaktion.

Während wir uns zwar durch den Auszug aus der Anstalt von der psychiatrischen Nomenklatur befreit haben, jedoch noch immer bemüht sind, im Behandlungs- und Diagnosedienst medizinische Klassifikationen zu bekämpfen, haben wir im Zentrum die Möglichkeit, auch bei schweren Krisen keine Diagnosen zu stellen und keine Krankenberichte zu schreiben – und so verhindern, daß der

Betroffene lebenslänglich auf seine Krankheit festgenagelt wird. Ausnahmen werden in einigen Fällen gemacht, wenn der Betroffene es wegen der mit dem Krankenstatus verbundenen Vorteile ausdrücklich verlangt (z. B. wegen Berentung oder Befreiung vom Wehrdienst). Scheinbar handelt es sich nur um ein terminologisches Problem, tatsächlich ist der Verzicht auf die diagnostische Abstempelung jedoch unerläßlich, um die Verschlimmerung, und mit dieser oftmals die Irreversibilität, der Krankheit zu verhüten. Prävention von Krankheit in einem C.S.M. heißt, dafür zu sorgen, daß die Krise sich nicht zur Krankheit entwickelt, mit all den Folgen möglicher Unheilbarkeit für den Patienten, seine Angehörigen und die anderen. Das bedeutet, daß der Krise der Raum gegeben werden muß, der notwendig ist, damit sie ausgelebt werden und, falls erforderlich, zum Bruch mit den Orten der Unterdrückung, die sie verursacht haben, führen kann. Und es bedeutet ferner, daß auf die Krise keine einheitliche, für alle gleiche Reaktion erfolgen darf. Eines der wichtigsten Dinge in diesem Dienst ist, daß er dreißig Mitarbeiter hat, die sich erheblich voneinander unterscheiden. Präventiv arbeiten heißt, der Krise die Möglichkeit zu geben, vom Individuum auf das Zentrum überzugreifen, das sich bisweilen von ihr erfassen läßt, sie bisweilen aber auch an die dafür Verantwortlichen weitergibt; in manchen Fällen ist der Dienst gezwungen, frontal und mit Gewalt zu reagieren, wenn möglich jedoch nicht in technisierter Form. Gelegentlich läßt das Zentrum sich gehen und folgt den poetischen, literarischen oder existentialen Bahnen der Krise. Wenn möglich, bildet der Dienst eine geschlossene Front und erhebt sich zur Verteidigung des betroffenen Menschen, wobei er sich an dem Verlauf der Krise orientiert, um zu erfahren, wie und wogegen der Angriff ausgerichtet werden muß.

Zum Thema praktische Prävention von Krankheit gehört, um ehrlich zu sein, auch, daß zu Beginn unserer Arbeit, der mit den spektakulärsten Phasen im Prozeß der Abschaffung der psychiatrischen Anstalt und dem daraus folgenden Zugang zu weiten Teilen des Territoriums zusammenfiel, die Illusion herrschte, daß der Krankheit ein Ende bereitet werden könne und daß sie sich im Zuge der Partizipation-Prävention der Stadt auflösen müsse. Leider ist dem nicht so: Das Territorium ist nur reich an Phrasen, Gemeinplätzen und einem ursprünglich linken, nunmehr inhaltslosen Jargon, es hat sich demjenigen, der eine Krise durchmacht, zunehmend verschlossen und wird auf immer kleiner werdende Freiräume und notdürftige Dienstwege zwischen den einzelnen Institutionen reduziert. Obwohl die Krankheit in anderer Form und seltener auftritt als zuvor, gibt sie zur Freude derer, die von ihr leben, weiterhin Anlaß zur Beunruhigung. Wenn es jedoch dem ehemaligen Patienten oder dem Menschen, der eine Krise durchmacht, gelingt, soviel Macht zurückzuerobern, daß er ins wirtschaftliche und soziale Leben zurückkehren kann, wenn das wirkliche Territorium (die Berge und Hügel) erreichbar wird, wenn einige bedeutende institutionelle Schwerpunkte der Stadt so unter Beschuß geraten, wie das bereits ansatzweise mit den allgemeinen Krankenhäusern, den Gefängnissen und den Gerichten der Fall ist, dann kann die bei der Krise erprobte Prävention den Sieg davontragen und verhindern, daß sich die Krankheit in neuer Form etabliert. In diesem Sinne könnte die Utopie einer praktischen Prävention Wirklichkeit werden.

Anmerkung

[1] Zu Triest siehe: Hartung, K., *Die neuen Kleider der Psychiatrie – Vom antiinstitutionellen Kampf zum Kleinkrieg gegen die Misere. Berichte aus Triest,* Berlin 1980.

Ota De Leonardis
Diana Mauri
Der Prävention vorbeugen

»Viele Ungelegenheiten entstehen dadurch oder dauern dadurch fort, daß man nach Ausmerzung schädlicher Gepflogenheiten dem Bedürfnis, das noch danach besteht, einen zu dauernden Ersatz bietet. Der Genuß erzeugt selber das Bedürfnis. Um in einem Bild zu sprechen: Für solche Leute, die das Bedürfnis, viel zu sitzen, empfinden, weil sie schwächlich sind, soll man im Winter Bänke aus Schnee errichten, damit die Bänke im Frühjahr, wenn die jungen Leute stärker geworden, die alten gestorben sind, gleichfalls und ohne Maßnahme verschwinden.«
Bertolt Brecht, *Geschichten vom Herrn Keuner*

Prävention

Wir werden versuchen, den Begriff Prävention zu zerlegen und zu entlarven. Wir werden uns aber bemühen, nicht bloße Ideologiekritik zu betreiben, sondern auch den praktischen Weg, den die italienische »Alternativpsychiatrie« innerhalb von zwanzig Jahren genommen hat, zu verfolgen, um das von ihr akkumulierte Wissen zu nutzen. Uns ist daran gelegen herauszufinden, warum die in der Psychiatrie tätigen Mitglieder dieser Bewegung die Frage, was Prävention sei, gewöhnlich mit einem Lächeln übergehen und von etwas anderem sprechen.

Weder können noch wollen wir hier die Geschichte und die Inhalte der italienischen Alternativpsychiatrie, die im übrigen auch in Deutschland hinreichend bekannt ist, rekapitulieren. Es scheint uns jedoch notwendig, in unseren Überlegungen noch einmal auf ihren Ursprung und den theoretisch-praktischen Schlüsselfaktor zurückzukommen, der sie als Gesamtkomplex zusammengehalten und geformt hat und der auch heute noch ihr entscheidendes Element darstellt: *die Irrenanstalt* nämlich und ihre Zerstörung (oder besser: ihr Abbau, ihre Demontage, ihre Entlarvung). Die Hartnäckigkeit, mit der vor allem Basaglia und die Triestiner Gruppe auf der zentralen Rolle des Kampfes gegen die Irrenanstalt insistierten, schien vielen in Italien und im Ausland reduktionistisch und irreführend. In den fortgeschrittenen Industriegesellschaften, in denen das Überwachungs- und Ausgrenzungsmodell nunmehr als überholt gilt und wohlfahrtsstaatliche Modelle, die sich auf Sozialisationstechniken von Devianz und auf die Verfeinerung der Formen sozialer Kontrolle gründen, eingeführt werden, schien die Irrenanstalt ein archaisches Residuum, ein *unpassendes* Relikt und seine Zerstörung ein sozusagen anachronistischer Kampf zu sein. Und darüber hinaus hätte dieser Auffassung nach die ausschließliche Konzentration der Aufmerksamkeit auf die Irrenanstalt und ihre Welt des Elends und der Marginalität verhindert, das Kernproblem der realen Existenz psychischer Erkrankungen, die sich außerhalb der Anstalt und der Marginalität manifestieren, in Angriff zu nehmen und sich in diesem Kontext mit der neuen Psychiatrie und den ihr verwandten Disziplinen zu messen. Nun, diese Einwände waren und sind das Ergebnis eines mehr oder weniger bewußten Mißverständnisses, das *die Aktualität und damit den realen kritischen Stellenwert des Kampfes gegen die Irrenanstalt* zu erfassen verhindert.

Häufig besteht die Tendenz zu vergessen, daß die Notwendigkeit, die Anstalt abzuschaffen, im Laufe der sechziger Jahre aufgrund der Erfahrung mit der therapeutischen Gemeinschaft von Görz sichtbar wurde. Mit ihrer Hilfe hat die um Basaglia entstandene Bewegung *von innen her* die Möglichkeit bzw. die Unmöglichkeit einer Humanisierung der Irrenanstalt erlebt und verworfen, wie auch die Ideologie einer Rationalisierung der psychiatrischen Institution, die sich aus den neuen Formen der sozialen Kontrolle in der Wohlstandsgesellschaft ergibt. Die praktische, von innen her durchgeführte Zerstörung der Irrenanstalt hat gezeigt, daß der Kontrollauftrag in der Reformpsychiatrie bestehen bleibt und daß es notwendig ist, auch innerhalb derselben die Zerstörung weiterzutreiben. Die soziologischen Devianztheorien, die Gemeinde- und Sozialpsychiatrie, die Reformmodelle des französischen Sektors, der amerikanischen Community Mental Health Centers und der englischen therapeutischen Gemeinschaft waren allesamt permanente Bezugspunkte für die Reflexion und die Praxis jener Jahre.

Gleichwohl blieb in diesem Kontext das Irrenhaus, wenn auch mehr oder weniger modernisiert, bestehen – oder es wurde in der Theorie als Residuum abgetan.

Die therapeutische Gemeinschaft erweist sich somit als erster Schritt zu einem institutionellen Umbruch, der bestimmt ist von der *Notwendigkeit, die Institution tatsächlich für die von ihr proklamierten Ziele zu nutzen* und sie somit den Bedürfnissen ihrer Patienten anzupassen.

»In der therapeutischen Gemeinschaft wird gleichsam aus dem Stegreif gespielt, was bedeutet, daß der Arzt in jedem Augenblick seine Rolle neu erobern muß, womit er beweist, daß er sie beherrscht, und ebenso ergeht es dem Pfleger (...). Die Handlung ist es, die bestimmt, wann wir unsere wechselseitigen Rollen ablegen und wieder in sie hineinschlüpfen. In der Handlung werden sie von den Anforderungen und der Notwendigkeit geschaffen und zerstört (...). Die Rolle des Psychiaters ist nicht durch die bloße Tatsache vorgegeben, daß er Akademiker, Arzt, Spezialist für Nervenkrankheiten ist, sondern durch die Fähigkeit, mit jedem Akt und bei allen Beziehungen zu bezeugen, daß er wirklich einer ist, womit er in Gefahr gerät, es nicht mehr beweisen zu können. Die Schwierigkeiten mit seiner Rolle ergeben sich also aus der Berührung mit der Realität des Kranken« (Basaglia 1982, 64 f.).

Das reale, praktische und alltägliche Spiel der therapeutischen Rolle als Beziehung zum anderen bringt diese Rolle wie andererseits auch die pathogenetische Verdinglichung der Rolle des anderen systematisch in eine Krise. Das, was für die Rolle des Arztes oder des Pflegers gilt, trifft auch auf die Institution als Ganzes zu.

Innerhalb des sichtbaren und hinlänglich bekannten Rahmens der Abschaffung aller Zwangsmaßnahmen und gewaltsamen Mittel, der Öffnung der Türen, der Versammlungen und des Gemeinschaftslebens wurde in jenen Jahren eine eher die Zwischenräume betreffende, alltägliche und zähflüssige Praxis der ständigen Überschreitung, Veränderung und Infragestellung der wechselseitigen Rollen wirksam. Für den Patienten wie für den Therapeuten besteht die Grundlage des therapeutischen Akts *als Beziehung* im Aufbrechen der Verdinglichung und Erstarrung der Rolle des Kranken und in langsamen, täglichen Schritten zur Wiederherstellung seiner Subjektivität.

Aber gerade deshalb und auf diesem Wege stößt die Praxis der therapeutischen Gemeinschaft an ihre Grenzen: *Sie erkennt die eigenen Schranken, die ihr mit den Mauern der Irrenanstalt gesetzt sind.*

»Die Ideologien sind Freiheit, solange sie erarbeitet werden, Unterdrückung, sobald sie fertig sind«, bemerkt Basaglia in Anspielung auf Sartre. Die Gemeinschaftsideologie von Freiheit und Demokratie, die im Inneren herrscht, vertuscht, daß die Realität der Ausschließung fortbesteht; die Illusion einer spontanen unmittelbaren Beziehung zum anderen verschleiert, daß eine auf die Macht und das Wissen des Therapeuten gegründete Herrschaftsbeziehung sich zwangsläufig von neuem entwickelt; die Subjektivität des Patienten existiert in Wahrheit nur von dem Augenblick an, in dem er die Anstalt verlassen kann, d. h. nur, sofern die materiellen, sozialen und kulturellen Mittel und Bedingungen wiederhergestellt und ihm zurückgegeben werden, die es ihm ermöglichen, seine Subjektivität tatsächlich auszuleben: also außerhalb der Irrenanstalt.

»Ist die Krankenanstalt erst einmal liberalisiert und ein Klima geschaffen worden, das von weniger Gewalt, Unterdrückung und Zwang bestimmt wird, das also technisch gesehen therapeutischer wirkt, dann steht man immer noch vor dem gleichen Problem: dem Unvermögen unseres Gesellschaftssystems diejenigen aufzunehmen, die wir rehabilitiert haben. Die Zukunft unserer Patienten bleibt nach wie vor allein die Institution« (Basaglia 1982, 10).

Die Zwänge und die Notwendigkeit, die die Irrenanstalt verkörpert, sind äußerst konkret:

»Zwar kann die Unterbringung auf freiwilliger Basis erfolgen, wenn der Arzt für die Ungefährlichkeit des Kranken bürgt, aber die Provinzverwaltung warnt die Ärzte davor, es zu tun, es sei denn, der Patient zahlt im voraus eine Kaution von 100000 Lire (...). Das bedeutet explizit: der Kranke ist gefährlich. Die Provinzverwaltung ist verpflichtet, die gefährlichen Kranken unterzubringen. Wenn sie aber nicht gefährlich sind, warum sollte dann die Provinzverwaltung sich die Kosten für ihre Unterbringung aufbürden? Wenn der als ungefährlich erkannte Kranke trotzdem eine Behandlung braucht, dann soll er gefälligst bezahlen. Das bedeutet aber konkret: der ungefährliche Kranke, der die verlangte Kaution nicht zahlen kann und stationär behandelt werden muß, wird automatisch gefährlich (...), und die Art der Unterbringung ist letztendlich nicht durch seine Krankheit, sondern durch seine ökonomische Situation bestimmt« (Basaglia 1982, 13).

Das ist nur ein Beispiel. Erstens ist es ein Beispiel dafür, was es tatsächlich mit der institutionellen Chronifizierung auf sich hat, die durch die Anstaltsinternierung sanktioniert und gefördert wird. Wenn dieses Phänomen einmal aufgerollt und seine Geschichte zurückverfolgt wird, dann offenbaren sich die Mechanismen seiner Entstehung und Erzeugung außerhalb der Irrenanstalt in der materiellen Misere, in der mit ihr verbundenen Enteignung der Identität des einzelnen. Die Irrenanstalt ist »Wiederholung des Trennungsrituals« (Foucault), allerdings im materialistischen Sinne, d. h. als sich ständig wiederholende Trennung und Enteignung des Subjekts von seinen materiellen Lebensressourcen, wie sie in der kapitalistischen Produktionsweise vollzogen wird.

Zweitens zeigt das Beispiel, wie der einfache, am Anfang stehende Akt der Übernahme der real gegebenen Aufgabe, zu behandeln und auf die Bedürfnisse der Patienten einzugehen, den eigenen wirklichen – nicht gesonderten – politischen Charakter offenbart.

Drittens und insgesamt betrachtet zeigt das Beispiel, daß der praktische Prozeß der Demontage des Irrenhauses, die eine den therapeutischen Zielen innewohnende Notwendigkeit darstellt, auch jenseits der Mauern, der Zwangsjacken und der eindeutig gewalttätigen Methoden der Anstalt die gleichen Entwicklungs- und formalen Mechanismen in Gang setzt. Die Irrenanstalt als solche ist keineswegs tot, sie ist allenfalls renoviert und modernisiert worden. Die Gesellschaft des Wohlstands, der sozialen Dienstleistungen und der universal geltenden Bürgerrechte ist durchsetzt mit diesen weißgetünchten Grüften. Innerhalb und hinter der Betonung, die auf die Prävention, das Spezialistentum und die verantwortliche Beteiligung der Bürger an der Erhaltung ihrer Gesundheit gelegt wird, verbirgt sich nach wie vor die *altbekannte* chronifizierende Logik der totalen Institution. Sie steckt in und hinter dem ausweglosen Kreislauf des »Drehtüreffekts«, der auch der Irrenanstalt ein »sanftes« Image verschafft.

Die Entinstitutionalisierung des Irrenhauses ist endlos

Die Anstalt ein »Ort der originären Ansteckung«. »Ein Ort, der mit seiner mutmaßlichen Fähigkeit, die Übertragung der Geisteskrankheit einzugrenzen und zu beschränken, notwendig deren erweiterte, in alle Ausdrucks-, Kodifizierungs- und Behandlungsformen und -weisen des psychischen Leidens eingehenden Reproduktion fördert« (Gallio 1982). Wie bereits Goffman beschrieb, macht die Irrenanstalt krank, und zwar krank im Sinne einer »andersartigen«, ansteckenden und chronischen Krankheit, die nicht mit der Geisteskrankheit »identisch« ist. Anstekkend wirkt die Anstaltskultur, die durch die selbstverständlich gewordene Billigung dieses Ortes der Gewalttätigkeit Ausdruck der Billigung der selber erlittenen Gewalt ist.

Es geht fortan nicht mehr darum, das Irrenhaus zu humanisieren. Nachdem das Experiment von Görz an die Grenzen des politisch und administrativ Machbaren gestoßen ist, »explodiert« es sozusagen: Um das Jahr 1968 entstehen im ganzen Land eine Unmenge von lokalen Experimenten sowie eine Bewegung von psychiatrischen Fachkräften; vor allem Triest mit Basaglia und anderen Psychiatriearbeitern verfolgt den in Görz eingeschlagenen Kurs weiter. Das Irrenhaus von Triest wird von Anfang an dazu genutzt, den Langzeitpatienten den Weg nach draußen zu ebnen, und zwar nicht nur um sie zu »behandeln« wie in der therapeutischen Gemeinschaft, wo die »institutionelle Pädagogik« sich wie jede »Therapie« als Herrschaftsinstrument erweist. *Es wird mit all der Macht, die es verkörpert, gegen sich selbst gewendet,* um es wirklich zu entlarven, zu leeren, aufzulösen, zu überwinden und um zu verhindern, daß es unmittelbar darauf anderswo neu ersteht. Es handelt sich hier um eine langwierige Arbeit der Prophylaxe und der psychischen Hygiene, die vor der Ansteckung und Übertragung, von der die Rede war, wappnen soll: um *Präventionsarbeit.*

So zeichnet sich eine tiefgreifende Veränderung der Perspektive ab.

Die (Geistes-)*Krankheit* ist kein Phänomen, das von der Institution *geschieden* ist, welche sie durch administrative und juristische Bestimmungen, durch begriffliche Parameter und normative Schutzvorschriften definiert und organisiert.

Behandlung kann nicht Therapie sein, die die institutionellen Regeln reproduziert; sie muß vielmehr in einer Praxis und Beziehung bestehen, die diese Regeln durchbrechen; somit bedeutet Behandlung des Leidens Kampf gegen den Komplex Krankheit/Institution, der es historisch geformt und konstituiert hat, mit Hilfe eines praktischen Prozesses der Transformation und des Durchbrechens dieser Form.

Epidemiologie darf nicht länger als Rekonstruktion einer notwendig kausalen Verkettung von Leiden, seiner Rationalisierung in Krankheit und deren Verarbeitung verstanden werden, eine Verkettung, die zeigen soll, daß jedem Bedürfnis eine ihm zugehörige Antwort entspricht; Epidemiologie kann hingegen nur Epidemiologie der Institution sein, der Kanäle und Regeln, über welche die institutionelle Antwort in dieser Form – und nur in dieser – das Leiden konstituiert.

Als *Prävention* kann letzten Endes nur eine Prävention gelten, die vor der Institution und ihrer Macht, zu etikettieren, zu internieren, Identität zu enteignen, Abhängigkeit und Chronifizierung zu produzieren, schützt. (Equipe di Trieste 1975; Maccacaro 1978; Giannichedda 1982).

Diese Veränderung der Perspektive nimmt in Triest und anderswo Tag für Tag im Zuge der Leerung der Irrenanstalt festere Formen an: Die Entinstitutionalisierung kommt in Gang. Wie wir bereits erwähnten, ist die Transformationspraxis innerhalb der Anstalt, die die in Görz erworbenen Methoden aufgreift, von Anfang an stark auf die Außenwelt ausgerichtet. Man nimmt wieder Kontakt zu den Familien auf, begleitet die Irren in die Stadt, entläßt die entlassungsfähigen Patienten, sucht nach Wohn- und Arbeitsmöglichkeiten; mit Festen und Versammlungen öffnet sich die Anstalt den Bürgern der Stadt. Der Slogan dieser Periode lautet: »*La libertá é terapeutica*« – »Freiheit ist therapeutisch« (Gallio 1982).

Diese spannungsträchtige Orientierung nach draußen verdichtet sich emblematisch in den Bemühungen, den Rechtsstatus der Insassen zu ändern: Umwandlung der Zwangsunterbringungen in freiwillige, Abschaffung der Vormundschaft und Einführung des »Gästestatus«, einer neuen außergewöhnlichen und widersprüchlichen Rechtsfigur. Die »Gäste« gehen nach Belieben in der Anstalt ein und aus, ihre Rechtspersönlichkeit bleibt gewahrt, und sie benutzen die Anstalt »wie ein Zuhause«. Im »Gästestatus« spiegelt sich klar und deutlich der reale Widerspruch zwischen »drinnen« und »draußen«. Man lebt drinnen, weil draußen keine Antworten auf die eigene Angst gegeben werden oder einfach, weil es an Beziehungen und Lebenshilfen fehlt; aber das Drinnen ist wie das Draußen, »wobei zusätzlich die Möglichkeit besteht, jederzeit zu beschließen, daß man keine Hilfe mehr braucht, und die Gewißheit herrscht, daß die Hilfe in jedem Fall eine kurzfristige ist, die keinen anderen Regeln und Bedingungen unterworfen ist als denen der Beziehung zu demjenigen, der sie anbietet. Dies kann als Zeichen dafür gelten, daß jede Beziehung, auch draußen, somit wirklich *bedingungslos* sein könnte« (Equipe di Trieste 1975).

Aber die Irrenanstalt ist kein Zuhause. Der »Gästestatus« zeigt klar und deutlich, daß man in die Anstalt geht und dort bleibt, weil es an Alternativen, Wohnungen, Geld, Beziehungen und Hilfen, an Mitteln, um im Gefüge des gesellschaftlichen Austauschs zu leben und sich zurechtzufinden, fehlt. Der »Gästestatus« ist also Ausdruck eines offenen Widerspruchs und verlangt von der Institution – von den Mitarbeitern – etwas anderes: den Schritt *»von der Vormundschaft zum Vertrag«*. Die Überwindung des institutionellen Vormundschaftsverhältnisses gebietet zwingend, den Kranken als Subjekt mit Bedürfnissen und Rechten anzuerkennen, die materieller Inhalt seiner wiedergewonnenen Rechtspersönlichkeit sind. Darüber hinaus muß man ihm das Leben zurückgeben. Man muß »das als unbewohnbar erklärte Haus« verlassen und gleichzeitig Teile davon draußen neu aufbauen, z. B. in Form von Feriengruppen, Wohngemeinschaften, Interventionsmöglichkeiten vor Ort, Kooperativen etc.: all das sind Antriebsmomente einer weiteren Ausrichtung der Arbeit nach draußen (Gallio 1982).

Hier einige Stimmen aus Villa Fulcis, einem Feriendomizil: »In der Anstalt gibt es immer jemanden, der dich stört. Man fühlt sich wohl, wenn man allein oder in Gesellschaft sein kann. Hier fühle ich mich wohl, weil ich immer mit den anderen zusammen bin; aber wenn ich will, kann ich auch für mich alleine sein« . . . »Wenn ich mit dem Arzt reden will, kann ich das auch noch spät am Abend nach dem Fernsehn tun; wenn ich schlafen will, schlafe ich bis morgens um elf. Wenn ich zwei Portionen vom Hauptgericht möchte, dann verlange ich sie« . . . »Und dann gibt es hier mehr Rücksichtnahme, mehr Freundschaft und auch mehr Freiheit und Bequemlichkeit. Aber ich möchte mehr Geld zur Verfügung haben . . . Sicher wäre es besser, in noch kleineren Wohnungen zu leben als dieser, in einem netten Appartement, einem Zimmer mit Küchenbenutzung oder in einer etwas größeren Wohnung zusammen mit anderen Kameraden oder vielleicht sogar mit einer Frau. Aber wo findet man Wohnungen?« . . . »In Triest gibt es eine Menge Kasernen . . ., viele stehen leer, und wir könnten sie gebrauchen, wir könnten sie übernehmen« . . . »Ich muß sagen, daß meine Beziehung zu den anderen sich sehr verändert hat . . ., wenn ich einen Mongoloiden sah, dann verspürte ich so eine Art Ekel. Hier überhaupt nicht, ich kann sogar mit ihm am selben Tisch essen. Was hier entsteht, ist Solidarität, man lernt sich besser kennen. Das ist wichtig für mich. Für mich existiert allerdings das Problem der Rückkehr nicht. Im April fange ich an, bei Baxter in Triest zu arbeiten, und in die Anstalt gehe ich nicht mehr zurück« . . . »Man spricht von den Außenzentren, die bald in Triest eröffnet werden, und davon, daß es bei der Frage der Hilfe um Recht und Kampf gehen muß und nicht um Wohltätigkeit. Jeder Mensch hat das Recht, all das zu bekommen, was er braucht« (Dell'Aqua 1980, 120).

Aber noch ist die Irrenanstalt die Institution, die die Mittel, die man hier fordert, und die Lebensmöglichkeiten, die sich hier abzeichnen, verwaltet: Sie ist die Instanz, die über die Macht verfügt. Und noch immer bezieht der therapeutische Prozeß aus ihrem Inneren, aus ihrer Nutzung und aus ihrer Demontage seine Antriebskraft. Das zeigt sich emblematisch in der Geschichte der Sozialbeihilfe, die an die Stelle der ergotherapeutischen Belohnung tritt und deren Logik umkehrt: *Es geht nicht mehr um Wohltätigkeit, sondern um Kampf und Recht.* Die Beihilfe ist nicht länger eine Bestätigung und Belohnung für diejenigen, die sich als fähig erweisen, »zu besitzen, auszugeben und zu handeln«, sondern vielmehr *Vorbedingung*, damit die Menschen »besitzen, ausgeben und handeln« können.

Damit ist der Schritt von der persönlichen zur materiellen Abhängigkeit vollzogen, die entscheidende Wende bei der Überwindung des Irrenhauses, das sich als »*Nullpunkt des Austauschs*« (Donzelot), als unverhüllte Form von Herrschaft darstellt.

»Das für das Funktionieren der Psychiatrie wesentliche Instrument war stets die Privation. (...) Der einzige Zweck der Vormundschaft und der Internierung besteht darin, die Betroffenen aus dem gesellschaftlichen Austauschprozeß herauszunehmen und bloße persönliche Abhängigkeitsverhältnisse zu schaffen.

Aber: ›Persönliche Abhängigkeitsverhältnisse (zuerst ganz naturwüchsig) sind die ersten Gesellschaftsformen...‹ (Marx, *Grundrisse*, 75). ›Im römischen Recht ist der *servus* daher richtig bestimmt, als einer, der nicht für sich durch den Austausch erwerben kann...‹ (ebda., 157).

Diese Jahre der ›offenkundigen Armut an Mitteln‹ haben dazu gedient, diese einfachen Wahrheiten zu entdecken und sodann gegen diese Verhältnisse, gegen diesen Ausschluß von der Teilnahme an den sozialen Beziehungen zu kämpfen, sie schrittweise in Frage zu stellen und gegen die Privation, die ihre praktische Grundlage war, anzugehen: die Sklaven der Irrenhäuser wurden nach und nach ›befreit‹, aus der Vormundschaft entlassen, in den gesellschaftlichen Austauschprozeß wiedereingegliedert, mit Geld und materiellen Möglichkeiten versehen, um in einen Gesellschaftsvertrag einzutreten.

Wir wußten: ›Persönliche Unabhängigkeit auf *sachlicher* Abhängigkeit gegründet ist die zweite große Form, worin sich erst ein System des allgemeinen gesellschaftlichen Stoffwechsels, der universalen Beziehungen, allseitiger Bedürfnisse und universeller Vermögen bildet.‹ (ebda., 75)

Wir haben begriffen, daß sich hier der einzige Weg auftat, um die Irrenhäuser zu zerstören, und wir haben ihn eingeschlagen als Praxis einer graduellen Rekonstruktion der materiellen Lebensgrundlagen. ›Gleichheit und Freiheit sind nicht nur respektiert im Austausch, der auf Tauschwerten beruht, sondern der Austausch von Tauschwerten ist die produktive, reale Basis aller Gleichheit und Freiheit.‹ (ebda., 156)« (Rotelli 1981).

Fortan gilt es also, die Ausgeschlossenen, die einem Leben, das ausschließt, wiedergegeben worden sind, in die Welt des Austauschs einzuführen. Nicht zuletzt, um der materiellen Basis von Chronifizierung, *der Privation,* vorzubeugen.

»Was die Arbeit und Beziehung mit den Kranken angeht, so war klar erkennbar, daß alles, was immer wir in der Abteilung, auch wenn sie humaner geworden war, unternehmen mochten, für sie trotzdem bedeutete, fehl am Platze, machtlos, festgelegt, abgezählt, diagnostiziert, ausgeliefert und im besten Falle ästhetisch gesehen interessant zu sein. Auch bei den Versuchen, sich zusammenzuschließen, bestand, abgesehen von einigen Phasen im Kampf für Beihilfen und Arbeitsplätze, immer die Gefahr, sich als Gemeinschaft abzusondern und ins Metaphysische zu entschweben. Auf einmal schien es uns absurd, weiterhin auf die Engel an der Zimmerdecke zu starren, und wir beschlossen, in die Geschichte der Stadt einzugehen« (Reali in einem Interview).

Als Protagonisten und Komplizen einer gemeinsamen Geschichte überschreiten die Psychiatriearbeiter mit den Langzeitpatienten »im Schlepptau« die niedergerissenen Mauern der Anstalt und betreten die Stadt.

»Die Mauern sind eingestürzt. Sie dienten der Absonderung, aber gleichzeitig der Übermittlung von Signalen: *der Sprache* der Gefängnisse« (Blanchot 1977, 232).

Einen zeitlosen Augenblick lang herrscht ein gesetzloser Zustand (Basaglia), Schrankenlosigkeit, das Gefühl, einen »unendlichen und unendlich verlassenen Raum« vor sich zu haben ... »An diesem Punkt ist es notwendig, *erneut eine Mauer zu errichten,* ein bißchen Gleichgültigkeit, die gelassene Distanz, die das Leben ins Gleichgewicht bringt, zu verlangen« (Blanchot, 232).

Die Psychiatriearbeiter haben erneut das Gefühl, daß sie genötigt – und dazu verdammt – sind, weiterhin eine Institution zu bilden, daß also ein psychiatrischer Dienst und psychiatrische Arbeit eine Notwendigkeit darstellen. Die Langzeitpatienten, die in ein Leben, das ausschließt, zurückgebracht wurden, brauchen eine solche Einrichtung, und auch all die Ausgeschlossenen, die ihrerseits Gefahr laufen, zu Langzeitpatienten zu werden.

So entstehen die territorialen Zentren. *Und nun beginnt die Wü-*

ste, sich zu bevölkern: Nur weil die Psychiatriearbeiter sich wieder als Institution formieren und sich dazu bekennen, entdecken sie, daß die Stadt mit einem Netz von Institutionen verwoben ist und daß man institutionelle Macht braucht, um sich ihrer zu bedienen, sie in den Griff zu bekommen und zu verändern. Da ist die Provinzverwaltung, der es wegen ihrer Befangenheit in bürokratischen Trägheiten und Haushaltsproblemen schwerfällt, die versprochenen Räumlichkeiten zur Gründung der Zentren bereitzustellen; da ist die Polizei, die damit droht einzuschreiten, wenn ein Haus besetzt und als Zentrum eingerichtet wird; da ist die Fürsorgebehörde (E. C. A.), die Wohnungen, Essen und Beihilfen für die Benutzer bereitstellen müßte, es aber nicht tut; da ist das Allgemeinkrankenhaus, das weiterhin alles in die psychiatrische Anstalt abschiebt, was tagtäglich an Verwirrung, Elend, Absonderlichkeit, an »sozialen Problemfällen«, in seiner Aufnahmeabteilung landet und die Ordnung und Sauberkeit der Krankensäle und der Medizin zu beeinträchtigen droht; da sind die Sozialarbeiterinnen, der Bezirkspräsident, die Schule im Stadtteil etc., mit denen man täglich wegen der verschiedenen Belange der Benutzer verhandeln muß.

Die Psychiatrie, die nach der Überwindung des Irrenhauses nicht mehr aus der Gesellschaft ausgeschlossen ist, gehört auf diese Weise vollberechtigt zum Welfare-System und entdeckt, daß ein engmaschiges Netz von Diensten, Leistungen, Rechten und normativen Zwängen existiert: wie bereits vermutet, funktioniert diese institutionelle Welt wie ein Kreislauf, in dem Privation/Chronifizierung produziert werden und der dann in der anstaltsförmigen Ausgrenzung seinen Endpunkt und seine Sanktionierung findet.

Aber das ist keine (bloß) theoretische Entdeckung; es ist nicht die beruhigende Gewißheit, eine Psychiatriereform geschaffen zu haben, der durch ein Staatsgesetz (das Gesetz Nr. 180) Rechtskraft verliehen wird.

Dadurch daß die Zentren den Komplex Krankheit/Institution, verstanden als ansteckendes Phänomen, *nach draußen transferieren,* werden sie zum Sammelpunkt von gleichgearteten, manifest oder latent vorhandenen Gebrechen, von Siechtum und Verfall: das chronische Leiden alter Menschen, die Abhängigkeit von Ärzten und Medikamenten, der »Langzeitaufenthalt« im Obdachlosenasyl, die Einlieferung ins Allgemeinkrankenhaus sind notwendige und regelmäßig wiederkehrende Stationen des Lebens.

Sobald die Zentren als Institution im »Territorium« etabliert sind, werden sie von einer »neuen Klientel« überflutet: Es handelt sich um Menschen, die keine feste Bleibe haben, die auf der Suche nach einem warmen Plätzchen, Kontakten oder einer Mahlzeit sind; um Anliegen, die durch verfehlte Reaktionen, durch Privation und Elend entstanden und geformt worden sind.

Im Bewußtsein des »handwerklerischen« (Basaglia) Wohlfahrtssystems, das sie innerhalb der Irrenanstalt mit den Beihilfen, Wohnmöglichkeiten, Kooperativen etc. geschaffen hatten, entdecken die Psychiatriearbeiter »vor Ort« schließlich, daß sie ihren Patienten lediglich zum Rang von *armseligen Fürsorgeempfängern* verholfen haben und daß dieser Status weit verbreitet ist, daß er gewissermaßen das Salz ihrer künftigen Arbeit darstellt: Sie entdecken, was es in Wahrheit mit dem Fürsorgesystem auf sich hat. Das Netz der Gesundheits- und Fürsorgeeinrichtungen, die die Wüste beleben, ermöglicht in Wirklichkeit erst, daß diese Wüste in untergründiger und weniger sichtbarer Weise wieder entsteht und weiterexistiert: durch die Zersplitterung der Bedürfnisse und Nachfragen, die Privatisierung und Vereinzelung des alltäglichen Leidens, die Schwerfälligkeit der bürokratischen Zwänge und Verfahren, die Abhängigkeit von institutionellen Antworten, die zur Erstarrung und Abkapselung der Bedürfnisse führen, die Enteignung und Verelendung des Lebens, die mit dem Status des »rechtmäßigen Benutzers« verbunden sind. Allzuviele Gesichter und Geschichten ähneln denen, die bereits aus der Irrenanstalt bekannt sind: »Er schien ganz vernünftig, sprach mit den Leuten; er tat alles wie es die andern taten; es war aber eine entsetzliche Leere in ihm, er fühlte keine Angst mehr, kein Verlangen; sein Dasein war ihm eine notwendige Last. – So lebte er hin...« (Büchner, *Lenz*).

All dies wird in Triest im Sinne der sich wandelnden Perspektive als *Elend der Dienste* bezeichnet. Die Verbindung Krankheit–Institution, die in der Irrenanstalt erlebt und durchbrochen wurde, weist den Weg zur Bestimmung der Verbindung Elend–Institution, deren Teil und Ausdruck auch die Krankheit ist. Die Epidemiologie der Institution wird auch außerhalb der Irrenanstalt in der Auseinandersetzung mit der »diffundierten Institution«, mit den Fürsorgediensten weiterbetrieben. In der Tat sind die Bedingungen von Leiden, Enteignung und Privation in ihrer Gesamtheit nicht bloße gesellschaftliche Bedingungen (wenn der »Gesellschaft« die Verantwortung zugeschoben wird, ist letzten Endes niemand wirklich verantwortlich), sondern *institutionelle Bedingungen, die durch die Form der Institutionen geschaffen und vermittelt werden,* durch deren normative Regeln, deren Macht und Wissen.

Das Elend der Dienste ist ein dem Fürsorgesystem und der Gewährung sozialer Hilfen innewohnendes Merkmal (und bedeutet etwas ganz anderes als Mittellosigkeit, auch wenn es diese mit einschließt: es ist die Realisation der materialen Enteignung, die von den Institutionen der sozialen Reproduktion ausgeübte Privation). Das Elend ist die Verkörperung der ökonomischen Rationalität der Einsparung von Mitteln und der sich daraus ergebenden Interpretation der Hilfeleistungen als Kosten. Verschärftes Spezialistentum, Taylorismus der Dienste, Standardisierung und Fragmentierung der Leistungen sind bekannte und verbreitete Phänomene im gesamten Bereich der Fürsorgeeinrichtungen. Das Kriterium der formalen Rationalität der Organisation, das ihre Selbstreproduktion bestimmt, ist die andere Seite dieser ökonomischen Rationalität. Oder anders ausgedrückt: Die Kontrollfunktion ist kein von der aktiven Ausübung der Privation, von dem Elend der Dienste trennbares Phänomen. Es handelt sich um die Logik der »Produktion um der Produktion willen«, die auf die Institutionen der sozialen Reproduktion ausgedehnt wird.

Man muß die Vorschriften der Institution kennen, sich den Verfahrensweisen anpassen, die Fähigkeit unter Beweis stellen, die Mittel so zu beantragen und zu nutzen (und die Bedürfnisse so zu empfinden), wie es die entsprechenden Regeln verlangen: wiederum sind die bewilligten Mittel keine Voraussetzung für Unabhängigkeit, sondern eine *Belohnung,* mit der die Beziehung zu den Diensten als Abhängigkeitsverhältnis reproduziert wird – als *persönliche Abhängigkeit.* Die Benutzer werden hier dem Recht und der Not gehorchend in einem unablässigen Kreislauf von verfehlten und »fremden« Antworten selektiert, aufgeteilt, umgeformt und sortiert. Damit wird, *vermittelt über die Ignorierung von Bedürfnissen, ein Abhängigkeitsverhältnis reproduziert und chronifiziert.* So tritt Methadon an die Stelle von Heroin, ohne daß dadurch etwas an der (Drogen-)Abhängigkeit geändert würde; so muß der Alkoholiker, dem eine Beihilfe genehmigt worden ist, ständig nachweisen, daß er noch Alkoholiker ist, um sie weiterhin zu erhalten. Das sind deutliche Zeichen für den Fortbestand jener

»anstaltsförmigen« Logik, die man in der Wohlstandsgesellschaft für überholt halten konnte.

Was aber geschieht, wenn »ein Individuum, das notdürftig wieder einen Halt und Platz in der realen Geschichte gefunden hat«, in diese institutionelle Welt gelangt, wenn es »aus der Peripherie der Lebenswelt in die deutlich umrissenen Beziehungen zwischen den sozialen Klassen« (Rotelli 1981) eintritt?

»Wenn wir sagen, daß für Rossana 5 000 000 Lire im Monat erforderlich wären, dann behaupten wir nicht, daß mit dieser Summe ihr Problem gelöst sei: Wir meinen, daß sie mit Hilfe dieses Geldes die Formen, in denen sie ihrer Subjektivität Ausdruck verleiht, ändern könnte, weil dies der Mindestbetrag ist, um an den Kontakten der anderen teilhaben zu können (...). Und dann glauben wir, daß, dank dieser Summe, unsere institutionellen Beziehungen zu ihr eine neue Entwicklung nehmen werden« (Dell'Aqua in einem Interview).

Auch das Geld ist also als ein Mittel zum Zweck und nicht als Belohnung einzusetzen. Auf diese Weise werden die Zwänge, die bisher Rossanas Ansprüche eingeengt haben, beseitigt, und diese können sich frei entfalten. Der (vom Wohlfahrtsstaat verkündete) Anspruch, daß die zum Leben notwendigen Mittel und Möglichkeiten tatsächlich ein Recht sein müssen und keine den Normativismus fördernde Belohnung, und der Anspruch, daß die Bürgerrechte wahrhaft universelle Geltung haben, machen den Widerspruch aus, der dem Wohlfahrtssystem innewohnt. Es handelt sich um eine Krise *im* Wohlfahrtssystem und nicht um eine Krise *des* Wohlfahrtssystems (Wolfe 1981; O'Connor 1974). In der Tat gerät dieses Modell in Schwierigkeiten, sobald es wirklich realisiert werden soll, indem auch diejenigen mit einbezogen werden, die bislang »am Rande des ›gesellschaftlichen Lebens‹ standen, sobald also der Unterschied zwischen den Produktiven und den Unproduktiven eingeebnet wird und sobald die für die herrschende Ethik entscheidende ökonomische Disziplin nachläßt, die auf der Basis von Unterschieden eine Gesellschaft zusammenhält und die den Gesunden vom Kranken, den Alten vom Jungen, den Normalen vom Abweichenden, den Reichen vom Armen mit Hilfe von umsichtig gesteuerten Privationsmechanismen trennt« (Rotelli 1981).

»Es wäre wirklich seltsam (und gefährlich), wenn alle unnützen Elemente Rechte und Ansprüche anmelden könnten. Niemand würde mehr arbeiten wollen, und die Wirtschaftskrise? Irrenanstalten bauen, das ja. Aber selbstverständlich schön. Niemand kann bestreiten, daß die bisherigen eine Schande sind. Die neuen Anstalten müssen mit allem erdenklichen Komfort ausgestattet werden, gewiß. Gepflegte Toiletten, gutes Essen, ein bißchen Unterhaltung und ein wenig Arbeit, um die Zeit totzuschlagen (...). Und vor allem gute Ärzte und Medikamente. Das ist sehr wohl erbaulich. Aber nicht draußen. Was sollen denn die Irren draußen anfangen? Sie sind schwach und würden bald fertiggemacht. Sie müßten so stark und selbstsicher sein wie wir, die wir imstande sind, Widerstände zu meistern, unseren Lebensunterhalt zu verdienen. Nein, das würden sie nicht schaffen, die Ärmsten. Wir aber wohl« (Dell'Aqua 1980).

Um zu überleben, muß das Wohlfahrtssystem in der Tat wiederum ein Residuum aussondern: Die Endstation im Kreislauf der sozialen Dienste und Hilfen, der institutionellen Abhängigkeit und Chronifizierung ist nach wie vor die Irrenanstalt (wie immer sie auch umbenannt werden mag). Aber dieses feste, beständige, unvermeidliche Residuum ist das Spiegelbild eines weiteren, das ebenso hartnäckig ist. Diesem zweiten Restbestand kann die »systemische« Kontrolle trotz aller Bemühungen nie wirklich beikommen. Handelt es sich um den Niedergang der Arbeitsmoral? Das Durchbrechen der Regeln des Rollenverhaltens? Die Auffassung, daß die zum Leben notwendigen Mittel ein Recht seien – oder jedenfalls außerhalb der Normativität der Warenbeziehung lägen? Ist es die unbeugsame Subjektivität des »Risikoverhaltens«? Gewiß handelt es sich um eine residuale Realität.

Um sich davor zu schützen, nimmt das System zunehmend komplexere Formen an: Bis in jede Einzelheit geregelte Organisation der fürsorgerischen Intervention, Erweiterung des staatlichen Zugriffs im Privatbereich, Verrechtlichung, präventive Kontrolle, Einstufung des Bürgers als Klient gegen seinen Willen. Eine nunmehr umfangreiche Literatur beschäftigt sich damit, wie stark diese Kontrollmechanismen in den Sozialpolitiken sind, aber sie zeugt auch davon, wie sehr dieses Residuum auf der systemischen Ebene beunruhigt. Passepartout und Wundermittel dagegen ist die *Präventionsideologie,* auch das ist uns nunmehr bekannt. Damit verbunden ist die Ausweitung der institutionellen Normativität von der individuellen Gefährlichkeit auf das soziale Risiko, die Therapeutisierung, die Psychologisierung, der Ruf nach der Selbstorganisation einer therapeutischen und pädagogisierten Gesellschaft (das ist alles, was vom Mythos der Partizipation bleibt und verwirklicht wird), die »Selbstdisziplin« und die »freiwillige Mobilisierung«, die den offenen Zwang ersetzen und alle »in Dienst« nehmen. Das alles – und einiges mehr – ist Prävention (Castel 1981; Donzelot 1982; von Ferber 1982).

Aber gegen wen oder was richtet sich diese Besorgnis, diese Ritualisierung des Lebens, diese permanente Alarmbereitschaft, diese Überbetonung und Verstärkung der Normalität? Wir fragen nochmals, um was für ein Residuum geht es hier?

Beobachtungen aus der psychiatrischen Notfallstation des Städtischen Krankenhauses von Triest: »Wir haben uns am Eingang des Krankenhauses plaziert, um die Nachfragen auffangen zu können, die sich in bezug auf die Regeln der Definition und Verwaltung der medizinischen und fürsorgerischen Einrichtungen als unüberwindbar andersartig und störend erweisen. Die psychiatrische Notfallstation fungiert also im Medizin- und Krankenhausbetrieb als präventiver Filter, der die Abwälzung, repressive Verschleierung und Medikalisierung dieser unbeantworteten Nachfragen verhindert und sie aus dem Krankenhaus heraus wieder in die Stadt lenkt, um Reaktionen und Lösungsmöglichkeiten zu erzwingen und anzuregen, die ihnen eher gerecht werden« (Rotelli in einem Interview).

Über den Kinder- und Schulberatungsdienst in Arrezzo: Er »ist unverkennbar mit dem Problem der Normalität befaßt (...). Ausgehend vom Konzept des Risikokindes, kann alles zum Objekt der ›Betreuung‹ werden: das Verhältnis Eltern – Kinder, Lehrer – Schüler, die didaktischen Kriterien und Inhalte (...). Auch in diesem Bereich besteht das Ziel darin, dem Hang der Schule entgegenzuwirken, die eigenen Probleme mit Hilfe eines separierten technischen Eingriffs abzuwälzen und in Form von Früherkennung, Massenscreening, Testverfahren und Registrierung die präventive Kontrolle, technische Kodifizierung und gesonderte Verarbeitung all dessen zu verlangen, was sich im Schulalltag an potentiellen Krisenelementen bemerkbar macht, und somit neue Verhaltensnormen und Sinngebungen als Unterstützung und Ersatz der bisherigen zu fordern« (De Leonardis 1981).

»Man muß zu dem Schluß gelangen, daß *das Alltägliche das Verdächtige ist* (und das Verquere), das sich stets der klaren Entscheidung des Gesetzes entzieht, auch wenn dieses darauf ausgerichtet ist, *das Indeterminierte in all seinen Formen* mit Verdächtigung zu verfolgen: *die alltägliche Indifferenz (verdächtig ist der Durchschnittsmensch, der schuldig ist, nicht schuldig sein zu können . . .).* Das Alltägliche ist das Banale (das, was zögert und zurückfällt, das residuale Leben, welches Abfalleimer und Friedhöfe füllt, Ausschuß und Abschaum), und doch ist dies Banale von höchster

Wichtigkeit, weil es auf die Existenz in ihrer Spontaneität verweist, so wie wir sie in dem Augenblick erleben, in dem sie sich als gelebte jeder spekulativen Organisation, vielleicht jeder Folgerichtigkeit und Regelmäßigkeit entzieht. (...) Überall finden wir die zwei Seiten des Alltäglichen, die unangenehme, mühselige und erbärmliche (das Amorphe, Stagnierende) und die unerschöpfliche, unwiderlegbare, immer unvollendete, die stets den Formen und Strukturen (insbesondere denen der politischen Gesellschaft) entgleitet« (Blanchot 1977, 322 f.).

»Carla und Giovanni leben jetzt außerhalb der Anstalt. Sie haben dort zehn Jahre als Schizophrene verbracht, sind sie nun geheilt? Vielleicht ist nicht einmal die Frage legitim: weder sie noch er haben ihre grundlegenden Probleme gelöst, ihre Persönlichkeitsstruktur hat sich vielleicht nicht wesentlich verändert. Vielleicht hat die Schizophrenie organische Ursachen. Aber die beiden leben mit den anderen zusammen, ihre Probleme und ihr Unbehagen werden in den Lebensraum aller eingebracht, sie haben das Recht, sich auszudrücken, und sie bekommen auch Hilfe. Ihr subjektives Problem ist nicht gelöst worden, aber wie viele Männer wie Giovanni schaffen es nicht zu arbeiten, wie viele Frauen wie Carla kommen nicht mit der Rolle der ›normalen Frau‹ zurecht? Wie kann man ihre subjektiven Probleme lösen, wenn es sich in der Gesellschaft insgesamt um Probleme für alle, Gesunde wie Kranke, handelt?« (Equipe di Trieste 1975, 58).

Man darf sich daher keinen Illusionen hingeben. *Man braucht weiterhin eine Institution,* um die Entinstitutionalisierung fortzuführen, man braucht weiterhin ein Potential an Macht/Wissen, um die Macht- und Wissenskonzentration des »Territoriums« zu demontieren, man braucht weiterhin eine eigene professionelle Rolle, um die kodifizierende Normativität der verschiedenen Varianten des Spezialistentums sowie deren Mitschuld an der Reproduktion des Elends und an der Ausweitung der Logik des Verdachts zu entlarven. Man muß sich weiterhin als therapeutische Autorität – Psychiater, Pfleger, Psychologen etc. – zu erkennen geben, Medikamente verabreichen und, wenn nötig, ins Krankenhaus einweisen; man muß sich nach wie vor auf das Risiko einlassen, »Psychiatrisierung« zu produzieren, wenn das bedeutet, daß man weiterhin die Institution zurechtbiegt, *um zu versuchen, auf jedwede Art der Nachfragen und Bedürfnisse einzugehen* (ohne im Namen der Verpflichtung gegenüber den fachspezifischen Normen und Kompetenzen der eigenen Rolle zu selektionieren, einzuteilen und abzuschieben).

So sind wir, wie bereits gesagt, dazu verdammt, weiterhin Institution zu sein. Die Phase des unmittelbar politischen Kampfes ist
noch nicht – oder vielleicht nicht mehr – aktuell.

Absturznetze, aber Netze, das sind die Zentren im »Territorium«.

Ein Ausschnitt aus dem Tagesablauf im Zentrum von Barcola (Triest):
»Mutter und Tochter, Arzt und Pfleger sind dabei, sich zu einem Erstge-
spräch in ein Zimmer zurückzuziehen, und werden dabei von Marco mit
kleinen lästigen Anrempeleien aufgehalten. Nadia betreibt unerschütter-
lich ihre An- und Verkaufgeschäfte, wobei ihre momentanen Geldmittel
immer wieder bis zum Nullpunkt schrumpfen. Die Infusion bei Gino geht
dem Ende zu. Eine Frau am Telefon möchte nur mit ihrem Sohn sprechen.
Silvana, die Köchin, beruhigt Patty, während ihr einige Benutzer beim
Tischdecken helfen. Mariella, die seit Monaten darauf wartet, eine Unter-
kunft zu finden, sucht jemanden, der sie im Auto mitnimmt, um sofort auf
ein Angebot reagieren zu können. Wer will sie hinfahren? Aber die beiden
Wagen des Zentrums sind noch unterwegs. (...) Grazia bringt eine Gitarre,
die soeben dem Zentrum geschenkt wurde. Marcello stimmt die Gitarre,
spielt ein paar Akkorde. Um ihn herum sammeln sich junge und weniger
junge Leute (...)« (Mauri 1982).

Die therapeutische Gemeinschaft war eine Scheingemeinschaft,
ein großes Theater, in dem man zwar aus dem Stegreif spielte, aber
nach einem Drehbuch, das die Schlußszene im voraus festlegte.

»Die Zentren sind kleine Theater in der Stadt, immer noch
Scheingemeinschaften, wo sich jedoch eine mögliche Gemeinschaft darstellt. Die Leute – gleichgültig wer sie sind – kommen
und gehen, bleiben dort, leben dort. Es handelt sich um einen Freiraum, der genutzt werden kann, der jeden Tag neu zu schaffen ist«
(Rotelli in einem Interview).

»*Das Zentrum als Produzent von Gesellschaftlichkeit,* in dessen
Schmelztiegel tagtäglich die Identität der Menschen geschaffen,
umgebildet und verteidigt wird. In diesem schützenden Kreis, einem wirklichen Kreislauf von Garantien für diejenigen, die den
desintegrierenden und ausgrenzenden Mechanismen am stärksten
ausgesetzt sind, bauen die Personen ihre sozialen, zwischen-
menschlichen und affektiven Beziehungen auf; sie eignen sich ihre
Lebenserfahrungen und ihre Bindungen zur Umwelt wieder an; sie
rekonstruieren die eigene individuelle Autonomie und Identität.
Dieser schützende Kreis wird durch die materiellen Ressourcen,
die das Zentrum verteilt, strukturiert, allerdings insofern, als diese

sich in seinem Inneren in Instrumente verwandeln, die Gesellschaftlichkeit, Kommunikation und gegenseitige Anerkennung sowie Affektivität fördern. Und umgekehrt ist diese Gesellschaftlichkeit nur deshalb ein Faktor wirklicher Bereicherung für die einzelnen (Benutzer, Psychiatriearbeiter, gewöhnliche Bürger), weil sie sich auf die Zunahme ihrer gesellschaftlichen Macht, auf die Verbesserung ihrer Lebensbedingungen und auf die Erweiterung der zur Verfügung stehenden Ressourcen gründet.

So wird das Zentrum in seinem Alltag, in seiner Arbeit ein Mikrokosmos, der Ausdrucksformen, ein individuelles und kollektives Gedächtnis, Projekte, Emotionen und Gefühle hervorbringt: ein Mikrokosmos der Gesellschaftlichkeit also auch in seiner symbolischen, kulturellen Dimension. Es geht um *Produktion von Kultur* im eigentlichen Sinne, um Produktion einer ›Kultur der Bedürfnisse und Ressourcen‹ (Balbo 1982), die aus der thematisierten und aktiven Beziehung zu den materiellen Lebensbedingungen erwächst; aus gemeinsamen Praktiken und Erfahrungen bei der Transformation und Maximierung der Ressourcen; aus dem Ensemble von Ausdrucksformen, ethischen Vorstellungen und Symbolen, das hier entsteht. Das im Zentrum verdichtete und gesteigerte Spannungsverhältnis zum Wohlstand – wörtlich verstanden als ›Sich-wohl-Befinden‹ – entwirft also gewissermaßen die Formen der sozialen Integration, die Möglichkeiten, das eigene Leben zu leben, wahrzunehmen und zu deuten (...). Jeder, der, sei es auch nur für kurze Zeit, am Leben eines Zentrums oder des Dienstes insgesamt teilgenommen hat, wurde in die dort herrschende Atmosphäre von Wärme und Spontaneität miteinbezogen und hatte das Gefühl, er befände sich in einer Fürsorge und Schutz, weil Sinn produzierenden Werkstatt, die auch für ihn da war, wenn er wollte« (De Leonardis 1982).

Aber noch gibt es die Mauern, um das System von der Umwelt abzuschirmen; um den Fortbestand des Kontrollmandats zu bestätigen. Letzten Endes handelt es sich um öffentliche Dienstleistungsbetriebe, um institutionell definierte Rollen, um rechtliche, ökonomische und politische Selektionsprinzipien, die allesamt in den zum Überleben des Systems notwendigen Imperativen enthalten sind: Es handelt sich nicht um eine befreite, ghettoähnliche Lebenswelt. Diese Fürsorge und Schutz erzeugende Werkstatt ist noch – um eine solche sein zu können – mit der Verpflichtung belastet, tagtäglich das Szenario und das Drehbuch der Therapeut-Patient-Beziehung zu sprengen; die der Selbstverteidigung dienende Flucht der Organisation in kodifizierte Verfahrensweisen und ins Spezialistentum zu verhindern; das Elend der Dienste – und vor allem das des eigenen Dienstes – zu mindern. Das Zentrum wird sozusagen auf die eigenen Umgrenzungen – auf diese Mauern – projiziert, nicht um sie zu verteidigen, sondern um sie zu ihrem Abbau zu nutzen; dies wiederum, um die Institution immer wieder den Bedürfnissen der Benutzer anzupassen.

Die »Außenwelt« präsentiert sich dem Zentrum, vermittelt über die Subjektivität des einzelnen Benutzers – und über sein Leben als Ganzes; wenn ihr einmal Einlaß gewährt worden ist (denn darin besteht der erste Schritt der Heilbehandlung), dann stürzt sie die Organisation in eine wirkliche Krise; und diese Krise bewirkt eine reale Veränderung eben dieser Organisation und setzt nicht bloß eine das Bewußtsein betreffende theoretische Dynamik in den Köpfen der Betreuer in Gang.

Unter Anknüpfung an die Luhmannsche Begrifflichkeit könnte man sagen, daß der Benutzer, verstanden als Zweck, thematisch gesetzt als Leitvorstellung für die Organisation und deren institutionelle Reaktion, diese beiden einem tagtäglichen Spannungsverhältnis anpaßt, das sich aus der Rekonstruktion und Restitution der Komplexität von Außenwelt ergibt; und zwar indem er die Einförmigkeiten durchbricht, die normativen Regeln und Systeme, welche die Nachfrage und die Benutzerschaft geformt haben, auseinandernimmt, das bruchstückhafte Mosaik der Bedürfnisse und der Bindungen zur Außenwelt, die komplexe Identität seines Leidens und seine leidende Identität neu zusammenfügt.

Komplexität als Andersartigkeit, nicht reduzierbar und nicht kontrollierbar. Komplexität und Andersartigkeit: »Utopie: die einer Welt, in der es nur noch Unterschiede gäbe, so daß sich unterscheiden nicht mehr sich ausschließen wäre« (Barthes 1978, 93).

Behandeln? Vielleicht heißt das nur, mit dem Benutzer täglich ein Stück Weg zurückzulegen, der nicht auf einen »Wert« hin ausgerichtet ist, sondern der die Komplexität wieder instandsetzt oder schafft und ihr wieder einen Sinn verleiht.

Heilen? Vielleicht heißt das nur die komplexe Identität des einzelnen, seine Macht als soziales Subjekt – auch, und vor allem, als Unkontrollierbarkeit – wiederherzustellen; jenes nicht reduzierbare und für das System bedrohliche Residuum zu erweitern; den Verdacht offenzuhalten; zu verhindern, daß akutes Leiden in ein friedvoll chronisches übergeht.

Vorbeugen? Vielleicht heißt das nur dem chronischen Zustand vorbeugen – als der einzigen Möglichkeit von Primärprävention. Vielleicht befinden wir uns noch in einer prähistorischen Phase; vielleicht ist es noch zu früh, von Prävention zu sprechen, es sei denn, als theoretisch-praktische Kritik der Prävention.

Literatur

Balbo, L., *Crisi del Welfare? Crisi dei servizi?*, in: De Leonardis, Mauri, Rotelli, 1982.

Barthes, R., *Über mich selbst*, München 1978.

Basaglia, F., *Scritti II*, Torino 1982.

Blanchot, M., *L'infinito intrattenimento*, Turin 1977 (*L'Entretien infini*, Paris 1969).

Castel, R., *La gestion des risques*, Paris 1981.

De Leonardis, O., *Dopo il manicomio*, Rom 1982.

De Leonardis, O., *Il denaro e la festa*, in: Mauri, 1982.

De Leonardis, O., Mauri, D., Rotelli, F. (Hg.), *I sistemi socio-sanitari nelle trasformazioni del Welfare State*, Mailand 1982.

Dell'Aqua, G., *Non ho l'arma che uccide il leone*, Trieste 1980.

Donzelot, J., *Dalla promozione del sociale alla mobilizzazione della società*, in: De Leonardis, Mauri, Rotelli, 1982.

Equipe di Trieste, *Studio sulla situazione del servizio psichiatrico*, WHO Regional Office for Europe, 1975.

v. Ferber, Ch., v. Ferber, L., Slesina, W., *Medizinsoziologie und Prävention*, in: *Soziale Welt*, Sonderband 1 (Soziologie und Praxis), 1982.

Gallio, G., *Parole chiave della deistituzionalizzazione*, in: Mauri, 1982.

Giannichedda, M. G., *Altre parole chiave*, in: Mauri, 1982.

Maccacaro, G., *Epidemiologia dell'istituzione psichiatrica come malattia sociale*, in: *Fogli di Informazione* 50, 1978.

Mauri, D., u. a., *La libertà è terapeutica*, Rom 1982.

O'Connor, J., *Die Finanzkrise des Staates*, Frankfurt 1974.

Rotelli, F., *L'inventario delle sottrazioni*, in: *Inventario di una psichiatria*, Mailand 1981.

Wolfe, A., *Il progetto di Reagan. E ciò che esso implica per la crisi del capitalismos e del marxismo*. Relazione al Convegno su »Le trasformazioni del Welfare State«, Turin, Dezember 1981.

Eckart Riehle

Sicherheit im Vorfeld des Rechts

1. Zur Aktualität der Prävention

»In letzter Zeit ist in der Praxis der Kriminalitätsbekämpfung eine deutliche Akzentverlagerung von der Repression auf die Prävention und da speziell auf die Vorbeugung durch Sicherheit zu verzeichnen« (Arzt 1976, 433).

Huber spricht angesichts dieser »Akzentverlagerung« von einer »epochalen Wende« im Bereich der Sicherheitsproduktion (Huber 1980, 57), ein Sachverhalt, welchen Hirsch im Begriff des »Sicherheitsstaats« erfaßt (Hirsch 1980). Folgt man den Beteuerungen der Präventionisten, dann scheint die Notwendigkeit der Vorbeugung vor allem der Einsicht geschuldet, daß Vorbeugen besser als Strafen sei.[1] Diese Losung könnte durchaus humanitäre Elemente haben, ginge sie mit einer Kritik am gegenwärtigen Strafsystem einher und zielte sie darauf ab, die mit Mitteln staatlicher Gewalt operierenden Formen staatlicher Problembearbeitung und Konfliktlösung abzubauen. Aber schon vor diesem Hintergrund fällt auf, daß für Präventionisten der Abschied vom Strafrecht nicht auf der Tagesordnung steht; nicht dessen Inhumanität, vielmehr dessen beschränkte Möglichkeiten sozialer Kontrolle stellen in präventionistischer Sicht den Mangel dar.

Welches Konzept liegt der von Arzt angesprochenen »Akzentverlagerung« zugrunde? Auf welche Problemstellungen versucht dieses Konzept eine Antwort zu geben? Und schließlich: Welche Konsequenzen hat dies im Verhältnis von Individuum und Staat? Zugleich wird es damit möglich, eine Antwort auf die Frage zu geben, ob die Darstellung vorbeugender Verbrechensbekämpfung als einer humanitären Tat nicht nur der legitimatorischen Absicherung dieser Maßnahmen dient.

2. Die präventionistische Umwertung des Begriffs der Sicherheit

Daß Verbrechensbekämpfung sich in der Krise befindet, ist ein selbstverständlicher Ausgangspunkt in der präventionistischen Diskussion.[2] Das bedeutet zunächst ganz allgemein eine Krise der Sicherheit. Die Bestimmungsgründe dieser Krise werden zum einen in neuen Verbrechensformen verortet – z. B. im organisierten Verbrechen –, zum anderen in sozialen Entwicklungen, welche zu einer sozial unspezifischen Verallgemeinerung der Bereitschaft zu illegalem Handeln führten: »Kriminell wird heute – stärker als vermutet – auch der in die Gesellschaft integrierte Bürger« (Steinhilper 1977, 146).

Wie vermittelt auch immer der Zusammenhang der sozialen Entwicklungsbedingungen mit der Kriminalität gedacht werden mag – als zentrale, die Krise verursachende Probleme werden Umbrüche im sozialen System identifiziert, welche zu einer Veränderung der Bedingungen der Produktion wie Kontrolle illegalen Handelns führten. Stichworte in diesem Zusammenhang sind: Sinnentleerung, Verfall des Werte- und Rechtsbewußtseins, Zusammenbruch gesellschaftlicher Kontrollagenturen, wie z. B. der Familie und Nachbarschaft.[3] Diagnostiziert wird damit eine Zersetzung handlungssteuernder Mechanismen des gesellschaftlichen Alltags, welche zugleich die soziale Ordnung als funktionsfähige vermitteln. Daß dieses Defizit an Ordnungsleistung, diese Perspektive der Desintegration der Bezugspunkt präventionistischen Denkens ist, wird in den vielfältigen Argumentationen deutlich, in denen das Erfordernis der Prävention von der Krise und politisch gesprochen vom Bürgerkrieg her bestimmt wird: Prävention ist erforderlich »im Interesse der weiteren Existenz eines liberalen Rechtsstaates in harten, vielleicht sogar einmal sehr harten Zeiten« (Stümper 1977, 155). Das präventionistische Interesse gilt so nicht dem Individuum, vielmehr den Strukturen und Stabilitätsbedingungen der Gesellschaft als Ganzes und stellt sich damit im Verhältnis zum Individuum als ein Interesse an sozialer Kontrolle dar.

Diese Verortung der Bestimmungsgründe der Krise der Verbrechensbekämpfung im Veränderungsprozeß handlungssteuernder Mechanismen verweist darauf, daß die Subsumtion der Individuen unter die Handlungsimperative der sozialen Ordnung sich nicht »naturwüchsig« herstellt, vielmehr einer jedenfalls auch bewußt organisierten Anpassungsleistung bedarf, bei gleichzeitiger Ausgrenzung oder jedenfalls Neutralisierung dysfunktionaler Handlungsmotivationen und Wertorientierungen. Die Krise der Sicherheit stellt sich so primär als Folge eines Versagens der auf die Konstitution der sozialen Ordnung gerichteten Mechanismen der Anpassung dar. Damit werden diese selbst zu einem vorrangigen Sicherheitsproblem: »So wird es für mich beispielsweise zunehmend deutlich, daß die allgemeine Sicherheitslage ganz entscheidend von einer gesunden Familienpolitik abhängt« (Stümper 1980, 244). Und was dem Polizeiexperten Stümper die Familie, das ist dem Staatsrechtler Isensee die Schule: »Der eigentlich sicherheitsempfindliche Bereich, empfindlicher als Polizei, Militär und Verfassungsschutz, ist: die Schule!« (Isensee 1978, 131)

So erweist sich für Präventionisten im Prozeß der Desintegration, daß die Sicherung der sozialen Ordnung über die Durchsetzung der Legalordnung zugleich von Funktionsbedingungen der sozialen Ordnung abhängig ist, welche sich zum einen naturwüchsig nicht herstellen und welche sich zum anderen nur beschränkt über die Diskriminierung von legalem und illegalem Handeln steuern lassen.

Die präventionistische Konzeption versichert sich dieser Voraussetzungen, indem sie diese selbst als Sicherheitsprobleme thematisiert: »Auch der Sicherheitsbegriff als solcher (!) ist in vielfacher Weise multifaktorial geworden. Sicherheit ist ein in den unterschiedlichsten Wechselbeziehungen zu sehender Begriff. So wirken ineinander: Innere Sicherheit, äußere Sicherheit, psychologische Sicherheit, soziale Sicherheit, wirtschaftliche und speziell energiepolitische Sicherheit, gesamtpolitische Sicherheit« (Stümper 1980, 242). Daß, je nach Erkenntnisinteresse, Sicherheit vielschichtig ist, erscheint trivial, wobei zugleich nicht einsichtig ist, warum der Sicherheitsbegriff so vielschichtig erst *geworden* ist. Einen Sinn erhält diese Stümpersche Aussage aber, berücksichtigt man, daß er mit dem »Sicherheitsbegriff als solchem« nichts anderes als den für polizeiliches Handeln relevanten Begriff der Sicherheit meint. Damit wird ein Begriff der Sicherheit etabliert, welcher sich nicht mehr auf das Interesse an der Sicherung der Legalordnung beschränkt, vielmehr die soziale Ordnung umfassend zu seinem Gegenstand macht. In diesem – vom polizeirechtlichen Begriff der Sicherheit zu scheidenden – Begriff der Sicherheit, schlägt sich ein Erkenntnisinteresse nieder, welches auf die Funktionsfähigkeit der sozialen Ordnung gerichtet ist und zugleich den Bereich der Legalität zum Bearbeitungsgegenstand der Sicherheitsproduktion erklärt.

Die Krise der Familie wirft aus dieser Sicht die – von ihrem Autor provokatorisch gemeinte – Frage auf, weshalb nur die ein Kind adoptierende Familie »auf ihre Erziehungsfähigkeit« geprüft werde und nicht jede Familie schlechthin (Ostendorf 1976, 282). Die Krise der durch Sozialarbeit zu leistenden Anpassung führt zum Programm der »Verbundprophylaxe« von Polizei und Sozialarbeit[4], die Krise in der Handlungsorientierung Jugendlicher führt zur Jugendpolizei.[5]

Ist dies, wie argumentiert, der allgemeine Zusammenhang, welcher die »Akzentverlagerung« auf die Prävention begründet, dann läßt sich prognostizieren, daß diese Form der Vorbeugung nicht zum Abbau, vielmehr zur Ausdehnung und Differenzierung staatlicher Fremdbestimmung führt. Prävention in dieser Form kennzeichnet ein Konzept der polizeiförmigen Bearbeitung der durch Anpassung und Ausgrenzung zu leistenden Subsumtion der Individuen unter die Handlungsimperative der sozialen Ordnung. Nicht von ungefähr liegt präventionistischem Denken auch ein Sicherheitsbegriff zugrunde, welcher in seinem Bezug auf die soziale Ordnung und deren Konstitutionsbedingungen an den fürsorglichen Sicherheitsbegriff der Zeit vor dem Allgemeinen Preußischen Landrecht erinnert, welcher im modernen Polizeirecht überwunden schien.[6] »In dieser Aufgabentotalität [eines multifaktoralen Sicherheitsbegriffes] schimmert hinsichtlich des Umfangs und Problemzusammenhangs, nicht jedoch der Zuständigkeit, der alte Polizeibegriff aus dem 16. Jahrhundert durch, der sehr umfassend war. Das Polizeiliche integriert sich mit dem Gesamtstaatlichen und Gesellschaftlichen zunehmend« (Stümper 1980, 244).

3. Vorrechtliche Sicherheit

Wodurch unterscheidet sich die präventionistisch definierte Stellung des Sicherheitsproblemes von jener, welche im rechtsstaatlichen Bezugsrahmen für das staatliche Gewaltmonopol Geltung hat? Den dafür erforderlichen Hintergrund kann ich nur kurz skizzieren. In der Konzeption des Rechtsstaates stellt sich Ordnung nicht über den Leviathan, vielmehr über den Regelgehorsam der Bürger her[5], worin dieser auch immer seine Motivation finden mag. Dies impliziert zugleich die Annahme, daß regelgehorsames und damit legales Handeln zugleich die Reproduktion der sozialen Ordnung vermittle, welche zugleich durch die Institutionen der Rechtsdurchsetzung gegenüber Regelverletzungen behauptet wird. Sicherheit als Bezugsproblem staatlicher Gewalt nach innen wäre demnach nur im Kontext der Legalordnung und korrelativ zu illegalem Handeln definierbar. Diese normative Begrenzung von Sicherheit beschränkt damit die staatliche Gewaltanwendung nach innen, entzieht ihr den Bereich der Legalität. Abgesichert wird dies dadurch, daß die Anwendungsbedingungen staatlicher Gewaltentfaltung an Elemente illegalen Handelns anknüpfen müssen, sei dies der Verdacht im repressiven Bereich oder die konkrete Gefahr im Bereich der Prävention. Freilich darf dabei nicht übersehen werden, daß jedenfalls in der Bundesrepublik die exekutivische Polizei nicht in der Funktion der Rechtsdurchsetzung aufgeht, worauf schon der polizeirechtliche Begriff der Ordnung verweist.

Betrachtet man die skizzierten Voraussetzungen, so wird deutlich, daß diese vermittelte Form der Garantie der sozialen Ordnung über die Behauptung der Legalordnung auf der Prämisse beruht, daß sich soziale Ordnung auf der Basis des Regelgehorsams im Modus legalen Handelns herstelle. Gerade diese Prämisse ist den Präventionisten zweifelhaft geworden, oder, anders gesagt, die Herstellung der Voraussetzungen, unter welchen diese Prämisse stimmt, rückt ins Zentrum ihrer Aufmerksamkeit. Vor die Garantie der Legalordnung tritt damit ein Bereich der Sicherheitsproduktion, welcher allererst die Voraussetzungen funktionierender Rechtsstaatlichkeit zu garantieren hat. »Die besten Gesetze und die gerechtesten Urteile nützen nichts, wenn ihre Einhaltung und Durchsetzung nicht gewährleistet sind. Nur die Aufrechterhaltung (!) der öffentlichen Sicherheit und Ordnung gewährleisten ein vernünftiges und menschliches Zusammenleben« (Wolf 1974, 391).

Dieses Sicherheitsdenken löst sich von seinem Bezug auf das Recht ab, gewinnt in seiner Beziehung auf die Aufgabe der »Entstörung« der Gesellschaft technisch-instrumentelle Qualität, das Recht beschränkt nicht mehr die Sicherheitsproduktion, wird vielmehr zu einem beschränkten Mittel der Sicherheit. Sicherheitsprobleme definieren sich nicht mehr in bezug auf die Legalordnung, vielmehr am Leitfaden von Störungen der sozialen Praxis, vor das Begriffspaar legal–illegal tritt die Diskriminierung von Handeln in sozial nützliches und schädliches. Vor diesem Hintergrund kann die Praxisform der Wohngemeinschaft ebenso ein Sicherheitsrisiko darstellen wie der Bankraub[7], je nachdem, wie eine solche Praxisform zur Störung der sozialen Ordnung führt. »Die Ordnung dieser Gesellschaft stellt sich nicht mehr als statische, hierarchisch gewordene und durch ihre Existenz gerechtfertigte Ordnung, sondern als ständig neu zu schaffende, also mobile, infolgedessen auch labile (...) Ordnung dar« (Herold 1972, 133), sie selbst wird zum »staatlichen Existenzproblem« (Stümper 1979, 254). Wie immer man diesen Wandel qualifizieren mag, er führt jedenfalls partiell zu einer Durchbrechung der Abschottung der Legalität des Alltags gegenüber dem Zugriff des staatlichen Gewaltmonopols und zugleich zu einem Sicherheitsdenken, in welchem das Individuum nur noch als Element eines übergeordneten Zusammenhanges existiert, den es zu garantieren gilt.

Dies zeigt sich prägnant in der präventionistischen Denunziation justizförmiger Verbrechensbekämpfung, in welcher sich die Sicherheit des Individuums gegenüber dem staatlichen Gewaltzugriff als untrennbarer Bestandteil von rechtlich relevanter Sicherheit erweist.[8] »Erfüllt die Strafverfolgung die Erwartungen bezüglich der Verbrechensbekämpfung im Sinne des Schutzes der Gesellschaft? Diese Frage muß leider mit einem eindeutigen Nein beantwortet werden. (...) [denn Strafverfolgung] ist lediglich der fragwürdige Versuch, die Gerechtigkeit auf Erden zu verwirklichen« (Wolf 1974, 389 f.). Daß Strafverfolgung die »Gerechtigkeit auf Erden« zu verwirklichen, also zugleich den einzelnen zu schützen habe, kann zum Grund ihres Mißerfolges aber nur werden, wenn mit Schutz der Gesellschaft gemeint ist, daß dieser die Individuen nur als Funktionäre der gesellschaftlichen Ordnung einschließt. Nur unter dieser Voraussetzung kann der »fragwürdige Versuch, die Gerechtigkeit auf Erden« zu verwirklichen, zugleich dem Schutze der Gesellschaft entgegenstehen. Stümper zieht die Konsequenz aus dieser Argumentation, indem er den proventionistischen Sicherheitsbegriff zur Aufgabenstellung der staatlichen Gewaltinstitutionen deklariert: »Es ist also davon auszugehen, daß (...) Justiz und Polizei keine Einzelfallermittlungs- und Subsumtionsmaschinen, sondern (!) Instrumente sind, um insgesamt die innere Sicherheit zu garantieren« (Stümper 1975, 52). Nicht Einzelfallermittlungsmaschine, sondern Instrument der Inneren Sicherheit kann die Strafjustiz aber nur sein, wenn sie den Einzelfall nach Zweckmäßigkeitskalkülen der »Entstörung« des Ganzen behandelt, was lediglich möglich wäre, kämen der Justizförmigkeit des Verfahrens nur noch legitimatorische Funktionen zu.

Vor diesem Hintergrund wird vorbeugende Verbrechensbekämpfung, welche scheinprogressiv auf die Abschaffung der Kriminalität zielt, zum Mittel der Komplettierung sozialer Kontrolle, die jedenfalls mit der Kriminalität zugleich das eigene Denken abschaffen würde: »Aus all dem folgt: Gerade die Bekämpfung moderner, schwerer und umfassender Kriminalität kann nicht mehr unter einem kriminalpolitisch etwas kleinbürgerlichen Aspekt mit der immer wieder anzutreffenden Klischeevorstellung einer für sich allein zu sehenden Einzeltat betrieben werden. Die Erscheinungen moderner Kriminalität zeigen vielmehr ganz deutlich: Es geht in erster Linie nicht um den Täter und seine Tat, sondern – soweit eben möglich – um die Beseitigung der Kriminalität schlechthin« (Stümper 1975, 52), darum, daß an illegales Tun »gar nicht erst gedacht wird« (Nass 1968, 52).

Führt präventionistisches Denken bezüglich repressiver Strafjustiz zur Denunziation der Justizförmigkeit des Verfahrens, so erschließt sich ihm im Bereich vorbeugender Verbrechensbekämpfung als polizeilicher Funktion das eigentliche Betätigungsfeld. Erfordert Prävention den Zugriff auf die Legalität des gesellschaftlichen Alltags, dann setzt dies rechtlich eine Neudefinition exekutivpolizeilicher Aufgabenzuweisung voraus. Dies betrifft die höchst aktuelle Diskussion um die Umstellung polizeilicher Aufgabenzuweisung von der konkreten auf die abstrakte Gefahr.[9]

»Zu überlegen ist, ob nicht eine allgemeine Deckungsnorm für polizeiliche Prävention geschaffen werden soll, so daß die Polizei nicht nur bei unmittelbar bevorstehender Gefahr eingreifen darf, sondern im Vorfeld schon handeln muß, bevor das Kind an den berühmten Brunnen herantritt, in den es dann unweigerlich fallen müßte« (Wehner 1975, 536). Entscheidend an dieser Umstellung von der konkreten auf die abstrakte Gefahr für die Sicherheit und Ordnung als polizeilicher Eingriffsvoraussetzung wäre nach meiner Meinung nicht einfach, daß so der polizeiliche Handlungsspielraum ausgeweitet wird, sondern vielmehr, daß so der polizeiliche Zugriff nicht mehr an das (drohende) Vorliegen von Handlungselementen der Illegalität gebunden wäre, sondern prinzipiell als Zugriff auf die Legalität ermöglicht würde. Abstrakte Gefahren stellen dar das Milieu, die Szene, ein Jugendzentrum etc., die ganze Gesellschaft, soweit man sie in kriminogene Zonen aufteilen kann, was letztlich in die Definitionsgewalt der Institutionen der Sicherheit fallen würde.

4. Nicht mehr, sondern andere Eingriffsbefugnisse

Die vorhandenen Zwangs- und Eingriffsbefugnisse in der Verbrechensbekämpfung sind für Präventionisten nicht nur zu knapp bemessen, vielmehr qualitativ unzulänglich strukturiert. Das leuchtet ein, wenn man bedenkt, daß der Zugriff auf die Legalität nur über Eingriffsermächtigungen formuliert werden kann, welche ihn nicht mehr von Elementen illegalen Handelns abhängig machen. Die den Eingriff wie vermittelt auch immer an illegales Handeln bindenden Befugnisse, welche rechtlich gegenwärtig zur Verfügung stehen, sind damit prinzipiell ungeeignet, präventionistisch formulierte Sicherheitsprobleme zu lösen. Grob gesprochen geht es bei diesen nämlich nicht darum, eine Straftat aufzudecken oder abzuwehren, vielmehr um eine kontrollierende Beobachtung in Bereichen der Legalität. So stellen sich Präventionisten die gegenwärtig verfügbaren Eingriffsbefugnisse als reaktive dar, gegenüber denen »proaktive« erforderlich seien (Schäfer 1980, 128). Proaktiv im Gegensatz zu reaktiv heißt hier schlicht, daß es nicht mehr vom Handeln des Individuums abhängt, ob es zum Gegenstand polizeilicher Praxis wird, sondern einzig von polizeilichen Zielvorgaben. Die Grundstruktur solcher Eingriffsbefugnisse ließe sich folgendermaßen formulieren: Der Eingriff ist gegenüber Jedermann gestattet, wenn dies aus Gründen der Sicherheit geboten ist. Daß solche Eingriffsbefugnisse heute nicht jenseits der bundesrepublikanischen Realität liegen, kann man nicht nur den einschlägigen Polizeigesetzen der Länder, sondern auch dem Strafverfahrensrecht entnehmen.[10] Hierbei handelt es sich um polizeistaatliche Eingriffsbefugnisse in Reinkultur, weil in ihnen der Gedanke des Schutzes des Individuums durch den der Aufopferung des einzelnen für das »Ganze« ersetzt wird.[11]

Sollen für solche Aufgaben zugleich spezielle Zuständigkeiten geschaffen werden, dann liefe dies auf die Etablierung einer im Vorfeld des Verdachts tätigen Polizei hinaus, also einer Polizei im Vorfeld des Rechts, deren Kontrolltätigkeit auf die Überwachung der Legalität und der Normtreue des Bürgers bezogen wäre.

5. Resümee

»Epochaler Wandel« oder »Akzentverlagerung« in der Verbrechensbekämpfung? Sicher ist, daß die Realisierung der präventionistischen Vorstellungen zu mehr als nur einer Akzentverlagerung führen würde, wenn man bedenkt, daß es hier um das Verhältnis des Bürgers zur staatlichen Gewalt geht. Daß diese Gewalt dabei auf sanften Füßen einherkommen mag, kann nicht zu Buche schlagen, wenn man berücksichtigt, daß die kontrollierende Beobachtung im Vorfelde des Verdachts zugleich das staatliche Ausgrenzungspotential rationalisiert, welches letztlich immer wieder auf das Mittel physischer Gewalt zurückgreifen kann. Ist präventionistische Praxis gerade notwendig, um das Funktionieren rechtsstaatlicher Verbrechensbekämpfung zu sichern, dann darf man sich dies nicht als Austausch der Formen der Sicherheitsproduktion vorstellen, sondern muß es vielmehr als Prozeß der Differenzierung staatlicher Sicherheitsproduktion denken. Sicherheit im Bereich der Kriminalitätsbekämpfung wird damit zu einem gewissermaßen zweistufigen Produkt. Rechtsstaatlicher Verbrechensbekämpfung ist – bildhaft gesprochen – eine polizeistaatliche vorgelagert, die freilich zugleich die Kautelen bestimmen könnte, unter denen rechtsstaatliche Verfahrensweisen noch Anwendung finden können.

Anmerkungen

1 »Grundsätzlich gilt: Verhüten ist besser als Heilen, Heilen ist besser als Sichern, Sichern ist besser als Strafen, ...« (Stümper 1980, S. 243).

2 Vgl. dazu: *Verbrechensbekämpfung im Umbruch und die operative Arbeit* (Stümper 1977, S. 150 ff.).

3 Vgl. Kerner 1976, S. 26; Zipf 1980, S. 165 f., Hauptmann 1980, S. 21 ff.

4 Exemplarisch dafür der Modellversuch des niedersächsischen Justizministeriums, Präventionsprogramm von Polizei/Sozialarbeiter (PPS), zu diesem Modellversuch vgl. Schwind u. a. 1980, S. 58 ff.

5 Vgl. dazu: Schwinghammer 1980, S. 98 ff.; Lessing/Liebel 1979, S. 11 ff., 1980, S. 3 ff.

6 »Die Polizei kann und soll überhaupt nicht positiv Zustände fördern, die den öffentlichen Interessen entsprechen, sondern nur Störungen von diesen Zuständen abwenden« (Wolzendorf 1909, S. 191).

7 Sicherheit meint dagegen in der bürgerlichen Gesellschaft ursprünglich die Sicherheit des Individuums: »Die Sicherheit besteht im Schutz, den diese Gesellschaft jedem ihrer Glieder für die Bewahrung seiner Person, seiner Rechte und seines Eigentums gewährt« (Revolutionsverfassung von 1793).

8 Dazu vgl. Preuß 1981, S. 109 ff.

9 Vgl. dazu die Publikationen über die Tagung »Polizei und Prävention« des BKA: Vortragsreihe des BKA, Bd. 22, 1976, Bericht über die Arbeitstagung in MschKrim 1977, S. 201 ff., ebenfalls Wolf 1980, S. 19 ff.

10 Dazu lehrreich das StPO-Änderungsgesetz 1978, vgl. Funk/Werkentin 1978, S. 8 ff.

11 Gegenüber solchen polizeistaatlichen Eingriffsbefugnissen stellen auch die Grundrechte jedenfalls dann keinen Schutz mehr dar, wenn sie ebenfalls durch diesen Gedanken der Aufopferung zurechtgestutzt werden. Vorexerziert wird dies in BVerfGE 30, Nr. 1, der Entscheidung zum G-10 Gesetz. »Im vorliegenden Zusammenhang ist der Ausschluß der Benachrichtigung nicht Ausdruck einer Geringschätzung der menschlichen Person und ihrer Würde, sondern eine den Bürger treffende Last, die um des Schutzes des Bestandes seines Staates und der freiheitlich demokratischen Ordnung willen von ihm gefordert wird« (ebda., S. 26).

Literatur

Arzt, G., *Kriminalitätsbekämpfung durch vorbeugende Sicherung – Ausweg oder Sackgasse?*, in: *Kriminalistik* 1976, S. 433 ff.

Funk, A., Werkentin, F., *Nur ein kleiner Kratzer am Rechtsstaat?*, in: *Vorgänge,* 1978, S. 8 ff.

Hauptmann, W., *Was läßt die Kriminologie vom Strafrecht übrig?*, in: *Kriminalistik,* 1980, S. 21 ff.

Herold, H., *Gesellschaftlicher Wandel – Chance der Polizei*, in: *Die Polizei,* 1972, S. 133 ff.

Hirsch, J., *Der Sicherheitsstaat,* Frankfurt 1980.

Hubert, J., *Der Markt der Sicherheiten*, in: *Kursbuch* 61, 1980, S. 44 ff.

Isensee, W., in: *VVDStRL*, Heft 37, S. 131, Berlin 1979, Diskussionsbeitrag auf der Tagung der Vereinigung der deutschen Staatsrechtslehrer, Berichte und Diskussionen auf der Tagung der Vereinigung vom 4.–7. 10. 1978.

Kerner, H. J., in: *Polizei und Prävention*, Vortragsreihe des BKA, Bd. 22, Wiesbaden 1976, S. 26 ff.

Lessing, H./Liebel, M., *Polizeiliche Arbeit in der Bundesrepublik*, in: *CILIP* Nr. 4, 1979, S. 11 ff.; Nr. 5, 1980, S. 3 ff.

Nass, G., *Der Staat und seine Verbrecher*, Wiesbaden 1968.

Ostendorf, H., *Auf Generalprävention kann nicht verzichtet werden*, in: *Zeitschrift für Rechtspolitik*, 1976, S. 282 ff.

Preuss, U. K., *Justizielle und polizeiliche Wahrheit im Strafverfahren*, in: *Kritische Justiz*, H. 2, 1981, S. 109 ff.

Rebmann, K., *Terrorismus und Rechtsordnung*, in: *Deutsche Richterzeitung*, 1979, S. 363 ff.

Schäfer, R., *Proventionskriminalistik*, in: *Kriminalistik*, 1980, S. 127 ff.

Schwind, G., u. a., *PPS – Präventionsprogramm Polizei – Sozialarbeit*, in: *Kriminalistik*, 1980, S. 58 ff.

Schwinghammer, T., *Die Jugendpolizei in der BRD*, in: *Krim. Journal*, 1980, S. 98 ff.

Steinhilper, G., *Forschung im Dienste der Prävention*, in: *Kriminalistik*, 1977, S. 145 ff.

Stümper, A., *Prävention und Repression als überholte Unterscheidung?*, in: *Kriminalistik*, 1975, S. 49 ff.

ders., *Verbrechensbekämpfung im Umbruch und die operative Arbeit*, in: *Kriminalistik*, 1977, S. 150 ff.

ders., *Die Polizei auf dem Weg in das Jahr 2000*, in: *Kriminalistik*, 1979, S. 254 ff.

ders., *Die Wandlungen der Polizei im Begriff und Aufgaben*, in: *Kriminalistik*, 1980, S. 242 ff.

Wehner, B., *Fertige Lösungsmodelle dürfen nicht erwartet werden*, in: *Kriminalistik*, 1975, S. 534 ff.

Wolf, G., *Verbrechensbekämpfung und Rollenverteilung auf die damit befaßten Institutionen*, in: *Kriminalistik*, 1974, S. 389 ff.

ders., *Verbrechensbekämpfung durch polizeilichen Gefahrenabwehreinsatz*, in: Kube/April, *Planung der Verbrechensbekämpfung*, Heidelberg 1980, S. 19 ff.

Wolzendorf, K., *Der Polizeigedanke des modernen Staates*, Breslau 1918, Neudruck Aalen 1964.

Zipf, H., *Kriminalpolitik*, Heidelberg/Karlsruhe 1980.

Über die Autoren

Edgardo Battiston, Renzo Bonn, Paoli Borghi, Alfonso Galio, Roberto Mezzina, Mario Reali, Luigina D'Orlando, Maurizio Costantino sind Mitglieder der Equipe von Triest (»Operatori«).

Robert Castel, Professor für Soziologie an der Universität Paris-VIII. Aufsehen erregende sozialhistorisch-kritische Veröffentlichungen über Psychiatrie, Psychoanalyse und soziale Probleme. Hauptwerke: *Le psychanalysme,* Paris 1973 (deutsch: *Psychoanalyse und gesellschaftliche Macht,* Kronberg 1976), *L'ordre psychiatrique. L'âge d'or de l'aliénisme,* Paris 1976 (deutsch: *Die psychiatrische Ordnung. Das Goldene Zeitalter des Irrenwesens,* Frankfurt 1979), gemeinsam mit Françoise Castel und Anne Lovell *La société psychiatrique avancée. Le modèle américain,* Paris 1979 (deutsch: *Psychiatrisierung des Alltags. Produktion und Vermarktung der Psychowaren in den USA,* Fankfurt 1982), *La gestion des risques, de l'anti-psychiatrie à l'après-psychanalyse,* Paris 1981 (deutsche Ausgabe in Vorbereitung).
  Außerdem zahlreiche Artikel in Zeitschriften und Gemeinschaftspublikationen. Mitbegründer des Réseau Alternatif à la Psychiatrie.

Wolfgang Deubelius, Diplom-Sozialwissenschaftler; Dissertation zum Thema »Die Okkupation des Alltags durch das Soziale«; Mitherausgeber der Zeitschrift *Psychologie und Gesellschaftskritik;* mehrere Arbeiten zur Sozialpsychiatrie.

Siegfried Grubitzsch, Universität Oldenburg, Professor für Psychologie mit dem Schwerpunkt psychologische Diagnostik; Arbeiten zur Kritik der Psychologie und der psychologischen Diagnostik; zur Zeit Forschung zu Fragen der Psychologie als Sozialtechnologie; Mitherausgeber der Zeitschrift *Psychologie und Gesellschaftskritik;* weiterhin *Testtheorie – Testpraxis* (Reinbek bei Hamburg 1978); *Handbuch psychologischer Grundbegriffe* (Reinbek bei Hamburg 1981) u. a.

Gert Hellerich, Professor für Sozialwissenschaften, Mitglied der Projektgruppe für vergleichende Sozialforschung in Bremen, Arbeitsschwerpunkt: Devianzforschung, insbesondere Pädagogisierung, Therapeutisierung und Medikalisierung von Devianz. Offene bzw. alternative Formen von Wissenschaft. Zusammenhang von Hilfe und Herrschaft in öffentlichen Dienstleistungssystemen. In den letzten Jahren hauptsächlich Veröffentlichungen zur Psychotherapie, Sozialpsychiatrie, Psychiatriereform und Gemeindesoziologie. U. a. mit W. Reichel und M. Wambach, *Die Museen des Wahnsinns und die Zukunft der Psychiatrie,* Frankfurt 1980.

Ota de Leonardis ist Assistenzprofessor für Geschichte der Soziologie an der Universität Salerno. Veröffentlichungen: *Economia e Stato Sociale*, 1976; *Il Sapere della Crisi*, 1982; *Dopo il Manicomio*, Rom 1982.

Diana Mauri ist wissenschaftliche Mitarbeiterin am Institut für Soziologie an der Staatlichen Universität Mailand. Veröffentlichungen: *La Libertà è Terapeutica*, Rom 1982.

Rainer Müller, Dr. med., Professor für physiologische und psychologische Bedingungen der Arbeitsgestaltung und -organisation an der Universität Bremen.
  Geb. 1941, Studium der Medizin und Soziologie in Münster, Wien und Berlin. Seit 1976 Hochschullehrer für Arbeitsmedizin an der Universität Bremen. Epidemiologische Studien über Krankheiten bei der Erwerbsbevölkerung in einer Region, Veröffentlichungen zur Geschichte der Arbeitsmedizin, Referent in der gewerkschaftlichen Bildungsarbeit.

Wolfgang Reichel, Professor für Rechtswissenschaft mit den Schwerpunkten Resozialisation und Rehabilitation an der Hochschule Bremen. Mitglied des interdisziplinären Forschungsprojektes »Psychiatrie im Umbruch«.
  Arbeitsschwerpunkte und Veröffentlichungen: Psychiatrierecht, Rehabilitationsrecht, Strafvollzug, Straffälligenhilfe, Jugendhilfe, Delinquenzprophylaxe.

Eckart Riehle ist Dozent am Oberstufenkolleg in Bielefeld, lebt in Karlsruhe.

Johann August Schülein, Dozent für Soziologie an der Universität Gießen. Veröffentlichungen u. a.: *Selbstbetroffenheit. Über Aneignung und Vermittlung sozialwissenschaftlicher Kompetenz*, Frankfurt 1977. *Das Gesellschaftsbild der Freudschen Theorie*, Frankfurt u. New York 1978. *Politische Psychologie. Entwürfe zu einer historisch-materialistischen Theorie des Subjekts*, Frankfurt 1980. *Psychotechnik als Politik*, Frankfurt 1976.
  Hg., *Auf der Suche nach Zukunft: Alternativbewegung und Identität*, Gießen 1980.
  Monster oder Freiraum? – Texte zum Problemfeld Universität, Gießen.

Christa Schulz, Diplomübersetzerin für Französisch und Italienisch, Mitarbeiterin im Forschungsprojekt »Psychiatrie im Umbruch«, Mitglied der Projektgruppe für vergleichende Sozialforschung in Bremen, wissenschaftliche Arbeiten und Veröffentlichungen über Gesundheitsversorgung und Psychiatrie, Übersetzungen auf den Gebieten der Medizinsoziologie, Psychiatrie, der Sozialpolitik und der Soziologie abweichenden Verhaltens.

Rosemary CR Taylor ist Assistenz-Professorin für Soziologie und Leiterin eines Gesundheitsprogramms (Community-Health-Program) auf Gemeinde-Ebene an der Tafts University in Boston. Mitarbeiterin des »Center for Europen Studies« an der Harvard University.
 Veröffentlichungen: John Case und R. Taylor, *Soziale Experimente in der Bevölkerung. Sanfte Veränderung in einer harten Wirklichkeit. Berichte aus den USA,* in: *Brennpunkte = Fischer Alternativ,* Frankfurt 1981. *Consumers Control and Professional Accountability in the Free Clinic,* Berkeley 1974. *Co-ops, Communes and Collectives, Experiments in Social Change in the 1960s and 1970s,* New York.

Georg Vobruba, geboren 1948 in Wien. Lebt da. Arbeitsgebiete: Krisentheorie, Theorie des Wohlfahrtsstaats, Arbeitszeitpolitik. Letzte Veröffentlichungen: *Zur Dialektik von Rückhalt und Spielraum. Über die Möglichkeiten im Wohlfahrtsstaat,* in: *Freibeuter* 11; *Interessendifferenzierung und Organisationseinheit. Arbeitszeitflexibilisierung als gewerkschaftliches Organisationsproblem,* in: C. Offe u. a. (Hg.), *Arbeitszeitpolitik,* Frankfurt, New York 1982. *Politik mit dem Wohlfahrtsstaat.* Frankfurt 1983.

Manfred Max Wambach, Soziologe und Politikwissenschaftler, Projektgruppe für vergleichende Sozialforschung Bremen. Arbeitsschwerpunkte: Bürokratieforschung, Sozialpolitik, psychosoziale Versorgung, Marginalisierung von »Problem-Populationen«, Medizinsoziologie. Veröffentlichungen in diesen Bereichen.

Eberhard Wenzel, Sozialwissenschaftlicher Mitarbeiter bei verschiedenen internationalen Organisationen und mehreren Forschungsprojekten. Jetzt Mitglied der Forschungsgruppe »Jugend und Gesundheit« in Heidelberg. Arbeits- und Publikationsschwerpunkte: Soziologische Analyse von Lebensstilen, Risikoverhalten und Gesundheitssicherung.